개정3판

Travel Agency Management

새 여행사경영론

정찬종·곽영대 공저

백산출판사

머리말

이 책은 관광학 또는 관광경영학을 전공하는 학생들을 주 대상으로 하여 여행업무 및 여행관련업무에 이르기까지 여행업 전반에 관한 종합적인 이해를 할 수 있도록 이론과 약간의 실무를 가미한 여행사경영론의 기본 교재이다.

따라서 이 분야 연구에 뜻을 둔 학생들에게는 전공필수 과목의 하나인 여행사경영론의 교재로 활용될 수 있을 것이며, 여행사종사자나 여행산업분야에 종사하는 사람을 비롯하여 이 분야에 관심을 가지고 있는 분들에게는 지침서로서 활용할 수 있도록 집필되었다. 이러한 점에서 「여행사경영론」이 이론서라면 「여행사실무」 및 「여행사실무연습」은 실무서라고 할 수 있다. 이들 세 교재는 상호보완적 관계에 있는 책이라 할 수 있다.

여행자의 통계를 굳이 들지 않더라도 여행은 이미 의 · 식 · 주에 버금가는 빼놓을 수 없는 '생활필수품'이 되었다. 주지하다시피 여행업은 관광사업의 근간을 이루고 있으면서도 기업규모의 영세성으로 인해 정책당국자는 물론 관광을 전공하는 학자들 사이에서도 이 분야의 전공자가 매우 적어 연구실적물 또는 이 분야의 교재 개발이 타 분야에 비해 매우 적은 감이 없지 않다.

이 책은 본인이 이 분야를 30여 년 간 강의한 내용과 여행업계에서 10여 년 간 체득한 실무경험을 바탕으로 이론과 실제를 접목하려는 방향에서 내용을 정리한 것이다. 이 교재의 초판이 출간되고 나서 7여 년이나 경과되면서 여행관련법규나 통계자료, 구성체계 등 강의를 하면서 그간 보완되지 못했던 부분들에 관해 내용을 대폭 손질하여 최근의 현실과 부합시키고자 노력하였다.

본 교재는 11장으로 구성되어 있다.

제1장에서는 여행의 현상과 여행업에 대해서 다루었다. 여행을 증가시키는 요인과 억제시키는 요인에는 어떤 것이 있으며, 여행의 구성요소와 여행의 종류는 무엇이 있는지 알아보았다.

제2장에서는 여행자 행동에 대해 서술하였다. 여행자행동의 영향요인과 결정요인에 대해서 논의한 다음 여행자 행동이 최근 어떻게 변화하고 있는지 알아보았다.

제3장에서는 여행업의 의의와 성격을 주제로 하여 여행업의 사적(史的) 고찰과 전망 및 과제, 한국여행업의 문제점과 대책방안 등을 다루었다. 모든 학문이 그러하듯 여행업의 경우에도 여행업사(旅行業史)가 중요한데 지금까지 우리나라 여행사 관련 책들은 이 부문을 소홀히 취급해 온 점을 감안하여 비교적 상세히 다루고자 노력하였다.

제4장에서는 여행업과 여행상품에 대해서 논하였다. 여행상품의 정의를 비롯하여 특성, 여행상품이 가지고 있는 여러 문제에 대해서 알아보았고, 여행상품의 구성요소와 여행상품의 유통에 대해서 언급하였다.

제5장에서는 여행상품의 마케팅을 다루었다. 여행상품의 시장은 어떻게 구성되며, 시장세분화는 어떻게 하는지, 여행상품의 수명주기와 가격결정은 어떻게 이루어지는 지에 대해 알아본 다음 이러한 상품을 어떻게 판매촉진과 연결시켜 품질관리를 해야 하는지에 대해 알아보았다.

제6장은 여행업의 조직과 경영에 대해 알아보았는데 특히 여행사에서는 어떻게 돈을 벌며, 어떻게 사람을 관리해야 하는지 알아보았다. 경영전략으로는 일반적 관리를 비롯하여 여행업의 인재교육에 이르기까지 여러 가지 방법을 구사하여 다루고 있다.

제7장은 여행업과 관련된 여러 법규와 이의 운용에 관해 다루고 있다. 여행업 등록을 비롯하여 의무와 금지행위, 여행약관과 운용, 여행피해자들에 대한 구제방법에 이르기까지 폭넓게 다루고 있다.

제8장에서는 여행업과 밀접한 관련을 가지고 있는 숙박, 교통, 음식, 쇼핑산업 등 여행의 4대 관련기업 등에 대해 여행업과의 관련성을 규명하고 이들 산업을 이해하도록 배려하였다.

제9장에서는 21세기에 대비한 여행업의 정보화에 대해 기술하였다. 여행업의 전산시스템을 비롯하여 여행정보시스템 등 온라인시대의 여행업에 대해 언급하였다.

제10장에서는 여행사창업에 대해서 다루었다. 여행업은 소자본으로도 창업이 가능하며, 1인 창업도 할 수 있기 때문에 창업과 관련하여 사업계획서 작성과정 및 개업에 따른 운영에 이르기까지 창업관련 업무에 대해 소상히 소개하고 있다.

제11장에서는 약간의 실무를 가미한 여행업무를 언급하고 있는데 여행업에서 일반적으로 구분하고 있는 외국인여행업무(inbound), 국외(해외)여행업무(outbound), 국내여행업무(intrabound) 편으로 나누어 업무의 흐름을 파악하고자 하였다.

이처럼 여행업 및 여행업무에 관해 포괄적으로 다룸으로써 독자들이 이 분야에 대한 관련지식을 높이고자 노력하였으나, 이 책에도 본래 천학비재(淺學菲才)한 저자의 역부족과 미흡한 통찰력으로 내용과 체제의 양면에서 여러 가지 부족한 점이 있으리라 생각한다. 이 점은 부단한 연구와 선배, 동학제위(同學諸位)의 지도편달에 힘입어 차후 개정 시에 보완할 것을 약속하는 바이다.

끝으로 본 교재의 출판을 흔쾌히 허락해 주신 백산출판사 진욱상 회장님을 비롯하여 관계직원 여러분의 호의에 깊은 감사를 드리는 바이다.

2018년 1월
저자 씀

차례

Chapter 01 여행의 현상과 여행업

Chapter 02 여행자 행동의 이해

CONTENTS

Chapter 03 여행업의 의의와 성격

Chapter 04 여행업과 여행상품

Chapter 05 여행상품 마케팅

CONTENTS

Chapter 06 여행업의 조직과 경영특성

Chapter 07 여행업의 관련법규와 운영

Chapter 08 여행업과 관련기업

CONTENTS

Chapter 09 여행업과 정보기술

Chapter 10 여행업의 창업

Chapter 11 여행업무

CONTENTS

Chapter
01

여행의 현상과 여행업

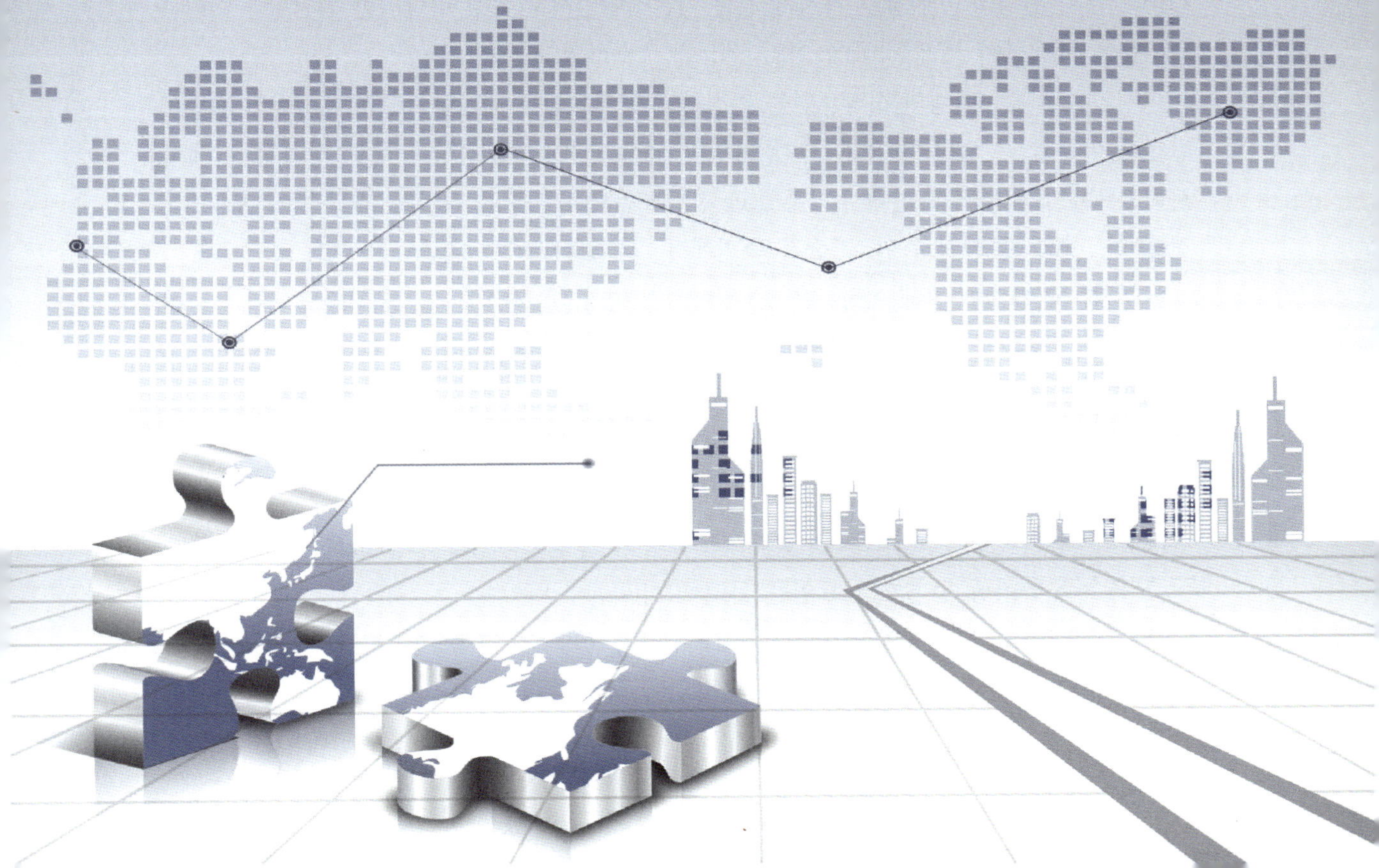

01 Chapter 여행의 현상과 여행업

1.1 여행의 증가요인

경제협력개발기구(OECD : Organization for Economic Cooperation and Development)는 국제여행의 촉진을 위해 1965년 "국제여행의 촉진을 위한 행정상의 편의제공에 관한 이사회의 결정과 행정상의 절차에 관한 이사회의 권고"를 채택하여 국제여행을 권장하고 있으며, 국제연합(UN : United Nation)은 1967년을 '국제관광의 해'로 지정하여 "관광여행은 모든 사람들 및 각국 정부가 찬양하고 권장할 가치가 있는 기본적이면서도 가장 바람직한 인간활동"이라는 결의문을 채택하여 세계 각국에 이의 권장을 촉구하였다.

여행업으로서는 여행의 성장요인을 촉진하고 장애요인을 제거함으로써 여행산업 전반의 발전을 이룩할 수 있을 것이다. 그간 여행의 성장요인에 연구경향은 주로 정치적, 경제적, 사회·문화적, 자연적 측면에서 다루었고, 장애요인으로는 주로 정치적, 관광정책측면, 경제적 측면, 사회·문화적 측면, 기술적 측면에서 다루었다.

여행의 증가요인에 관해 이장춘은 ① 위락심리 변화, ② 사회변화, ③ 고밀도사회의 출현, ④ 가처분소득의 증대, ⑤ 소비유형의 변화, ⑥ 여가시간의 증가, ⑦ 도로교통 조건의 발달, ⑧ 여성의 사회참여 및 여권의 신장 등 8가지를 제시하고 있다(이장춘, 1979 : 25~30).

이선희는 ① 교통기관의 발달, ② 생활수준의 향상, ③ 여가의 증대, ④ 관광여행계층의 확대, ⑤ 세계교역의 증대 등을 들고 있다(이선희, 1991 : 29~30).

박수이 외 1인은 ① 국민소득의 증대, ② 교통의 발달, ③ 여가의 증대, ④ 인구의 증가, ⑤ 교육수준의 향상 등 5가지 요인을 들고 있다(박수이 · 이우태, 1974 : 31~43).

기(C. Y. Gee)는 ① 생활양식 변화, ② 가족수입의 증가, ③ 경제성장, ④ 염가, ⑤ 통화 및 환율, ⑥ 정치와 정부 등 6가지 요인을 들고 있다(Chuck. Y. Gee and Dexter J. L. Choy, 1984 : 39~9).

노자키는 ① 국민소득, ② 생활의식, ③ 교통기관 등의 3가지 요인을 여행의 증가요인으로 보고 있다(野崎太郎, 1975 : 38~100).

위에 언급한 바와 같이 여행의 증가요인에 관해서도 학자에 따라 보는 관점에 따라 약간씩 다르다는 것을 알 수 있으나, 이들의 관점을 크게 나누어 보면 ① 법률적 요인, ② 경제적 요인, ③ 사회적 요인, ④ 문화적 요인, ⑤ 정치적 요인으로 구분할 수 있다.

1.1.1 법률적 요인

① 여행할 수 있는 권리 : 인격권으로서의 여행권(Right to Travel)이라는 용어가 등장함에 따라 여행권을 입법화하고 관광헌장에 명시하고 있는 것은 여행에 관한 새로운 인식을 불러일으키고 있다(정찬종, 1990 : 117).

② 유급휴가제도 : 1937년 국제노동기구(International Labor Organization)는 유급휴가라는 사회제도를 공식 채택하였는데, 이후 유급휴가를 즐기려는 사람이 급격히 증가함에 따라 여행수요도 크게 확대되었다(고영종, 1984 : 83).

③ 법정근로시간의 도입 : 근로자보호법이 제정되고 8시간의 노동이 법제화되면서 노동자들은 자신들의 권익을 지키기 위해 노동조합을 결성함에 따라 이것이 곧 여가시간을 확보하게 되었고 여가시간의 확보는 여행을 증가시키는 요소로 작용하게 되었다(한국관광공사, 1988 : 291).

④ 복지관광(Social Tourism)의 등장 : 사회복지차원에서의 여행금고협동조합제도나 여행비용후납제도(PLP : Pay Later Plan) 등이 비용 상 곤란을 겪고 있는 여행 비 참여계층에 있는 사람들을 여행에 끌어들이는 계기가 되었다(이장춘, 1986 : 26~8).

1.1.2 경제적 요인

생산에서 소비에 이르는 경제 과정(Economic Process) 가운데는 여행과 관련된 여러 요인이 있다. 경제학자들은 여행수요의 목적을 ① 생산적 목적, ② 소비적 목적으로 나누고 있는데, 생산적 목적에는 통근, 비즈니스 여행, 순회판매 등을, 소비적 목적에는 관광, 오락, 교육, 쇼핑, 드라이브, 기타 개인적 볼일 등을 들고 있다(江野行秀, 1983 : 31).

생산적 목적에 의한 여행수요는 여행 그 자체가 목적은 아니다. 여행을 함에 따라 목적지에서 여러 가지 용건을 해결하는 것이 최종목적이다. 그런 점에서는 생산적 목적에 의한 여행수요는 파생수요(derived demand)로서 취급된다.

즉 인간의 경제적 욕망의 달성을 위해 파생수요가 발생한다는 것이다. 경제적 요인에 의한 여행수요는 여러 가지가 있겠지만, 크게 보면 ① 국민소득의 증가, ② 국제교역의 확대, ③ 생활수준의 향상, ④ 환율의 변화 등과 같은 요인으로 집약된다.

1.1.3 사회적 요인

① 여가시간의 증가 : 21세기 지식 · 디지털경제 시대에 여가는 또 다른 부가가치를 만들어 내는 경쟁력의 원천이다(강신겸, 2001). 특히 자기계발형 여가, 자연친화적인 장기체재형 여가, 체험여행 등 STAR[1]형 여가가 활성화될 것으로 보인다(현대경제연구원, 2010 : 4).

② 교통수단의 발달 : 특히 고속철도와 항공교통수단의 대형화는 여행의 심리적 거리를 단축시켜 줌으로써 여행을 활성화시키는 계기를 마련하였다.

③ 인구의 도시화 : 인구의 도시화는 도시의 생활환경 문제, 소음공해, 교통체증 현상, 각종 환경공해 문제를 유발하여 현대인의 생활심리와는 역행하는 현상을 보임으로써 이러한 요인들이 도시인의 탈 도시(脫都市) 욕구를 자극하게 되어 여행을 촉진하는 계기가 되고 있다.

④ 행동양식의 변화 : 과거에는 여가시간에 독서, 텔레비전 시청, 집안에서의 휴식 등 정적 행동양식이 강했으나, 최근에는 등산, 낚시, 스키, 골프 등 스포츠관련 활동 등 동적 행동양식이 점점 증가하고 있는 추세이다.

| 표 1-1 | 연대별 한국인의 여가생활

	특징	사회 · 경제적 여건
1960년대 이전	여가인식 부재	- 전후복구와 원조부흥경제
1960년대	여가환경 기반 조성	- 도시화 및 산업화 진행 - 여가의 개념 태동
1970년대	관광자원개발	- 관광자원개발에 대한 정부 개입 - 장기적인 관광종합계획 수립
1980년대	여가활동에 대한 국민적 관심증대	- 아시안게임, 올림픽, 자가용 보급과 맞물려 여가활동의 대중화가 이루어졌음
1990년대	여가산업의 양적 팽창	- 자율화, 국제화로 인한 해외여행의 비약적 증대 - 게임방, 찜질방 등 상업적 여가시설의 확충
2000년대	여가산업의 진화	- 주 40시간 근무제 시행과 자아실현욕구 증가 - 초고속 인터넷 등 통신기술의 비약적 발달

자료 : 문화체육관광부, 여가백서, 2007.

1) STAR형 여가란 자기계발(Self Development), 외모변신(Transformation), 나홀로 여행(Alone), 방콕형(Rest at Home) 등 개개인이 추구하는 가치를 반영한 여가활동을 말한다.

1.1.4 문화적 요인

① 교육수준의 향상 : 교육수준의 향상은 인간 본연의 지시욕구의 충족과 깊이 관련될 뿐더러 일반적으로 교육수준이 높으면 높을수록 여행욕구가 크다는 연구결과가 이를 뒷받침하고 있다(박수이 외 1인, 앞의 책 : 41).

② 대중전달수단(mass media)의 발달 : 매스컴의 발달은 인간의 외향적 열망(desire)을 촉진하거나 자극함으로써 미지의 세계에 대한 탐험이나 체험욕구를 충족시킬 수 있는 여행의 증가에 많은 작용을 하고 있다(住田俊一, 1987 : 102).

③ 다양한 지역문화 축제의 개최 : 각 지역의 축제, 민속, 제례, 상공제 등 연중행사 등은 여행자의 흥미와 관심을 유발시키는 요소가 되어 여행수요를 증가시키고 있다.

④ 귀성 및 성묘 : 한국인의 독특한 문화의 하나인 설날 · 추석 등의 명절을 이용한 귀성이나 한식날에 이루어지는 성묘 등은 여행활동을 자극하는 커다란 요인의 하나이다.

⑤ 대규모 스포츠대회의 개최 : 동 · 하계올림픽, 월드컵, 아시안게임(AG), 유니버시아드 등 대규모 스포츠대회의 개최는 여행자의 증가에 크게 공헌하고 있다(김정만, 1989 : 29).

⑥ 세계적 종교 발상지에 대한 성지순례여행의 증가(예 : 예루살렘, 메카, 메디나, 부다가야, 방콕, 쿠스코, 바티칸, 캔터베리 등).

⑦ 인터넷 또는 데이터베이스에 의한 여행정보의 광범위한 제공 및 여행관련 책자의 발간 증대.

1.1.5 정치적 요인

국내의 정치적 요인은 외국인여행(外國人旅行 · inbound)에 영향을 미치며 여행목적지 또는 경유 국가의 정치적 요인은 내국인의 국외여행(outbound)에 영향을 미친다.

1) 여행송출국의 정치적 요인

① 국민의 국외여행 자유화 조치, ② 국가 또는 지방자치단체의 여행산업에 대한 개입(Stephen Papson, 1981 : 224), ③ 국가관광기구(NTO)의 역할, ④ 관광진흥을 위한 지역단위의 역할과 권한(MacIntosh, 1990 : 52), ⑤ 출입국절차의 완화 등이 있다.

2) 여행수용국의 정치적 요인

① 사회주의국가의 여행에 대한 문호개방, ② 관광에 대한 튼튼한 국방 및 치안, ③ 관광

기구(NTO) 대표의 정치적 영향력 정도(James Elliot, 1983 : 386), ④ 관광산업에 대한 외국의 투자를 확대하기 위한 법적 · 제도적 조치(C. L. Jenkins, 1982 : 511), ⑤ 새로운 국교수립, ⑥ 항공 및 관광협정의 체결, ⑦ 사증발급의 완화 및 사증면제제도(No Visa System)의 확대시행 등이 있다.

3) 범세계적인 정치적 요인

① 국가 간 평화적인 분위기 조성, ② 국제관광기구의 역할과 권한 등이 있다(한광종, 1993 : 127~8).

1.2 여행의 억제요인

여행의 억제요인은 여러 가지가 있을 수 있겠으나, 대부분의 학자들은 ① 여행비용, ② 시간부족, ③ 신체적인 제약, ④ 가족사항, ⑤ 관심부족 등 5개 요인들을 들고 있다(고영종, 1984 : 160~6).

첫째, 여행비용이다. 여행에 소비되는 비용은 각자의 가처분소득(disposable income)에 의한다고 할 수 있기 때문에 비용은 여행의 억제요인이 된다. 여기에 정부나 단체의 지원부족도 한 요인이 된다(이훈, 2010 : 13).

둘째, 시간부족이다. 아무리 경제적인 여유가 있다 하더라도 시간의 부족은 충분한 여가시간을 가질 수 없기 때문에 여행의 제약요인으로 작용한다.

셋째, 신체적인 제약이다. 신체장애자, 건강이 좋지 않은 사람, 노약자들의 경우 사실상 여행을 억제하는 물리적 제약요인이 된다. 특히 신체장애자의 경우에는 일부 여행선진국을 제외하고 이들이 여행할 수 있는 교통시설을 비롯하여 여행시설이 전혀 갖추어 있지 않은 실정이며, 여행정보 및 서비스 부족 등도 지적된다.

넷째, 가족상황이다. 가족이 대가족이어서 가족전체가 단체로 일시에 이동하기에 어려움이 따르거나, 정신적 질환 등으로 타인의 보호가 필요한 가족, 연령이 많아 장거리 여행이 어려운 구성원이 있는 경우 등이다.

다섯째, 관심부족이다. 여행정보 부족이나 여행에 대한 긍정적 인식의 부족 등은 중요한 억제요인으로 작용한다.

1.2.1 개인적 요인

1) 자국에서의 제약

① 주민에게 제한된 통화의 제약(외화소지금액의 제한) 및 자국화폐의 국제가치 저하
② 여행서류 발급상의 조건과 절차가 까다로움
③ 귀국 여행자에 대한 세관의 휴대품 검사강화
④ 국외여행에 대한 제한조치 강화
⑤ 여행자의 방문을 꺼려하는 정치구조(한국관광공사, 1991 : 104)
⑥ 국가 간 국교단절이나 외국 대사소환 등의 사태초래
⑦ 국가 간 분쟁 또는 시기(猜忌) 등으로 반한(反韓) 또는 염한(嫌韓) 감정 고조
⑧ 경기침체로 인한 법인업체에 의한 초대여행(incentive tour)의 감소
⑨ 언어장벽(Elik Cohen, 1986 : 534)과 이에 따른 이질감과 문화충격(A. Furnham, 1984 : 49).

2) 여행자 수용국(受容國)에서의 제한

① 여행자에게 제한된 통화의 제약
② 입국사증(visa), 출입국카드(E/D card), 신원서류(I/D card), 체류기간의 제한
③ 자동차, 유람선, 기타 교통기관을 통해 입국하는 경우의 공식적인 절차(formalities)
④ 운전면허증, 자동차보험 등의 사용가능성에 대한 제약
⑤ 자국인이 아닌 자의 영리적 활동에 대한 제한
⑥ 외국인 여행자에게 부과되는 세금이나 입장료의 차별적 대우
⑦ 여행수용국 물가 인상으로 인한 여행경비의 상승

1.2.2 기업적 요인

① 외국인의 투자나 공동참여의 제한
② 외국인의 자국 내 지사나 자회사 설립에 대한 제한
③ 여행관련업 운영상 외국인에 대한 직접적 차별이나 운영의 어려움이 따르게 하는 등의 엄격한 자격기준의 요구
④ 경영자격(licence) 획득의 곤란
⑤ 외국자본과 국내자본의 이동 또는 전환상의 제약

⑥ 외국회사가 자국 내에 있는 중개회사를 이용하지 않고 고객에게 직접 광고, 판촉 또는 정보를 획득하는 행위에 대한 제한

1.2.3 교통요인

① 자국 소유가 아닌 항공사, 자동차, 철도, 유람선(cruise) 등에 대한 운항제한
② 자국여행자의 외국항공사나 외국선박 이용에 대한 규제
③ 착륙수수료(land dues), 세금 또는 항세(港稅 · port charge)에 있어서의 차별
④ 상대방의 자격에 대한 상호 인식부족(즉 항공기의 승무원, 여행안내사, 자동차 운전사에 대한 자격인정 인식의 결여)
⑤ 자국항공사나 페리(ferry) 서비스 종사원 자격에 대한 정부의 요구
⑥ 특별수송기간 동안에 있어 자국의 교통기관과의 차별대우
⑦ 예약시스템상의 접근규제 등을 열거하고 있다.

이상 제시한 여행의 억제요인들은 결국 전체적인 여행수요에 부정적 요인으로 작용할 뿐 아니라 여행하고자 하는 목적지의 선택과 접근방법을 결정하는데 큰 영향을 미치게 되는 것들이다.

비록 여행하려는 동기가 강하다 하더라도 이러한 억제요인은 여전히 여행수단과 여행목적지 선택에 영향을 주게 된다.

이러한 것들을 요약하여 6가지 요인으로 구분하면 〈표 1-2〉와 같다.

| 표 1-2 | 여행의 촉진 · 억제요인

조 건	촉진요인	억제요인
비용조건	자유재량소득이 있다.	자유재량소득이 없다.
시간조건	여가시간이 있다.	여가시간이 없다.
신체조건	건강상태가 양호하다.	건강이 좋지 못하다.
이동조건	이동에 문제없다.	이동에 제약이 있다(어린이 · 노약자).
법률조건	거주 · 이전의 자유보장	거주 · 이전의 자유 제약
정보조건	관광에 관한 많은 정보 공유	관광목적지에 대한 정보부족, 목적지 선택 및 접근방법 부족
언어조건	외국어 사용에 두려움 없음	외국어에 대한 두려움

1.3 여행의 구성요소

여행은 통상적으로 거주지 외의 수용지역에로의 이동과 대부분 거기서의 체재를 수반하는 다면적인 현상이다. 그러므로 여행의 구성요소는 여행 중에 일어나는 기본적인 여러 활동들을 말한다(Betsy, Pay, 1992 : 4).

윤대순은 여행의 구성요소로 ① 숙박, ② 교통, ③ 음식, ④ 쇼핑, ⑤ 관광지, ⑥ 안내사 ⑦ 보험, ⑧ 연결체계, ⑨ 자원, ⑩ 시설 등으로 보고 있다(윤대순, 2009 : 448).

페이는 여행의 구성요소로 ① 교통(transportation), ② 숙박(lodging), ③ 식사(dining), ④ 관광(sightseeing/guideservice), ⑤ 여행자원(attractions), ⑥ 장보기(shopping) 등을 들고 있다.

사토는 여행의 구성요소로 ① 선택된 하나 또는 복수의 수용지역에의 여행의 유인이 되는 동태적 요소, ② 수용지역에서의 체재의 유인이 되는 정태적 요소, ③ 상기 두 요소로부터 도출되어 여행자가 직접 혹은 간접적으로 접촉하는 경제적, 환경적 및 사회적 하부체계(sub system)의 영향에 관계되는 결과적 요소로 보고 있다(佐藤俊雄, 1990 : 20).

건(Clare A. Gunn)은 여행의 구성요소로 ① 여행자, ② 여행자원, ③ 교통, ④ 정보, ⑤ 여행알선 및 편의시설 등을 들고 있다(Clare A. Gunn, 1988).

여행의 구성요소는 결국 여행상품의 구성요소와 맥을 같이 한다. 즉 항공좌석, 숙박시설, 식사, 관광 · 이벤트, 교통, 인솔자 · 안내사 등이다.

여기서는 구성요소로 ① 항공좌석, ② 숙박, ③ 식사, ④ 관광 · 이벤트, ⑤ 교통, ⑥ 인솔자 · 안내사 등으로 나누어 설명한다.

1) 항공좌석(seat)

대형 여행사와 중소형 여행사에서는 항공좌석 구매규모가 다르기 때문에 구매 단가도 다르다. 대형 여행사는 규모의 경제(scale merit)를 추구할 수 있기 때문에 중소형 여행사가 공동구매 컨소시엄을 조직하여 가능한 한 유리한 요금을 받으려고 하고 있다. 대형 여행사는 자신이 구매한 항공좌석을 중소여행사에게 되파는 것만으로 구매량을 더욱 증가시킬 수 있기 때문에, 대형 여행사들은 이 분야의 전업(專業)자회사(distributor)를 설립하고 있다.

2) 숙박시설(accommodation facility)

호텔선택에는 ① 시설, ② 서비스, ③ 요금, ④ 위치의 4가지가 중요하다.

리조트 호텔에 경우에는 바다에 면해 있는 오션 프런트(ocean front), 바다가 보이는 오션

뷰(ocean view), 산 쪽의 마운틴 뷰(mountain view)가 있고 상층이라든지 하층의 지정도 필요하다. 서비스에서는 한국인을 위한 지배인이 그 호텔에 있는지 없는지도 중요한 요소이다.

3) 식사(meal)

최근의 호텔조식엔 뷔페식이 늘고 있다. 독일의 호텔 등에서는 그 외 추가요금 없이 샴페인을 자유롭게 먹을 수 있게 된 곳도 있다. 미국의 휴양지 등에서는 일요일 아침을 "샴페인 브랙퍼스트"를 내걸어 지역주민을 유치하고 있는 호텔도 있다. 또한 지역의 명물요리라는 것도 있다. 이것도 한두 번은 꼭 여행상품에 포함해야 할 것이다.

4) 관광 · 이벤트(tour & event)

어디를 관광할지 그것은 그 투어의 성격과 목적을 명확하게 한다. 특히 최근에는 빈번하게 해외여행을 하는 반복여행자가 늘고 있고 여행목적이 명확하다.

5) 교통(transportation)

일반적으로 교통은 공항과 호텔 간의 이동수단을 말하는데, 최근에는 자택과 공항 사이의 수배와 관계되는 경우도 있다. 해외여행중의 교통에는 주로 버스가 사용되며 공항에서 호텔까지 사이에 안내원으로부터 간단한 안내가 있다.

6) 인솔자(tour conductor) · 안내사(tour guide)

여행의 성패(成敗)는 인솔자 · 안내사에 의해 좌우된다. 일반적으로 인솔자는 여정관리자라고 불리며 여행이 일정표대로 실시되도록 관리하는 것이 주된 임무이다. 반면에 안내사는 관광자원에 대한 설명이 주된 업무이다.

1.4 여행의 종류

여행의 종류는 학자에 따라 또는 보는 관점에 따라 여러 형태로 나타나고 있다. 그러나 여행을 기본적으로 분류하면 국적기준에 의한 분류, 물리적 경계기준에 의한 분류, 종합적 기준(국적 · 경계)으로 분류하는 것이 일반적이다.

국적기준에 의한 여행의 구분은 내국인여행과 외국인여행으로 나눌 수 있으며, 물리적 경계를 기준으로 여행을 구분하면 국내여행과 국제여행으로 나눌 수 있다. 국적 · 경계를 종합하면 외국인 국내여행(inbound), 내국인 국내여행(intrabound, domestic travel), 내국인 국외여행(outbound), 외국인 외국(제3국)여행으로 나눌 수 있다[그림 1-1 참조].

그림 1-1 ⊙ 여행의 기본적 분류

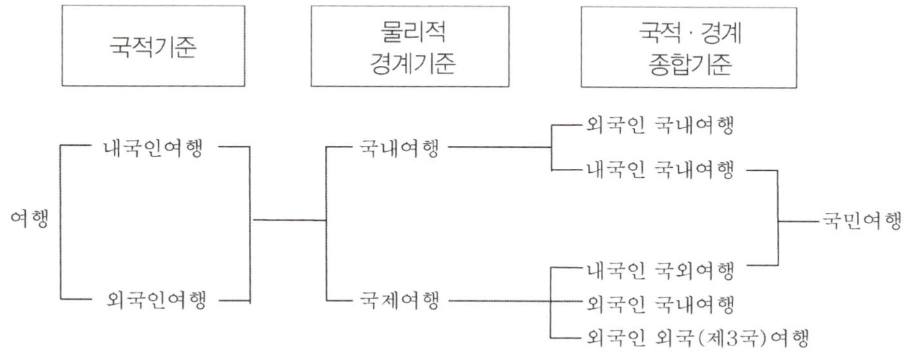

자료 : 한국관광공사, 「국민관광연구의 이론과 실제」, 1986, 34쪽.

| 표 1-3 | 단체여행사상품과 에어텔(Airtel)상품의 비교

구분	패키지(단체여행)	에어텔
숙소	포함(사전 예약)	포함(사전 예약)
도시 간 이동 교통	포함(전용차량 이용)	포함 안 됨(개별 이동)
가이드 및 인솔자	가이드(한국인)	없음
식사	전 식사 포함	조식(호텔식) : 포함 중 · 석식 : 직접 해결
팁	포함 안 됨(현지 가이드에게 지급)	해당 없음
관광지 입장료	포함	포함 안 됨
공항 미팅 & 센딩	포함	에어텔 상품별 포함 여부 사전 확인
단체 쇼핑	포함(저가형 상품)	포함 안 됨

자료 : 한국소비자원, 해외여행과 쇼핑, 2012, 9쪽

페이는 기본적으로 단체여행(group tour)과 개별여행(FIT : foreign independent tour)으로 나누고, 단체여행을 다시 사전구성 단체여행(pre-formed group tour)과 공공여행(public tour)으로 나누고 있는데, 사전구성 단체여행이란 여행참여자끼리 이미 알고 있는 단체를 위해 기획된

여행을 말하고, 공공여행이란 참여자들끼리 서로 모르는 단체를 위해 기획된 여행을 의미한다(Betsy Fay, 1992 : 2~4).

하세가와는 이선희의 분류와 거의 비슷한 내용을 담고 있으나, 특히 단체여행과 개인여행 간의 특질을 비교한 점이 돋보이고 있다(長谷川巖, 1986 : 42~48). 그가 제시한 단체여행과 개인여행의 특질을 비교한 것이 〈표 1-4〉에 잘 나타나 있다.

| 표 1-4 | 단체여행과 개인여행의 비교

비교대상	단체여행(주최)	개인여행
여정	① 여행업자가 자주적으로 작성 ② 참가자를 모집하고 단체를 편성 ③ 여정실시에 대해서는 업자의 주체성이 있다.	① 여행자 개인의 의사, 주문에 의해 여행업자가 작성 여정작성의 주체성은 여행자에 있다.
예약	① 한국출발 시 탑승항공사를 통해 여행 전반에 걸쳐 필요한 예약·수배를 의뢰한다. ② 외국의 하청여행업자를 통해 여정 전반에 걸쳐 예약·수배시킬 경우가 있다.	① 한국출국 시 탑승항공사를 통해 여정의 일부(환승항공기 및 호텔 등)를 예약 의뢰한다.
여행비용	① 단체여행조건서의 비용(團費)을 여행사에 지급한다. ② 여행자는 개인적 비용만을 휴대한다.	① 항공운임에 대해서는 한국에서 원화로 지급한다. 기타의 모든 경비는 현지에서 여행자 자신이 지급한다.
제수속	① 국외여행 모든 수속이 단원을 일괄해서 동시에 행해진다. (업자의 자주성)	① 여행자 개개인의 사정이나 목적에 따라 수속한다. (여행자의 자주성)
수수료	① 항공권 발행액의 11% ② 지상수배비의 10% ③ 단체인원으로부터의 알선수수료 (단체경비의 약 3~5%)	① 항공권 발행액의 8%
기타	① 단체의 의사에 따라 행동 ② 여행비가 싸다 ③ 계절변동이 많다. ④ 1인당 수익폭이 낮다.	① 자유로운 행동 ② 여행비가 비싸다. ③ 계절변동이 적다. ④ 1인당 수익폭이 높다.

자료 : 長谷川巖, 「最新旅行業通論」, 1991, 43~44쪽에 의거 재구성.

대분류에서 보면 위의 분류방법이 적합하지만 이를 세부적으로 분류하면 다음과 같이 11개로 나누어 다음 표와 같이 설명할 수 있다.

| 표 1-5 | 여행의 종류

분류기준	종류	세부 항목	구체적 내용
여행목적	소용(所用)여행	공용여행	공무출장을 포함한 시찰, 회의출석 등
		사용(私用)여행	상용, 경조사, 연구, 조사, 방문 등
	관광여행	유람여행	풍물감상, 견학, 수학(修學) 등
		요양여행	휴양, 보건 등
여행규모	개인여행(FIT)	9명 이하의 여행	4명까지 개인요금적용. 5~9인 소그룹 요금 적용
	단체여행(GRP)	10명 이상의 여행	단체요금적용
여행기획자	주최여행	여행사주최	여행사 독자의 기획에 의한 일반모집형태
	공최(共催)여행	공동주최	여행사+여행조직자, 이벤트업자와 공동주최
	주문여행	여행자의 주문	고객의 요망에 따라 행사계획을 수립시행
안내조건	IIT	구역별 안내원	관광지 이동은 고객자신이 하면서 안내받음
	ICT	전용안내원 동행	일정의 시작부터 끝까지 안내원동행
여행경비	호화급	deluxe class	호텔, 교통기관, 식사 등 여행서비스가 호화급임
	우등급	superior class	~우등급임
	표준급	standard class	~표준급임
	보통급	economy class	~보통급임
판매형태	기획여행	ready made	여행사의 사전상품 제작에 의한 모집 예-패키지투어(package tour)
	주문여행	order made	고객의 주문에 따른 상품제작 예-가족여행
	조립여행	half made	여행기본상품만 제공하고 기타는 본인해결 예-에어텔(airtel)
체재기간	숙박유무	당일여행	당일에 여행을 시작하여 종료함
		숙박여행	단기숙박여행, 장기숙박여행 등
교통기관	자전거여행	bicycle tour	자전거에 의한 여행
	자동차여행	automobile tour	각종 자동차에 의한 여행
	철도여행	rail tour	열차를 이용한 여행
	선박여행	ship tour	선박을 이용한 여행
	항공기여행	airplane tour	비행기를 이용한 여행
출입국수속	기항지상륙여행	shore excursion	일시상륙허가(72시간)후 기항지 주변여행
	통과상륙여행	over land tour	통과상륙허가를 얻어 실시하는 여행
	일반관광여행	pleasure tour	15일 이내의 입국허가를 얻어 실시하는 여행

여행형태	포괄여행	package tour	주최여행의 전형적인 형태, 비교적 단기간
	연속여행	series tour	동일목적, 동일기간, 동일형태, 정기적 실시
	관광선여행	cruise tour	대절호화유람선에 의한 여행
	국제회의여행	convention tour	국제회의참가자를 대상으로 한 여행
	전세여행	charter tour	대절항공기에 의한 여행
	포상여행	incentive tour	상품제조원에서 판매증진을 위한 포상여행
	인터라인여행	interline tour	항공사가 가맹대리점(여행사)을 초대하는 여행
여행방향	국내여행	intrabound tour	내국인의 국내여행. Domestic Tour라고도 함.
	국외여행	outbound tour	내국인의 국외여행
	외국인여행	inbound tour	외국인의 국내여행
계약형태	기획여행	planned tour	여행사가 미리 소비자의 동향을 예측하여 상품조성을 한 다음 판매하는 여행
	수배여행	arranged tour	소비자의 요구(의뢰)에 입각하여 여행사가 여행소재제공자를 물색하여 서비스를 제공하는 여행

자료 : 이선희, 「여행경영론」, 형설출판사, 1979, 17~23쪽에 의거 재구성.

Chapter 02

여행자 행동의 이해

02 Chapter 여행자 행동의 이해

2.1 여행자 행동의 영향요인

여행자행동은 관광사업이 대상으로 하는 여행자의 이동, 체재(滯在), 레크리에이션 등에서의 행동을 총칭한다. 그러므로 여행자 행동은 인간이 가지고 있는 필요와 욕구를 자극하여 동기가 유발하여 구매행동이 일어나는 행위라고 말할 수 있다. 여기에는 크게 개인적 요인, 사회환경적 요인, 판매촉진적 요인 등이 있다.

그림 2-1 여행자 행동의 영향요인

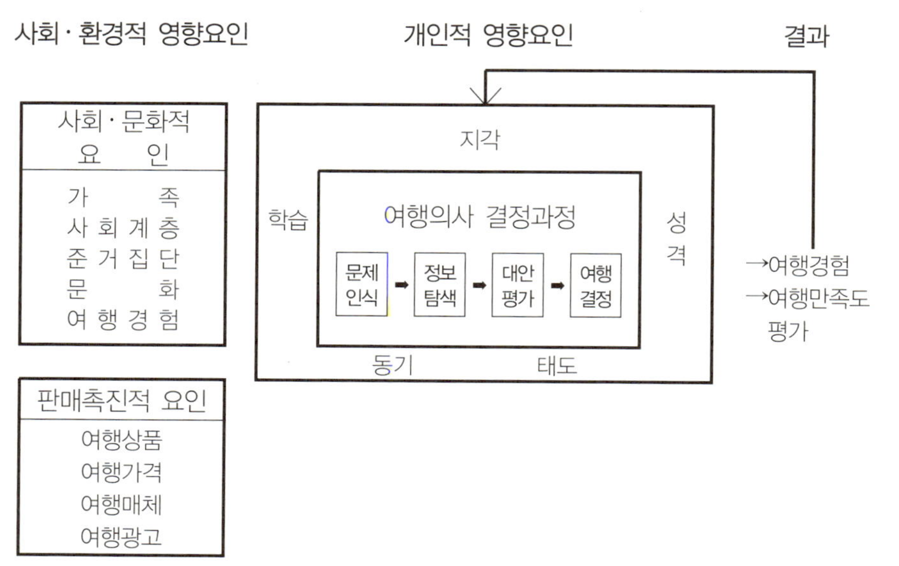

2.1.1 개인적 영향요인

여행자의 개인에 국한되어 여행의사 결정과정에 영향을 주는 것에는 크게 ① 지각(perception), ② 학습(learning), ③ 성격(personality), ④ 동기(motivation), ⑤ 태도(attitude) 등이다.

1) 지각(知覺 · perception)

인간은 시각 · 청각 · 미각 · 후각 · 촉각 등 5대 감각기관을 통해 세상의 사물과 사건을 알게 된다. 일반적으로 지각이란 특정한 감각기관이 포착한 환경(외부환경뿐 아니라 체내의 상태도 포함하여)과 자극에 언어적 의미를 붙이는 작용을 말한다(손대현, 1983 : 55~6). 즉 지각이란 우리가 주변세계를 이해하는 과정이라 할 수 있다. 지각은 넓은 의미에서 ① 노출 → ② 주의 → ③ 이해 → ④ 기억 등의 네 단계를 거쳐 이루어진다.

어떤 대상이나 여행상품을 어떻게 지각하는가에 대한 요소들은 많이 있으나 일반적으로 영향을 주는 요소는 두 가지로 구분할 수 있다. 즉 자극요소와 개인적 요소이다. 자극요소로는 크기, 색깔, 구조, 모양, 주변 환경 등과 같은 대상이나 상품의 물적 특징을 들 수 있으며, 개인적 요소로는 개인 자신의 특성이 있게 된다. 즉 개인의 기본적인 감각과정, 동일한 대상이나 상황에 대한 과거의 개인적 경험, 기대, 기본적 동기, 감정형태, 지적수준, 분위기, 성격 등을 나타낸다.

여행사 경영자에 있어서 지각은 특별한 관심의 대상인데, 왜냐하면 지각은 자기의 서비스와 촉진노력으로 여행자의 의중에 형성된 '총체적 인상'을 내포하고 있기 때문이다. 이러한 총체적 인상은 여행사종사원의 용모, 관광버스의 색깔, 여행사 사무실의 분위기, 숙박지의 시설 등에 대한 인식뿐 아니라 그 의식이 바뀌거나 해석되는 방법까지도 포함하고 있다.

여행자 행동에 있어서도 여행자가 원하는 것과 여행서비스 제공자가 제공하는 서비스는 상황에 따라 다르게 나타날 수 있기 때문에 지각에 대한 인식은 필요하다.

여행사의 이용자는 [그림 2-2]에서 보는 바와 같이 지각과정을 통해 여행사를 선택하게 된다. 즉 이 모형(model)에서는 ① 여행자의 여행사에 대한 평가기준, ② 실제로 지각한 여행사의 특성, ③ 비교과정, ④ 수용할 수 있고 수용할 수 없는 여행사라는 4개의 변수로 구성되는 복잡한 과정으로 설명하고 있다. 이렇게 볼 때 여행자들의 여행사 선택은 여행자가 지각한 여행사 이미지와 여행자 자신의 평가기준을 비교하는 과정을 거쳐 이루어진다고 볼 수 있다.

그림 2-2 ⊙ 엥겔, 블랙웰 및 미니아드의 모형

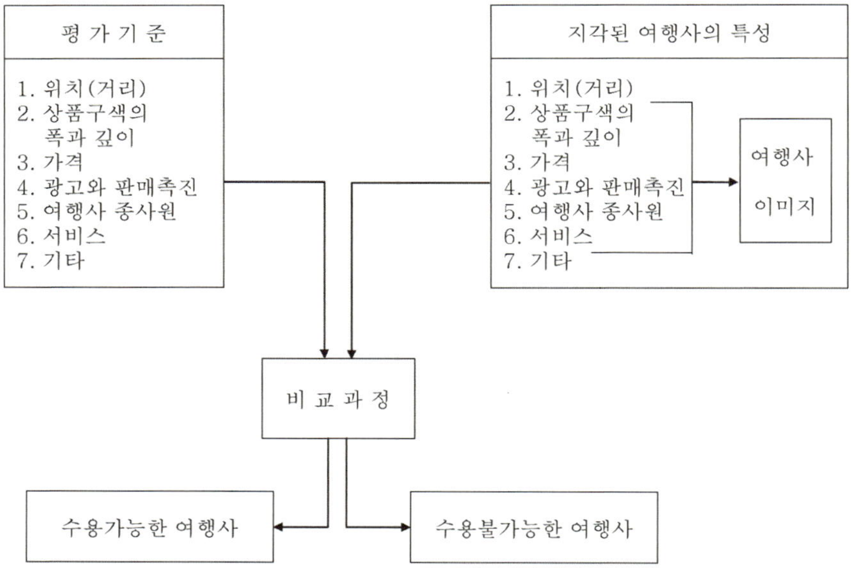

자료 : James F. Engel, Roger D. Blackwell, and W. Miniard, Consumer Behavior, 5th ed., The Dryden Press, 1986, 521쪽에 의거 재구성.

2) 학습(learning)

학습이란 동기, 강력히 인식된 경험, 특정의 자극이나 상황에 대한 행동경향의 반복이다. 이러한 학습은 인간개체의 인격형성에 매우 중요한 역할을 하고 있다. 인간은 태어나면서부터 말과 행동의 발달에 변화를 보이는 물리적 학습을 수행하면서 교육과정으로의 진입을 통해 제도적인 학습을 통해 변화 발전하면서 성장하게 된다. 즉 주변 관련 집단과의 상호활동을 통한 사회적 학습을 통해서 성장 발전해 나간다.

심리학자들은 학습을 인간행동을 이해하기 위한 기본적 과정이라고 설명하고 있다. 왜냐하면 여행목적지 선택에 있어 쉽고 빠른 의사결정이 이루어지는 것은 이미 경험에 의한 학습의 반복으로 볼 수 있기 때문이다. 즉 여행자의 학습은 여행행위의 경험결과에 의해 나타나는 비교적 영속적 행위로 나타난다(David L. London & Albert J. Della Bitta, 1984 : 459).

여행에 대한 학습은 직접 관찰할 수는 없지만 여행학습과정을 통하여 수행상의 행동을 추론함으로써 파악할 수 있다. 그러므로 여행자의 행동은 개인적인 인지에 의해서 느끼는 인지도에 의한 학습결과로 나타난다고 볼 수 있으며, 여행자가 국외여행을 여행사에 의뢰하였을 경우 여행사에서 여행계획을 대신해 주는 것은 시간의 보상이며, 여행을 계속하는 것은 여행자의 자극이고, 여행사의 서비스에 대한 여행자의 반응이 학습된 결과로 나타난다.

이와 같이 학습에 영향을 주는 요소들은 다음과 같다. 첫째, 여행사에서 제공하는 상품의 보상이나 강화의 정도가 크도록 해야 한다. 둘째, 여행상품의 경우 노출시간이 동일한 경우 일반적으로 적절한 간격을 둔 분산적 노출이 집중노출보다 우월하다. 셋째, 여행상품의 서비스가 제공되는 항목의 순위가 학습에 영향을 준다. 넷째, 멋진 여행지에 대한 자극에 대해 반응을 연상하도록 학습하였다면 그와 비슷한 자극은 보다 용이하게 동일한 결과와 연상될 수 있다. 다섯째, 여행지 정보 등 학습과정 대한 적극적 참여는 학습의 효과를 높여준다.

3) 성격(personality)

성격이란 어떤 개인의 특징을 이루는 행동 또는 체험의 기반이 되는 특성으로서 학습, 지각, 동기, 감정과 역할의 복합적 현상이라고 할 수 있다. 따라서 어떤 이는 성격을 "특성의 축적"이라고 설명할 수 있다.

개인의 성격은 구매행동에 영향을 미친다. 성격은 개인의 환경에 대해 상대적으로 지속적이며 또한 관성이 있는 반응을 유도하는 심리적 특성이다.

성격은 제품이나 상표의 선택에 관계되는 여행자행동을 분석하는데 유효하다. 이러한 특성은 복합적으로 형성되어 있기는 하나 성격의 분석방법을 잘 이용하면 성격이 여행자 행동에 대해 어떠한 기능을 하며 어떠한 영향을 미치는지를 파악할 수 있다.

플로그(S. Plog)는 사고중심형 여행자(Psychocentrics)와 행동중심형 여행자(allo centrics), 사고-행동중간형 여행자(Midcentrics)로 구분하고 있다(S. Plog, 1972 : 117).

성격의 5요인 이론에 의하면 각 차원은 ① 외향성(extraversion), ② 호감성(agreeableness), ③ 성실성(conscientiousness), ④ 정서적 불안정성(neuroticism), ⑤ 경험에 대한 개방성(openness to experience) 등으로 나누고 있다.

윤세환 · 박진영의 성격에 대한 연구결과는 남자보다 여자가 정서적 불안정성이 높고, 연령이 낮을수록(20대와 30대) 외향적 성격이 높으며, 미혼보다 기혼이, 수입이 많을수록 성실성이 더 높은 것으로 나타났다. 또한 학력이 높을수록 호감성이 높은 것으로 나타났다.

| 표 2-1 | 성격의 5요인 이론

구분	내용	특징
외향성	다른 사람들과의 상호작용을 원하고 타인의 관심을 끌고자 하는 정도	사교적인, 어울리기 좋아하는, 말을 많이 하는, 자기주장이 강한, 모험을 좋아하는, 활동적인, 모든 일에 적극적인, 활기에 찬, 리더십이 있는, 포부있는 등
호감성	인간성의 온정적인 측면을 포함하여 타인과 편안하고 조화로운 관계를 유지하는 정도	예의바른, 착한, 믿음직한, 협동적인, 융통성 있는, 너그러운, 감정이입적인, 마음이 고운, 보살피는, 인내심 있는
성실성	사회적 규칙, 규범, 원칙들을 기꺼이 지키려는 정도	참을성 있고, 열심히 일하며, 성취 지향적인 것 등과 같이 성취를 위해 노력하는 태도
정서적 불안정성	정서적으로 얼마나 안정되어 있고, 자신이 세상을 얼마나 통제할 수 있으며, 세상을 위협적이지 않다고 생각하는 정도	불안한-침착한, 우울한-우울증이 없는, 화난, 감성적인, 불안정한, 신경질적인-안정된, 두려워하는, 걱정하는
경험에 대한 개방성	교양, 지성, 창조성, 개방과 관계가 있는 정도	예술적인, 정교한, (지적인, 복잡한, 재능이 있는, 상상적인, 독창적인, 창의력이 풍부한, 지적능력, 포용성, 예술적인 감수성

자료 : 윤세환·박진영, 관광종사원의 성격 특성이 직무만족에 미치는 영향에 관한 실증 연구, 문화관광연구, 제6권 제2호, 문화관광학회, 2004, 278~280쪽에 의거 재구성.

4) 동기(motivation)

동기에 관한 대부분의 논의는 ① 유인요인(pull factor), ② 추진요인(push factor)의 개념을 중시하고 있는데, 이는 이성적 동기(rational motivation)는 유인요인으로, 정서적 동기(emotional motivation)는 추진요인으로 보고 있는 개념이다(G. Dann, 1977 : 184~194). 전자는 여행자의 내적·심리적 상황에서 동기가 유발되기보다는 여행지의 특정한 유인대상물(attraction)에 의해 발생되는 요인을 말하는데, 예를 들면 수용지역의 관광적 매력, 친구나 친척의 방문, 스포츠에의 참가 및 관전 등의 '매력적 요인'을 말한다. 반면에 후자는 여행자의 사회심리적인 요인에 의하여 여행동기가 발생되는 것으로서, 예를 들면 일상생활이나 직장의 환경 및 도시의 오염이나 교통혼잡 등의 이유에서 탈출하고 싶다는 '위기적 요인'을 일컫는다.

일반적으로는 추진요인이 유인요인보다는 우선적으로 발생하며 여행목적지 선정에 다양한 유인요인이 존재하기 때문에 여행자는 유사한 목적지 대안에 사전에 면밀히 분석하고 비교하는 과정을 거치게 된다.

그림 2-3 여행욕구와 동기유발과정 및 여행자 행동과의 관계

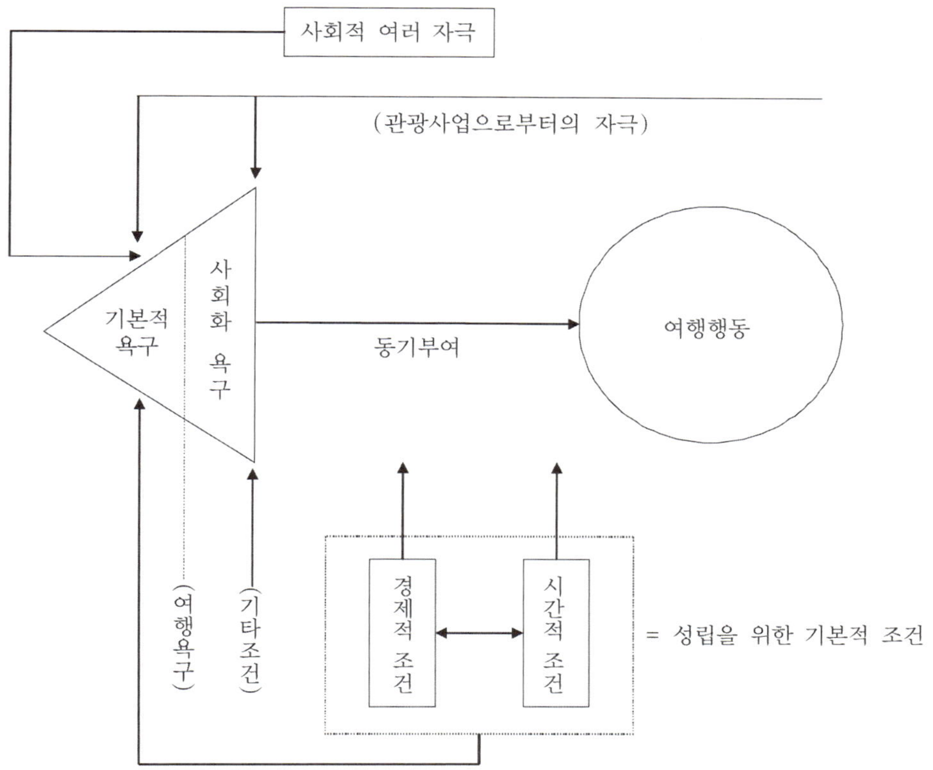

자료 : 鈴木忠義, 「現代観光論」, 有斐閣双書, 1974, 34쪽.

5) 태도(attitude)

태도란 일반적으로 행동의 선입관이나 선유경향(先有傾向 · predisposition)으로서 즉 개인이 어떤 대상(여행사, 여행상품)에 대해 호의적 또는 비호의적으로 기울고 있는지의 여부를 반영하는 "심리적 느낌의 표현"이라고 할 수 있다. 따라서 여행자의 태도는 여행상품이나 서비스에 대하여 생각하고 느끼고 행동하려는 것을 반영하려는 것으로 여행자 행동의 의사결정에 매우 중요한 역할을 한다(박상수, 1989 : 42).

이러한 태도의 정의에 관련시켜 볼 때 여행자의 여행대상물에 대한 호의적 · 비호의적 태도는 여행목적지의 선택, 여행요금, 여행서비스의 내용, 여행시설의 질 등의 각 부문에서 나타나게 된다.

여행동기에 대한 결과로 나타나는 만족과 불만족은 여행자가 여행목적지에 대해 갖는 기대감의 표시이며 그 기대감에 따라서 나타나는 개인의 신념, 의견, 느낌 등은 태도라는 말로서 사용하고 있다. 즉 여행자는 인간, 장소, 사건, 상황, 경험, 행동, 사고, 목적에 따라서 태도를 갖게 된다.

여행자의 태도는 여행사나 여행목적지에 대한 정보를 바탕으로 형성되며 이것이 일단 형성되면 여행사나 여행목적지를 좋아하거나 싫어하는 느낌을 갖게 된다. 그리고 이것은 여행자행동의 전제가 된다.

먼로(Monroe)와 길티난(Guiltinan)은 여행자의 여행사 선택과정에 영향을 미치는 요인간의 인과관계를 규명하기 위한 여행자의 태도에 초점을 두고 있다. 이 모형에서 여행자의 여행사에 대한 태도는 지각된 여행사 속성(perceived store attributes) 및 여행사 속성의 중요성(importance of agent attributes)에 의해 결정되며, 태도형성에 따라 여행사 선택이 이루어진 다음 정보처리과정을 거쳐 여행상품과 여행서비스를 이용하게 된다는 것을 알 수 있다.

그림 2-4 ⊙ 먼로와 길티난의 모형

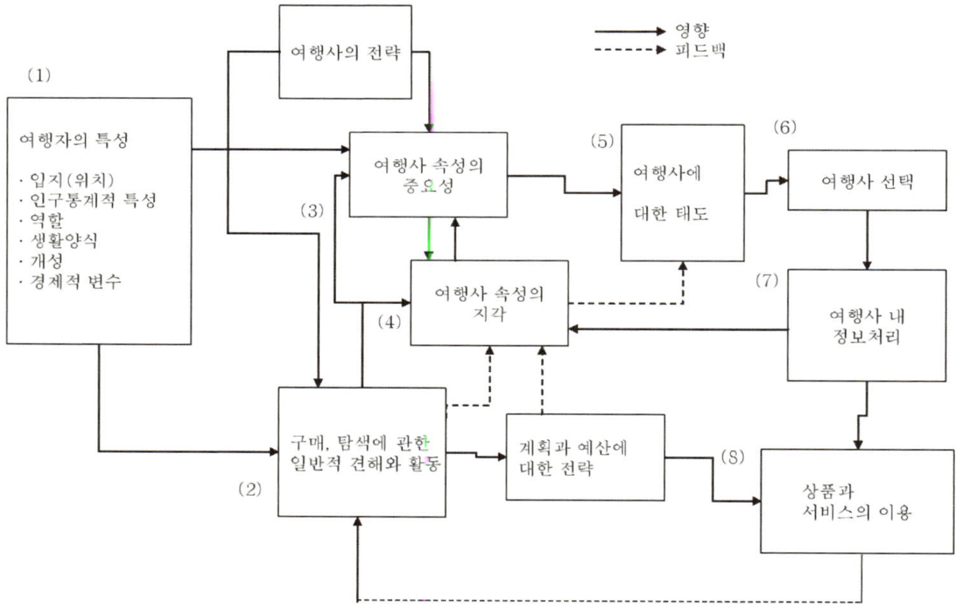

자료 : Kent B. Monroe and Joseph P. Guiltinan, "A Path-Analytic Exploration of Retail Patronage Influences," *Journal of Consumer Research*, Vol.2.(June 1975) 20쪽에 의해 재구성.

2.1.2 사회환경적 영향요인

여행자 행동의 결정에 있어 사회환경적 영향요인은 크게 ① 사회적 영향요인, ② 문화적 영향요인으로 나눌 수 있다.

1) 사회적 영향요인

여행자 행동에 영향을 미치는 사회적 영향요인으로는 가족, 사회계층, 준거집단 등이 있다.

(1) 가족(family)

가족은 인간사회에서 가장 기본적인 사회단위로서 여행자 행동에 가장 광범위하고 지속적으로 영향을 주는 소집단이다. 여행자 행동이 기업의 입장에서는 개인으로서 파악되는 것이 필요할 경우와 어느 집단단위로 파악되는 것이 필요할 경우가 있게 되는데, 여행사 영업활동은 집단 단위의 여행자행동이 그 주축을 이루게 된다. 특히 개인의 소비행동 모형에 가장 강하게 영향을 발휘하는 단일의 집단은 가족집단일 것이다.

현대는 가족 안에서 여가생활이 공유되지 못함으로써 나타나는 은둔형 외톨이 문제, 청소년 자녀의 게임중독과 부모와의 갈등, 가족원 내 세대간의 문화전통의 계승 단절, 노인의 여가소외 현상, 맞벌이 부부 증가로 인한 열쇠아동의 증가, 여가에서의 성(gender) 불평등 문제 등 여러 가지 문제가 산적해 있다. 따라서 이러한 사회적 이슈(issue)에 대해 가족단위 여가활동을 활성화하여 해결해야 한다는 시대적 요청이 매우 강하다(한국관광공사, 2009 : 5).

가족구성원은 서로간의 의사결정에 영향을 줄 뿐만 아니라, 공동 의사결정을 하는데 관여한다. 이와 같이 가족은 여행의사결정에 있어서 주된 영향요인이며, 동시에 소비단위로서의 행동주체가 되고 있다.

(2) 사회계층(social class)

사회계층은 소득이나 사회적 지위와 관련하여 어떤 사회에 작용하는 생활양식의 광범위한 차이이다. 다시 말하면 각 계급의 구성원이 비교적 동일신분을 가지되, 다른 계급 구성원과는 신분상 차이가 나도록 사회구성원 전체가 사회적 신분계층으로 분할된 것을 말한다(김채윤, 1993 : 150).

사회계층과 여행자 행동과의 관련성은 다음과 같이 5가지로 제시할 수 있다.

첫째, 사회계층에 따라 여행할 수 있는 기반은 다르다는 점이다. 왜냐하면 사회계층에 따라 휴일의 분포와 휴가시기 선택, 금전적 여유 등에서 차이가 발생하기 때문이다. 일반적으로 상류층은 활동적이며 여행을 자주 한다.

둘째, 사회계층은 여행현상 지각에 강력한 영향을 미친다는 점이다. 일반적으로 중류층은 사고방식이 비물질적이고 추상적 · 미래지향적이며, 자기확신과 모험심이 강해 여행에 큰 가치를 부여하는데 비해, 하류층은 사고방식이 구체적이고 감각적 · 현재 중심적이고 과거 지향적이어서 여행에 별로 흥미가 없으며 여행을 무익한 것으로 지각한다고 볼 수 있다(A. V. Seaton, 1992 : 107).

셋째, 사회계층에 따라 자녀의 여행경험에 대한 가치부여 정도가 다르다는 점이다. 중류층 이상의 부모들은 자기 자녀들이 역사, 정부, 과학에 관해 중요한 것을 배운다는 점에서 박물관이나 예술관을 자주 방문하고 문화나 유적여행 등에 관심을 가지는데 비해, 하류층의 부모들은 등산이나, 낚시, 자연에 관한 여행경험을 중시하는 경향이 강하다(Jr. Edward J. Mayo & Lance P. Jarvis, 1981 : 238~9).

넷째, 사회계층에 따라 여행태도에 차이가 발생한다는 점이다. 상류층은 여가활동비 중 여행과 외식에 많이 투자하고 여행목적지도 황야와 같은 모험적인 장소를, 날씨보다는 장소를 선호하는데 비해, 중하층과 하층은 여행목적지로 바다를 선호하고, 장소보다는 날씨에 많은 관심을 보인다는 것이다.

모험심이 큰 상류층은 개인여행을 많이 하는 반면, 자신감이 적고 소극적인 사람들은 단체여행에 의존하는 경향이 강하다. 또한 상류층이 여행지의 고유특징을 더 중요시하는데 비해, 하류층은 숙박 · 음식 등 여행의 기본 시설적 요소에 치중한다는 것이다(A. V. Seaton, 1992 : 108~9).

다섯째, 사회계층에 따라 여행동기도 다르게 나타난다는 점이다. 일반적으로 중상류층은 교육 및 문화적 동기에 보다 더 영향을 받는데 비해, 중하류층은 사회적 우월성에 의한 동기가 크게 작용한다는 것이다(Alma. Gottlieb, 1982 : 173~4).

이와 같이 사회계층을 여행자 행동과 관련지어 생각할 때에는 동일한 사회계층에 속해 있는 사람들은 그 집단이 가치를 부여하는 것에 유의하여야 한다. 왜냐하면 동일한 가치, 태도, 규범 등은 같은 형태의 상품과 서비스에 대한 매력으로 이어지기 때문이다.

(3) 준거집단(reference group)

준거집단이란 개인의 가치, 태도, 행동의 형성에 기준점이 되는 개인이나 집단을 말한다. 준거집단에는 개인의 가치나 행동 전반에 영향을 주는 가족, 교회, 학교와 같은 규범적 준거집단과 제한된 태도나 행동의 기준이 되는 직장, 동아리와 같은 비교적 준거집단이 있다.

준거집단은 가족, 혈연, 지연, 학연, 취미 중심의 소모임으로서 여행자 행동에 임할 때 이러한 소속준거집단의 영향을 받아 여행자 행동에 임하게 된다. 이는 소비주체들이 개인을 둘러싸고 있는 준거집단의 행동규범과 생활양식의 영향을 가장 많이 받으며 시간의 공유폭도 비교적 많기 때문이며, 더 나아가서 준거집단이 소비주체의 행동에 직접적으로 관여하는 폭이 넓기 때문이다.

준거집단과 여행자 행동의 일반적 관련성은 첫째, 여행상품에 대한 직접 경험이 있거나 충분한 정보가 있으면 준거집단이 구매행동에 절대적 영향을 행사하지는 않는다. 둘째, 집단 토의가 구매 결정에 대한 위험을 어느 정도 감소시키느냐는 확실하지 않다. 셋째, 준거집단이 신뢰성, 매력, 파워를 모두 가지고 있으면 태도나 행동의 변화에 큰 영향을 미친다. 넷째, 여행상품 자체가 신분을 상징하는 것일수록 준거집단의 반응을 고려하는 정도가 크다는 것이다.

| 표 2-2 | 준거집단의 영향력 요인

집단요인	개인요인	제품요인
① 집단응집력 ② 집단구성원 간의 유사경험 ③ 집단압력의 정도 ④ 집단의 크기	① 집단구성원들의 태도/집단에 대한 매력 ② 다른 구성원행위에 대한 지식 ③ 자신감/자기존경심 ④ 규범관련성의 지각정도 ⑤ 기타 성격변수	① 제품의 현시성(顯示性) ② 제품에 관계된 인지된 위험 ③ 제품의 사회적 몰입수준

〈표 2-2〉에 나타난 바와 같이 준거집단의 유형이 개별여행자의 여행행태에 미치는 영향 정도는 비구성원 집단보다 구성원 집단이, 부정적 집단보다는 긍정적 집단이, 그리고 제한적 접촉을 갖는 집단보다는 빈번하게 상호작용을 하는 집단이 더 크다.

2) 문화적 영향요인

문화는 여행자 행동에 광범위하게 영향을 미치는 요소로서 개인의 욕구와 행동의 가장 근본적인 영향요인이다. 즉 문화는 사회구성원들이 공유하고 따르는 생활양식이고, 그들이 사회생활을 통해 배운 행위의 유형이며, 전통의 묶음이요, 의식과 믿음의 총체이다(심상도, 1992 : 11).

그러므로 문화란 본질적으로 학습된 행동의 패턴이다. 사회에 살고 있는 인간은 문화로부터 독특하게 형성된 신념, 가치, 태도, 습관, 전통적 행동의 형태 등을 학습하게 된다.

우리는 여행을 하면서 각국의 전통과 습관, 가치 등을 통해 무엇이 옳고 그른지, 어떤 행위는 해서는 안 되는지를 배워왔다. 이렇게 배움을 통해 우리는 중요한 것과 덜 중요한 것(가치관), 좋아하고 싫어함(태도), 그리고 마침내 어떻게 행동해야 할(관행)을 알게 되고, 이러한 문화적 요인은 마침내 사회구성원이 여행상품 및 서비스를 선택하는 행동에도 영향을 미친다. 또한 여행을 하면서 각국의 문화와 관습에 제약을 받는다.

문화는 다시 하위문화(subculture)를 갖게 된다. 하위문화란 한 문화권의 인구가 증가되어 그 가운데도 이질적 특성을 가진 세분화된 문화를 말하는데, 오상락은 하위문화를 국적, 종교집단, 인종집단, 지역 등 4가지 형태로 구분하고 있다(오상락, 1983 : 74). 즉 문화의 차이로 인해 어떤 여행상품의 구매가 이루어지지 않는 시장이 있을 경우 다른 문화를 가진 여행상품으로 여행시장에 적응시킬 수 있다.

그러므로 문화는 학습된 행동으로서 삶의 소망, 역할, 타인과의 교제방법, 사물을 인식하는 방법, 필요한 여행상품의 서비스, 여행자로서 행동하는 방법 등에 영향을 미치며, 또한 개인의 여가 및 여행자 행동에도 영향을 미칠 수 있는 것이다.

2.1.3 판매촉진적 영향요인

판매촉진(sales promotion)이란 회사가 상품이나 서비스의 판매를 늘리기 위하여 짧은 기간 동안 중간업자나 최종소비자들을 상대로 벌이는 광고, 인적판매, 홍보 이외의 여러 가지 마케팅 활동을 말한다.

즉 소비자의 구매와 판매업자의 효율성을 자극하는 것으로 진열, 전시, 전람회, 실연(實演)으로 소비자의 구매 판매업자의 효율적 활동을 자극하는" 것이다. 말하자면 "작용하는 활동"이며 표적고객에게 적극적 활동하고 그 수요를 환기 자극시켜 여행상품의 매출을 증진시키려는 활동이다.

여행상품은 일반상품과는 달리 장소적인 이동이 불가능하기 때문에 여행자 행동을 유발시키기 위한 판매촉진적 영향요인이 중요시되고 있다. 특히 오늘날과 같이 정보의 홍수시대에서는 효과적인 정보의 전달이야말로 여행자의 행동을 변화시키는 중요한 역할을 한다(H. Koontz & C. O'donnel, 1974 : 397).

판매촉진의 종류는 ① 수요창조를 위한 판매촉진, ② 소비자 단가 증가를 위한 판매촉진, ③ 고정고객 창조를 위한 판매촉진, ④ 기업내부의 판매촉진, ⑤ 세일즈맨에 대한 판매촉진 등이 있으며, 표로 정리하면 〈표 2-3〉과 같다.

한편 여행서비스는 고객과의 직접서비스에 의해서 나타나는 만큼 서비스의 품질표시가 구전(口傳 · word of mouth)에 의해 외부로 촉진되는 경우가 많으므로 구전효과 관리에 역점을 두어야 하며, 전통적 촉진 가운데 특히 객관성과 신뢰성, 여론형성에 유리한 홍보(publicity)가 효과적이다.

| 표 2-3 | 판매촉진의 주요 수단

종류	내용
수요창조를 위한 판매촉진	직원(판매원) 및 agent(단골고객, 여행자)로 하여금 새로운 고객으로 만들고 확보하여 가는 활동이다.
소비단가 증가를 위한 판매촉진	각 수입부문의 소비를 촉진시켜서 고객 일인당, 평균 소비단가를 증대시키는 일이다.
고정고객창조를 위한 판매촉진	고객의 세분화(segmentation)와 고객의 정보수집에 의한 고객의 조직화이다.
기업내부의 판매촉진	각 부서 활동을 활발하게 만들고 업무능률 높이기 위하여 직원에 대하여 고정고객 및 잠재고객에 대한 관리를 유도하는 것이다.
세일즈맨에 대한 판매촉진	여행요금표(tariff), 국제회의, 인센티브 플랜(incentive plan), 전시회, 패키지 플랜(package plan), 이벤트안내 등을 명시한 팸플릿(pamphlet), 브로슈어(brochure) 등 인쇄물의 제작, 영화·슬라이드의 제작, 고정고객 초대, 영업소·전판점(專販店) 관리 등이다.

실제적으로 판매촉진적 요소와 여행상품 구매와의 관계는 상당부분 관련이 있는 것으로 판명되고 있는데, 이계심은 내국인의 75%가, 외래여행자의 55%가 판매촉진적 요소를 통해 여행사를 알게 되었다고 밝히고 있으며(이계심, 1985 : 125~7), 오미숙도 여행자의 여행정보 탐색활동 중 판매촉진적 요소를 언급함으로써 판매촉진적 요소와 여행사 선택행동과의 관계를 뒷받침하고 있다(오미숙, 1990 : 126~7).

그림 2-5 ⊙ 여행사 판매촉진의 구성내용

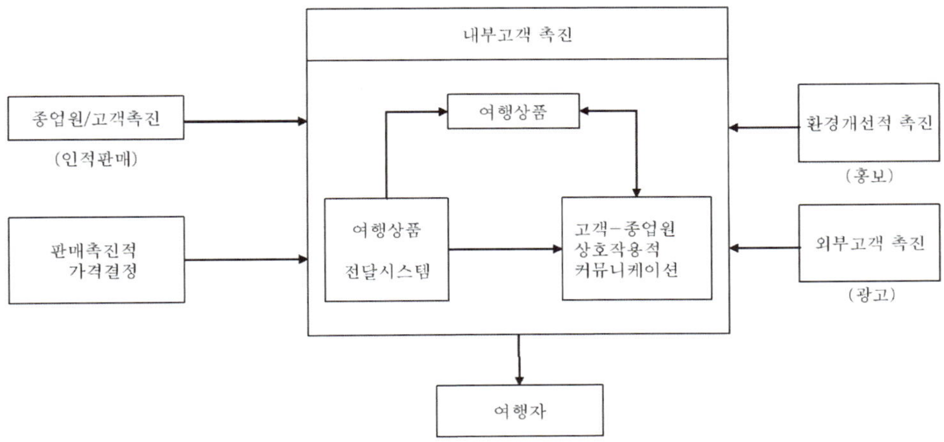

자료 : 김기찬, "서비스 마케팅의 전략적 전개" 마케팅연구, 제2권 1호, 한국마케팅학회, 1987, 219쪽에 의거 재구성.

2.1.4 판매촉진의 이론과 전략

판매촉진을 위한 수단들을 상세히 설명하기 전에 판매촉진 계획을 수립하거나 판매촉진믹스를 결정하기 위해서는 다음의 이론과 전략들을 알아두는 것이 중요하다.

1) 기대효용이론

기대효용이론은 '지급가격이 기준가격보다 작을 때에는 취득효용 이외에 추가적인 거래효용이 발생하고, 지급가격이 기준가격보다 클 때에는 취득효용을 감소시키고 불쾌감을 발생시킨다'는 이론이다. 여기서 취득효용(acquisition utility)기준은 제품가치와 지급가격의 비교에 의해 결정되는 일반적 의미의 효용을 말하며, 거래효용(transaction utility)기준은 지급가격(원래가격)과 기준가격(준거가격)을 비교하여 느끼는 상대적 의미의 효용을 말한다. 예를 들어 지급가격이 기준가격보다 크면 가격할인 쿠폰 등의 제공이 바람직한 판촉형태이다.

2) 불확실성이론

사용경험이 없는 제품이나 서비스일 경우 소비자는 성능 또는 결과에 대해 불확실성을 느낀다. 이때는 무료샘플이나 소량의 시용(試用)제품 쿠폰 등을 사용하여 실제로 이용해 보도록 하는 것이 필요하다. 한편 소비자들은 어떤 상표를 처음 구매할 때 반복구매할 경우보다 훨씬 소량을 구입한다는 것을 이해해야 한다. 이때 바람직한 판촉형태는 견본품이나 시용제품, 쿠폰, 리베이트(rebate) 등이 적합하다.

3) 반복이론

반복이론은 돌고래나 코끼리, 원숭이 등 동물들을 훈련시킬 때 사용하는 것으로서 반응을 할 때마다 먹이(보상)를 주게 되면 학습에 의해 반응을 보이는 동작의 횟수가 점차 증가하는 것과 같은 형태의 세뇌기법이다. 바람직한 판매전략으로는 포장 내 쿠폰, 품질보증, 영수증 소지자에게 경품을 제공하는 방법 등이 있다.

4) 판매촉진과 상표자산

판매촉진에 대한 의존도가 높은 브랜드는 장기적으로는 시장점유율이 떨어질 우려가 있다. 반복적인 가격할인은 품질을 저하시킬 우려가 커서 브랜드이미지를 떨어뜨리게 되기 때문이다. 이런 경우 감성적 제품이 이성적 제품보다 그 영향이 일반적으로 더 크다.

5) 죄수딜레마와 판매촉진

죄수의 딜레마란 협동을 하면 모두에게 이익이 됨에도 불구하고 배반을 선택하게 되는 상황을 의미한다. 일명 용의자의 딜레마라고도 한다. 경쟁업체가 하니까 안 할 수도 없고, 무작정 따라서 하는 경우, 즉 경쟁압력에 의해 판촉을 하게 되는 경우를 죄수의 딜레마와 같은 상황이라고 할 수 있다. 다른 죄수가 고백을 하게 되면(경쟁사가 중간상 판촉을 하게 되면) 내가 고백을 안 할 경우(우리 회사가 중간상에게 판촉을 안 하는 경우) 우리 회사의 매출액의 감소가 너무 클 것이기 때문에 판촉을 안 할 수 없게 되는 상황을 말한다.

6) 이에는 이 눈에는 눈(Tit-For-Tat)

이 전략은 상대방이 공격해 오면 즉각적으로 강력하게 보복 공격하고 상대방이 공격을 멈추면 바로 공격을 멈추는 전략이다. 전략을 성공시키기 위해서는 서로 신호를 보내야 한다. 예를 들면 가격인상계획을 미리 발표한 후 경쟁사의 반응을 지켜보고, 경쟁사가 값을 올릴 것이라는 신호를 보내오면 두 회사 모두 값을 올리는 것이다. Tit-for-Tat전략은 다음 4가지 행동양식을 기본으로 한다. 즉 ① 일단 상대방을 믿고 협조하라(초기 신뢰), ② 상대방이 협조하면 계속 협조하라(신뢰 유지), ③ 만약 상대방이 배신하면 같이 배신하라(응징), ④ 배신한 상대방이 협조하면 다시 협조하라(용서). Tit-for-Tat전략은 회사와 직원 간, 회사와 회사 간, 국가와 국가 간 제휴에서의 신뢰(협조)가 매우 중요하다는 것을 시사한다.

2.2 여행자 행동의 결정요인

2.2.1 여행의사 결정요인

여행의사결정은 여행을 할 것인가 말 것인가부터 시작하여 여행목적지, 숙박시설, 교통수단, 여행시기, 여행기간 등 수많은 결정을 수반한다. 또한 이렇게 복잡한 의사결정과정에는 많은 영향요인들이 작용하게 되어 주관적인 독특한 여행경험을 갖게 된다.

의사결정이란 일정한 목표를 설정하고 그 목표를 효과적으로 달성하기 위한 몇 가지 대안(alternative) 가운데 가장 유리하면서도 실행가능한 대안을 선택하는 합리적인 인간행동이라고 정의할 수 있다(안태호 · 임상희, 1990 : 277).

즉 의사결정(decision making)이란 효과적인 목표달성을 위해서 대체가능성이 있는 다양한 활동과정 중에서 하나의 특정한 활동과정을 선택하는 것이라고 할 수 있다(J. D. Fridgen, 1984 : 24).

이와 같이 의사결정이란 본래 두 개 이상의 대체적 선택요소 가운데 그 중요성에 따라 어느 하나를 선택하는 것으로(장혜숙, 1989 : 115), 크게 두 가지 의미를 가지고 있다.

광의의 의사결정은 문제인식 단계에서 시작하여 특정한 대안을 채택 또는 수행하는 것까지를 포괄하는 복잡한 과정이지만, 협의의 의사결정은 선택(choice)과 같은 의미로 이는 광의의 결정과정의 한 단계로 국한되어 여러 여행대안의 선정과 평가 후에 하나를 선택하는 것이다.

예컨대 여행목적지의 기후조건이 충분히 인식되고 있음에도 불구하고 날씨는 변동될지도 모르며, 서비스나 시설의 질은 예상과 빗나갈 수도 있다. 더욱이 여행자의 체험은 수용지역(受容地域)의 특징에 의해 제약받기 때문에 특히 처음 방문하는 여행자에게는 충분히 인식할 수 없는 경우도 있을 수 있다.

여행자들이 여행의사결정에 고려하는 중요 요인을 정리하면 〈표 2-4〉와 같다.

| 표 2-4 | 여행자의 여행의사 결정요인

어디로 갈 것인가?	여행목적지(국가, 지역, 지방)
어떻게 갈 것인가?	관광교통(자가용, 항공, 철도, 선박, 버스, 렌터카 등)
어디에 체류할 것인가?	숙박(호텔, 모텔, 캠핑, 콘도 등)
무엇을 할 것인가?	활동(유람, 스포츠, 박물관 방문, 식사와 여흥 등)
여행 형태?	FIT(목적지에 직접 주선 또는 여행사를 통함), 패키지(package)투어
얼마의 경비를 쓸 것인가?	여행예산은 교통, 숙식비에 국한할 것인지, 구매까지 포함하는지 여부
어디에 예약을 할 것인가?	관광기업체(항공사, 호텔 등)에 개별적으로 하거나 여행사를 통한 예약

자료 : 손대현, 관광마케팅론, 일신사, 1985, 139쪽.

2.2.2 여행의사 결정과정

의사결정은 인간의 행동이기 때문에 으레 의사결정과정이 있게 마련이다. 일반적으로 의사결정과정에는 ① 문제의 명확화와 해결목표 설정단계, ② 대체안 작성의 단계, ③ 대체안 평가와 선택의 단계로 이루어진다(서울대학교 경영대학 경영학연구소, 1983 : 105).

1980년도 UNWTO에서 관광에 관한 유통기구 연구에 의하면 여행자의 여행의사 결정과정은 ① 여행자극, ② 개인적 · 사회적 결정요인, ③ 외적 요인, ④ 목적지에 있어서의 서비스 성격 등으로 4분류하여 [그림 2-6]과 같은 모형을 제시하고 있다(Travel Journal, 1980 : 39~40).

그림 2-6 ⊙ UNWTO의 여행의사 결정모형

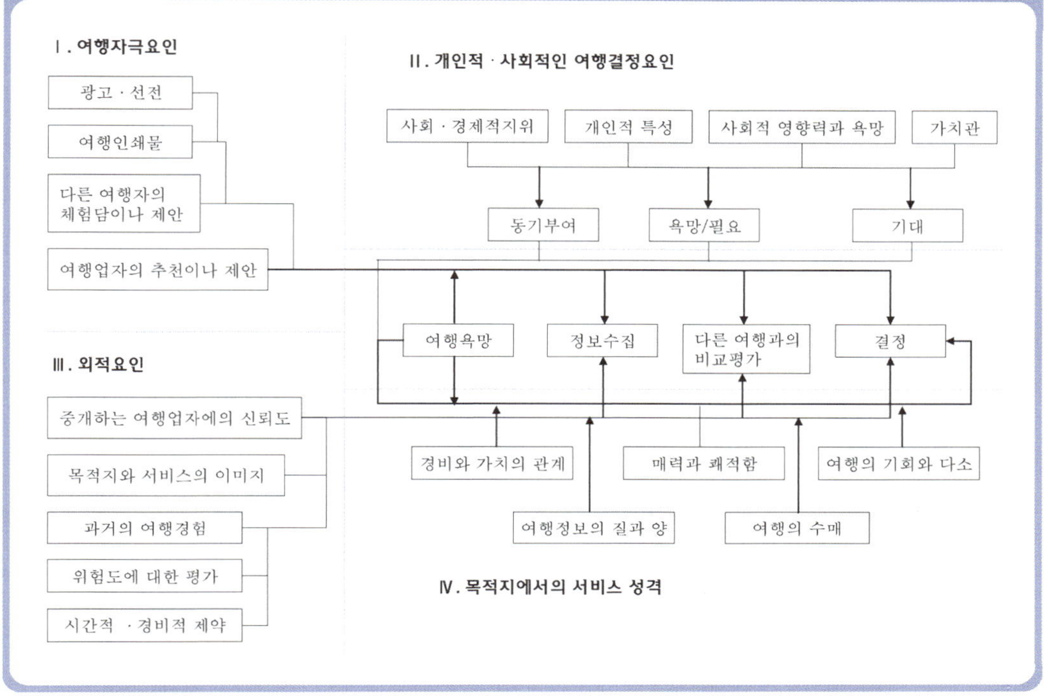

- 분야 Ⅰ : 이 분야는 잠재여행자에 대한 외적 자극을 포괄하고 광고에 의한 메시지, 모든 종류의 여행인쇄물, 친구나 친척의 의견이나 시사, 질문에 대한 여행중개업자의 회답 등이다.
- 분야 Ⅱ : 이 분야는 개인의 개성, 사회 · 경제적 특질, 기타 일체가 되어 고객의 목표결정을 좌우하는 의향 및 가치관 등으로 구성된다. 구체적으로는 여행을 필요로 하는 사정이나 희망의 강도, 여행에 기대하는 것, 혹은 여행에 수반된 어떤 종류의 위험에 대한 지식이나 주관적인 불안 등이다.
- 분야 Ⅲ : 잠재여행자가 여행의사 결정에 있어 고려하는 요소로, 예를 들면 중개업자나 여행사에 대한 고객의 신뢰도, 경합하는 여행서비스나 여행목적지에 대한 이미지, 과거의 여행경험, 비용이나 시간 등의 속박 등이다.
- 분야 Ⅳ : 의사결정이나 그 결과에 좌우하는 개개의 여행목적지나 서비스 기업의 성격 및 특징 등이다.

2.3 여행자 행동의 변화

문화체육관광부가 매년 정기국회에 보고하는 "관광동향에 관한 연차보고서"에 의하면 여행자들이 가지고 있는 여행의식 변화는 다음과 같이 요약할 수 있다.

| 표 2-5 | 시대별 여행의식 변화

구분	시기	여건	관광특징
1단계 대중관광	산업화 사회	– 안정된 정치적 환경 – 제트여객기 출현	– 패키지 투어상품 – 대규모 리조트 및 테마파크 조성
2단계 문화관광	탈 산업화 사회	– 문화유산의 보존 – 문화유산의 세계화	– 유형적 문화유산 – 문화·유산시설 방문과 감상
3단계 창조관광	네트워크 사회	– 창조산업의 성장 – 직접참여와 학습에 대한 수요	– 무형적 문화유산 – 창조적 활동 참여와 네트워크

자료 : 김형곤, 창조관광의 개념과 전략, 한국문화관광연구원, 관광정책, 제52권, 2013, 9쪽.

① 자연·명소 구경에 편중되었던 여행목적이 다양화하고 있다.
② 대중교통수단의 의존도가 감소하는 대신 자가용 및 항공기의 이용률이 크게 늘고 있다.
③ 동적 여행이 점차 늘고 있다.
④ 개인적 여가활동 성향이 늘고 있다.
⑤ 산악지역으로의 여행선호 패턴에서 해안지역 및 섬지방으로의 여행이 늘어나고 있다.
⑥ 여행계절 또한 전통적인 봄·가을 여행이 줄고 있는 대신 여름철 피서여행이 압도적이다.
⑦ 여행대상지역이 광역화·장거리화 하고 있는 대신 여행지 내에서의 체류시간은 점점 짧아지고 있다.
⑧ 개인여행 및 가족단위의 여행이 점차 증가하고 있다.
⑨ 숙박시설 이용에 있어 고급화 경향이 나타나고 있다.

이와 같은 현상은 지금까지와는 전혀 다른 새로운 방식의 여행을 요구하고 있는 것이다. 즉 1980년대 이후에 새롭게 생겨난 대안적 관광(alternative tourism)의 등장이다.

대안적 관광은 종래의 집단적 관광과는 달리 집단성이 약해지는 유형(pattern)으로 특히 젊은 사람일수록 선호도가 높다.

이러한 대안적 여행의 수요증가는 여행목적지에 대한 다양한 정보나 지식에 대한 수요가 그만큼 증가하는 것을 의미하며, 그러한 정보나 지식을 분류하고 해석해 줄 전문가의 도움이 커지는 것을 의미하므로 여행사로서는 여행숙련가의 확보와 대안여행상품 개발에 노력해야 할 것이다.

| 표 2-6 | 전통적 여행방식과 새로운 여행방식의 비교

	전통적인 집단적인(mass) 여행	대안적인(alternative) 여행
일반적인 특징	• 빠른 개발 • 최대화 • 사회적 그리고 환경적인 영향에 대한 낮은 고려 • 통제권 밖 • 단기 • 부분별 • 중앙으로부터의 통제	• 느린 개발 • 최적화 • 사회적 그리고 환경적인 영향에 대한 높은 고려 • 통제권 안 • 장기 • 전체적 • 지역적인 통제
발전전략	• 계획이 없는 개발 • 프로젝트에 의해 주도 • 모든 곳에 대한 관광개발 • '인기장소'의 집중 • 새로운 건축물 • 외부인들에 의한 개발 • 외부에서 충당되는 인력 • 도시적인 설계	• 계획이 먼저, 개발은 나중 • 개념에 의해 주도 • 적절한 장소에 대한 관광개발 • 압력과 이익이 분배 • 기존 건축물의 재사용 • 지역사람들에 의한 개발 • 지역에서 충당되는 인력 • 지역적인 설계
여행자의 행태	• 큰 그룹 • 고정된 프로그램 • 짧은 시간 • '볼거리' • 유입된 생활방식 • 편안함/수동성 • 시끄러움 • 쇼핑	• 개인, 가족, 친구들 • 즉흥적 • 긴 시간 • '경험' • 지역적인 생활방식 • 도전/활동성 • 조용함 • 선물교환

자료 : Sharpley, Richard and Telfer, David J., 「Tourism and Development」, NY, Routledge, 2008, 30~40쪽.

Chapter 03

여행업의 의의와 성격

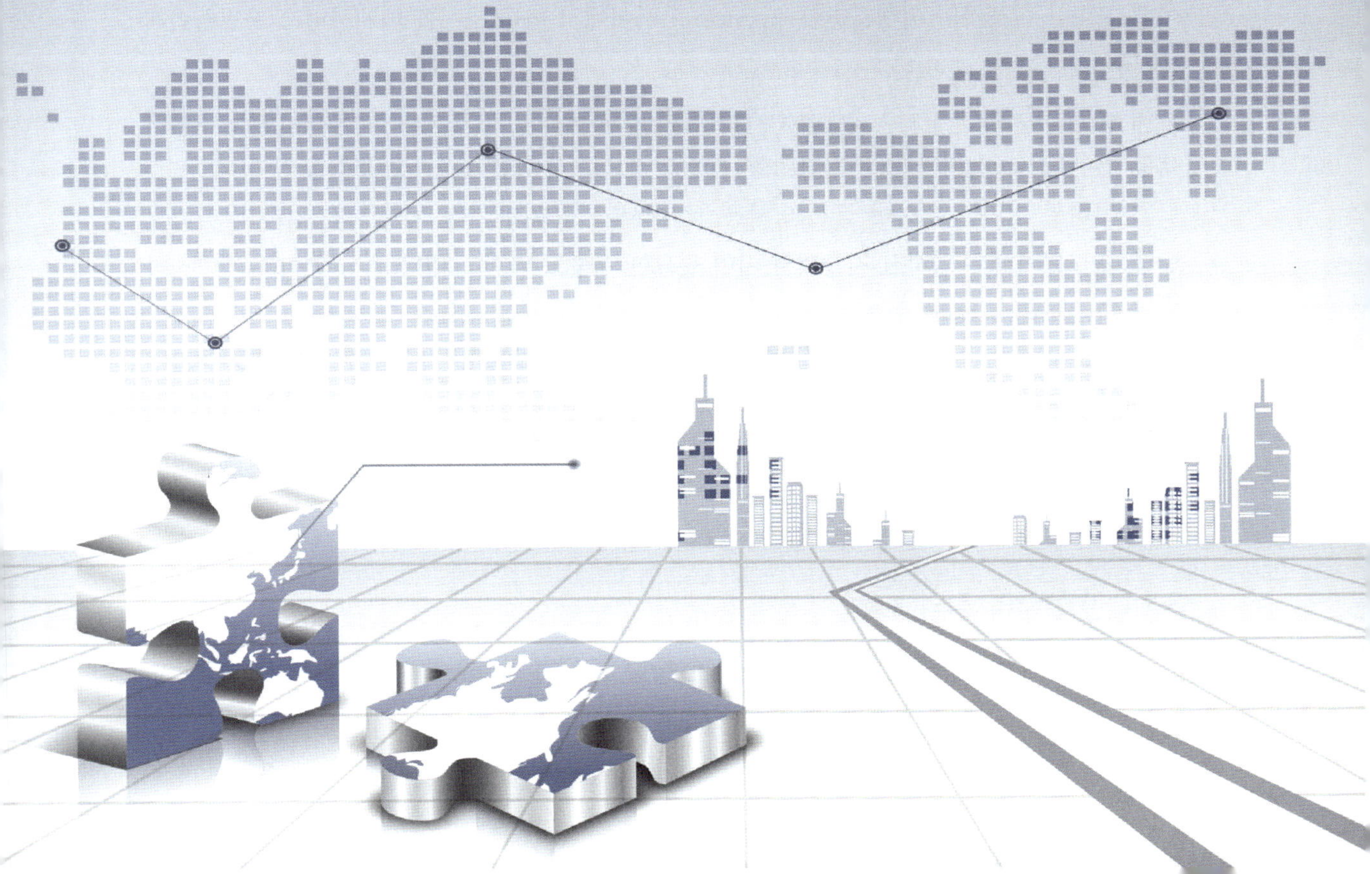

03 여행업의 의의와 성격
Chapter

3.1 여행업의 정의

3.1.1 여행업의 등장배경

사람과 사업의 숫자가 비교적 적을 때에는 1:1로 거래를 한다. 그러나 이들 숫자가 많아지면 1:1로 거래를 하기가 어려워지고 중간에 중개업자가 들어서서 양자 사이를 매개하게 된다. 여행사 또한 여행자와 여행관련업자(principal) 사이에서 이들 사이를 매개하려고 자연스럽게 등장된 것으로 보고 있다.

여행업의 등장은 여행의 증가요인과 맞물려 있다고 볼 수 있다. 즉 종래의 근로찬미형의 생활의식에서 여행이라는 '여가찬미형' 생활의식으로 변화한 것이 중요한 요인이다.

도쿠타는 이와 관련하여 금전의 사용방식에서도 '필요적 지출'과 '임시적 지출'이 있다고 언급하면서, 여행은 임시적 지출에서 이미 필요한 지출로 바뀌고 있다고 하여 이를 뒷받침하고 있다(德田賢二, 1988 : 12).

이와 같이 여행이 생활과정으로 정착하게 된 것은 최근 여행의 대중화와 더불어 저변확대가 가능하게 된 데서 연유하고 있다. 따라서 크게 확대된 여행자층은 여행에 대한 여러 가지 편의를 필요로 함에 따라 여행자의 여행욕구와 여행대상을 결합시키는 여행업의 필요성이 자연스럽게 대두된 것으로 볼 수 있다.

3.1.2 여행업의 정의

여행사는 대개 ○○여행사, ○○관광, ○○항공, ○○관광여행사, ○○항공여행사, ○○투어, ○○트래블 등으로 회사명을 사용하는데, 겉으로 보면 다 똑같은 여행사 같지만 실제 업무내용은 그렇지 않다.

「관광진흥법」은 제3조 제1항 제1호에서 여행업이란 "여행자 또는 운송시설 · 숙박시설, 그 밖에 여행에 딸리는 시설의 경영자 등을 위하여 그 시설의 이용 알선이나 계약 체결의 대리, 여행에 관한 안내, 그 밖의 여행 편의를 제공하는 업"이라고 규정되어 있다. 또한 동법 시행령 제2조 제1호에는 여행업의 종류를 일반여행업, 국외여행업, 국내여행업 등 3종류로 규정하고 있다.

여행업(travel agency)이란 간단히 얘기하면 사람들이 보다 쾌적한 여행을 하도록 여러 가지 편의를 제공하는 기관(渡邊圭太郎, 1981 : 2)이라고 할 수 있다.

오카니와(岡庭博)는 여행업을 여행준비부문과 여행실시부문으로 구성된 업체로 파악하고, 전자에는 ① 여행에 관한 질의 응답, ② 설명서나 안내서의 교부, ③ 외국여행에 관한 여행수속대리 등을, 후자에는 ① 교통기관의 각종 권류(券類)판매, ② 호텔 알선, ③ 여행상해보험, 수하물보험의 취급, ④ 수하물의 보관 및 배달, ⑤ 환전, 여행자수표 발행, ⑥ 여행주최 등을 열거하고, 이상의 업무를 통해서 수수료에 의하여 경영되는 사업이라고 언급하고 있다(岡庭博, 1972 : 294).

와타나베는 "여행업이란 여행자와 운수기관, 숙박시설 등의 사이에서 여행자에 대해 예약 · 수배 · 알선 등의 서비스를 제공하고 그 보수를 얻는 사업자"로 정의하고 있다(渡邊圭太郎, 1981 : 2).

이나가키는 일본의 "여행업이란 여행자와 교통 · 숙박업 등의 중간에 서서 영리활동으로써 각종 서비스의 대리 · 매개 · 알선 · 이용을 하고 혹은 여행자에 대해 도항수속의 대행 · 상담 · 안내를 하는 업종"으로 규정하여 여행업에 대한 정의를 포괄적으로 정의하고 있다(稲垣勉, 1981 : 140).

이선희는 한국에서는 최초의 여행사경영학 교재라 할 수 있은 「여행알선경영론」에서 여행업이란 "여행자와 여행시설업자와의 사이에서 거래상의 불편을 덜어주고 중개해 줌으로써 그 대가를 받는 기업"이라고 정의하였다(이선희, 1979 : 27). 이 정의에서는 여행업의 중개행위에 초점을 맞추고 있다.

이영수는 "여행업이란 여행자와 관광의 하부구조를 형성하는 교통운수기관이나 호텔 등의 중간에서의 매개자"라고 언급하고 있다(이영수, 1983 : 111). 이 정의에서도 위의 정의에서와 마찬가지로 중개행위에 비중을 두고 있음을 알 수 있다.

김진섭은 "여행업이란 여행자와 교통기관, 숙박시설 등 여행과 관계를 맺고 있는 (principal)

의 중간에 서서 여행자에 대하여 예약 · 수배 · 알선 등 여행서비스를 제공하고 일정한 대가(보수)를 받아 영업으로 하는 사업자를 말한다"고 언급하고 있다(김진섭, 1986 : 13). 이 정의는 앞서의 정의보다 여행업의 기능적 측면을 부각하여 보다 구체적으로 정의하고 있다.

윤대순은 "여행업이란 여행자에게 여행관련업자(principal)를 알선하여 주고 수수료를 받거나, 여행관련 기업의 이용권(principle)을 판매하여 수수료를 받아 운영하는 사업자"로 정의하고 있다(윤대순, 1986 : 56). 이 정의에서는 이용권에 대한 용어가 처음으로 등장한 것은 의의를 가지나, 여행업의 정의로는 지나치게 단순한 것이 단점이라 하겠다.

리코리쉬는 "여행업은 여행자들의 여행상담과 교통기관이나 숙박기관을 예약하고, 여행을 생산 창조하는 사업자"로 규정하고 있다(L.J. Lickorish, and A.G. Kershaw, 1958 : 209~10).

미주여행업협회(ASTA)에서는 "일반적으로 여행관련업자를 대신하여 제3자와 계약을 체결하고 또한 이것을 변경 내지 취소할 수 있는 권한이 부여된 자"를 여행업자로 정의하고 있다.

이상의 여행업에 관한 여러 정의를 종합해보면 "여행업이란 여행자와 여행관련 기관(principal) 사이에서 여행자에 대해 예약, 수배, 대리, 이용, 알선 등의 여행서비스를 제공하고 그 대가를 받는 사업"이라고 할 수 있다.

▷ 용어의 정의

예약(豫約 · reservation)이란 여행소재 제공자인 운송 · 숙박기관에 대해서 개별적으로 개개의 계약을 체결하는 것을 말하며, 수배(手配 · arrangement)란 개개의 예약을 종합하여 일련의 여행화 작업을 의미한다. 그러므로 수배란 하나 이상의 예약을 통하여 여행상품을 형성하는 것을 의미한다고 할 수 있다.

대리(代理 · procuration)란 여행사가 여행자를 대신하여 이용의 편리함을 제공하는 것으로 여행사(甲)가 항공사(乙)를 위하여 여행자(상대방 · 丙)에게 의사표시를 하거나 또는 여행자(상대방 · 丙)로부터 의사표시를 수령함으로써 생기는 법률효과(권리 · 의무)를 직접 항공사(을)에게 귀속시키는 제도를 말한다(민법 제 114조). 즉 대리는 ① 본인과는 별개의 독립된 지위를 가지는 대리인이 ② 제3자(상대방)에게 본인의 이름으로 일정한 의사표시를 하거나 또는 제3자로부터 의사표시를 수령하되, ③ 그것이 본인을 위하여 한다는 대리의사에 따라 ④ 그 행위의 법률적 효과(권리와 의무)를 행위를 한 대리인 아닌 본인에게 직접 귀속시키는 제도이다. 따라서 불법행위(不法行爲)의 대리는 인정되지 않는다. 이를 그림으로 나타내면 다음과 같다.

그림 3-1 ◎ 대리의 내용

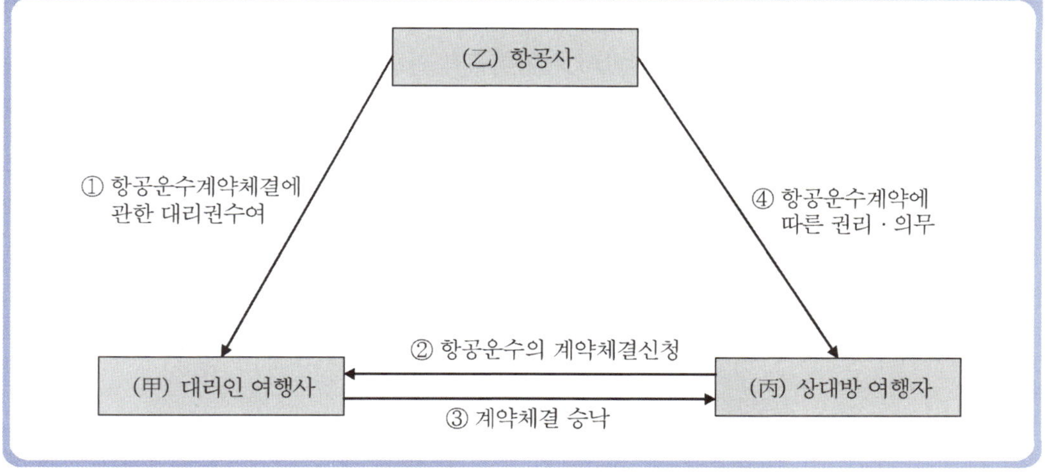

이용(利用 · use)은 여행관련기관(principal)이 경영하는 운송기관 및 숙박시설 등을 이용하여 여행자를 운송 및 숙박시키는 것으로서 병(丙)과 갑이 계약체결을 하고 을(乙)이 하청(下請 · subcontract)으로 이용하는 행위이다. 예컨대 차량을 소유하지 않은 여행사가 여행행사를 계획하는 경우 차량을 소유한 회사와 이용계약을 체결하고 이를 운용할 때 여행사는 차량을 소유한 회사에 하청을 주는 것이 되고 하청을 준 회사의 차량을 사용하는 행위가 바로 이용이다. 이를 그림으로 제시하면 다음과 같다.

그림 3-2 ◎ 이용의 내용

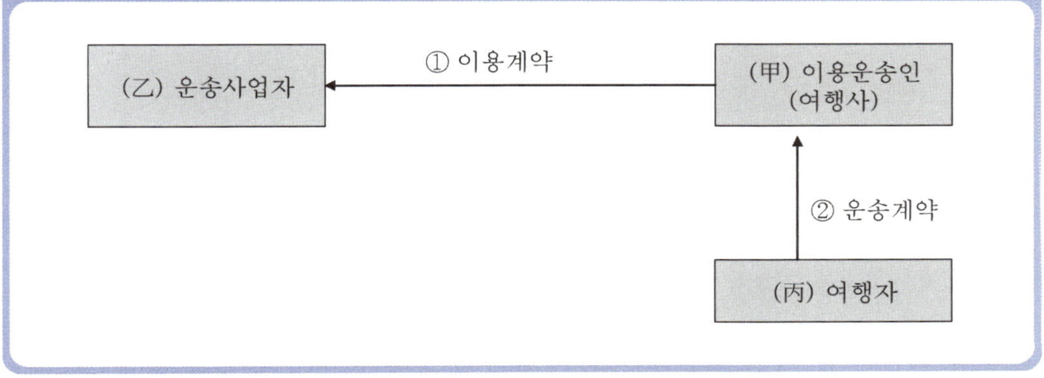

알선(斡旋 · mediation)이란 여행사가 여행자와 여행관련 기관을 형성하는 교통운송기관(항공 · 선박 · 철도 등)이나 호텔 등과의 중간에서 여행관련 기관의 이용에 대한 매개자로

서 역할을 다하는 것을 의미한다. 사무처리를 위탁하는 위임(委任)과 유사한 말로서, 계약체결에 있어 진력(盡力 : 최선을 다하다)할 뿐이며 스스로 계약당사자가 되지 않는 것이 특징이다(그림 참조). 즉 알선은 여행업자가 일반의 여행대중과 관광의 하부구조를 형성하는 교통운송기관(항공 · 선박 · 철도 등)이나 호텔 등과의 중간에 서서 제반 이용에 대한 매개자로서 역할을 다하는 것을 의미한다. 그러므로 어떤 여행자가 제주도에 여행하려고 할 때 여행사로서는 그 여행자의 경제적 능력, 가족규모, 취미활동, 관심분야 등 여행에 관한 종합적으로 고려를 하여 그 여행자에게 적합한 호텔이나 교통기관, 식당 등을 추천하여 여행자 자신이 업체를 선택하여 계약체결을 하도록 도와주는 것이 알선이라고 할 수 있다. 이를 그림으로 나타내면 다음과 같다.

그림 3-3 ◉ 알선의 내용

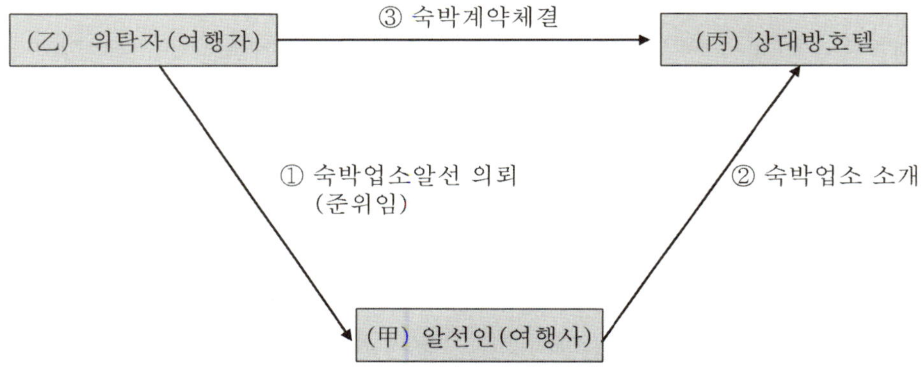

3.1.3 여행업의 형태

여행업의 형태는 국가에 따라 또는 학자에 따라 그 분류방법이 다르다. 국내에서는 「관광진흥법」에 여행업의 종류를 ① 일반여행업, ② 국외여행업, ③ 국내여행업 등 3종류로 구분하고 있으며(동법시행령 제2조 제1호), 일본에서는 1종, 2종, 3종, 여행대리업 등 4종류로 구분하고 있고, 영국에서는 ① 여행사, ② 여행중개자, ③ 여행판매자, ④ 온라인판매상 등으로 구분하고 있어 국가 간에도 여행업의 종류에 다소간 차이가 있다. 그러나 대개는 여행업무를 기준으로 업종을 설정하고 있다.

1) 「관광진흥법」 상의 여행업 형태

① 일반(종합)여행업 : 국내외를 여행하는 내외국인을 대상으로 하는 여행업(사증발급 대행업무를 포함)으로 자본금 2억원 이상.

② 국외여행업 : 국외를 여행하는 내국인을 대상으로 하는 여행업(사증발급 대행업무를 포함)으로 자본금 6천만원 이상.

③ 국내여행업 : 국내를 여행하는 내국인을 대상으로 하는 여행업으로 3천만원 이상으로 구분하고 있다.

| 표 3-1 | 여행업의 국내외 비교

구분	한국	영국	일본
여행상품 판매자	자본금·시장에 의한 분류	비스니스 활동에 의한 분류	주체와 판매에 의한 분류
	• 국내여행업 • 국외여행업 • 일반여행법	• 여행사 또는 여행중개자 • 여행판매자 • 온라인판매상	• 제1종 여행업 • 제2종 여행업 • 제3종 여행업 • 여행대리점업
관련기관	한국여행업협회	영국여행사협회, 민영항공청	일본여행업협회
공공조직	문화체육관광부, 국토교통부, 외교부 등	문화·미디어·스포츠부, 교통부, 외교·상공성	국토교통성, 외무성 등

자료 : 김상태, 여행업관련 제도개선방안 연구. 한국문화관광연구원, 2001년에 의거 재구성.

2) 유통기준으로 본 여행업 형태

여행업의 형태를 여행상품의 유통을 기준으로 보면 ① 종합형, ② 순도매업자형, ③ 순소매업자형, ④ SIT형, ⑤ 업무전문형 등 5가지로 나눌 수 있다(トラベル ジャーナル, 1991 : 35~6).

① **종합형** : 여행업의 전형적인 형태로 주최, 수배여행 모두 취급하고 있으며, 도매도 하고 타사상품의 소매도 한다. 이 형태는 국내, 국외, 외국인 모두를 취급하는 (종합형)과 국외와 국내, 국외와 외국인 등 각각의 여행을 전업적으로 취급하는 (전업형)이 있다.

② **순도매형(wholesaler)** : 이 형태는 소매는 하지 않고 상품조성만 하고 타사에 판매만 하는 여행사이다. 이러한 여행사를 구미에서는 투어오퍼레이터(tour operator)로 불린다. 하나투어와 모두투어네트워크가 여기에 속하는 여행사이다.

③ **순소매형(retailer)** : 이 형태는 여행상품은 생산하지 않고 타사의 상품만 판매하는 여행사

이며, 예를 들면 하나투어와 모두투어네트워크의 대리점이 여기에 속한다. 중·소형 여행사들의 항공좌석 확보가 어려워지면서 이 형태를 선호하고 있는데, 이 형태의 장점은 좁은 공간에서 타사의 여러 상품을 판매할 수 있으며, 비용이 많이 들지 않는다는 점이다.

④ **SIT형** : SIT란 'Special Interest Tour'의 약자로, 즉 주제가 있는 여행, 목적이 뚜렷한 여행 등 전문적 여행만을 취급하는 여행사이다. 종교여행, 교육여행, 문화예술여행 등 특별관심여행이 대표적인 예에 속한다.

⑤ **업무전문형** : 대기업이나 그룹사의 업무출장을 주로 취급하는 인프랜트 여행사(Inplant Agency, 일본에서는 In-house Agency라고 함)를 말한다. 이 형태는 자체의 내부 시장만으로도 넓기 때문에 최근에는 이들을 일반여행으로 유도하고 있다.

3.2 여행업의 기능 및 역할

여행업은 관광호텔업과 더불어 관광산업의 양대 축을 담당하고 있으며, 업태(業態)적 측면에서 "정보산업" 또는 "감동산업" 내지 "평화창출산업"이라고도 한다. 기능적 측면에서는 "시간절약산업"이라고도 하고, 여행의 제요소를 조립하는 것에서 "시스템 오가나이저(system organizer)"산업이라고도 한다.

여행업은 서비스업이다. 여행업자는 여행 그 자체를 판매하는 것은 아니다. 여행자는 일반적으로 탈것에 타고, 잠자리에 자는 등 교통기관 내지 숙박시설을 이용함에 따라 '여행한다'고 하는 '행위'로 나타나는 것이다. 즉 여행은 인간의 행동을 수반하지 않으면 안 된다. 교통기관이나 숙박시설의 공간(좌석·객실), 교통기관에 의한 이동(운송) 등에 어떤 서비스를 추가하여 이를 상품화하여 '여행'이 장사(영업)에 연결되는 것으로 그 서비스를 추가하는 기능 및 역할을 담당하는 것이 바로 여행사이다(トラベル ジャーナル, 1989 : 69).

일본의 도미나가는 여행업의 기능을 다음 표와 같이 관련기업과 소비자에 대한 기능으로 각각 구분하고 6개의 기능을 소개하고 있는데, 전자에는 ① 개발자, ② 조직자, ③ 촉진자, ④ 교육자, ⑤ 조정자, ⑥ 시스템형성자를, 후자에는 ① 연출자, ② 계획자, ③ 교도자, ④ 정보센터, ⑤ 상담역, ⑥ 소매판매기능을 언급하고 있다(富永正文, 1982 : 12~3).

| 표 3-2 | 여행업의 기능

구분	기 능	내 용
관련기업에 대하여	개발자	여행상품 개발, 여행시장 개발.
	조직자	여행관련 기업의 기능을 부품으로 하여 각각이 최고의 기능을 발휘할 수 있도록 조직함.
	촉진자	여행상품 개발, 여행시장 개발의 촉진자로서 관련기업을 설득함.
	교육자	직업의식이 강하며, 마케팅력이 약한 관련기업을 설득함.
	조정자	계절조정, 수급조정 등 각종 변동요인에 대해서 조정기능을 발휘하여 균형을 취함.
	시스템형성자	이상의 모든 기능을 통합하여 균형을 취함.
소비자에 대하여	연출자	Tour Conductor(여행인솔자)로 부르는 호칭에서 볼 수 있듯이 흥분이나 꿈을 불러일으키는 역할을 수행함.
	계획자	여행자에 대하여 가장 어울리는 여행상품을 계획함.
	교도자	여행자에게 여행에 대해서 계몽·교도함.
	정보센터	여행대리점은 정보산업으로서의 기능을 강하게 가지고 있음으로써 시장개발의 중요한 전략적 요인이 됨.
	상담역	여행자에 대해 상담상대역이 됨으로써 신뢰를 쌓고, 단골손님으로 유도함.
	소매판매기능	여행상품을 최종 여행자에게 판매함.

자료 : 富永正文, "旅行市場の世帯分析と旅行業の役割", 月刊観光, 第195号, 日本 観光協会, 1982년 12월에 의거 재구성.

이를 크게 보면 여행자 측면에서 본 기능 및 역할과 공급자 측면에서 본 기능과 역할로 나누어 설명할 수 있다.

1) 여행자 측면에서 본 기능 및 역할

① 여행대금이 싸게 먹힌다. 기획여행(package tour)은 대량구매와 집중송객이 가능하기 때문에 수배(주문)여행보다도 비교적 저렴하다.

② 안심감이 있다. 여행자가 스스로 수배하는 것보다 여행사에 의뢰하면 공급자 측면에서는 이를 무시할 수 없기 때문에 안전하며, 자신들이 신뢰할 수 있는 업체를 수배해 준다.

③ 시간이 절약된다. 여행자 자신이 여정을 작성하거나 여행비용을 계산하거나, 각종 표(ticket)나 숙박기관의 예약·수배를 하는 것은 많은 노력이나 품·짬이 들지만, 자신의 희망하는 업체나 예산규모를 여행사에 전달해두면 이러한 모든 작업을 대신해 주기 때문에 품과 시간이 절약된다.

④ 각종 필요한 정보의 입수가 용이하다. 여행사는 여행에 관한 정보를 토대로 장사를 하는 업체이기 때문에 여행자들이 필요로 하는 각종 여행정보를 즉석에서 간단히 또한 최신 정보를 입수해 준다.

⑤ 이용하기에 편리하다. 도처에 여행사가 많고, 언제나 전화 또는 인터넷으로 문의할 수 있으며, 이용하기도 쉽다.

⑥ 각종 부대(附帶)서비스를 받을 수 있다. 특히 해외여행의 경우, 입국수속을 위한 서류작성, 환전, 여행보험의 가입 등이 필요할 때가 있는데, 부대적인 업무도 여행사에 의뢰하면 신속하게 처리해 주거나 정확한 조언을 받을 수 있다.

2) 공급자(여행관련기관) 측면에서 본 기능 및 역할

① 판매채널의 확대. 여행업자의 점포망(대리점 포함)이 공급자의 판매망으로서 기능을 수행한다.

② 수요의 환기. 캠페인의 설정, 기획여행의 편성, 광고 선전 등, 수요확대로 연결시키는 기능이나 역할을 수행한다.

③ 예약의 확실성. 여행상품공급자 입장에서는 여행자로부터의 직접예약은 노쇼(no show)가 걱정되지만, 여행사를 경유한 예약에서는 그러한 걱정이 비교적 적다.

④ 계절파동의 완화. 비수기에 행하는 여행사의 모객 캠페인이나 광고·선전 등에 의해 계절파동에 대처하여 평준화를 꾀한다.

3) 업무내용 면에서의 기능 및 역할

① 항공사, 철도회사 등 교통기관과 호텔 등 숙박기관 및 기타 여행관련업자(principal)를 대리하여 항공권 등 각종 권류(券類)의 판매나 숙박 및 시설이용의 예약을 대행해 주는 대리기능.

② 여행자의 안내, 비자의 발급 및 수급을 위한 수속대행 기능.

③ 여행에 대하여 충분한 지식을 갖고 있지 못한 경우에 올바른 여행정보를 제공해 주고 상담을 해주는 정보제공기능 및 상담기능.

④ 여행사에서 여행요소들을 일괄적으로 구매하여 여행상품으로 조립한 다음 어떤 여행상품이 잘 판매될 수 있는지를 조사·분석하며, 그에 필요한 여행상품을 개발하여 판매하는 기능.

⑤ 항공권, 철도승차권, 선박권, 호텔숙박권 등 예약된 것을 발권(ticketing)하는 발권기능.

⑥ 여행코스, 여행기간, 방문지역, 항공편수, 출발시간, 도착시간, 관광지 관람 내역, 식

사조건, 숙박조건, 여행조건, 여행요금 등을 포함한 여행의 전 일정을 안전하고 철저하게 관리하는 여행일정(travel itinerary) 관리기능.

⑦ 여행관련 업체의 상품구입에 따른 사전 원가계산을 한 예비정산서와 행사 종료 후의 여행요금 환급 및 항공권 환급 등의 본 정산을 하는 정산(settlement)기능 등이다.

그러나 여행자의 욕구가 보다 다양화 · 세분화 · 고도화되면서 오늘날 여행업의 기능은 점차 확대되어 여행관련 제조업(여행용 가방, 카메라, 필름, 여행용품 메이커 등), 여행관련업(호텔, 골프장, 레저산업, 항공산업 등) 및 여행서비스업(토산품판매업, 여행대리점 등) 등 여행관련 산업의 마케팅 컴퍼니기능(marketing company function)까지 확보하게 되어 업계에서 담당하는 역할이 한층 강화되고 있다.

이상에서 살펴본 바와 같이 여행업의 기능은 단지 여행상품을 판매하거나 알선하는 것만이 아니며, 여행자의 여행상품 구매를 지원하고 서비스와 결합하여 구매한 상품의 가치를 증대시켜 특별한 혜택(benefit)을 제공하기 위한 부가적 기능까지 포함한다고 볼 수 있다(정찬종, 1992 : 14~5).

그림 3-4 ⊙ 여행업의 기능·역할

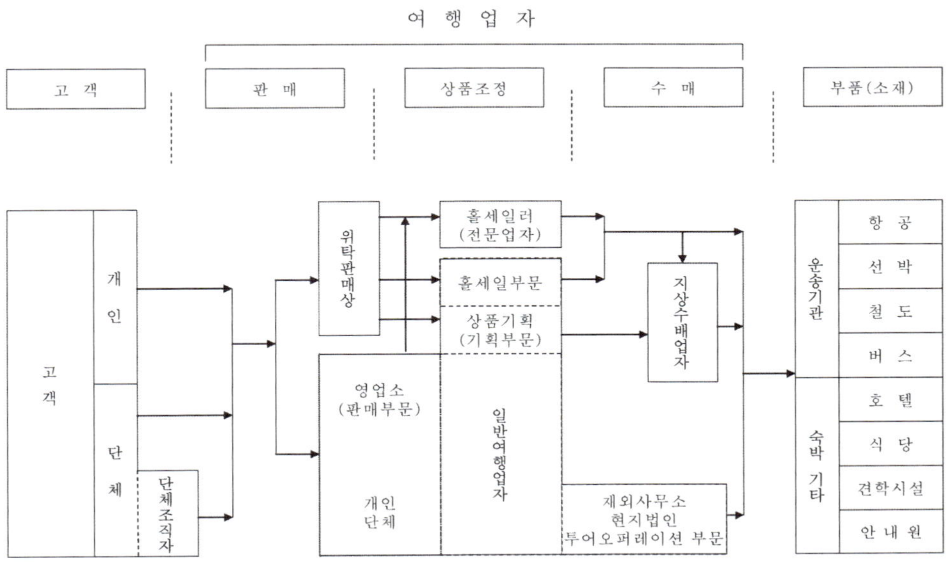

자료 : トラベル ジャーナル, 旅行業入門, 1982, 41쪽.

3.3 한국 여행업의 발전과정과 현황

한국의 여행업의 발전과정은 여러 각도에서 고찰할 수 있을 것이나, 여기서는 이를 ① 역사적 측면, ② 법률적 측면, ③ 통계적 측면, ④ 상품사적 측면으로 나누어 살펴보고자 한다.

3.3.1 역사적 측면

우리나라의 여행업의 효시는 1912년 12월 1일 Japan Tourist Bureau(JTB의 전신)가 서울에(당시는 京城) 조선지사를 개설하면서부터라고 전해지고 있다(관광산업연구원, 1986 : 60). 그러나 이 근거는 확실하지 않은 것이다.

호사카(保板正康)에 의하면 일본교통공사(니혼코쓰코샤 · 日本交通公社)의 지사는 1914년 도쿄(東京)를 비롯하여 국내 9개, 국외 30개 사무소를 개설한 것으로 전해지고 있기 때문이다(保板正康, 1981 : 60). 이 기록에 의하면 일본교통공사의 창립총회는 1912년 3월 2일로 되어 있어 1914년 도쿄사무소 개설 이전에 서울에 조선지사를 설치했다는 것은 앞뒤가 맞지 않는다. 그렇다면 국외사무소의 개설연도는 1914년이 설득력을 갖는다고 할 수 있다.

JTB 조선지사는 조선총독부 철도국 내에 사무소를 설치하기 시작하여 점차 평양, 부산, 군산, 전주, 해주, 여수 등지에 사무소를 개설하여 여행안내 및 철도승차권 대매업(代賣業)을 하였다(拙稿, 1989 : 185). 이어 1915년에는 외국인에 대한 철도승차권 판매에 이어 1925년에는 여관권도 판매하였다. 또한 관광쿠폰인 동아유람권[2)]을 비롯하여 관광지 입장권 등도 판매하기 시작하였다.

일본교통공사는 1942년 동아교통공사로, 1944년에는 동아여행사로, 다시 1954년 10월 9일에는 일본교통공사로 이름이 바뀌는 등 우여곡절을 겪게 되었다. 일본교통공사 조선지사는 한국에서 최초로 개업한 여행사라는 점에는 이견이 없지만, 우리 자본과 한국인이 경영한 것은 아니기 때문에 어느 면에서는 한국 최초의 여행사라고 하기에는 석연치 않다.

해방 후 1946년 12월 17일에 민원식씨에 의한 조선여행사가 정식으로 발족을 보게 되었는데, 어느 면에서는 한국에서 최초의 여행사라고도 할 수 있다. 1947년에는 천우사의 항공여행부가 설립되었고(동화춘추사, 1983 : 17), 1950년에 국내여행업의 효시인 서울교통공사가 설립되

2) 이것은 철도청 제정의 일본, 한국, 중국을 잇는 유람권으로 철도 20%, 기선 30%, 통용기간 3개월이라는 여행에 비교적 편리한 것이었다.

었다. 1954년에는 에버렛(Everett)사의 기선여행부가 설립되었고, 1960년에는 세방여행사가 설립되어 본격적인 민간업체에 의한 여행업의 참여가 시작되었다(윤대순, 1983 : 26).

초기의 여행사들은 대체로 항공권 및 철도승차권 등의 대매(代賣)가 주종을 이루었고 여행업의 여타 기능은 거의 나타나지 않은 것으로 보인다. 이후 1960년 세방여행사 및 (주)국제여행사의 출현은 한국에서 사실상 국제여행업(현 일반여행업)의 효시라고 할 수 있으며, 뒤이어 삼양(三洋), 태평양, 대륙원화양행, 합동산업능률사 내의 합동여행사, 메트로여행사 등이 출현하였다.

1961년 8월 22일에는 우리나라 관광에 관한 최초의 법률인 「관광사업진흥법」이 제정되면서 한진관광을 필두로 고려여행사(1962), 연방관광(1964), 동양항공(1964), 대한통운여행사(1964), 한국여행사(1965), 태평양여행사(1965), 조양여행사(1966), 아주관광(1966), 파나여행사(1966), 제일여행사(1966), 국제항공여행사(1967) 등이 설립되어 여행업의 새로운 출발점이 되었다.

한편, JTB의 조선지사는 해방 후 조선여행사로 유지되어 오다가 1962년 국제관광공사(현 한국관광공사) 설립을 계기로 1963년에 대한여행사로 개칭하여 관영(官營) 여행사의 출현을 보게 되었다.

1960년대의 여행업계는 개발육성기로 기반조성 및 체제정비 측면이 강하게 작용되었으며, 1970년대는 많은 기업들이 여행업계에 대거 진출했는데, 여기에는 신경사(新京社 · 1970), 동방여행사(1971), 대륙관광(1971), 센트럴관광(1971), 롯데관광(1971), 동방여운(1972), 락희항공(1972), 세기항공(1972), 동부관광(1972), 오이씨(1972), 범한항공(1977), 동양항공(1978) 등이며 고속도로 개통과 더불어 1년 사이에 무려 19개사의 여행사가 탄생하였다.

1970년대 초에는 서울관광에서 최초로 모집여행이 실시되었으며, 이때에는 교통업체들의 여행사 진출이 러시를 이루었다. 1970년대 중반에는 석유파동(oil shock)으로 인한 여행업계의 불황으로 반도여행사, 에버렛여행사, 산양여행사, 해외개발공사 코드코여행사가 경영권을 인계하거나 문을 닫게 되었으며, 1979년에는 신문사 계통의 한주여행사가 등장하게 되었다.

1980년대에는 중동지역 건설경기 붐을 타고 건설노동자들의 송출에 따른 항공권 판매책의 일환으로 많은 건설업체들이 여행업에 진출하였는데, 이때 등장한 업체로는 한양주택(국제항공여행사), 코오롱건설(유신고속관광 → 이후 현 코오롱세계일주), 라이프주택(라이프항공) 등이다.

한편, 국내여행업의 경우에는 1948년 서울~온양 간 관광전세버스 운행면허가 발급된 이래(국제관광공사, 1979 : 89) 1950년 국내여행업의 효시인 서울교통이 설립되었고, 1953년에는 세방여행사의 국내여행업이 시작되었다. 그 후 1960년대에 들어와서 대한여행사, 경남관광, 한진

관광, 코오롱고속관광 등이 설립되었으며(한국관광협회, 1984 : 165), 지역별로는 서울에는 세계여행사, (주)철도관광사, 대한항공공사, 세기여행사가, 부산에는 아리랑관광(주), 국제여행사, 신아일보 부산지사 관광부, 유니버살여행사 동아데파트 관광부가, 경기도에는 세진, 경남여행사가, 전북에는 호남관광센타가, 전남에는 고려관광여행사가, 경북에는 경북관광, 경상여객이, 제주에는 제주관광안내소, 제주관광센터, 신진관광, 한라여행사 등이 선두주자로서의 위치를 굳건히 굳히고 있다.

2008년은 금융위기와 환율급등에 따른 전반적인 관광시장 침체기를 겪었으며(박시사, 2009 : 111~112), 2009년부터 아시아 지역의 한류의 지속과 중국인관광객의 급성장으로 국내관광이 회복되었으며, 외국인 관광객이 크게 늘어나 국내관광에 긍정적인 영향을 미쳐 국내관광이 재성장하는 계기를 마련하였다. 또한, G20정상회의와 평창동계올림픽유치 등 MICE산업이 관광시장을 발전시키고 있다.

이에 따른 외국인 관광객 유치 상위 여행사 중 체스투어즈, 동보관광 등 중국인 관광객 유치 여행사들이 급성장하였다(황규성, 2010 : 64~65).

이상의 역사적 발전과정을 되돌아볼 때 우리나라 여행업의 경우에는 다음 표와 같이 요약할 수 있다.

| 표 3-3 | 국내 여행업 발전단계

단계	국내관광 발아기	국내관광 조성기	국내관광 성장기	국내관광 도약기	국내관광 침체기	국내관광 회복·재성장기
시기	1970년대 중반 이전	1975년~ 1988년	1969년~ 2003년	2004년~ 2007년	2008년	2009년~현재
전환 요인	관광에 대한 부정적 인식	관광기본법 제정(1975)	아웃바운드 자유화(1989)	주5일근무제 도입(2004)	금융위기와 환율급등 (2008)	G20정상회의 (2010) 평창동계올림픽 유치(2018)
정책 기조	외래객 유치와 외화획득 중시	외래 · 국내 관광 병행추진	지역발전형 국내관광 육성	고객지향형 관광정책	해외여행자제 관광정책	국제회의 등 MICE산업 발전유도 관광정책
인트라 바운드 정책	국민관광 건전화	국민관광을 위한 자원개발 모색	문화 · 친화형, 지역발전형 관광정책	정보, 웰빙, 복지, 교육형 관광문화유도	엔화상승에 따른 일본인관광객 유치 등 외래관광객 유도	여행수요 증가, 중국인 관광객 유치 급성장

자료 : 장병권, 인트라바운드의 기본정책과 기조, 한국관광정책, 제41호, 한국문화관광정책연구원, 2007, 14쪽.
박시사, 여행업경영론, 대왕사, 2009, 111~112쪽.
황규성, 여행업의 이해, 학현사. 2010, 64~65쪽에 의거 재구성.

3.3.2 법률적 측면

여행업관련 우리나라 최초의 관광법규는 1961년 8월 22일 제정된 「관광사업진흥법」이다. 제정당시의 이 법에 의한 관광사업의 종류는 ① 여행알선업(일반여행알선업과 국내여행알선업), ② 통역안내업, ③ 관광호텔업, ④ 관광시설업 등 4가지로 분류하였다.

그러나 1975년 12월 관광사업진흥법은 법의 성격을 고려하여 「관광기본법」과 「관광사업법」으로 분리 제정되었다. 또한 1986년 12월에는 관광사업법이 폐지되면서 「관광단지개발촉진법」을 흡수하여 「관광진흥법」이 제정되었는데, 이 법이 우리나라 관광법의 근간이 되는 법으로서 여행업을 비롯한 모든 관광사업을 규율하고 있다.

여행업과 관련된 법률적 변천내용을 표로 요약하면 〈표 3-4〉와 같다.

| 표 3-4 | 여행업의 법률적 변천과정

명칭	여행업의 정의	법규의 주된 내용
관광사업진흥법 (1961~1975)	여행알선업이라 함은 관광객의 여행알선과 숙박시설, 기타 여행시설의 이용에 관하여 알선하는 업을 말한다.	• 통역안내업이 별도로 설치되어 있음 • 국내여행알선업 → 국내를 여행하는 내국인 대상 국제여행알선업 → 주로 인바운드 사업 • 영업보증금의 예치(2차 개정시) • 여행알선약관의 제정 및 신고 • 통역안내업의 면허(고용의무화) • 여행안내업의 등록제→허가제 (3차 개정시) • 여행업자의 금지행위의 보강 (3차 개정시)
관광사업법 (1975~1985)	여행알선업이라 함은 수수료를 받고 다음에 게기하는 행위로 영업하는 업을 말한다. 가. 여행자를 위하여 운송, 숙박, 가타 여행에 부수되는(시설) 알선이나 대리계약을 체결하는 행위 나. 운송, 숙박, 기타 시설에 부수되는 업을 경영하는 자를 위하여 여행자의 알선이나 대리계약을 체결하는 행위 다. 타인이 경영하는 운송, 숙박, 기타행위에 부수되는 시설을 이용하여 여행자에게 편의를 제공하는 행위 라. 여행자를 위하여 여권 및 사증을 받는 절차를 대행하는 행위. 다만, 해외이주법 제10조, 제12항에 의한 업무는 제외한다.	• 정의를 보다 구체적으로 명시 • 영업보증금의 예치나 보증보험가입 의무화 • 여행요금과 약관의 신고 • 여행자에게 여행알선계약의 제시 • 관광객의 유치 및 선전업무 • 여행알선업자의 금지행위 신설 • 영업보증금 주사업장 ┌ 국제여행업 : 500만원 └ 국내여행업 : 100만원 주사업장 이외 사업장마다 ┌ 국제여행업 : 300만원 └ 국내여행업 : 50만원 • 영업보증금은 관광사업진흥법당시보다 주사업장 국제 400만원, 국내 40만원, 주사업장 이외 250만원(국제), 20만원(국내)이 각각 인상되었음.

명칭	여행업의 정의	법규의 주된 내용
관광사업법 (1975~1985)	마. 기타 여행알선에 부수되는 행위로서 교통부령으로 정하는 행위 (1975.12.31. 법률 제2878호)	• 여행업의 허가조건이었던 통역, 국내안내원 등의 고용의무화제도 폐지 • 1981년 허가제에서 등록제로 전환 • 여행대리점업 신설 • 1983년 국외여행안내원(T/C)제도 신설
관광진흥법 (1986~현재)	• 여행자를 위하여 운송시설, 숙박시설, 기타 여행에 부수되는 시설의 이용이나 알선, 기타 여행의 편의를 제공하는 업(1986.12.31. 법률 제3910호). • 여행자, 운송시설, 숙박시설, 기타 여행에 부수되는 시설의 경영자 또는 여행업을 경영하는 자를 위하여 동시설 이용의 알선, 여행에 관한 안내, 계약 체결의 대리, 기타 여행의 편의를 제공하는 업(1994.8.3.개정) • 여행자 또는 운송시설·숙박시설 기타 여행에 부수되는 시설의 경영자 등을 위하여 당해 시설이용의 알선이나 계약체결의 대리, 여행에 관한 안내 기타 여행의 편의를 제공하는 업(1999.2.8.개정). • 여행자 또는 운송시설·숙박시설 그밖에 여행에 딸리는 시설의 경영자 등을 위하여 당해 시설이용의 알선이나 계약체결의 대리, 여행에 관한 안내, 기타 여행의 편의를 제공하는 업(2007.7.개정)	• 여행업의 구분(일반, 국외, 국내) 종래의 여행대리점업 및 항공운송대리점업을 국외여행업에 흡수 • 보험 또는 공제금액 • 외화획득명령(종래의 인원 → 금액으로 전환) • 국외여행안내원 및 통역안내원을 관광통역안내원으로 단일화 • 관광종사원의 자격교육을 1개월 이상에서 이를 폐지함 • 여행업의 등록기준 • 관광통역안내사 고용의무화 • 여행업의 설립 자본금 변경(동법 시행령 제5조 2009.11.30.개정) – 일반여행업 3억 5천만원 이상 → 2억원 이상 – 국외여행업 1억원 이상 → 6천만원 이상 – 국내여행업 5천만원 이상 → 3천만원 이상

법률적 변천내용에서 보는 바와 같이 여행업의 자본금은 일반여행업의 경우 3억 5천만원에서 2억원으로, 국외여행업은 1억원에서 6천만원으로, 국내여행업은 5천만원에서 3천만원으로 조정되었으며, 자본금 규모는 중소기업 형태를 벗어나지 못하고 있는 실정이다.

| 표 3-5 | 여행업관련 법률의 변화 추이

연대	연도	시행정책	정책도입목적
1960년대	1961. 8.	관광사업진흥법 제정 여행업등록제 실시 여행업종 : 일반여행업, 국내여행업 관광통역안내원 설치	관광산업 기반구축 차원에서 관광사업육성

연대	연도	시행정책	정책도입목적
1960년대	1962. 4.	국제관광공사법 제정	관광산업 기반구축 차원에서 관광사업육성
	1962. 6.	국제관광공사 설립(현 한국관광공사 전신)	
	1963. 3.	대한관광협회 설립(현 한국관광협회중앙회 전신)	
	1967. 2.	여행업종 개편 : 국제여행알선업, 국내여행알선업	
1970년대	1971. 1.	여행업등록기준 강화 – 국제여행알선업 : 5천만원 이상 – 국내여행알선업 : 1천만원 이상	관광사업육성 관광외화수입증대
	1972.12.	관광진흥개발기금법 제정	
	1973. 4.	한국관광협회 명칭으로 변경	
	1975.12.	관광기본법 제정 – 관광사업법 제정 – 국내 여행안내원제도 설치	관광사업육성 국민관광의 건전한 발전유도 여행서비스 수준 향상
	1977. 6.	관광불편신고센타 설치	관광산업의 서비스수준 제고로 국제경쟁력 향상 도모
1980년대	1982. 4.	여행업등록제를 허가제로 변경 여행업종 개편 : 국제여행알선업, 여행대리점업, 국내여행알선업 여행업등록금 강화 – 국제여행알선업 : 2억5천만원 – 여행대리점업 : 5천만원 – 국내여행알선업 : 2천~3천만원 – 국외여행안내원제도 설치 과장경쟁금지 여행약관신고제 실시	여행업의 대형화 유도 내국인의 관광수요 증대 대비 여행업체 경영부실화 방비 및 여행객의 거래안전 도모
	1982.11.	국제관광공사법을 한국관광공사법으로 명칭 변경 국제관광공사를 한국관광공사로 명칭 변경	
	1986.12.	관광사업법 제정	
	1987. 7.	여행업등록제 실시 여행업종 개편 : 일반여행업, 국외여행업, 국내여행업 여행업체등록금 강화 – 일반여행업 : 3억5천만원 – 국외여행업 : 1억원 – 국내여행업 : 5천만원 여행약관변경시만 신고의무 규정	여행업체의 자율성 도모 여행업체의 업무범위 현실화 여행업체의 난립방지 및 자율경쟁을 통한 경쟁력 강화도모
	1987. 9.	여행공제회 설치	여행업체 경영의 안정성 확보
	1987.	국외여행안내원 자격제도 폐지	

연대	연도	시행정책	정책도입목적
1990년대	1991.12.	한국일반여행업협회 설립	업체 경쟁력강화를 도모
	1992. 9.	관광진흥탑 수상제도 설치	관광진흥 및 관광수지 흑자 도모
	1993.12.	기획여행신고제 실시	분쟁발생시 여행객 권익 도모, 여행업체간 과당경쟁 방지
		영업보증금(보증보험) 또는 공제가입의 의무 규정	여행사보호 및 대내외 업체 신뢰성 확보
		국외여행인솔자 제도 설치	내국인의 해외여행과 관련한 여행서비스의 수준향상
		랜드업자 신고제 실시	내국인의 해외여행과 관련한 여행서비스의 수준향상
		여행계약서 교부의무제 실시	여행객과 여행업체 간 분쟁발생 억제
	1994. 6.	갱신등록제 폐지	행정력낭비 방지 및 여행업체의 불편을 감소
	1994. 6.	관광진흥저해행위 규정	관광사업경영의 건전화 도모
	1994.12.	관광주무관청이 문화체육부로 이양	관광의 양적 성장 탈피하고 질적 성장으로 전환
	1995. 1.	여행업의 중소기업 분류	인바운드 여행업의 지원책
	1996. 4.	한국관광연구원 설립	정부의 관광정책을 지원
	1996. 4.	여행업 사무실 면적기준 폐지 여행업 국내여행객 모집구역제한 폐지	영업의 자율성 확대
	1997. 3.	그린여행사제도 실시	관광수지적자 해소를 위해 인바운드업체 지원
	1997.	그린사업체에서 우수여행업체로 명칭 확정 우수여행업체 지정·지원 제도 도입	관광수지개선, 건전 국민관광문화 정착, 여행업체의 사기 진작
	1997.	국외여행인솔 교육기관 지정 및 양성지원	
	1997.	여행사의 인바운드 유치 활성화를 위한 관광진흥개발기금의 특별융자제도 강구	
	1997.	한국에 송객하는 외국여행업체에게 인센티브 제공 확대	
	1998.	기획여행신고제도 실시	여행상품 가격덤핑과 그로 인한 여행업계간 과다출혈경쟁 방지
	1998.12.	국외여행인솔자 명칭을 인증제 실시	무자격증 TC 규제 강화
	1999.	규제개혁위원회 여행업 관련 규제 폐지 - 외국어여행업자 연락사무소 개설 신고 - 관광사업자의 시위/수수료가 금품수수 행위/계약이나 약관 위반행위/과대경쟁 행위 등의 금지행위	여행관련 규제 대폭 완화 업체의 자율성을 제고하고, 부담경감

연대	연도	시행정책	정책도입목적
2000년대	2001. 8.	여행상품인증제도 도입	여행상품의 품질향상과 경쟁력을 높임으로써 여행업계의 발전 도모
	2003. 1.	국내여행표준약관 개정 – 여행일정표상에 포함되는 사항 명시 – 여행약관/계약서/여행일정표 교부의무화 – 여행자가 위약금 없이 여행계약을 해제할 수 있는 사유 확대	여행자의 권익보호
	2003.12.	중요표시 광고고시 개정안 시행	중요한 정보를 의무적으로 제공함으로써 여행자의 권익보호
	2004. 7.	관광진흥 5개년 계획(2004~2008) – 국민관광의 활성화를 바탕으로 그 위에 국제관광과의 선순환 구조 형성	생활 속에 스며드는 국민관광 기반 구축 지역성장과 어우러진 관광 내실 있는 관광산업 한국관광의 매력 발굴
	2005. 3.	여행바우처제도 도입	국민여가수요를 국내 관광으로 흡수 국내 관광산업 진흥
	2005.11.	국내 우수관광 프로그램 발굴·육성 산업	국내 5대 권역별 우수관광 프로그램 발굴·육성 지원
	2009~2016	여행업 설립 자본금 완화 – 일반여행업 3억 5천만원 이상 → 2억원 이상 – 국외여행업 1억원 이상 → 6천만원 이상 – 국내여행업 5천만원 이상 → 3천만원 이상 – 여행업 등록관청 일원화 → 특별자치도지사·시장·군수·구청장으로 일원화 – 여행업자가 여행자와 계약체결시 해당 여행지의 안전정보 제공 의무화 – 국외여행 인솔자의 자격요건 강화 – 기획여행 광고표시내용 의무화 – 여행업자의 '보증보험등' 가입의무 – 2012년 외국인관광객 1,000만명 시대 진입 – 2013년 외국인관광객 1,200만명 기록 – 2014년 외국인관광객 1,400만명 기록 – 2015년 관광취약계층에게 여행이용권 지급 등 – 2016년 여행업의 설립자본금에 대한 단서 규정 신설 – 2016년 외국인관광객 1,700만명 유치함으로써 역대 최고치 기록	

연대	연도	시행정책	정책도입목적
2000년대	2009~2016	– 관광통역안내의 자격이 없는 사람이 외국인관광객 대상으로 관광안내를 한 경우 100만원 이하의 과태료 부과 – 관광통역안내의 자격을 가진 사람이 관광안내 시 자격증을 패용해야 하며, 이를 위반시 100만원 이하의 과태료 부과함	

자료 : 전효재·이기동, 국민생활관광시대의 국내여행업 발전방향, 정책연구, 한국문화관광정책연구원, 2006, 6~10쪽에 의거 재구성.

3.3.3 상품사적 측면

한국여행업의 상품사는 1908년 토마스쿡 앤드 선상회 및 영국침대차회사에 의한 관광외국인에 대한 승차권의 대리발매가 최초이다(김상훈, 1980 : 7~8). 당시에는 여행업이라는 게 존재하고 있지 않았던 관계로 이들 회사가 여행업의 역할을 한 것으로 보인다. 이어 1909년 철도의 각 역에서는 여행자를 위한 숙박예약이나 철도승차권 등 각종 표(ticket)를 대리판매(代賣)하였다.

이러한 여행업의 부수적인 업무가 발전하여 근대여행업으로 성장한 것이 수배여행인데, 수배여행의 시초는 정확한 근거는 없으나 수학여행이 아닌가 여겨진다. 수배여행은 친목계, 노인회, 부인회, 직장여행 등으로 확산되어 발전하는 한편으로 이러한 것이 모태가 되어 주최여행(여행업 주최)으로 발전하였다.

오늘날 여행업에서 실시되고 있는 포괄여행(package tour)이 주최여행인데, 한국 최초의 주최여행은 서울교통에서 불특정다수의 일반여행자를 모집한 데서 그 근원을 찾을 수 있다(정찬종, 1983 : 6).

판매형태별로는 수학여행을 위시한 단체판매에서 1973년 석유파동 이후 개인판매가 진행되어 신국면을 맞이하고 있으며, 이후 신문광고 등을 통한 모집여행이 주류를 이루게 되었다. 한편으로는 강력한 유통채널을 가진 신용카드회사나 보험회사, 백화점 등이 여행업에 진출하면서 유통판매형태도 나타나고 있다. 이와는 별도로 신혼여행의 경우에는 예식장을 통한 판매나 기업의 국내외 출장자들을 겨냥한 개인판매도 성행하고 있다.

1989년에는 국외여행의 전면 자유화에 따라 항공좌석 구매력을 바탕으로 한 저가격 여행상품 개발에 박차를 가하기 시작하여 세트(set)여행이라 불리는 단위상품(unit goods)을 판매하게 되었는데, 이러한 단위상품은 여행소매상이 자사상품으로서 일반모집 형식으로 판매하는 것으로 판매주최가 여행소매상에 있다는 점이 포괄여행

(package tour)과 다른 점이다.

한국에서 여행상품에 상표(brand)를 부착한 것은 한진관광의 칼월드투어(KAL World Tour)가 최초이며, 이어 세방여행사의 아리랑 하이라이트투어(Arirang Highlight Tour), 대한여행사의 점보투어(Jumbo Tour), 고려여행사의 선투어(Sun Tour), 세중여행사의 해피투어(Happy Tour), 서울항공의 나드리월드투어(Nadri World Tour), 국일여행사의 모두투어(Mode Tour), 동서여행사의 빅투어(Big Tour) 등이 속속 선을 보이기 시작하였다. 한편, 지방소재의 여행사들은 서울중심의 여행사들과 대항하기 위해 지역합동으로 여행상품을 개발하기도 하였는데, 그 결과는 아주 미미한 실적으로 나타나고 있다.

이상 고찰해 본 바와 같이 여행상품은 단체판매형 → 개인판매형 → 스케줄형 → 시스템형으로 발전되고 있음을 알 수 있다.

3.4 여행업의 전망 및 과제

3.4.1 여행업의 전망

전쟁과 정치적 · 경제적 불안만 없으면 여행업은 된다는 말이 있듯이 여행업은 평화산업의 기수로서 그 진가를 유감없이 발휘하고 있다. 또한 여행업 종사자는 자기 돈을 들이지 않고 쉽게 국외여행을 할 수 있어 뭇 사람들의 동경대상이 되기도 한다. 우리나라의 경우는 좀 다르지만, 일본의 경우에는 졸업 후 직장 선택의 우선순위에서 여행업이 여타 첨단산업이나 대형 그룹사를 제치고 매년 상위랭킹을 유지하고 있다.

지금까지 한국의 여행업은 고도경제성장의 덕택으로 여가 · 여행 등의 붐(boom)을 타고 큰 어려움 없이 성장하여 왔다. 미래학자들의 예견에 의하더라도 여행산업의 미래는 밝다. 그런 장래가 밝다고 해서 여행업에 종사하고 있는 종사자들의 안이한 태도와 구시대적인 경영방식을 가지고는 다가올 미래에 대응할 수 없다.

단순히 시류에 따라 고객을 끌어 모으는 방식으로는 곤란하다. 앞으로는 고객을 자신이 창조한다는 각오로 또한 사회적으로도 지지를 받을 수 있는 본격적인 마케팅활동을 전개하지 않으면 안 된다.

세계적으로 보면 여행은 BRICs(브라질, 러시아, 인도, 중국 등)를 중심으로, MAVINS(멕시코, 호주,

베트남, 인도네시아, 나이지리아, 남아프리카공화국 등의 신흥국가들이 여행에서도 성장세를 보일 것으로 예측되고 있다. 이에 따라 잠재력을 지닌 신흥국 경제가 세계경제의 버팀목이 되어 줄 것이라는 기대가 높아지고 있으며, 특히 G2로 부상한 중국의 영향력이 증대되고 있다.

특히 최근 들어 입/출국자 수의 상당수가 자유여행객이다. 그러나 대다수의 여행사는 이들을 효과적으로 유치하지 못하고 있다. 이러한 자유여행객의 급격한 증가는 ① 인터넷을 비롯한 소셜 미디어(social media)의 발달, ② 자유여행을 테마로 한 방송 프로그램의 유행 및 확산, ③ 패키지여행의 단점을 경험한 여행자의 증가, ④ 여행경험 증가로 인한 미지의 여행에 대한 두려움 감소 등이다. 자유여행객을 여행사로 끌어들이려면 여행사는 패키지여행의 단점을 보완하여야 한다. 특히 마이너스 투어피(minus tour fee), 제로 투어피(zero tour fee)를 없애고 현지의 지상비(land fee)를 정상화함으로써 옵셔널 투어(optional tour)나 쇼핑을 통한 적자보전방침을 수정하지 않으면 안 된다. 여행비(tour fee)의 정상화가 전제되지 않는 한 여행서비스 품질은 결코 개선될 수 없다.

그림 3-5 ◉ 여행업과 관련산업의 가치사슬 구조화

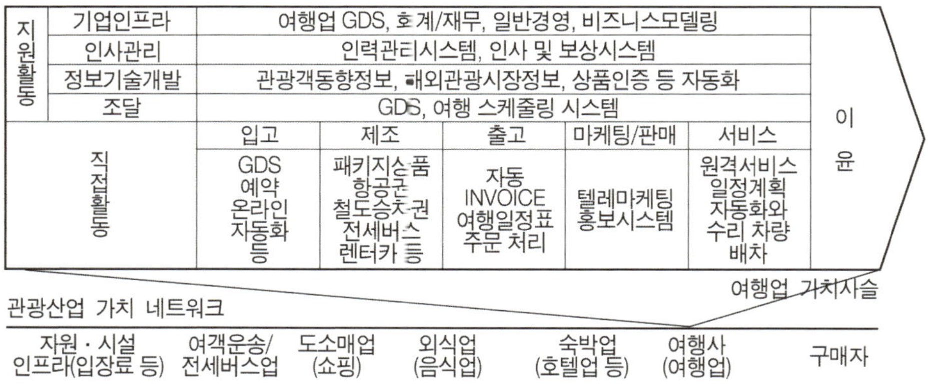

자료 : 한국문화관광연구원, 「국내여행업 발전」, 2006년.

〈그림 3-5〉에서 나타나듯이 여행업은 자원 · 시설 등 인프라 산업을 위시하여 여객운송이나 전세버스 등 교통기관, 쇼핑 등 도소매업, 외식산업 숙박업에 이르기까지 광범위한 분야에 걸쳐 가치사슬 구조를 가지고 있기 때문에 이들 산업과 윈윈(win-win)전략을 구사하여 공존공생관계를 유지하지 않으면 안 된다.

3.4.2 여행업의 과제와 대책

전환점을 맞고 있는 여행업은 다음과 같은 과제를 안고 있다(현대경제연구원, 2009 : i ~iv).

첫째, 다수의 생산성이 낮은 소규모 업체들로 구성되어 있다.

둘째, 진입과 퇴출이 쉬운 완전경쟁 산업이다.

셋째, 매출의 상당부분을 항공권 판매에 의존하고 있다.

넷째, 종사자들은 상대적으로 고학력임에도 낮은 임금을 받는 것으로 파악되고 있다.

다섯째, 관광산업의 다수를 차지하면서 관문역할을 하는 관계로 고객의 불만이 가장 많이 제기되는 대상이다.

여섯째, 여행업을 위한 법적인 장치가 미비한 실정이다.

일곱째, 다른 서비스업들과 비교했을 때 성장잠재력이 높은 것으로 판명되고 있다. 그럼에도 불구하고 여행업은 미래 서비스 산업의 발전을 선도할 중요한 산업이라고 할 수 있다.

이와 같은 과제를 해결하기 위한 방법으로는 입법능력과 정치지도력만으로 충분하다는 "위로부터(top down)"의 시각과 해당 사회의 규범, 전통, 믿음 및 개인의 가치관으로부터 영향을 받을 수밖에 없다는 "아래로부터(bottom up)"의 시각이 있다.

즉 여행업 선진화의 조건으로 여행업을 둘러싼 시스템의 정비 즉 법적 · 제도적 · 정책적인 조치 및 여행사 자체의 경쟁력강화와 이미지 개선노력 등이 필요하며, 구체적 해결책으로는 다음과 같은 것이 있다.

첫째, 여행업만을 다루는 '(가칭)여행업법'의 제정이 필요하다. 지금의 법체계는 큰 변혁을 앞두고 있는 여행업의 이해를 반영하고 필요할 경우 도움을 주기에 부족하다고 할 수 있다. 일본의 경우 1952년에 '여행업법'을 이미 제정하고 이를 운용하고 있다.

둘째, 여행사가 제공하는 서비스에 대해 취급수수료를 부과할 수 있는 법적 근거를 마련해야 한다. 현재 여행사는 항공권 취급수수료(TASF: Travel Agent Service Fee)를 고객에게 7%정도 부과하여 운영하고 있지만, 일본처럼 지방의 조례나 여행업 표준약관을 통해 여행사들이 취급수수료를 부과할 수 있는 명확한 근거를 제시하여, 모든 여행상품에 적용해야 할 것이다. 국내에서는 기존 「관광진흥법」의 시행령이나 새로 제정되는 '(가칭)여행업법'의 시행령을 통해 유예기한을 정해 여행상품 구입액의 일정 비율을 여행사가 취급수수료로 부과할 수 있게 규정해야 한다.

셋째, 여행사들은 인구구성의 변화와 의료관광, MICE(Meeting, Incentive, Convention, Exhibition), 문화상품 등에 맞춘 새로운 여행상품 개발을 위해 노력해야 한다.

넷째, 여행불편신고제도 및 불법영업에 대한 업계자율의 규제를 강화하고 여행업에 대해 국민들이 가지고 있는 부정적인 이미지를 개선시키기 위해 노력해야 한다.

다섯째, 여행사들은 경영합리성을 제고하고 투명성을 확보하기 위해 노력해야 한다. 제도권 진입을 통한 성장을 위해 여행사의 회계시스템 또는 전사적 자원관리(ERP: Enterprise Resource Planning)를 통한 기업 전체를 경영자원의 효과적 이용이라는 관점에서 통합적으로 관리하고 경영의 효율화를 기하기 위한 수단(시사상식사전, 2013: 박문각)의 도입과 발전이 필요한 시점이다.

여섯째, 인구구성 변화에 따른 여행수요 변화에 대처해야 한다. 금후의 인구구성은 고령화, 핵가족화, 고학력화 등이며, 이에 따른 여행상품 개발에 역점을 두어야 한다.

| 표 3-16 | 인구구성이 여행과 여행상품에 미치는 영향

	여행과 여행상품에 미치는 영향
고령화	장거리보다는 단거리 여행 선호 유명관광지보다는 휴양지 선호 은퇴이민에 대한 고려 증가
핵가족화	여성이나 자녀중심의 여행지 선정 대규모 여행보다는 소규모 여행 선호 단독여행 증가
고학력화	국내뿐만 아니라 전 세계를 대상으로 한 여행정보 탐색 증가 맞춤형 여행상품에 대한 선호 단기 연수나 유학과 같은 교육관련 여행 증가

자료 : 현대경제연구원, VIP REPORT, 통권 제425호, 2009, 19쪽.

일곱째, 고도한 정보력의 강화이다. 지금까지 여행자들에게 제공했던 정보력에 인솔자들이 세계 구석구에서 얻어온 따끈따끈한 정보력을 더해 일반 여행자들이 쉽게 얻지 못하는 정보를 제공하여 여행정보 면에서는 최고라는 점을 부각시켜야 한다(岡本義温, 2003 : 115).

여덟째, 상담기능의 강화이다. 정보력과도 연관되는 상담기능의 강화이다. 여행자들은 십인십색(十人十色), 백인백태(百人百態)의 가치관을 가지고 있다. 한 사람 각각의 여행에는 고유한 목적이나 어떤 이유가 있을 것이므로 여행을 실현하는 단계에서는 그에 상응한 정보와 어드바이스를 제공해야 한다. 즉 상담기능의 강화는 여행사 종사원의 인간력(人間力)의 강화이다.

아홉째, 사회 제언력(提言力)의 강화이다. 여행사는 여행을 촉진하는 첨병이다. 여행업은 관광산업 중에서도 기간산업임에도 불구하고 여행이나 관광이 가지는 사회적, 경제적, 문화적 효용에 대해서 사회에 발언이나 제언에는 적극적으로 참여자지 않고 있다는 느낌이다. 여행업이 한국 경제의 성장 가운데에서 수행해온 역할은 실로 막중하다. 지금까지 여행업이 무엇을 해왔으며, 또한 무엇을 하지 않았는지 자문자답할 때, 거기에 새로운 가능성이 발견될 것임에 틀림없다.

Chapter 04

여행업과 여행상품

04 Chapter 여행업과 여행상품

4.1 여행상품의 정의

여행을 과연 '상품'이라고 말할 수 있을까? 여행이라는 것은 일정한 형태가 없어서 볼 수도 없고 손으로 잡아서 건넬 수도 없다. 또한 제조하여 그 것이 다 팔릴 때까지 재고로 확보할 수도 없다. 그러나 여행은 분명한 상품이다. 단지 일정한 시각을 경과하면 존재할 수 없는 특수한 상품이다(勝岡只, 1997 : 10).

여행업의 최대 특색은 여행을 '상품'으로서 생산하고 '상품'으로서 판매하고 있는 점이다. 여행사의 본래 의무는 여행상담이며, 교통 · 숙박기관의 예약이나 수배였다. 그러나 현대의 여행업은 고객의 욕구에 따라 여행을 조립하는 '수주생산형'에서 먼저 여행을 설정하고 참가자를 모집하는 '기획생산형'으로 전환됨에 따라 여행이 상품으로서 인식되기에 이르렀다. 이처럼 여행을 상품으로서 취급한다는 것은 생산된 것이 유통경로에 유통되어 소비자에게 판매된다는 것을 의미한다(トラベル ジャーナル, 1991 : 39).

전통적인 상품의 개념은 상거래 목적물로서의 유형재로, 생산 · 제조업에서 생산 · 가공 · 제조되어 매매목적을 가진 물자를 말하나(한희영, 1984 : 176~80), 코틀러(P. Kotler)는 그의 논문 "마케팅의 확대된 개념"에서 서비스와 같은 무형재를 상품개념에 포함시키는(Philip. Kotler and Sidny. J. Levy., 1969 : 10~11) 한편, 맥카시(McCarthy)도 고객의 욕구는 유형상품 뿐만 아니라 서비스에 의해서도 만족될 수 있다고 언급함으로써 코틀러의 이론을 뒷받침하고 있다.

메들릭(Medlik)은 "여행자 마음속의 이미지를 포함한 여행목적지로의 유인대상물(attraction)과 숙박, 케이터링(catering), 레크리에이션을 포함한 시설 및 목적지로의 접근성"으로 파악하고 있고(Medlik and Middleton, 1973 : 79), UNWTO에서는 여행상품을 "여행목적지, 숙박, 교통수단, 보조서비스와 관광매력을 결합시킨 것"으로 정의하여 여행소재의 결합에 초점을 두고 있다(국제관광공사, 1979 : 23).

한편, 국내 학자의 견해는 시간적 개념을 가진 무형성에 초점을 둔 입장(이선희, 1983 : 83), 업무영역이나 여행소재별로 구분한 입장(윤대순, 1988 : 272~3), 자원과 시설에 중점을 두면서 보조적 서비스를 추가한 개념으로 파악한 입장(이장춘, 1980 : 452~4), 여행알선을 위한 대상으로 포괄적으로 파악한 입장 등으로 학자에 따라 약간씩 견해를 달리하고 있으나, 이를 종합하면 "여행상품은 숙박, 교통, 음식, 기타 여행관련시설 등 '여행소재(旅行素材)의 결합'과 이를 운용하는 시스템을 추가하여 부가가치를 창출한 시장거래의 목적물"이라고 할 수 있다.

4.2 여행상품의 특성

여행상품의 특성을 파악하고 일반상품과의 차이를 밝히는 것은 여행사 경영의 출발점에 해당한다. 왜냐하면 여행상품의 특성들이 일반상품과 확연히 다르다면 이것만큼 쉬운 일은 없을 것이기 때문이다. 그러나 일반상품과 여행상품의 차이를 딱 잘라 구분하기는 어려운 일이다. 그것은 모든 시장실체(market entity)가 유형 · 무형의 양 요소로 구성되어 있으며, 어떤 요소가 지배성(dominance)을 갖느냐에 따라 구분될 수 있기 때문이다(Rechard. Normann, 1984 : 8).

콘넬 등은 여행상품의 특징을 다음 〈표 4-1〉과 같이 무형성, 소멸성, 변동성, 분리분가분성, 다양성 등으로 5가지로 분류하였다.

| 표 4-1 | 상품으로서의 여행의 특징

구분	내용
무형적(intangible)	• 여행은 구입할 때 그 결과를 알기 어려우며 투기와 유사 • 소비자에게는 브로슈어의 형태로만 제시되는 비싼 상품
사라지기 쉬움 (perishable)	• 여행상품은 가능한 기간 동안에만 팔리기 때문에 재고로 남겨두기 어려움 • 여분의 상품을 팔기 위한 마지막 순간의 예약이 중요해질 수밖에 없음
동적임(dynamic)	• 여행상품은 항상 유동적이고 • 가격이 지속적으로 오르고 내림

구분	내용
다양함 (heterogeneous)	• 여행상품은 똑같은 방법으로 생산되고 소비자에게 전달되는 표준화된 제품이 아님 • 사람들과 많은 알려지지 않는 요소들로부터 영향을 받기 때문에 이들 간의 상호관계가 여행상품의 질을 높이거나 낮추는 작용을 할 수 있음
분할 불가능 (inseparable)	• 고객의 마음속에서는 전체적인 경험으로서 구입되고 소비 • 제시된 상품의 내용, 가치 그리고 범위가 중요 • 고객이 여행지로 수송되는 특별한 상품전달 형식을 띠기 때문에 브로슈어에 언급되어 있는 모든 항목에 대한 시의적절한 설명이 필요

자료 : Connel, Joanne and Page, Stephen J.,「Tourism: a modern synthesis」, NY, Thomson, 2006, 140쪽.

상품의 특징이 유형이냐 무형이냐로 가름하는 양자의 구분은 생산자 입장에서 파악한 것이긴 하나, 이들 양자는 그 과정에서 본질적 차이를 나타내고 있다. 본질적 특성 가운데 자주 언급되고 있는 것은 ① 무형성, ② 동시성, ③ 이질성, ④ 계절성, ⑤ 결합성, ⑥ 모방성, ⑦ 소멸성 등인데, 이를 구체적으로 살펴보면 다음과 같다.

1) 무형성(intangibility)

몇 백만원짜리 여행상품이라고 해도 손으로 만져볼 수도 없고 있는 것은 여행의 「부품」으로서 이용하는 운송기관, 숙박시설, 관광시설, 혹은 방문하는 지역의 자연경관 등을 상품으로 취급하여 제공을 약속하는 자료뿐이다. 여행업계에서는 이들의 부품을 일반적으로 '여행소재(旅行素材)'라고 부르고 있다. 결과적으로 여행자는 무형적 · 비가시적(invisible) 꿈(환상)을 구입하여(R. D. Davidoff and D. S. Davidoff, 1983 : 6~17) 여행에 참가하게 되는 것이다. 그러므로 상품내용을 설명하거나 구매를 설득해야 한다. 이 무형성으로부터 동시성이 도출되고 동시성에서 비보존성, 이질성, 소멸성 등이 유추되기 때문에 무형성은 여행업마케팅의 특성 중 가장 본질적인 것이라 할 수 있다.

2) 동시성(simultaneity)

일반상품의 경우에는 생산에서 소비까지 시 · 공간적 거리가 있는데 비해 여행상품은 생산과 소비 내지는 공급과 수요가 같은 장소에서 동시에 행해진다. 즉 수요가 없으면 공급은 그 자체가 독립적으로 성립되지 않는다(日本能率協会, 발행연도 불명 : 6~17). 즉 여행상품은 시 · 공간적 제약을 받으며, 상품의 생산 · 구매 · 이용 · 평가가 동시적으로 발생되는 불가분성(inseparability)을 의미한다(손대현, 1985 : 71). 그러므로 여행상품의 생산과정 및 소비과정에 여행자와 안내사, 여행자원, 시설 등이 함께 참여하여야만 여행상품의 생산 · 판매가 이루어짐을 나타내는 것이다. 이는 여행사 직원의 능력 및 태도에 의해 여행상품의 품질이 달라질 수 있다는 것을 의미한다.

3) 이질성(heterogeneity)

이질성은 여행서비스 수행에 있어서 잠재성이 높은 변동가능성을 의미하는 것으로 여행관련기관(principal)으로부터 상품생산 면에서 동일(同一)한 품질(品質)의 서비스를 제공받기 어렵고, 여행자의 욕구와 감정상태에 따라 그 효용과 가치가 달라지므로 여행자별 만족도가 다르게 나타난다(박시범, : 2010 : 182). 즉 이것은 여행소재제공자, 여행자, 시간 등의 변수에 따라 여행상품의 품질이 변동될 수 있음을 의미하며, 이와 같은 이질성을 극복하기 위해서는 여행서비스의 수행의 일관성(consistency)을 유지하여 품질관리를 강화하여야 한다.

4) 계절성(seasonality)

여행은 계절성으로 자주 고통을 받는 상품으로 여행시장 또한 계절, 요일 또는 하루 중에도 시간에 따라 수요가 크게 변동한다. 따라서 여행사, 호텔, 항공사 등은 매출(賣出)의 정점과 최하점(pick and valley)의 평준화를 기하기 위해 동시화 마케팅(synchro-marketing)을 사용하고 있다(조영석, 1988 : 17).

5) 결합(package)성

여행상품은 여행소재의 결합에 의해 생산되는 것으로 이는 곧 개별(個別)서비스가 패키지화되어 이루어짐을 의미한다. 여행업을 일컬어 결합생산자(assembly maker)라고 하는 것도(森谷トラベル エンタプライス, 1983 : 66) 이러한 결합성에 근거한 것이다. 즉 미리 여행일정작성이라는 설계도를 만들고 부품이라고 할 수 있는 여행소재를 구입하지만 형태를 만드는 것이 아니며, 또한 물건이 그 현장에 있는 것도 아니다. 여정(여행일정)작성은 작성자가 여러 가지 자료를 이용하여 자유자재로 여행소재를 조합하여 즐겁고 창조적인 상품을 만들 수 있다. 그를 위해서는 풍부한 지식이나 경험이 필요하다는 것은 두말할 필요가 없을 것이다(J. Jafari, 1974 : 74).

결합성은 거꾸로 여행소재만을 판매할 수도 있다는 것을 의미한다. 교통, 숙박, 식사, 관광 등 여행의 모든 요소를 갖춘 패키지투어(package tour)의 형태도 있으나 반복 여행자(repeater)의 증가로 호텔, 식사, 입장권, 교통만의 상품도 증가되는 추세이다. 여행업계에서는 이들을 가리켜 숙박만을 필요로 하는 사람을 호텔 온리(hotel only) 또는 호텔 팩(hotel pack), 항공권만을 필요로 하는 사람을 에어 온리(air only) 또는 에어 팩(air pack)으로 부르고 있다.

6) 모방성(parity)

여행상품은 상품내용을 공개하여야 하는 상품으로 누구나 보기 쉽도록 고지(告知)해야 하는 까닭에(이항구, 1987 : 101) 타사에서 모방하기 쉬울 뿐만 아니라(土井厚, 1982 : 250) 여행사 자체적으로는 상품생산이 불가능하다. 왜냐하면 여행상품 구성요소인 호텔, 교통기관, 식당 및 여행관련 시설 등은 여행사별 차별화가 곤란하기 때문이다. 그러나 언제부턴가 신문광고나 홈페이지에서 노팁, 노옵션, 노쇼핑을 기재하여 타사와의 차별성을 강조하고 이 상품이 고품격인양 생각하는 상황을 많이 보이고 있다.

7) 소멸성(perishability)

여행상품의 과반수를 점하는 운송기관의 좌석이라는 공간과 숙박시설의 객실이라는 공간은 항공기, 열차, 버스 혹은 호텔이라는 것들이 존재하는 한 존재를 계속하지만, 어느 일정기간이 경과하면 상품으로서는 가치가 없어지는 결과를 가져오는 성질을 가지고 있다. 즉 여행상품은 사용일이 예정되어 있는 상품으로서 사용일시가 경과하면 자연히 상품가치가 소멸하는 것을 의미한다(大橋昭., 2007 : 117). 이러한 소멸성 때문에 여행상품을 관리하는 직원들은 다소 무리하면서도 초과예약(over booking)을 함으로써 소멸성을 최대한 줄이려고 노력하고 있다(손대현, 1985 : 77). 따라서 이러한 소멸성을 극복하는 방안은 적절한 예약시스템의 활용에 있다고 할 수 있다.

4.3 여행상품의 제 문제

앞에서 고찰한 바와 같이 여행업에서 취급하는 상품들은 어떠한 형태이든 서비스가 개재되어 상품이 조성되고 판매되고 있으므로 여행상품 품질관리상의 문제점이 적지 않다. 이러한 여행업의 문제점은 생산관리나 인사관리 측면에서도 접근할 수 있겠지만, 고객지향성 기능의 통합성 등을 지닌 마케팅 측면에서 가장 효율적으로 접근할 수 있다. 이하에서는 이를 근본적인 문제, 현상적인 문제로 나누어 각각 고찰하고자 한다.

4.3.1 근본적 문제

첫째, 불확실하고 비효율적인 생산계획문제이다. 여행상품의 생산과정에는 여행자가 참여하기 때문에 불확실성이 높으며, 여행자의 행동 여하에 따라 생산효율에 큰 영향을 미치게 된다(野村清, 1983 : 150). 즉 여행서비스의 제공현장과 생산현장에는 항상 여행자가 함께 있어서 여행자본위라는 자세와 여행자통제 또는 유도가 여행서비스 생산의 향상요인이 되기 어렵다. 반면, 여행자 입장에서 보면 양질의 여행상품을 생산하기 위해서 그에 따른 적절한 협력을 제공해야 한다. 그러나 어떤 경우에도 여행자의 행동은 사전예측과 통제가 불가능하므로 여행사측에서는 예정성, 신뢰성, 규격화 등에 있어 통제 불가능한 요소가 된다.

둘째, 대량생산의 이점(scale merit)을 살리기 어렵다. 여행서비스 생산거점은 수요자 입지가 되기 때문에(井原哲夫, 1978 : 77) 여행상품의 생산 · 소비에는 여행상품 제공자와 여행자가 직접 접촉을 해야 하며, 이는 곧 여행서비스의 시 · 공간의 한정성 때문에 여행서비스의 생산이 수요단위마다 소규모로 생산될 수밖에 없음을 의미한다. 그러므로 규모의 이점(scale merit)을 살릴 수 없는 것은 당연하며, 수요의 분산이 증가할수록 규모의 집적이 불가능하므로 규모의 경제성이 용이하게 도입될 수 없는 것이다.

셋째, 품질관리 및 객관적 측정이 곤란하다. 여행상품의 정신적 무형성은 원래 계획하고 촉진되었던 대로 일관된 형식으로 제공되고 있는지 확실히 알 수도 없을 뿐더러(Bernard H. Booms, and Mary J. Bitner, 1981 : 47～8), 인적 노동의 비중이 크기 때문에 동일한 여행상품이라도 서비스 제공요원에 따라 품질이 다르며, 일과성(一過性)의 특성을 갖고 있기 때문에 품질의 파악이 곤란하다.

넷째, 원가관리가 곤란하다. 여행상품의 생산은 수요시간에 직접대응을 하여야 하기 때문에 사람이나 기계의 가동시간이 불연속적이다(野村清, 앞의 책 : 170). 즉 수요 그 자체가 생산시간과 가동률을 결정하기 때문에 공급자 측의 사정으로 생산계획을 수립하여 원가관리를 해야 하는 어려움이 있다. 따라서 여행업 경영에서는 원가관리보다도 수요를 흡인하여 가동률을 올리는 시책이 선결과제이다.

다섯째, 높은 여행자 위험과 불평(claim) 다발(多發)문제이다. 여행상품 내용과 품질의 전달이 곤란하여 불안과 오해가 생기기 쉽고, 상품자체의 반품 · 교환 · 전매(轉賣) · 복원 등이 안되기 때문에 구입실패와 결함상품에 대한 회복방법이 없고, 여행업 종사원과 고객(여행자)이 함께 참여하기 때문에 문제발생시 책임소재가 명확하지 않다.

4.3.2 현상적 문제

첫째, 기계화의 지연문제이다. 컴퓨터의 보급, 통신정보수단의 개발로 점차 기계화 추세에 있다고는 하나, 여행업의 근본인 서비스는 기계화만으로 대체가 곤란하기 때문에 노동력에의 의존도가 상당히 높은 것이 현실이며, 여행수입에 대한 인건비의 비율은 여전히 높다. 다시 말하면 여행업은 사람이 자본이라는 말과 같이(杉岡碩夫, 1986 : 165) 상품의 제조 · 유통 · 판매과정에 인적 의존비율이 커서 이를 전적으로 기계화할 수 없으며, 설사 한다 해도 여행자로부터 곧 외면당한다.

둘째, 여행상품(특히 소프트 요소 및 노하우)에 대한 법률적 보호장치가 없다는 점이다. 여행업의 노하우(know-how)는 숙련기능, 아이디어, 경영시스템 등의 소프트(soft)적 기술이 많은데, 이에 대한 적절한 보호와 가치인정 등의 조치가 미비하다. 예컨대 일반 생산재에는 실용신안권, 의장권, 특허권 등의 법률적 보호장치가 마련되어 있는데 반해, 여행업에는 이러한 법률적 보호장치가 없다(嶋口充輝, 1982 : 45). 그러므로 정부나 여행업협회에서 비즈니스 모델로 인정할 수 있는 법적 · 제도적 장치를 만들고 이 범주 안에 들어가는 새로운 상품이 개발되면 적어도 향후 몇 년 정도는 독점적으로 운영할 수 있는 권리를 부여하는 방안이 필요하다(이진석, 2004, 2.11)

셋째, 사회적 인식의 낙후성과 산업정책면에서의 경시풍조 문제이다. 여행업이란 본래 여행자의 뒤처리나 하고 구전(口錢)을 남긴다는 정도의 사회적인 인식, 즉 EDPS(Eating, Drinking, Playing, Sleeping)적 사고와(정찬종, 1993 : 2) 무역입국을 제일로 여긴 산업정책에서의 소외 등으로 결국은 과소비 향락산업인 오락 · 유흥업으로 인식되고 있다(이영석, 1992 : 7).

넷째, 근대적 경영관리 이론의 지연문제이다. 정보를 근간으로 하는 사업이면서도 경영관리 기법이 발달되어 있지 못하며, 기업의 영세성으로 인해 연구자도 적을 뿐더러 관광협회를 비롯한 관련기관조차도 여행사에 대한 기초자료가 정비되어 있지 않다.

다섯째, 선불계약 및 취소에 관한 문제이다. 일반상품의 구매에는 특별한 경우를 제외하고 계약이 전제조건이 되지 않으나, 여행상품 구매는 여행출발전 선불계약이 전제가 된다는 점이 다르며, 또한 여행상품의 판매에는 타 상품에 비해 취소가 많다는 것이 특징이다. 10여 년간 여행사에 종사한 경험에 의하면 예약의 30~40%가 취소되고 있다. 또한 계약의 해제에 관한 문화가 여행사측이나 여행자측 모두에게 다소간 개방되어 있다는 문제를 안고 있다.

4.4 여행상품의 구성요소

여행상품을 구성하고 있는 요소는 즉 여행부품 혹은 여행소재라고 할 수 있다. 여행사는 이들 여행소재를 조립(assemble)하여 일련의 여행상품을 생산하고 있다. 여행상품의 구성요소에 관해 정익준은 ① 교통수단, ② 숙박시설, ③ 요식시설, ④ 관광대상 목적물, ⑤ 지원시설(미디어), ⑥ 기념품, ⑦ 여행서비스 등 7가지를 들고 있다. 조송빈은 정익준의 7가지 요소에 여행용품 취급업체를 추가하여 8가지 요소를 들고 있다(조송빈, 1991 : 230~1).

윤대순은 ① 호텔, ② 음식, ③ 쇼핑, ④ 교통 등 여행4요소 이외 두 가지 요소를 추가하여 구분하고 있으며(윤대순, 2009 : 445), 페이는 ① 교통, ② 숙박, ③ 식사, ④ 관광/안내서비스, ⑤ 유인대상, ⑥ 쇼핑 등 6가지를 제시하고 있다(Betsy Fay, 1992 : 4~5). 한편, 모리타니 여행기업에서는 ① 여행서류, ② 교통기관, ③ 음식, ④ 숙박, ⑤ 목적지 등 5가지를 들고 있다(森谷トラベル エンタプライズ, 1974 : 52).

이들의 여행상품 구성요소를 통해 나타난 요소들을 종합해 보면 기본적으로는 교통, 숙박, 음식, 쇼핑 등 4요소와 부가적으로 몇 가지 요소들을 추가하고 있음을 알 수 있다.

이 책에서는 여행상품 구성요소를 기본적인 4요소를 포함하여 목적지, 안내사, 수속, 연결체계를 추가하여 총 8가지 요소로 설명한다.

그림 4-1 ▷ 여행상품의 구성요소

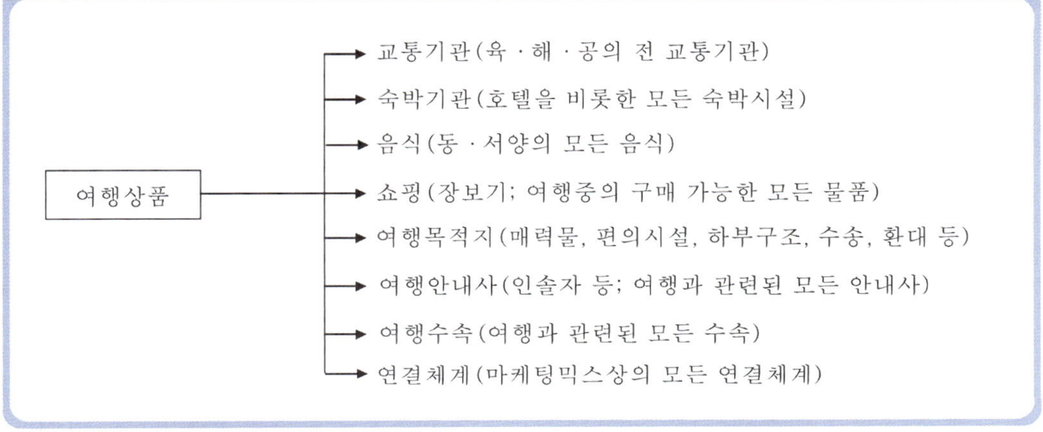

첫째, 교통수단이다. 교통수단에는 한 지점에서 다른 지점으로 이동시키는 모든 교통수단 '대형승합차(motor coach), 소형승합차(mini coach or van), 항공기(airplane), 기차(train), 여객선(cruise ship), 마차, 인력거' 등의 모든 이용 가능한 교통수단을 포함한다. 특히 항공사의 선택 방법, 좌석의 구매전략 등은 꽤 복잡하며, 최근에는 자사의 컴퓨터 네트워크로 각 지점의 구매가격을 체크를 하고 전사적으로 구매가격을 낮추는 공급체인 경영(SCM : Supply Chain Management)에 힘을 기울이는 여행사가 늘고 있다(정찬종, 2006 : 34).

둘째, 숙박기관이다. 호텔, 모텔, 유스호스텔(youth hostel), 여관, 여인숙, 민박, 펜션, 캡슐인((capsule inn), 해먹(hammock) 등 잠을 잘 수 있는 모든 숙박기관을 포함한다. 숙박시설 선택에는 ① 시설, ② 서비스, ③ 요금, ④ 위치 등 4가지가 중요하다.

셋째, 음식이다. 인간이 가진 여러 욕망 가운데 기본적인 욕구가 식욕인 것처럼 여행 중의 즐거움도 식사에 있을 만큼 식사요소는 그 비중이 매우 크다(森谷トラベル エンタプライズ, 1974 : 18~9). 식사에는 동 · 서양식은 물론 모든 식사를 포함하며, 퓨전식과 식사와 곁들여 진행되는 각종 쇼(show)도 포함된다. 최근에는 지역의 명물요리 시식이 여행목적인 경우도 있다.

넷째, 쇼핑(장보기)이다. 여행의 즐거움 가운데 하나는 여행지에서의 장보기이다. 그 지역의 토산품을 구입함으로써 오래도록 추억을 간직할 수 있다(日本観光協会, 1986 : 9). 여기에는 농축산물, 어패류, 공산품, 민예품, 토산품, 특산물 등 모든 상품이 포함된다.

다섯째, 여행목적지이다. 여행목적지는 여행자원/매력물(attractions), 편의시설(facilities), 하부구조(infrastructure), 교통 · 수송(transportation), 환대 · 접대(hospitality) 시설 등을 포함하는 개념이다(Robert Christie Mill & Alastair M. Morrison, 1985 : 201~2). 여행목적지에 어떻게 가는 것이 좋은지, 시기는 언제가 좋은지, 비용은 얼마나 드는지는 거의 알려져 있지 않다. 그러므로 여행사가 그것을 상품화함으로써 비로소 소비자가 여행을 결단할 수가 있는 것이다. 만약 여행사가 그렇게 하지 않으면 그것은 소비자의 일생의 원망의 대상이 되어버릴 것이다.

여섯째, 여행안내사(인솔자 등)이다. 여행의 소프트(soft)적 요소로서의 안내사는 여행의 가치증진 상품으로서 존재한다(香川昭彦, 1988 : 12~3). 안내사에는 전속안내사(full time guide), 일용안내사(part time guide), 특정지역 및 특정장소 안내사(local guide) 및 여행일정관리사(tour escort), 학예사(curator) 및 문화관광해설사를 포함한다. 여행의 성패(成敗)는 인솔자에 의해 좌우되기 때문이다. 여행자들은 조금 더 돈이 들더라도 현지사정에 밝은 베테랑인솔자와 같이 가는 투어를 선호한다. 그러나 최근엔 인솔자가 없는 단체를 여행상품으로 내놓는 여행사도 있다.

일곱째, 여행수속이다. 여행수속은 일반적으로 여행행사 이전에 이루어지는 여권수속, 사증수속, 여행보험수속, 환전수속 및 검역수속 등과 여행 중에 발생하는 출입국수속, 세관수속 등으로 구성된다. 수속은 여행사의 신뢰와도 밀접하게 연결되므로 한 치의 오차도 없어야 한다.

여덟째, 유통 연결체계(link system), 즉 온 · 오프라인(On · Off Line) 유통시스템이다. 연결체계는 여행대상과 여행대상 간의 연결(attraction link), 상품과 상품 간의 연결(product link), 의사소통의 연결(communication link), 교통수단의 연결(transportation link), 판매조직망의 연결(sales organization link), 판매서비스 연결(sales service link) 등을 포함한다(윤전용, 1980 : 76~81).

4.4.1 여행상품의 하드와 소프트

여행상품에는 하드웨어(hardware)와 소프트웨어(software)가 있다. 이 가운데 정의가 문제가 되는 것은 항상 하드웨어이다. 일반적으로 여러 하드웨어의 정의를 정리하면 「광의의 여행상품」과 「협의의 여행상품」으로 파악할 수 있다.

앞서 자세히 설명했지만 항공권, 여행보험증권만으로도 여행상품임에는 틀림없다. 물론 그러한 "표(ticket)만으로는 여행상품은 아니다"라고 주장하는 여행사 대표도 있으나 그것만으로 틀리다고 말할 수는 없다.

그림 4-2 여행상품의 하드와 소프트

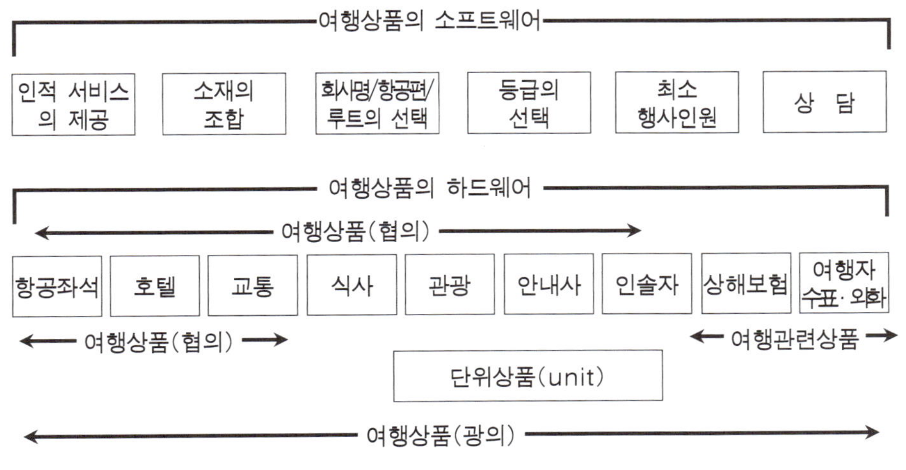

그러면 여행상품의 구성요소 중 이를 경성적(硬性的 · hardware) 측면과 연성적(軟性的 · software) 측면으로 나누어 알아보자.

여행상품이라는 무형상품에는 실체로서의 물재(物財)가 없기 때문에 연성적 측면만으로 구성되어 있는 것으로 착각하기 쉬운데, 여행상품을 구성하고 있는 연성적 측면의 배후에는 호텔이나 교통기관 등 경성적 측면이 존재하고 있다.

예를 들면 경비보장회사에서 판매목적으로서의 기계(hardware)를 팔 것인가, 안전(software)을 팔 것인가의 양자택일에서 안전을 상품화하여 성공을 거두었다는 것(日本興業銀行, 1984 : 28~32)에서, 우리는 종래의 경성적 측면에서만 주도적으로 연구되어 왔던 것에서 탈피하여 이제부터는 경성적 측면과 연성적 측면을 동시에 고려하지 않으면 안 된다는 것을 잘 설명하여 주고 있다.

가치관이나 추구하는 생활상으로서의 상품을 선택하려고 할 때 상품의 물리적 기능 및 효용뿐만 아니라 연성적 측면, 즉 도시감각, 문화적 색채, 디자인, 부대서비스 등이 부가되어 있지 않으면 자기의 가치관에 맞는 것으로 인식하지 않는다(日本興業銀行, 앞의 책 : 149~50).

그러므로 소유권, 기술적 노하우(know-how), 컴퓨터 관련의 연성적 측면, 기업정보, 종사원 교육, 광고 · 선전 등 형태가 없는 연성적 상품에 주목하여 이에 대한 대처가 중요한 과제로 떠오르고 있다.

원래 여행상품 그 자체는 연성적 측면이 강하나 여행소재를 이루고 있는 것 가운데는 경성적 성격을 강하게 가지고 있는 것도 적지 않다.

| 표 4-2 | 여행상품의 경 · 연성 측면

경성적(hard) 측면	연성적(soft) 측면
교통기관 : 항공기, 선박, 자동차, 케이블카 등	기내(機內), 차내(車內), 선내(船內)의 서비스, 교통의 연결과 조화있는 일정
숙박시설 : 호텔, 여관, 모텔, 펜션 등	단순한 숙박만이 아니라 마음의 안식처로서의 기능
관광시설 : 유원지, 박물관, 명승고적, 식당, 운동시설	기분을 만족시킬 것인지? 사전(事前)학습, 수긍이 가는 해설, 여유있는 시간, 미각, 주위의 환경, 종업원의 서비스, 가격, 분위기 등

자료 : 정찬종, 여행업무관리론, 백산출판사, 1991, 48쪽.

4.4.2 경성적 여행상품

경성적 여행상품은 교통기관, 숙박시설, 음식, 기타 여행시설 및 여행자원 등으로 구성되는 일반적으로 촉지(触知 · 만질 수 있는) 가능한 상품으로 구성되어 있다. 이러한 상품은 여행상품 가격을 형성하는 일차적 상품으로 일반 여행자들이 여행상품을 구분하고 판단하는 중요한 단서가 된다.

여행상품이 전문성을 띠기 시작하기 전에는 이러한 경성적 측면이 여행자의 중요한 관심 대상이 되었으나, 여행상품이 차츰 전문성을 띠기 시작하면서 여행자의 관심대상도 최근에는 연성적 측면으로 이동하고 있다.

경성적 상품은 일반적으로 자금력만 확보되면 언제나 고급화할 수 있기 때문에 오늘날과 같은 고도경제사회에서는 경성적 상품에는 한계가 있지 않나 생각된다.

4.4.3 연성적 여행상품

연성적 여행상품은 여행업무상의 기술적 노하우(know-how), 여행정보, 여행업 종사원의 교육, 여행에 관한 광고 · 선전 등 형태가 없는 상품을 말한다. 최근 여행상품이 전문성을 띠기 시작하면서 대다수 여행사들은 여행상품의 연성적 측면을 부각시켜 타사와의 차별화 수단으로 널리 이용하고 있는 추세에 있다.

연성적 여행상품은 경성적 상품과는 달리 자금력이 확보된다 하더라도 금세 해결될 성질의 것은 아니기 때문에 금후 여행상품은 연성적 측면의 기술력 확보가 관건이 될 것이다. 왜냐하면 여행사에서는 현실적으로 상품구색이나 다양성 등 여행상품의 질에서 특징이 발견되고 있지 않기 때문에 그러한 경우에는 여행자의 상품구입에 대한 가치기준이 하드(hard)에서 소프트(soft)적 가치로 변화하기 때문이다.

그러므로 여행업에서는 소프트 가치가 충분히 발휘되는 여행상품을 제공함으로써 여행사의 이미지를 제고시켜 선택확률을 높일 수 있다. 소프트적 가치는 여행상품의 품질과 직결되는 것으로 이것은 곧 여행사의 명성이나 이미지와 동일하므로 여행자로부터 좋은 평판을 형성하고 이를 유지하기 위해서는 소프트적 가치에 세심한 주의를 기울이지 않으면 안 된다.

4.5 여행상품의 분류

여행사의 카운터 또는 여행상품을 취급하고 있는 판매점에서는 다종다양한 팸플릿이 놓여 있고, 판매되고 있다. 여행상품을 분류하려는 많은 노력이 있었음에도 불구하고 아직까지 여행상품에 대해 체계적 분류가 나와 있지 못한 실정이다.

윤대순은 ① 여행사여행상품, ② 숙박상품, ③ 교통이용권, ④ 식사, ⑤ 쇼핑(買物), ⑥ 기타 상품 등 6가지로 여행상품을 분류하였다(윤대순, 1988 : 273).

이장춘은 여행상품을 ① 자원상품, ② 시설상품, ③ 서비스상품, ④ 환경상품, ⑤ 특수상품 등 5가지로 분류하였다(이장춘, 1980 : 452~4).

양병선은 여행상품을 단체여행상품과 개인여행상품으로 대별한 다음 인솔 여부와 여행형태에 따라 7가지로 구분하여 설명하고 있다.

| 표 4-3 | 미래형 여행상품의 분류

미래	
GRP (단체)	단체여행
	인센티브
FIT (개인)	개별자유여행
	에어텔패키지
	프리타입패키지
	개별 패키지

인솔여부	여행형태		정의
GRP Tour (단체 여행)	단체여행패키지		항공, 호텔, 가이드, 인솔자 등 여행일정 전체를 여행사에 의뢰하는 여행형태
	인센티브 여행		일반적으로 10명 이상의 기업 또는 단체가 여행사의 전체 패키지 여행상품을 이용하는 것으로 전체 패키지와 마찬가지로 항공, 호텔, 가이드 등 여행일정 전체를 여행사에 의뢰하는 여행형태
FIT Tour (개인 여행)	개별 자유 여행	단품	여행객이 직접 항공권과 호텔, 현지 교통편 등을 예약하는 형태로 하나의 상품만 구매한 경우
		결합 상품	여행객이 직접 단품을 두 개 이상 선택/조합하여 예약하는 여행형태
	에어텔패키지		여행사에서 '항공+호텔 패키지' 상품을 구입하고 현지 일정은 자유로운 여행형태
	프리타입패키지		여행사에서 '항공/호텔/공항 호텔간 이동(송영서비스)패키지' 상품을 구입하고 현지일정은 자유로운 여행형태 ex) PIC gold, Club Med
	개별 패키지		일반적으로 10명 이하의 소그룹 규모의 여행객이 인솔자 등을 동반하지 않는 여행형태 ex) 휴양지(푸켓, 세부 등)

자료 : 양병선, 여행업계가 요구하는 국외여행인솔자상, 2010년.

오타히사오(太田久雄)는 여행상품을 ① 개인여행상품, ② 단체여행상품, ③ 기타여행상품으로 구분하고, 이를 다시 세분하여 개인여행상품에는 패키지상품과 FIT상품, 단체여행상품에는 단체수배여행상품과 단체기획상품, 기타상품에는 대매(代賣)상품과 대행(代行, 수속 등의 대행)상품으로 구분하고 있다(太田久雄, 2006 : 49).

일본의 트래블 저널(travel journal)에서는 ① 기본적, ② 참가형태, ③ 판매시장, ④ 여행목적, ⑤ 상품조성, ⑥ 여행형태, ⑦ 참가자층, ⑧ 여행업법, ⑨ 항공운임 등의 분류방법에 따라 여행상품을 9가지로 분류하였다. 이 책에서는 이 분류방법이 비교적 체계적인 분류를 한 것으로 판단하여 이 방식에 따른 여행상품의 구체적 내용을 소개하기로 한다.

| 표 4-4 | 여행상품의 분류

분류방법	상품의 종류	분류방법	상품의 종류	분류방법	상품의 종류
기본적	• 국내여행 • 국외여행 • 외국인여행	*참가형태*	• 단체조직형 • 개인참가형 • FIT형	*상품조성*	• 단체기획 • 포괄여행
판매시장	• 일반모집형 • 인센티브형 • 유연단체형 • 유통판매형	*여행목적*	• 관광여행 • 업무도항 • 국제회의 • 시찰여행 • 연수여행	*참가자층*	• 신혼여행 • 중년여행 • 노인여행
여행형태	• 주유형 • 체재형 • DIY형 • SIT형 • Off the Beaten Track형 • 고급형	*여행업법*	• 주최여행 • 수배여행	*항공운임*	• 편도여행 • 왕복여행 • 순회여행 • 설형(楔形)여행 • 세계일주여행

자료 : トラベル ジャーナル, 「海外旅行の業務知識」, 1991년에 의거 재구성.

1) 기본적 분류

국내여행(intra bound)상품, 국외여행(outbound)상품, 외국인여행(inbound)상품으로 구분한다. 국내여행상품은 내국인 및 국내거주 외국인의 국내여행상품이다. 국외여행상품은 내국인 및 국내거주 외국인의 국외여행상품이다. 외국인여행상품은 외국인 및 해외에 거주하는 교포의 국내여행상품이다.

2) 참가형태에 따른 분류

참가형태에 따른 분류는 단체조직형 상품, 개인참가형 상품, FIT형 상품 등 3종류로 구성된다.

① 단체조직형 상품: "기업이나 법인, 협회 · 연맹 및 조합 등 각종 단체 등을 모체로 하여 조직된 단체여행"이 단체조직형 여행상품이다. 이 상품의 특색은 참가자끼리 여행에 참가하기 전에 어떤 관계가 있는 것으로 여행사는 그러한 관계의 중심에 있는 여행조직자(travel organizer)와 접촉하여 단체여행 판매를 한다. 일반 모집형태의 시장이 형성되기까지 여행시장에서는 최대의 지분(share)을 가지고 있었으며, 지금도 단체판매형태로 활발하게 진행되고 있다.

| 표 4-5 | 참가형태에 따른 분류

구　분	단체참가	개인참가
단체행동	단체조직형	개인참가형
개인행동	–	FIT형

② 개인참가형 상품: 여행사가 설정한 여행에 개인(혹은 소수인원)으로 참가하는 단체여행 상품. 국내에서는 회원여행이라고도 불린다. 이 상품의 특징은 여행대상이 불특정 다수라는 점이다. 참가형식은 개인이지만 여행상품 자체는 단체여행 상품이기 때문에 참가자의 동일행동이 원칙이다.

③ FIT(Foreign Independent Tour · 개별여행)형 상품: 개인이 여행을 기획하고 현지에서의 행동도 개인단위가 되는 여행상품이다. 업무도항형상품은 기본적으로 이 여행형태이나, 관광목적이라도 여행자의 탈 단체여행 풍조가 증가하고 있다. 국내여행에서는 '세트여행'으로서 개인행동형의 여행상품이 판매되고 있었는데, 국외여행에서는 최근에야 이러한 여행상품이 등장하고 있는 실정이다. 여행상품의 흐름을 장기적인 시야에서 보면 단체조직형 상품 → 개인참가형 상품 → FIT형 상품으로 이동하고 있음을 알 수 있으며, 여행사로서는 FIT 여행자에의 대응이 중요한 과제이다.

| 표 4-6 | FIT상품의 분류

에어텔 패키지	항공사에서 출시한 항공+호텔을 기본사항으로 하고, 공항-호텔 간 교통편, city tour, 관광지 입장권 등을 포함하고 있거나 선택할 수 있는 상품으로 여행일정은 여행자에 맞게 변형 가능 상용과 비즈니스 고객이 아닌 여행자를 대상으로 항공사에서 호텔 사용 필수를 조건으로 한 특별요금의 항공권을 이용 1999년 KLM항공의 Europe 4 you 상품 출시 이후 현재 각 항공사별로 상품 출시
배낭여행	학생을 중심으로 한 배낭여행객들에게서 발견되는 유형으로 항공과 교통패스만을 구매하고 현지에서 저렴한 숙소를 이용하는 여행상품으로 한 도시가 아닌 여러 도시를 여행하는 저예산 장기여행 호텔팩, 단체배낭여행, 점프팩, 호스텔팩 등 여행사의 배낭여행상품
소규모 테마형(맞춤형) 패키지/ SIT	소비자의 특정한 관심을 만족시키기 위해 여행일정을 만들고 여행사에 의뢰하여 진행하는 소규모 맞춤여행 여행사가 특정 고객층을 대상으로 만들어 판매하는 10인 미만 소규모 패키지 예술여행, 건축기행, 에코투어, 와인투어, 쇼핑투어 등
DIY (Do-It-Yourself)	최근 증가세가 뚜렷한 상품으로 미주, 유럽지역에서는 이미 보편화되어 있는 상품 여행자 자신이 자신의 일정을 짜고 그에 맞는 항공, 호텔, 가이드 등을 직접 항공사, 여행사, 호텔, 호텔 예약업체들을 이용하여 직접 예약하고 진행하는 상품

자료 : 이재곤 외, 개별여행자의 여행사 선택속성연구, 관광경영연구, 관광경영학회, 2011, 5쪽.

3) 판매시장에 따른 분류

① 일반모집형 상품 : 불특정다수를 모집하는 기본적인 형태이지만, 회원조직 등 불특정다수를 모집하는 경우도 있다. 포괄여행상품은 전형적인 이 형태의 여행상품이다.

② 인센티브형 상품 : 여행을 인센티브(incentive) 즉 포상(褒賞), 보장(報奬) 등 판매촉진을 위해 사용하는 경우로 '단체조직형 여행상품'의 한 형태이다. 그러나 구미(歐美)에서는 인센티브 시장이라고 지칭할 때에는 넓게 산업관계의 여행을 의미한다.

③ 유연단체형 상품 : 어피니티그룹(affinity group)이란 '유연단체(類緣團體)'로 번역된다. 즉 여행목적이 아닌 회원조직 · 단체를 모체로 한 단체조직형 여행상품의 한 형태이다. 유연단체는 비영리적인 단체로 예를 들면 의사회, 약사회, 노인회, 부인회 등의 각종 회 또는 모임(YMCA, YWCA, ROTARY, LIONS, JC 등)을 위주로 한 여행상품이다.

④ 유통판매형 여행상품 : 종래 여행사에서 판매에 주력한 것은 단체여행상품이었고, 단체조직형(인센티브, 어피니티) 상품이 주력상품이었다. 그러나 여행이 일상생활화함에 따라 일반모집형 여행상품이 점점 증가하여 단체조직형 상품이 어려움을 겪게 되었다. 이에

새로 개발된 여행상품이 집객력이 있는 각종 채널(channel)을 통해 여행을 일반모집하는 방법으로 현재에는 여행사의 주력상품이 되고 있다. 신용카드 회사와의 제휴, 매스컴과의 제휴 등은 유통판매형 상품으로 협력상품(tie up)이라고 하기도 한다.

4) 여행목적에 따른 분류

① 관광여행상품 : 관광목적으로 여행하는 상품으로 국내 · 국외를 불문하고 가장 많은 여행상품이다. 그만큼 여행사가 힘을 쏟고 있는 분야이기도 하다.

② 상용여행상품 : 업무를 목적으로 한 상품으로 일단 단체관광 여행상품보다 수익성이 높기 때문에 이 상품의 시장확대에 항공사나 여행사가 힘을 쏟고 있다.

③ 국제회의상품 : 세계경제의 일체화가 진전됨에 따라 국제회의도 많이 발생하고 있어 이에 참가하는 여행자도 날로 증가하고 있다. 이 여행상품은 부가가치면에서 다른 여행상품보다 높은 것으로 평가되고 있다. 국제회의상품에는 회의전 여행(pre-convention travel)과 회의후 여행(post-convention travel)으로 나뉜다.

④ 시찰여행상품 : 시장조사나 공장방문을 목적으로 한 여행(technical visit)상품이다. 이 상품은 관광여행상품과는 달리 성 · 비수기의 영향을 덜 받는데다, 고부가가치 여행이기 때문에 그에 따른 업무기술이나 노하우(know-how)가 필요한 상품이다. 판촉목적의 팸투어(familiarization tour)도 이 상품의 일종이다.

⑤ 연수여행상품 : 연수, 교육, 훈련을 목적으로 한 여행상품이다. 가장 일반적인 것으로는 어학연수여행상품이다. 개발 여하에 따라서 시장성이 상당히 큰 여행상품의 하나이다.

5) 상품조성에 따른 분류

① 단체기획상품 : 포괄여행상품(package tour) 가운데 영업소나 지점에 판매를 할당하는 상품을 말하며, 판매계획에 따라 일반모집도 하고 단체판매도 하는 형태를 취한다. 포괄여행과의 차이는 '가격'에 있다. 즉 포괄여행에는 일반적으로 단체기획상품보다 유리한 조건을 부여하는 경우가 많지만, 판매가격은 단체기획상품이 훨씬 싸다. 따라서 이 상품은 주로 비수기에 저가격을 내세워 전략적으로 판매되는 상품이다.

② 포괄여행상품 : 일반의 개인수요를 대상으로 한 여행상품이다.

6) 여행형태에 따른 분류

① 주유형(周遊型) 상품 : 복수의 목적지를 순회(周遊, 周回)하는 여행상품이다. 이 여행상

품은 한 번의 여행으로 다수의 나라나 도시를 방문하는 경우가 많고, 장거리 여행은 이러한 경향이 많다.

② 체재형 상품 : 주유형에 대비하여 한 곳에 체재하는 여행상품이다. 대도시에 체재하는 '도시체재형 상품'과 휴양지에 체재하는 '리조트형 상품'으로 나눈다. 여행을 많이 한 경험자(repeater)는 주유형에서 체재형으로 바뀐다.

③ 개방형 상품 : 체재형 여행상품 중 자유시간이 많은 것을 'free time'형이라고 하는데, 개방형(DIY) 상품은 그것을 더욱 밀어붙여 현지의 이동 및 숙박을 자신이 예약할 수 있도록 자유행동을 철저화한 상품이다. 명칭은 Do It Yourself에서 유래하나, 현실적으로는 이런 여행을 자유자재로 할 수 있는 여행자는 그렇게 많지 않다.

④ 모험형(사람들의 발길이 닿지 않는 : Off The Beaten Track) 상품 : 이 상품은 유명관광지를 도는 것이 아니라 잘 알려지지 않은 곳을 여행하는 상품이다. 소위 여행을 많이 한 사람이거나 북적대는 여행지를 싫어하는 사람들을 위한 여행상품으로 비교적 신종상품이다.

⑤ 호화형 상품 : 보통 여행상품보다는 문자 그대로 호화여행상품으로, 고급가이드, 고급호텔, 고급차, 고급음식 등 특등급(5성급 · 4성급)을 이용하는 상품이다.

7) 여행업법에 따른 분류

① 주최여행상품 : 여행사가 미리 정한 여행일정에 따라 운송, 숙박 등의 여행서비스를 여행자가 받아들이는 여행상품이다. 대표적인 것으로는 포괄여행(package tour)이 있다.

② 수배여행상품 : 여행자의 위탁(주문)에 의해 여행상품을 만들어 제공하는 상품이다(運輸省国際運輸 · 観光局観光部旅行業課, 1988, 148~9).

8) 참가자층에 따른 분류

① 신혼여행(honeymoon)상품 : 결혼을 기념한 여행상품으로 여행상품 중 가장 부가가치가 높은 상품의 하나이다. 국내여행업은 이 상품에 사활을 걸고 있을 만큼 시장쟁탈전이 치열한 양상을 보이고 있다.

② 중년여행(full moon)상품 : 인생의 황금기로 40~50대가 주류를 이루며, 어느 정도 재력이 있고 시간적 여유도 가지고 있어 여행사로서도 관심을 집중시키는 상품이다. 일본에서는 부부 나이 합계가 88세가 되는 해에 여행을 하자는 캠페인이 있었는데, 이러한 것도 중년여행상품을 겨냥한 것으로 보인다(浅井慶三郎, 1985 : 313).

③ 노인여행(silver tour)상품 : 우리나라도 생활환경의 개선, 의학의 발달 등으로 인구의 고령화가 진전되고 있는 가운데 가장 활발히 개발되고 있는 상품으로 평가되고 있다.

9) 항공운임에 따른 분류

① 편도여행(OW : One Way Trip)상품 : 왕로(往路)만의 여행으로 왕복 또는 순회여행이 아닌 여행상품이다.

② 왕복여행(RT : Round Trip)상품 : 왕로와 귀로(歸路)로 구성되는 여행상품으로 왕로와 귀로의 운임이 같은 여행상품을 말한다(정찬종, 1993 : 269~270).

③ 순회여행(CT : Circle Trip)상품 : 주유(周遊)여행 상품 또는 주회(周回) 또는 순회여행상품이라고도 한다. 이 상품은 왕로와 귀로의 운임이 서로 다른 여행상품이다.

④ 설형(楔形)여행(OJT : Open Jaw Trip)상품 : 설형여행이란 왕로와 귀로의 여정을 가진 여행이지만, 출발국 또는 도착국 중 어느 쪽에 항공여정이 아닌 불연속 여행으로서 가위벌린여행 또는 영어로는 Open Jaw Trip이라고 하는 여행상품이다.

⑤ 세계일주여행(RTW : Round the World Trip)상품 : 같은 방향으로 태평양과 대서양을 횡단하는 여행상품이다. 주의할 것은 단지 여행국가가 많다고 하여 세계일주여행상품이 아니라는 점이다.

4.6 여행상품의 유통

4.6.1 여행상품의 유통경로

유통은 고객에게 서비스 또는 상품을 전달하는 과정에 수반되는 모든 활동을 말하며, 자급자족사회에서는 생산과 소비가 일치하였으나, 초기산업사회로 접어들면서 생산과 소비가 분리되고, 후기산업사회에서는 생산, 유통, 소비라는 형식으로 [그림 4-3]과 같이 분리된다.

유통경로는 상품과 서비스가 생산자로부터 소비자 및 최종 사용자에게 옮겨가는 과정에 참여하는 모든 개인 및 회사를 말한다. 유통과정에 참여하는 개인 및 회사들이란 생산자, 도매상, 소매상 등을 말한다.

그림 4-3 ⊙ 사회발전단계와 유통경로

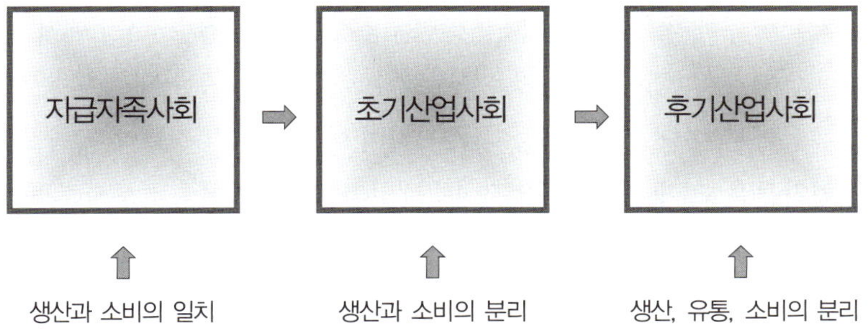

벅린(Louis P. Bucklin)은 유통경로에 대해 "제품과 소유권을 생산에서 소비로 이전시키는 데 필요한 모든 활동을 수행하는 제 기관의 결합"이라고 하였으며, 스턴과 엘앤서리는 "제품 또는 서비스의 사용 및 소비를 가능하게 하여 주는 과정"이라고 하였다(Luis W. Stern and Adel I. El-Ansary, 1982 : 4).

스탠턴은 "생산자로부터 최종 소비자로 제품이 이동됨에 따라 이 제품에 붙여진 제목(title)에 의하여 취해지는 길"이라고 정의하고 있다(W. J. Stanton, 1978 : 309). 이처럼 유통경로(distribution channel)란 생산자로부터 최종 소비자에게 생산물이 유통되어 갈 때의 경로이며(상무달, 1989 : 28), 보통 재화나 서비스가 최초의 생산자로부터 최종 소비자에게 이동해 가는 과정에 관련되는 중간상으로 구성된다. 즉 상품의 판매에 협력하는 중개업자의 특정의 조합을 의미한다고 할 수 있다(Travel Journal, 1980 : 39). 즉 유통경로는 물재와 서비스를 소비자에게 전달하는 과정으로서 인체 내의 피의 순환과정을 돕는 혈관에 비유할 수 있다.

위에 열거한 여러 학자의 이론을 종합하면 "유통경로란 생산(생산자)에서 소비(최종 소비자)로 이동되는데 따른 필요한 활동을 수행하는 여러 관계조직의 조합"이라고 설명할 수 있다.

많은 전문화된 경로는 여행관련 회사나 여행사에서 이용되고 있다. 여행사, 투어오퍼레이터(tour operator), 여행도매업자, 전문업자(specialists), 호텔 상품판매대리점(hotel sales representative), 포상여행사(incentive travel agency), 정부관광국, 컨소시엄과 예약시스템 및 전자유통시스템이다.

일반적으로 생산자와 소비자 사이에는 한 개 이상의 유통경로에 의해서 구성되며(国際観光振興会, 1980 : 4~12), 각각의 경로는 다음 경로와 병행하고 경합하면서 운영된다.

지(Chuck Y. Gee)에 의하면 여행상품의 유통경로는 4단계 유통경로로 구성된다고 하는데, 4단계 유통경로란 ① 생산자(공급업자) → 구매자(소비자), ② 생산자 → 여행사 → (지상수배업자 또는 특별유통경로자) → 구매자, ③ 생산자 → 특별유통경로자(도매업자) → 구매자, ④ 생산자 → 도매업자(지상수배업자) → 여행사 → 특별유통경로자 → 구매자라는 4단계 유통경로를 말한다.

여행상품의 유통에는 여행중개업자들이 존재하며 이들은 유통경로에서 중요한 역할을 하게 된다. 중개업자들은 크게 여행사와 지상수배업자 및 특별유통경로자로 구분된다.

특별유통경로자란 여행을 고무하는 단체 또는 모임이나 회의기획자, 호텔대리상, 항공사의 가맹여행사 대리상, 여행에 집행력이 있는 협회나 단체, 법인여행사무소, 여행상담역 등 여행상품의 유통중재자를 말한다. 이들 중재자들은 생산자와 소비자의 역할을 대행하거나 양자간의 유통에 영향력을 행사할 힘을 가지고 있다.

이들은 여행사나 지상수배업자와는 달리 수수료(commission)를 받지 않으며, 여행서비스에 대한 자격이 부여되지 않은 것이 특징이며, 단지 회사 또는 단체를 위해 저렴한 가격으로 여행서비스를 제공하는 피고용인이다.

그림 4-4 여행상품의 유통경로

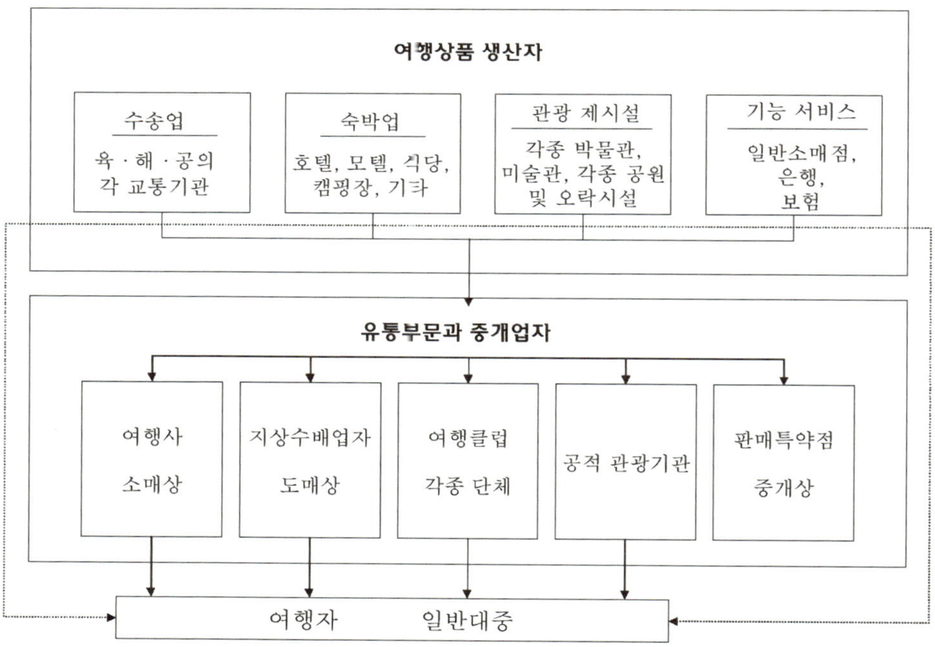

자료 : *Travel Journal*, 1980년 5월 5일.

여행상품의 유통경로도 여러 기준에 의해 다를 수 있으나, 기본적인 유통경로는 3가지로 요약할 수 있다. 즉 ① 생산자 → 고객경로, ② 생산자 → 여행사 → 고객경로, ③ 생산자 → 지상수배업자 → 여행사 → 고객경로 등이다.

여행상품이 전문화되면서 유통경로도 점점 복잡화 · 다양화되어 가고 있는 추세이나, 기본적인 유통경로 틀 속에서 약간의 경로가 추가 또는 삭제되면서 경로의 다양화가 모색될 것이다. 특히 뉴미디어(new media)의 등장으로 유통의 혁신이 예상되는 바(Travel Journal, 1983 : 38~39), 금후의 여행업은 뉴미디어에 대비한 여행상품의 유통에 각별한 주의를 기울여야 할 것이다.

4.6.2 유통중개업자

1) 여행도매업자와 여행소매업자

여행업이 단지 각종 권류(券類)나 객실예약을 교통업자나 숙박업자에 의뢰하고 있었던 시대에서는 여행 자체가 그다지 상품화하고 있지 않았다. 이처럼 수배여행을 수주생산방식에서 판매하고 있던 시대에서는 소위 주문대기상법(注文待期商法)이라고 할 수 있다. 그러나 여행수요의 확대에 의해 단순한 수주생산방식에서 여행상품을 기획하여 예상생산 · 시장생산방식이 이루어지게 되었다(日本交通公社, 1979 : 447). 즉 여행업이 사전에 항공사, 호텔, 식당 등의 관광소재를 구입하여 그것을 시공간적으로 조립하여 제공하도록 된 것이다(森谷トラベルエンタプライズ, 1983 : 66).

더욱이 오늘날에는 대량판매를 위해 기획여행 상품을 미디어에 올려 여행업이 사전에 일정 · 가격 · 코스를 설정하여 패키지여행을 주최하는 관광이 늘어나게 된 것이다. 이는 경쟁적 가격설정을 의미하며 상품내용을 한 차원 높이지 않으면 안 된다는 것을 의미하기도 한다.

그러나 모든 여행사가 고도한 상품성을 여행에 부여할 수는 없다. 여행 취급인원이 적으면 적을수록 규모의 이익(scale merit)을 창출할 수 없기 때문에 여행요금의 할인에 의한 집객(集客)은 사실상 어려워진다. 또한 항공좌석도 실적이 많은 대형여행사가 자연히 독점하게 됨에 따라 중 · 소형 여행사들은 항공좌석 확보가 단연 큰 문제가 아닐 수 없다(Christopher J. Holloway, 1985 : 163).

항공좌석의 미확보는 자연히 상품조성을 불가능하게 한다. 그렇기 때문에 중 · 소형 여행사들은 여행상품 생산이 어렵게 되고 설사 항공좌석을 확보한다고 해도 가격면에서 대형여행사에 제시한 가격보다 더 싸게 구매할 수는 없기 때문에 여행상품을 조성하는 회사와 판매하는 회사가 등장하게 된 것이다.

여행도매업자(tour wholesaler 또는 tour operator)에 관한 UNWTO의 정의는 "수요를 예상하여 여행목적지로의 수송, 객실 및 다른 가능한 서비스(여행, 여흥 등)를 준비하여 이를 완전한 서비스상품으로 만들어 여행사 또는 직접 자사의 영업소를 통해 개인 또는 단체에게 일정한 가격으로 제공하는 유통과정상의 여행기업"이라고 규정하고 있다(한국관광공사, 1979 : 52~53). 따라서 여행 도매업자(tour operator, whole tour operator, tour wholesaler)는 여행소재공급업자(supplier 또는 principal)로부터 여행소재를 구매하여 이를 상품화하여 개인 또는 여행소매업자 및 단체에게 판매하는 자이기 때문에(신동숙, 1997 : 10), 여행 도매업자는 여행대리점의 법적 자격을 가지고 여행상품을 전매한다는 법적 자격을 가지고 있는 경우가 많다(F Vellas, L. Bécherel, 1995 : 163).

한국이나 일본에서는 여행도매업자를 지칭하는 경우 지상수배업자와 혼동하는 경우가 있다. 여행도매업자의 역할이 현지의 해외여행의 준비나 운영이지만 해외여행의 수배에는 지상수배업자의 개입이 불가피한 존재이기 때문이다(トラベルジャーナル, 1990 : 75).

투어오퍼레이터는 도매업자(wholesaler)를 나타내는 말로서 사용하고 있는 국가도 있지만, 공통적인 것은 현지에서 해외여행자를 위한 여행수배를 하여 이를 운용하고 있는 회사라는 의미가 강하다(日本ツアーオペレター協会, 1996 : 4). 도매업자는 판매는 일절 하지 않고 상품생산에만 전념하는 순여행도매업자와 상품생산과 판매를 동시에 겸하고 있는 종합형 여행도매업자로 구분된다.

여행소매업자(tour retailer)는 최종 여행자에 대한 직접 판매활동을 하는 것을 주요업무로 하는 업자를 말한다. 즉 여행도매업자로부터 여행상품을 제공받아 이를 최종 소비자인 여행자에게 판매하는 여행업자를 말한다.

최근에는 인터넷 발달 등으로 인하여 신문광고 등을 통하지 않고 소비자와 거래하는 온라인여행사가 등장하였으며, 소비자가 직접 생산자와 거래하는 유통과정으로 회귀하는 양상도 보이고 있다.

이러한 다양한 여행상품의 유통구조로 인하여 여행자는 계약당사자가 아닌 다른 여행업자로부터 실제적인 여행상품을 제공받게 되며, 이로 인하여 계약내용의 불이행 및 불완전이행, 팁 · 옵션 · 쇼핑 강요, 추가요금 요구 등의 소비자문제가 발생하기도 한다.

그림 4-5 ⊙ 여행상품의 유통구조도

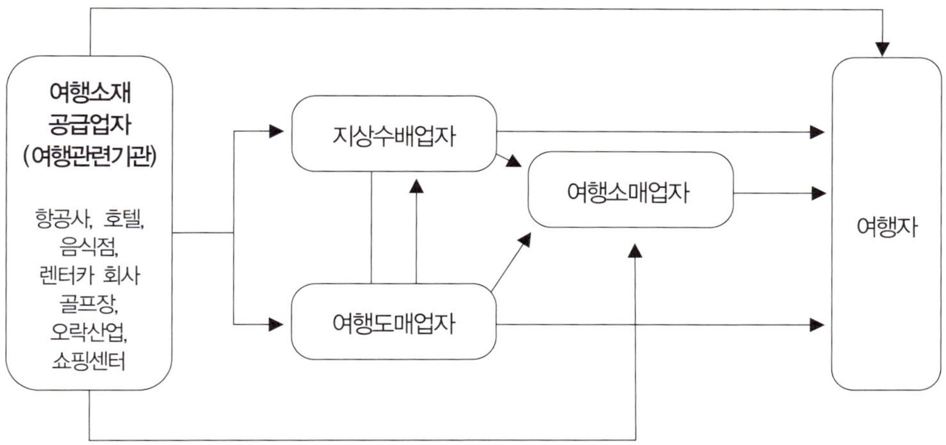

자료 : 한국관광연구원, 여행수배업의 제도권 편입에 대한 타당성 검토, 2000, 12쪽.

2) 여행도매업자의 기능

여행도매업자는 통상적으로 여가시장을 표적으로 한 패키지여행을 개발하고 있다. 패키지를 개발하는데 여행도매업자는 특정수의 좌석이나 객실을 구하여 항공사나 호텔과 계약을 하여 수량할인을 받고 있다. 여행도매업자는 여행대리점에게 수수료를 지급하고 소비자가 독자적으로 준비하는 것 이상으로 가치 있을 것으로 판단되는 패키지를 그들에게 제공하지 않으면 안 된다.

일반적으로 도매상이 수행하고 있는 서비스기능은 ① 최종시장에서 요구되고 있는 상품을 구입하여 고객에게 전달해 준다. ② 재고를 유지함으로써 고객의 비용을 덜어준다. ③ 상품을 고객에게 신속하게 전달해 준다. ④ 시장정보와 경영자문 서비스를 제공해 준다. ⑤ 신용공여를 해 줌으로써 금융기능을 수행한다(특히 영세 여행업자에게는 매우 중요한 서비스 기능이다). ⑥ 상품을 고객이 원하는 수량에 맞추어 주문한다는 점 등이다(이우용, 1987 : 288~289).

3) 여행소매업자의 기능

여행소매업자는 최종 여행자에 대한 직접 판매활동을 하는 것을 주요 업무로 하는 업자를 말한다. 즉 여행도매업자로부터 여행상품을 제공받아 이를 최종소비자인 여행자에게 판매하는 여행업자를 말하며, 일반적으로 다음과 같은 서비스기능을 수행하고 있다.

① 상품 및 서비스에 대한 필요를 파악한다. ② 구매하기 편리하도록 소량판매를 실시한다. ③ 상품 및 서비스에 대한 정보를 제공하여 준다. ④ 품질보증과 애프터서비스를 통해 위험을 부담하여 준다는 점 등이다. 여행소매업자도 순소매업자와 종합형 소매업자로 구분되고 있으나, 한국의 현실에서는 아직도 전업형 소매업자는 거의 없는 실정이다.

이외에도 여행상품의 유통에는 전문업자인 여행중개상이 존재하며 이들은 유통경로에서 중요한 역할을 한다. 중개업자 가운데는 특별유통경로자가 있는데 이들은 여행을 고무하는 단체나 모임이나 회의기획자, 호텔대리상, 항공사의 가맹여행사 대리상, 여행에 집행력이 있는 협회나 단체, 법인여행사무소, 여행상담역 등 여행상품의 유통중재자들이다.

이들 중재자들은 생산자와 소비자의 역할을 대행하거나 양자 간의 유통에 영향력을 행사할 힘을 가지고 있다. 이들은 여행사나 지상수배업자와는 달리 법적으로는 수수료(commission)를 받지 못하며, 여행서비스에 대한 자격이 부여되지 않은 것이 특징이고 단지 회사 또는 단체를 위해 저렴한 가격으로 여행서비스를 제공하는 피고용인이다. 흔히 이들은 업계에서 지입자(일본명: 모치코미) 또는 보따리장수라고도 한다. 일부여행사에서는 이들을 사외사원으로 고용하여 매출실적을 올리기 위해 이용하기도 한다.

4.6.3 지상수배업자

지상수배업자는 국내의 여행사로부터 여행업무 중 현지수배 부문 만을 위탁받아, 이를 전문적으로 수행하고 있는 업자를 말한다. 1993년 「관광진흥법」에서는 단순히 '연락사무소'로 표현하고 있었으며, 현재는 '현지여행사'라고 말할 수 있다. 지상수배업은 거의 여행사 업무와 동일한 업무를 수행하나, 여행자를 상대로 영업하기에 어려움이 따른다는 점이 여행사와 다른 점이다.

페이는 지상수배업자(tour operator)에 대한 정의에서 "지상수배업자란 단체관광객에게 관광을 진행하는 서비스를 제공하거나 단치를 위한 관광을 계획하는 등의 일을 하는 전문회사"라고 주장하고(Betsy. Pay, 1992 : 38), 개별여행을 기획하는 여행사와는 다른 개념으로 인식하고 있다. 즉 지상수배업자의 경우에는 단체관광객의 취급에 중점을 둔다는 점이다.

모리타니는 "지상수배업자는 직접적으로 혹은 현지의 지역수배업자(local operator)를 통하여 호텔, 식당, 관광 등의 예약 및 수배를 전문적으로 하는 회사"라고 언급하고 있다(森谷哲也, 1983 : 175). 즉 해외현지수배를 전문으로 하는 업자이다.

지상수배업자는 세계 각지에 현지수배를 하는 것이지만, 현지에 연락사무소를 가지고 있는 업자는 그렇게 많지 않다. 지상수배업자는 여행업자로부터 의뢰받는 수배뿐만 아니라 현지(사무소 소재도시) 고객의 여행도 취급하는 경우도 있고, 수용(受容)과 집객(集客)의 양면 역할을 하는 지상수배업자도 많다. 예를 들면 외국인이 한국에 여행하는 경우, 현지의 여행업자는 한국에서의 여행수배에 관해서는 한국의 여행업자에게 의뢰한다. 즉 외국인 여행부문을 가지고 있는 한국의 여행업자가 외국에 현지사무소를 개설한 경우 한국에서는 국외지사가 되지만 현지에서 보면 지상수배업자가 되는 것이다. 이처럼 지상수배업자는 여행사를 대신하여 현지와의 의사소통을 명확히 하고, 현지수배에 따른 불편을 덜어줌으로써 시간과 인력 및 통신비 절감에 도움을 주는 일을 하여 그에 따른 대가를 얻는 사업자라고 할 수 있다.

이상의 정의를 고찰해 볼 때 지상수배업자는 "여행업의 업무 중 현지수배를 주된 업무로 취급하여 그 대가를 받는 사업자(현지 여행사)"라고 할 수 있다.

1) 지상수배업의 생성배경

여행업자가 본래의 영업이라면 항공기, 호텔 등의 예약은 직접 하지만 국외여행의 경우에는 호텔, 식당, 버스 등 현지수배를 개별적으로 직접 하는 것은 도중의 변경사항이 많이 발생하는 점을 고려할 때 이 또한 간단한 문제가 아니다.

더욱이 이쪽(한국의 여행업자)의 실적이나 지급 등을 신뢰해 주지 않는 경우에는 계약 그 자체도 지키기 어려울 뿐 아니라, 만약 계약을 했다손 치더라도 거액의 예약보증금(deposit)을 걸지 않으면 안 된다(トラベル ジーャナル, 1982 : 43).

한국의 여행업자로서는 실적이나 신용이 있고 현지에 사무소(영업소)를 가지고 있는 대리인(agent)의 존재가 필요해진다. 즉 이 가운데 지상수배업자는 여행도매업자나 여행소매업자가 고객과의 업무를 개시하기 이전 단계, 즉 생산자와 여행 도·소매업자와의 사이에서 업무를 수행하게 된다.

이와 같이 지상수배업자가 여행상품의 유통체계에 등장하게 된 것은 앞서 언급한 시간과 인력낭비나 통신비 절감 이외에도 첫째로 현지에 관한 정보면에서 여행사보다 우위에 설 수 있다. 둘째로 각 지역에 자사의 사무소를 두고 있어 현지의 여행관련 기관(principal)에 대해서 강력한 힘을 가지고 있다. 셋째로 대량구매 집중송객에 의한 원가절감이 가능하다. 넷째로 문제발생시 세심한 대응이 가능하며, 발생된 문제에 대해 사후처리업무(after service)에 매진할 수 있다는 점 등에서 여행사업무 중의 일부를 수행하면서 자연스럽게 생성된 것이다. 단일목적지(one portion) 방문의 경우에는 지상수배업자를 경유하지 않고 현지 거래 여행사에 직접 수배하는 경향이 강하나, 복수 목적지의 경우에는 지상수배업자를 경유하여 수배하는 것이 일반적인 현상이다.

2) 지상수배업의 기능 및 역할

지상수배업의 기능은 여행업의 기능과 유사하나, 대체적으로 다음의 6가지 기능으로 나눌 수 있다(Travel Journal, 1993 : 14).

① 기본적 기능 : 지상수배업자는 여행업자와의 거래를 위하여 현지정보의 수집 · 제공기능, 현지수배기능 등과 같은 기능을 가지고 있다.

② 현지정보수집 · 관리 · 제공기능 : 지상수배업자는 여행업자에 대하여 현지의 상세한 여행정보를 필요에 따라 제공하기 위하여 현지 정보의 수집 · 관리 · 제공을 항상 갖추어 두고 있다.

③ 상담기능 : 지상수배업자는 여행업자가 주최여행을 작성할 때, 또는 수배여행에 대하여 현지정보를 제공하여 여행업자의 상담기능을 다하고 있다. 더욱이 현지에서의 종교적 터부(taboo)나 법률상 금지되어 있는 사항에 대해서 지상수배업자로서 당연히 고지할 의무에 대해서도 여행업자에의 상담기능을 수행하고 있다. 업무방문(technical visit) 의뢰에 즈음해서는 여행조직자(travel organizer)의 조사목적 등 의뢰사항에 대해 현지 방문처의 선정 및 절충내용을 여행업자에게 회답한다.

④ 적산(積算 · 계산)기능 : 여행업자의 의뢰에 따라 현지수배 비용의 계산, 견적, 청구 등의 적산에 대해서의 필요한 기능 및 현지 호텔, 교통기관 등과의 지급 · 정산에 관한 기능을 보유하고 있다.

⑤ 국외 지상수배기능 : 여행업자로부터 국외 지상수배의 발주 · 의뢰를 받아 국외 지상수배계약의 체결 후 일정 및 인원 등에 따른 국외의 호텔, 버스, 식당 등과의 예약수배를 하는 기능이다. 따라서 지상수배업자와 국외의 호텔, 버스, 식당 등과의 예약계약은 지상수배업자가 당사자가 되기 때문에 당연히 당사자책임을 지게 된다.

⑥ 안전대책기능 : 지상수배업자는 현지의 정치 · 경제 등 사회정보를 항상 수집 · 관리하여, 한국인 국외여행자의 안전을 도고함과 더불어 안전에 관한 분쟁의 미연방지와 분쟁 발생시의 대처에 대하여 기능적으로 행동할 수 있도록 하고 있다.

요컨대 지상수배업자는 여행사와 여행사 사이에 여행상품의 매매계약 체결 전에 해당국가의 여행에 관한 일반정보는 물론, 보건행정관청이나 여권발급기관 혹은 재해보상에 관한 정보 등 가장 정확한 최신정보를 여행사에게 제시할 수 있도록 만반의 태세와 조치를 강구하는 기능을 보유하고 있어야 하며(존 J. 다운스 1993 : 8~9), 아울러 현지에 도달하기까지의 중간기착지에 관한 정보까지도 포함하는 광범위한 정보를 제공할 수 있어야 한다.

위에 언급한 기능을 종합해 볼 때 지상수배업자의 역할은 ① 여행관련업자(principal)와 여행사와의 사이에서 안전, 안심, 안락 등 삼안(3安)을 통한 신뢰감의 구축, ② 현지의 다종다양한 여행정보 가운데 당해 여행사에 필요한 정보를 분석하여 제공하는 정보판단력, ③ 대량구매 집중송객으로 구매원가를 절감시키는 이점(scale merit)을 발휘하여 여행비용의 저렴화 유도, 여행업무에 투입하는 시간과 비용을 절감하는 역할을 수행하고 있다 할 것이다(土井 厚, 1982 : 30~32 · [그림 3-6] 참조).

3) 지상수배업자의 종류

한국의 사정과는 많은 차이가 발견되고는 있으나, 미국의 경우 지상수배업자를 다음과 같이 6개로 나누고 있다. 즉 ① 단체여행취급업자(group tour operator), ② 소매여행취급업자(retail tour operator), ③ 소매개별상품 및 단체상품 동시취급업자(operators catering to both type of tour client, selling per capital and group tours), ④ 국외여행취급업자(out-bound tour operator), ⑤ 외국인여행취급업자(in-bound tour operator), ⑥ 개별여행취급업자(independent tour operator), ⑦ 지역전문위탁업자(receptive operator)이다.

① 단체여행취급업자 : 여행사 직원의 마케팅활동 없이 사전에 익힌 안면에 의해서 모집된 단체(pre-formed groups)를 다루거나 사전에 계획된 여정의 여행이나 전세여행을 알선 · 제공하는 업자를 말한다.

② 소매여행취급업자 : 소규모로 일반대중을 상대하는 개별여행을 주로 취급하는 업자로서 개별여행상품을 일반 대중에게 직접 판매하거나 여행을 통해서 판매하기도 한다.

그림 4-6 ⊙ 지상수배업자의 역할

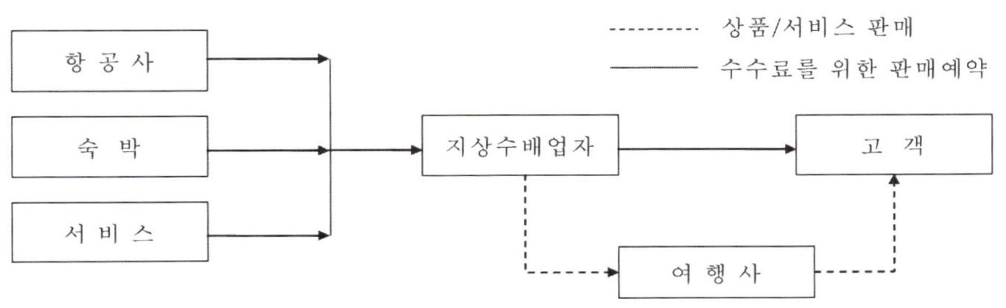

자료 : J. Christopher Holloway, The Business of Tourism, 5th ed.(London : MacDonald & Evans Ltd.), 1988, 67쪽.

③ 소매개별상품 및 단체상품 동시취급업자 : 이들은 사전에 면식이 있는 단체를 취급하기도 하고 개별여행상품을 소개하는 소책자를 제작하며, 소매용 안내책자에 나온 상품을 직접 단체여행자를 상대로 판매하기도 한다. 또한 이들은 여행사 직원을 통해서나 혹은 직접 일반대중을 상대로 판매행의를 하기도 한다.

④ 국외여행취급업자 : 타국의 장거리 여행을 주로 취급한다.

⑤ 외국인여행취급업자 : 타국에서 온 여행자들을 상대로 여행안내 역할을 주로 담당한다.

⑥ 개별여행취급업자 : 여행에 필요한 기본적인 사항을 계획하고 그것들이 개별 여행자들의 욕구에 맞게 적절한 가격을 정한다. 구체적인 일정표는 필요 없으며, 이 경우 실제로 고객들은 혼자 여행을 하게 되므로 자신들이 여행을 하고 있는지조차도 모를 만큼 여행의 진미를 만끽할 수 있다.

⑦ 지역전문위탁업자 : 특정지역 내의 득자적 식견이나 이미지, 위치 등을 상품화하는 전문업자로서 예컨대 어떤 특정지역에 위탁된 여행자의 도착과 더불어 여행자를 인수하여 그 특정지역을 출발할 때까지 일체의 여행서비스를 제공하는 업자이다.

4) 지상수배업의 형태

공간적 형태에 따라 지상수배업을 분류하면 다국적기업형, 역내전문형, 특정국전문형으로 분류할 수 있다.

① 다국적 기업형 : Kuoni, Thomascook, Oshu, Wagon-Lits 등과 같이 거의 모든 나라에 자사의 지사(branch)를 가지고 있는 국제적인 지상수배업자를 말한다.

② 역내전문형 : 어느 특정지역(예 : 동남아, 유럽, 미주, 남태평양 등)이나 특정국가만을 전문적으로 취급하는 지상수배업자이다. 이 형태는 대부분 자사의 해외사무소는 거의 가지지 않고 외국의 계약여행사에 송객만을 주로 하고 있다.

③ 특정국가 전문형 : 어느 특정국가만을 전문적으로 취급하는 지상수배업자로서 대부분 외국의 입장에서 볼 때 당해 여행사 인바운드(inbound)의 해외사무소 구실을 하고 있는 곳이 대부분이다.

영업형태에 따라 분류하면 외국본사형, 국내본사형, 독립채산제형으로 나눌 수 있으며 그 내용은 다음과 같다.

① 외국본사형 : 이 형태는 본사가 외국에 존재하고 국내에서는 여행에 관한 판촉견적(quotation) 및 여행정보제공 등의 업무를 수행하고 있는 지상수배업자로서 연락업무

(operation)만을 주로 하고 있는 업자이다. 따라서 사원의 급료도 외국에서 송금해오며 외국현지에서는 여행사업무를 겸하고 있는 곳이 대부분이다.

② 국내본사형 : 국내의 여행사에서 다년간 종사한 경험이 있는 사람이 외국의 잘 아는 여행사와 계약을 체결하고 영업을 하고 있는 업자이다. 이러한 지상수배업자는 물론 국내에서 대부분 국외여행업 등록을 마친 업자이나, 실제적으로 하고 있는 업무는 여행자와 직접 접촉하는 일이 거의 없기 때문에 형식은 국외여행업을 취하고 있고 실제의 업무내용은 지상수배업에 큰 비중을 두고 있는 업자이다.

③ 독립채산제형 : 여행사와 긴밀한 유대관계가 있는 사람이 일반 서비스업종으로 여행업무를 취급하고 있는 지상수배업자이다.

5) 지상수배업과 여행업과의 상관성

지상수배업은 앞서 고찰한 바와 같이 여러 부문에서 여행업과 상관되고 있다. 상관성은 크게 여행상품 취급, 유통구조, 기능 등 세 부분으로 고찰할 수 있다.

① 여행상품 취급의 상관성 : 지상수배업자는 여행상품을 취급하고 있다는 점에 있어서 여행업자의 상관성을 가지고 있다. 다만, 지상수배업의 경우에는 주로 국외여행 업무만을 대상으로 하고 있다는 점이 일반여행업자와는 다르다.

② 유통구조상의 상관성 : 지상수배업자는 여행상품의 유통구조상 여행상품의 도매업자의 위치에 있다. 즉 현지의 원매업자(元賣業者 · 1차 판매업자)로부터 상품을 제공받아 여행상품을 생산하기도 하고, 여행업자로부터의 요망에 의한 상품을 제공하는 위치에 있기도 하나, 일반여행자를 대상으로 하지 않고 여행사를 상대로 영업을 하기 때문에 여행도매업자의 위치에 있다 할 것이다.

③ 기능상의 상관성 : 지상수배업자의 기능은 여행업의 기능과 거의 똑같은 기능을 발휘하고 있기 때문에 기능상으로는 여행업과 많은 부분에서 공통점을 가지고 있다.

Chapter

05

여행상품 마케팅

05 여행상품 마케팅

Chapter

5.1 여행상품의 시장

5.1.1 여행시장의 개념

시장이란 구매자와 판매자가 모여 제품이나 서비스를 교환하는 장소이다. 그러나 여행업 관리자로서의 시장은 여행상품의 현재적(顯在的) 및 잠재적 구매자 모두를 지칭한다(村田昭治, 1988 : 272). 즉 시장은 제품의 실제적 및 잠재적인 모든 구매자의 집합을 말한다(서울대학교 경영대학 경영연구소, 1983 : 343).

이렇게 볼 때 시장이라고 하는 것은 ① 필요와 욕구를 가진 사람, ② 쓸 돈을 가지고 있는 사람, ③ 그 돈을 쓰려고 하는 의향을 가진 사람을 의미한다고 하겠다(W. J. Stanton, 1981 : 65 · [그림 5-1] 참조).

그림 5-1 ⊙ 시장의 구성원리

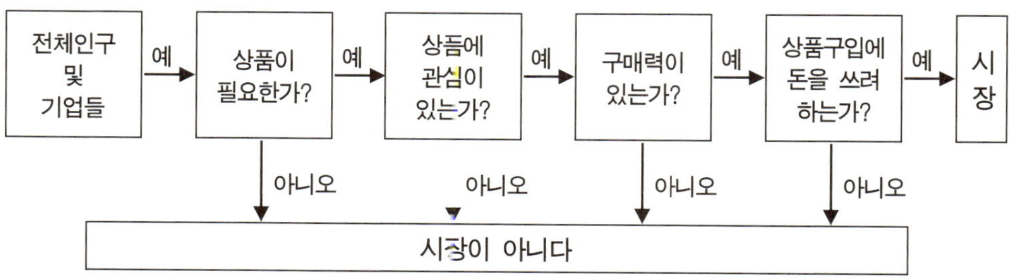

자료 : 이우용, 「마케팅원론」, 형설출판사, 1987, 101쪽.

그러나 여행은 여러 가지 복합적인 현상으로 구성되어 있기 때문에 여러 요인들이 다원적으로 여행시장에 영향을 미치고 있음을 이해할 필요가 있다. 즉 지리, 지형, 기후, 경관, 희귀동식물, 사용언어, 사고방식, 인구밀도 등 불가변적인 것은 물론이고, 여행지의 기반시설(infrastructure), 주민의 경제구조, 산업 및 교통운수시설, 경기(景氣), 여행자의 심리적 영향, 정치적 상황, 구매력 등 가변적 요소들이 여행시장을 구성하는 데 영향을 주고 있다(최태광, 1987 : 33). 이 가운데서도 여행시장은 여행자의 환경과 심리적 요구가 요체가 되고 있다.

여행상품을 이미 구입했거나 장차 구입하려는 사람들을 포함한 집합체를 여행시장으로 정의할 때(Travel Journal, 1984 : 80) 여행시장은 소비자를 중심으로 한 시장(buyers market)을 의미한다고 하겠다. 그러나 소비자 중심의 시장이라 해도 획일적인 것은 아니어서 다종다양한 상품마다 그 소비자시장을 구성하는 단체나 개인은 다를 것이다. 큰 아파트단지가 있고 인구가 많으니 소비자시장도 클 것이라고 속단해서는 안되며, 그 여행상품을 구입하고 또한 구입하려고 생각하는 개인이나 단체의 집합체여야 한다는 것이다. 따라서 여행시장의 특징은 ① 시 · 공간에서의 수급(需給) 불일치, ② 수급 양자간의 협조 내지는 생산과정에의 고객 참가, ③ 직접 제공, ④ 가격형태의 다양성 등이다(大蔵省印刷局, 1985 : 40~52).

위와 같은 점을 고찰해 볼 때 여행시장은 기능만이 거래된다는 점이며, 소비자(사용자)가 선택하기 위한 자료는 인쇄된 설명이나 어떤 매체를 통해서 소리나 화면으로 내보낸 정보만이 시장에서 거래된다는 특징을 가지고 있다(정찬종, 1986 : 390). 그런 까닭에 여행시장을 구성하는 여행자에 관한 각종 조사통계자료를 이용해야 하며, 특히 성별, 연령별, 세대별, 여행목적별, 계절별, 여행목적지별, 동태 및 구매시기 등을 파악하는 것이 중요하다. 한편, 여행상품을 구매하는 사람은 누구인가를 아는 것도 여행시장을 이해하는 데 중요한 요소가 된다.

5.1.2 여행시장의 환경변화

1) 여행시장의 변화

여행상품을 인터넷 홈페이지에 올려놓고 예약할 수 있는 프로그램을 제시하고 의문사항이나 질문사항 등을 남길 수 있는 방명록, 운영자와의 대화를 할 수 있는 곳을 만들어 놓은 것이 여행사의 인터넷 상품이라고 할 수 있다.

기존에는 여행자들이 여행사로부터 일방적으로 보내지는 정보를 수용하는 수동적인 입장을 가진 정보수용자였으나, 요즘에는 인터넷으로 인해 원하는 정보를 직접 찾아가서 취사 · 선택하고 상호 작용하는 능동적인 입장을 가진 사람이 증가하고 있다.

최근 나타나는 사이버 쇼핑, 사이버 거래가 급증하는 등의 인터넷의 급속한 발달을 보면 인터넷을 이용하여 자신의 상품을 직접 구입하는 사람들이 많이 늘어나고 있다는 것을 알 수 있다. 따라서 여행사에서도 빠르게 대처해야 하고 이러한 시대의 흐름에 맞춰나가지 않으면 생존경쟁에서 살아남을 수 없다.

2) 개별여행시장의 확대

소비자들의 여행경험이 풍부해지고 개성화가 진전됨에 따라 개별여행 시장이 확대될 것으로 보인다. 개별여행시장의 시작점은 여쟁자의 의뢰에 따라 여행소재를 조립하여 이를 상품화하는 것으로, 현재의 여행업 유통구조를 근본적으로 부정하는 것이다. 특히 이러한 현상은 여행사가 현재까지 항공사와 호텔의 상품을 대리판매하는 입장에서 상품을 구매하는 여행자 위치로 전환하는 것을 의미한다.

일본의 경우 니혼코쓰코사(JTB), 긴키닙폰(近畿日本)투어리스트, 니혼료코(日本旅行), 도큐강코(東急観光), 한큐코츠사(阪急交通社) 등 대형여행사들이 개별여행 코너를 설치하고 있으며, 여행기획상담료로 총 여행경비의 10~20%를 받고 있는 실정이다.

3) 여성시장 · 실버시장의 급성장

근로여성의 증가에 따라 여성들의 소비능력이 증대되고 독신여성이나 싱글맘의 증가, 만혼 및 출산 감소 등으로 여성들의 여행수요가 급증하고 있으며, 이러한 현상은 향후 더욱 가속화될 것으로 보인다. 또한 과학 및 의료기술의 발달로 인한 평균수명의 연장, 자연출생률의 감소로 인한 노령화사회 진전, 복지체계의 향상 등은 실버계층의 여행에 대한 관심 및 수요를 증대시켜 향후 주요 시장이 될 것임을 나타내고 있다.

4) 주문형 맞춤여행상품의 증가

주문형 맞춤여행상품은 특정한 지역을 찾는 여행자들의 내재된 욕구만족은 물론 특정관심분야 여행(SIT: Special Interest Tour) 등 차별화된 여행서비스를 제공함으로써 고객층을 확대할 것으로 보인다.

5) 여행자 욕구의 변화

여행자들의 여행행태가 양적 관광에서 질적 관광, 주유형 관광에서 체류형관광, 단체관광에서 개별관광 등으로 행태가 변화됨에 따라 점차 여행경험의 질과 여행 전 과정의 서비스가 여행업의 핵심과제가 되고 있다. 따라서 여행자욕구는 더욱 다양화, 전문화, 세분화될 것으로 보인다. 특히 환경에 대한 관심고조로 인해 자연 및 환경친화적 여행욕구가 증대될 것으로 보이며, 세계화의 진전으로 국가간 문화교류가 활발히 진행됨에 따라 역사 및 문화에 대한 관심이 고조될 것으로 보인다.

가격 면에서는 초고가와 초저가의 양극화현상이 두드러질 것으로 보인다. 기존의 단체여행이 일정한 범위의 가격대에서 형성된 반면 향후에는 고품격여행의 수요증가와 함께 값싼 항공권과 숙박권만을 구입하는 Air Only나 Hotel Only 상품판매 등 이중적 행태가 발생하는 등 여행시장의 가격세분화가 이루어질 것이다.

5.1.3 여행시장의 유통변화

1) 직거래 증대

여행상품 공급업자들과의 관계에 있어, 여행업에 가장 큰 위협은 항공사, 호텔 등 공급업자들과 여행자의 직접거래가 증가하고 있다는 것이다. 인터넷이나 SNS 등 공중통신망의 급속한 성장은 직거래를 가속화시키는 요인이다. 코레일(Korail)을 비롯하여 대한항공과 아시아나 등 항공사, 고속버스, 여객선 등 모든 여행상품 공급업자가 인터넷을 통해 예약뿐만 티켓 구매 등 제반 여행정보를 제공하는 정보라인을 개설 · 운영하고 있다.

2) 여행관련업체의 상품개발 및 여행서비스 강화

외국의 주요 항공사들이 현지 여행업자와 공동으로 패키지 상품을 앞다투어 내놓고 있고, 심지어 지상수배업자들도 랜드팩상품(land package product)을 출시하고 있다.

더욱이 총판대리점(GSA: General Sales Agent)이나 지정여행사를 통해 여행자를 모집하는 형태도 증가하고 있고, 항공권을 개인적으로 구입할 경우 호텔, 차량, 시내관광 등을 간편하게 예약해 주는 여행서비스도 강화하고 있다.

한편, 호텔들도 숙박상품과 인근의 관광지를 묶어서 판매함으로써 기존 여행사의 영업범위를 크게 위협하고 있다. 따라서 현재 평균 60%에 달하는 여행사를 통한 항공사의 선택률 및 50%에 달하는 여행사를 통한 호텔예약률 등 여행업이 관련산업에 미치는 영향력이 향후 감소될 가능성이 높다.

5.1.4 여행업계의 변화

1) 새로운 여행업종의 탄생

정보화의 진전 및 여행자의 기호변화 등으로 인해 기존의 패키지 여행사 중심의 업계가 다변화될 것으로 보인다. 즉 예약전문 여행사, 항공권 발권전문 여행사 등 기능별 업종의 분화가 이루어질 전망이며, 인터넷 이용으로 확산에 따라 인터넷 여행사도 증가할 것이다.

개성 있고 독특한 여행체험을 기대하는 여행자의 증가로 인해 여행상품 기획전문 여행사 등이 출현할 것으로 보이며, 여행사전문 경영연구소, 여행컨설팅 업체, 여행전문 인력양성기관 등 업종의 전문화 및 관련 지원업종의 출현도 기대된다.

2) 다양한 주체의 시장진입

아이디어 집약적인 여행업의 특성상, 다양한 주체의 시장진입이 촉진될 것으로 보인다. 이미 백화점, 의류업체, 언론사 등이 여행업에 진출하여 참신한 상품기획과 차별화된 마케팅 전략으로 새로운 시장형성을 주도하고 있다. 이밖에도 기존의 신용카드 여행사의 독립여행사 설립과 개인의 능력과 자산을 담보로 한 소규모의 벤처기업이 활성화될 것으로 예상되는 등 다종다양한 업체의 각축전이 예측된다.

3) 외국여행사의 본격 진입

외국 거대 여행사의 한국시장 진입이 본격화될 전망이다. 이미 일본교통공사(JTB-롯데제이티비), 쿠오니(KUONI), 아메리칸 익스프레스(American Express) 등 외국의 다국적 여행기업이 한국 진출준비를 서두르고 있는 것으로 알려지고 있다.

4) 전문여행사의 등장

여행시장 세분화전략에 따라 특화상품(Specialty Seeking Tourism), 전문여행사, 특별관심관광(Special Interest Tourism)전문여행사, 모험관광(Adventure Tourism) 전문여행사 등 전문여행사들이 속속 출현하게 될 것이다. 따라서 지역별, 주체별, 주제별 특화 및 기획 및 상담 전담요원의 양성을 통한 전문성제고 및 도 · 소매의 기능별 분리를 통한 업무영역의 전문화가 필요하다.

한때 골프전문, 성지순례전문, 스쿠버전문, 마라톤전문, 등산전문, 이벤트전문, 기획여행전문 등등 여러 전문회사들이 소규모 형태로 운영하면서 30% 정도의 재방문자(repeater)를 확보한 곳이 여럿 있는 것으로 알고 있다. 대표적인 것이 성지순례 단체로 한번 시작된 인연은 10년 이상 지속되는 경우가 대부분이다(이진영, 2007.12.10).

5) 중소규모 여행사의 전략적 제휴 강화

여행사 간 컨소시엄 구성 등 전략적 제휴가 늘어나고 있다. 전략적 제휴는 단순한 업무협조의 범위를 넘어 경영결합상승효과(synergy effect)를 높이기 위한 업무의 제휴를 말한다. 즉 복수의 여행업체가 영업상의 비용, 위험, 수익을 공유함으로써 규모의 경제(scale merit)로 인한 가격경쟁력 향상을 꾀하고, 외국 대형 여행업체의 진출에도 효과적으로 대비할 수 있는 장점이 있다. 결국 전략적 제휴를 통해 중소규모 여행사들은 경쟁력을 향상시키고 항공사, 호텔 등 공급업자에 대한 대응능력을 향시킬 수 있을 뿐 아니라 여행업의 전문화를 촉진하는 등의 부수적 효과도 기대할 수 있다.

5.2 여행시장 세분화

시장세분화(market segmentation)란 소비자의 욕구나 필요 등 여러 기준에 입각하여 모든 시장(total market)을 여러 개의 작은 부분으로 구분하는 것이다(同文舘, 1988 : 77~78). 즉 시장을 세분화한다는 뜻은 일정기간에 걸쳐 특정제품의 마케팅활동에 대한 예상반응이 유사한 예상소비자들을 집단화하는 것을 말한다.

그러므로 여행시장 세분화란 일정한 특징을 가진 집단으로 분류하는 것을 말하며, 다시 말하면 이질적인 전체시장을 여러 개의 부분시장으로 구분하는 과정으로서 여행업 관리자는 이들 세분시장들 중에서 하나, 혹은 그 이상의 부분을 조직의 표적시장(target market)으로서 선택하게 된다.

세분시장들이 내부적으로는 최대한으로 동질적인 고객들을 포함시키고 다른 세분시장과는 매우 이질적인 행태를 보일 때 시장 세분화를 실시하는 의미가 크다고 하겠다.

여행업 관리자가 시장을 세분화하려는 이유는 ① 시장세분화를 통해 여행자의 욕구 및 구매동기 등을 보다 정확히 파악할 수 있으며, 또한 변화되어 가는 시장수요에 창조적으로 대응할 수 있는 마케팅전략을 세울 수 있다. ② 여행사경영자는 여행사의 강점과 약점 및 기회와 위협(SWOT)을 평가하여 보다 유리한 시장을 선택할 수 있다. ③ 여행사는 시장세분화를 통해서 각 마케팅활동에 대한 여행자들의 반응을 잘 알고 있으므로 마케팅자원을 보다 효과적으로 배분할 수 있다. ④ 시장세분화를 통해 시장에서의 목표를 더욱 뚜렷이 설정할 수 있다는 점에서 찾을 수 있다(서울대학교, 1983 : 445~6).

여행시장을 세분하는 데 어떤 정해진 규칙이 있는 것은 아니다. 여행시장 세분화는 때로는 상당한 창의성이 요구되는 작업이기도 하다. 여행시장을 여러 각도로 세분해 보는 과정에서 자사, 경쟁사, 소비자들에 대한 새로운 안목이 길러지기도 한다.

일반적으로 시장을 세분화하는 기준은 ① 지리적 변수(variables), ② 인구통계적 변수, ③ 심리분석적 변수, ④ 행동분석적 변수 등이 고려된다(〈표 5-1〉 참조).

| 표 5-1 | 시장세분화를 위한 기준

세분화 기준	변 수
1. 지리적 변수	지역, 인구밀도, 도시의 규모, 기후
2. 인구통계적 변수	나이, 성별, 가족규모, 가족수명주기, 소득, 직업, 교육수준, 종교
3. 심리분석적 변수	사회계층, 생활형태, 개성
4. 행동분석적 변수	추구하는 편익, 구매준비단계, 사용량, 상표충성도, 중시하는 마케팅 변수

자료 : 이우용, 앞의 책, 105쪽.

예를 들면 여행상품 구성요소 가운데 세븐시장별로 가장 핵심적인 부분을 결정하여야 하며([그림 5-2] 참조), 또한 이들 요소에 따라 여행자가 요구하는 시장위치(market position)를 차지하기 위한 노력이 수반되지 않으면 안 된다.

그림 5-2 ▶ 목표시장별 핵심서비스요소의 선택

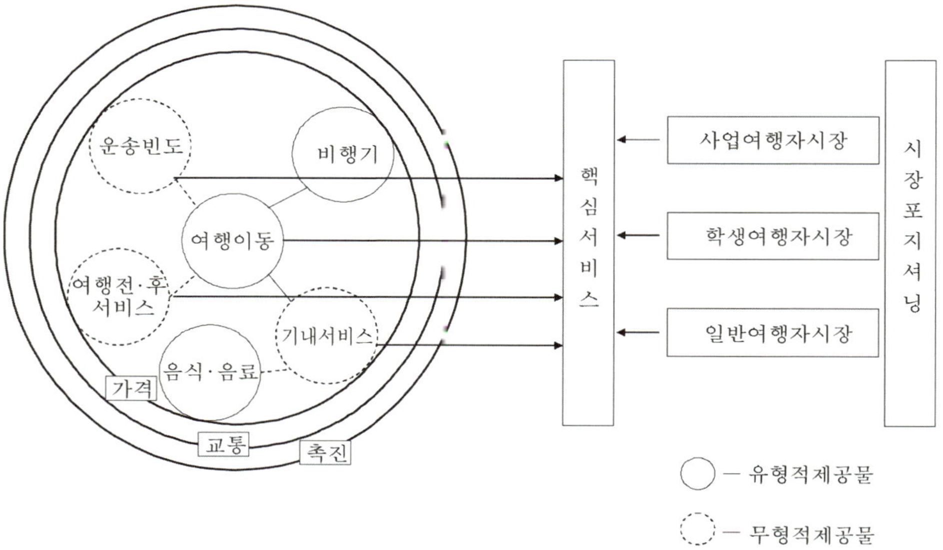

자료 : Shostack, G. L. "Breaking Free Product Marketing," Journal of Marketing, AMA, Apr. 1977. 75쪽에 의거 재구성.

예컨대 국외여행 패키지에 있어서는 [그림 5-2]에 나타난 바와 같이 세분시장별로 핵심요소가 서로 달라, 사업여행자는 운항빈도, 학생여행자는 여행이동, 일반여행자는 기내(機內) 서비스와 식음료에 핵심요소를 두고 있음을 알 수 있다.

김홍범의 연구에서도 입증되고 있듯이 여행목적별로 여행만족도에 영향을 미치는 속성요인들을 분석한 결과, 상용 · 업무목적 승객들은 다양한 부대서비스와 해당 항공사의 명성 및 이미지, 상용고객 우대서비스 등이 중요한 것으로 나타났으며, 관광 · 휴가여행자들은 친절하고 신속한 서비스, 기내의 식음료서비스, 해당 항공사의 명성 및 이미지, 가격 등이 중요한 것으로 나타났고, 친척 · 친구방문 여행자들은 항공사의 명성 및 이미지와 항공권 및 수하물의 가격 등이 항공여행의 만족에 중요한 영향을 미치는 것으로 나타났다(김홍범 · 김경숙, 1997 : 18).

따라서 여행업 마케팅관리자는 여행자가 패키지투어에서 무엇을 찾고 있는가를 파악하여 고객의 상품구매와 연결시켜야 하는데, [그림 5-3]에 나타난 바와 같이 그것은 시계열적으로 한 개의 사이클로 형성되고 있다.

여행사로서는 이러한 사이클이 원활하고도 만족하게 진행하도록 사전에 치밀한 조사와 계획을 하는 한편, 마디마디를 구성하는 각 행동을 완벽하게 통합(시스템 합성)함으로써 상품으로서의 가치를 발휘시켜 여행사의 선택확률을 높일 수 있는 것이다.

그림 5-3 국외여행 구입 사이클

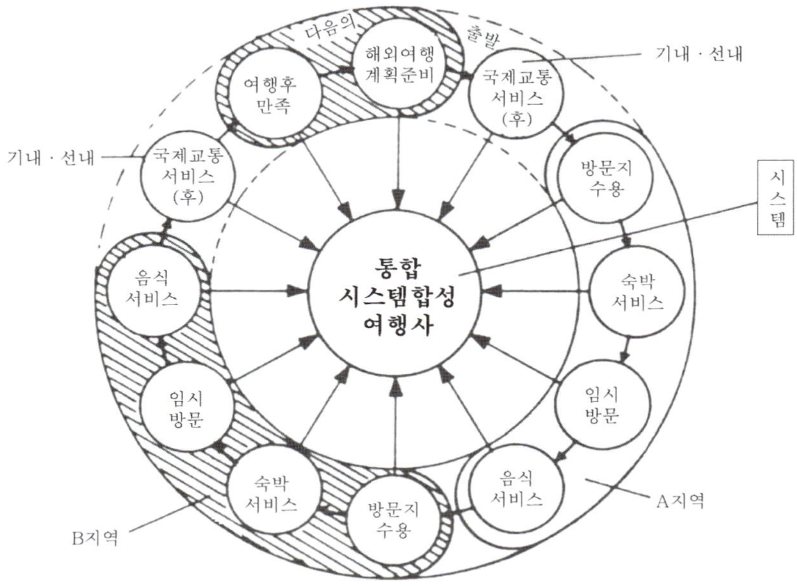

그림 5-4 여행상품 SWOT 분석

강점(Strength)	약점(Weakness)
1. 우수한 상품력 2. 다양한 상품 구성 3. 신뢰도	1. Brand의 낮은 인지도 2. 타상품에 비해 고가
기회(Opportunity)	**위협(Threat)**
1. 매체 광고 2. Brand Switch에 대한 주위의 영향력이 막강(가족/선배) 3. 고급상품에 대한 고객 욕구존재	1. 상품의 매체 광고 금지 2. 경쟁사의 마케팅 능력 3. 강력한 경쟁사

5.3 여행상품의 수명주기

어떠한 상품이라도 그 상품의 생명의 유지력에는 장단(長短)이 있으며 라이프사이클이 존재한다. 따라서 상품계획의 기초로서 가장 중요한 것은 상품의 수명주기(product life cycle)의 올바른 파악이며 상품수명주기의 파악은 상품계획 방향에 관한 결정적인 보조수단이 됨과 동시에 상품수익에 관한 결정적 예측수단이 되는 것이다.

여행상품도 일반 소비재처럼 처음 개발되어 시판된 다음 일정기간 뒤에는 시장에서 사라지게 되는 시간적 운명을 가지고 있으며, 일반적으로 어떤 상품이라도 그 상품이 개발되어 시장에 내어지게 된 후의 경과는 [그림 5-5]와 같이 도입기에서 성장기를 거쳐 성숙기가 되며, 그 후 쇠퇴기(감소기)에 접어든다는 것으로, 다만, 상품의 내용과 성질에 따라 그 속도가 빠르고 늦고 또 수요의 증감에 차이가 있을 뿐이다.

여행상품의 경쟁력이 강하여 좀처럼 악화되지 않는 것이 있는가 하면, 비수기라 하더라도 수요가 그다지 줄지 않는 것도 있다. 예를 들면, 수요가 별로 없거나 혹 수요가 있다 해도 타사에서 강력한 경쟁상품(좋은 품질, 저렴한 가격, 훌륭한 서비스 제공)을 생산하여 자사상품이 시장경쟁에서 패하게 될 때에는 자연히 도태하게 된다.

그림 5-5 ◉ 여행상품 수명주기

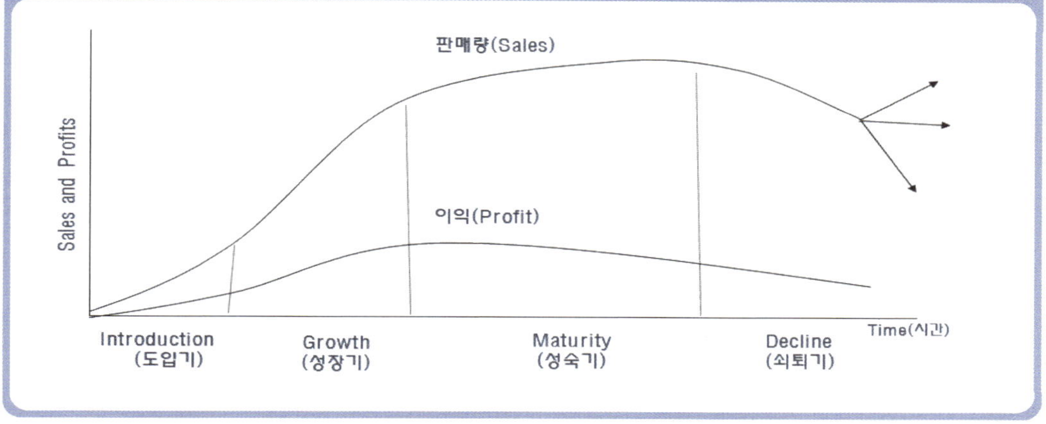

일반적으로 상품의 수명주기별 특징은 다음 표와 같다.

| 표 5-2 | 상품수명주기의 단계와 특징

특징	도입기	성장기(승인)	성숙기(포화)	쇠퇴기(진부화)
판매량	완만한 증가	급속한 증가, 후반은 일반적으로 완만	안정 · 고정	연속적으로 하락
표적시장	고소득층	중간소득층	매스 마켓형성	저소득층
경쟁	소수의 경쟁자	다수의 경쟁자	안정 · 고정수의 경쟁자	소수전문업자
상품변경	빈번	대폭	매년 형식변경	희박
생산 · 마케팅비용	쌍방 모두 높음	쌍방 모두 감소	쌍방 모두 안정 · 고정	생산비 증가, 마케팅비용 감소
불리한 조건에 대한 저항	매우 약함	최강	경제적 조건에 의존	상품쇠퇴준비
신제품 대금의 일부로 구제품을 판매자가 인수함	무	소수	많음	희박
브랜드 로열티	무	상승	강력	저하
상품 · 서비스추구	소수상품 · 서비스 다빈도	대량재고	복잡, 고비용	적음
이익	손실	업계 · 기업 모두 좋음	안정	급속도로 감소

자료 : S. Onkvisit, J. J. Shaw, *Product Life Cycles and Product Management,* Quorum Books, 1989, 91쪽.

여행상품에 있어서 수요가 계속되고 수명이 긴 상품은 수학여행, 신혼여행, 회갑여행 등이 있으며, 특히 신혼여행은 계절성이 강하여 봄과 가을에 수요가 많고 여름에는 수요가 적어 요철(凹凸) 수요를 나타낸다. 그러나 업무여행은 계절이나 시간 등에 거의 관계없이 일정한 수요를 나타내며, 상품수명도 무한대에 가깝다.

이처럼 여행상품은 다양한 수명주기를 가지고 있으므로 상품의 계획 단계에서 여행상품의 내용과 성질, 수요정도, 예상증감추세, 상품의 성격과 특징을 종합적으로 검토하고 분석하여 마케팅 활동을 하지 않으면 안 된다.

5.4 여행상품의 가격결정

5.4.1 가격결정의 의미

가격은 상품이나 서비스를 받기 위해 고객이 지급해야 할 돈의 총액이다. 여행상품의 가격을 결정할 때 여행사는 많은 요인을 고려해야 한다. 여행상품이나 여행서비스의 생산과 유통을 위한 실제적 비용, 기업의 이익률, 여행상품에 대한 현재 수요, 경쟁업체가 제공하는 유사 상품 및 서비스의 가격, 경쟁사의 가격 이오의 기타 마케팅 변수 등을 고려해야 한다. 왜냐하면 가격은 상품에 대한 수요수준에 영향을 끼칠 뿐 아니라 그 여행사가 판매하고 있는 것을 고객에게 제시하는 지표로서 여행자의 여행사 선택에 많은 영향을 미치기 때문이다.

가격은 ① 기초가격, ② 가격변경, ③ 가격조건, ④ 할인 등의 결합에 의해 형성되며, 여행업의 수입에 직접적인 영향을 미치므로 여행업경영에 있어서 중요한 전략요소의 하나이다.

여행사선택의 결정요소로서 가격의 중요성은 상품과 고객의 형태에 따라 달라진다. 가격과 관련해서 일반적으로 여행사가 가격전략에 반영하는 가격인상(mark up)과 가격인하(mark down)에 관한 많은 연구가 진행되고 있지만, 여행자는 가격(price)을 상품의 구매대가로 지급하는 단순한 화폐적 개념 이외에도 상품이 가진 품질, 기능, 감각적 가치 및 긍지 등을 포함한 종합가치의 구매대가 개념으로 지각하고 있다.

그러므로 여행업에서는 객관적 가격보다는 여행자가 가격을 보고 정당한 가치가 있다고 진심으로 믿도록 이미지를 형성하는 것이 중요하다. 환언하면 실제로 책정된 가격보다는 지각하는 여행자의 주관적인 가격인지(價格認知) 심리적 가격 및 가격의 신뢰성 등이 여행사 선택에 더욱 영향을 미치게 된다.

5.4.2 가격결정의 요인

여행상품의 가격결정 요인은 이미지를 포함한 세 가지 요인이이다. 세 가지 요인이란 ① 호텔, 교통기관, 식사 등의 '기본적 요인', ② 여행시장의 수요와 공급의 원칙에 따른 시간과 참가인원 등의 '계절적 요인(수급원칙 요인)', ③ 이미지를 비롯한 서비스, 신뢰, 실적 등 '서비스 요인(간접적 척도에 따른 요인)' 등을 일컫는다. 일반적으로 항공좌석 예약만 의뢰하는 여행자(air only)나 호텔 객실예약만 의뢰하는 여행자(hotel only)의 여행가격은 기본적 요인과 수급원칙에 따른 요인으로 구성되지만, 그 밖의 여행은 이미지 요인 등의 간접적인 척도까지 고려되고 있다.

여행상품 가격결정 요인은 결국 여행상품을 판매하는 구성요소의 하나로 작용하고 있으며, 이를 구체적으로 알아보면 다음과 같이 요약할 수 있다.

그림 5-6 여행상품의 가격결정 요인

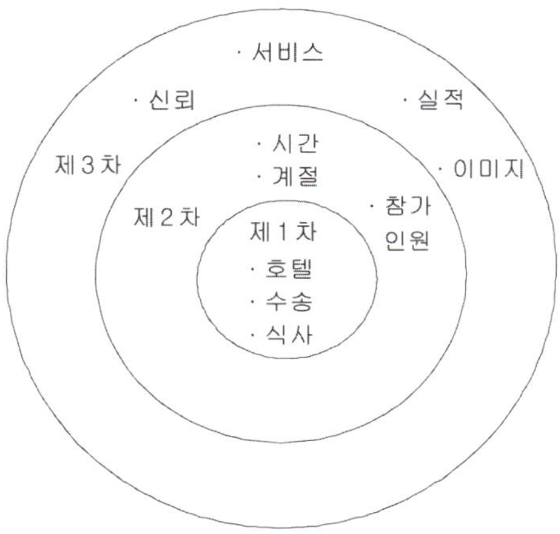

자료 : Weekly Travel Journal, 1983년 6월 13일.

1) 운임(fare)

운임은 출발국과 여행목적지와의 왕복이동에 필요한 교통기관(항공기, 선박, 철도, 버스)의 요금이다. 여행요금은 대체로 운임이 차지하는 비중이 높기 때문에 항공사와의 항공운임에 대한 가격절충 및 좌석확보 능력이 여행요금 산출의 관건이다. 항공운임은 여행조건, 인원, 여행목적지와 시기, 여행객의 신분과 연령, 항공권 사용기간, 여행경로(직항, 경유), 이용항공사 등에 따라 복잡하고 다양하며 많은 차이가 있기 때문에 숙련된 전문요원이 담당하여야 한다.

2) 지상비(land fee)

지상비는 여행목적지 내에서 여행관련 시설과 여행요소와 관련된 서비스의 이용에 따른 비용이다. 즉 현지체재비를 말한다. 여행하는 나라가 여러 나라에 걸쳐 있을 경우 지상비는 각 나라의 지상비 합계로 결정된다.

① 숙박비(accommodation charge)

숙박비는 숙박시설의 위치, 종류, 등급, 규모, 단체인원수, 이용시기에 따라 다르다.

② 식사비(meal charge)

식사비는 여행일정 중에 제공되는 식사의 종류, 식사 수와 식사의 제공 장소에 따라 다르다. 식사비 산출에 있어서는 호텔식, 기내식, 옵션 중의 식사 제공 여부를 사전에 확인하여야 한다.

③ 지상교통비(ground transportation charge)

지상교통은 여행목적지의 교통수단(버스, 기차, 선박, 렌터카)과 단체여행자에게는 전세버스를 이용하는 경우가 대부분이다. 그러나 여행목적국가에서 다른 지역으로 이동시에는 항공편, 열차편, 선박편이 있을 때 포함 여부를 반드시 확인하고, 특히 송영(送迎)교통비용(transfer charge)의 포함 여부를 반드시 확인해야 한다.

④ 관광비(sightseeing charge)

관광비용은 각 관광지의 입장료, 관람료, 가이드요금 등이 여기에 해당된다. 특히 유료 관광지 내의 가이드의 포함 여부, 시찰이나 회의참석 및 견학 등과 같은 특수목적의 여행인 경우 전문통역사의 동행 여부 등을 확인하여야 한다.

⑤ 수하물운반비(porter fee)

수하물운반비 일명 포터비는 공항, 부두, 역 등과 숙박하는 호텔에서 손님들이 짐을 들지 않고 짐꾼(포터)을 시켜 하물을 운반시키는데 소요되는 비용을 말한다. 대부분 포터

비는 별도로 하는 경우가 많다.

⑥ **세금(tax)**

세금은 여행 중에 부과되는 각종 세금, 예컨대 공항시설이용료, 통행세, 유흥음식세, 부가가치세 등이다. 이들 비용이 여행요금에 포함되어 있는지의 여부를 확인해야 한다.

⑦ **팁(tip)**

팁은 현지가이드, 버스기사, 호텔 및 식당의 종사원 등에게 주는 사례비이다. 여행비용에 불포함시키는 것이 일반적이나, 특수한 경우에는 포함시키는 경우도 있을 수 있으므로 이를 확인해야 한다.

3) 기타 비용(other expense)

기타비용은 운임이나 지상비(land fee) 이외의 여행경비를 말한다.

① **여행요금에 포함되는 비용**

△ 국외여행인솔자(tour conductor)의 운임과 출장비

국내선 항공료, 공항세, 출국세 등을 말한다. 15명 이상일 경우에는 T/C 항공운임은 포함되지만. 그 이하일 경우에는 할인율을 파악하여 참가인원에 따라 분할해서 책정하여야 한다.

△ 여행보험료

여행자보험은 반드시 납부하여야 한다.

② **여행요금에 포함되지 않은 비용**

△ 여권 및 비자 수속 비용

△ 음료대, 세탁비, 전화사용료, 초과수하물 요금, Pay TV 시청료 선물비와 기념품비 등 개인적 성질의 제 비용

4) 이윤(margin)

△ 통상적으로 여행요금 원가에서 10% 정도의 수수료

5.4.3 가격결정의 방법

여행사가 어떠한 가격을 설정하는가는 그 여행사가 존립하고 있는 시장상황이라든가 제공상품에 의해서 상당히 차이가 있다. 예를 들면 같은 종류의 상품을 생산하고 있는 여행자수나 기존상품과 제공상품 간의 차이 유무나 상품수명주기의 각 단계에 의해서 설정되는 가격은 다르다.

가격결정에 즈음하여 특히 고려해야 할 요인에 입각하여 정리할 것이 있다. 이 분류는 가격결정에 있어 고려해야 할 일이 많은 비용(cost), 수요(demand), 경쟁(competition)요인 중 어느 요인에 중점을 두는가에 의해서 각각의 가격결정방법을 정리하는 것이다(P. Kotler, 1984 : 506~22).

가격결정방법에는 여러 가지 방법이 있을 수 있으나, 기본적으로는 원가에 기초를 둔 가격결정방법(cost-oriented pricing)과 수요에 기초를 둔 가격결정 방법(demand-oriented pricing)으로 나누고 있으며(한희영, 1978 : 37), 그 외에 자주 적용되고 있는 경쟁지향적 가격결정방법(competition-oriented pricing)과 마케팅지향적 가격결정방법(marketing-oriented pricing)의 4가지이다. 이하에서는 여행업에서 일반적으르 적용하고 있는 가격결정방법을 중심으로 논의를 전개하고자 한다.

1) 원가지향적 가격결정방법

코스트플러스방법(cost-plus method)이라고도 일컫는 이 방법은 전비용을 보전하고 투하자본을 회수하여 적정이윤을 얻는다는 기업에 있어서의 가격결정목적에 기인한 바가 많기 때문에 이 방법이 널리 이용되고 있다.

또한 여행업의 여행상품은 여행소재의 조합으로 이루어져 있기 때문에 여행소재를 이루고 있는 각각의 여행요소는 여행업에서 독자적으로 생산이 불가능하기 때문에 이 방법이 여행가격을 산출하는 기초가 된다.

원가지향적 가격결정방법에는 원가가산법과 목표이익법 및 손익분기점분석법이 있다.

① 원가가산법(cost-plus pricing) : 이 방법은 원료비나 임금 등의 직접비를 산출하고 거기에 감가상각비나 땅값, 이자 등의 간접비를 추가하여 원가를 산출하여 그 원가에 일정률의 이익을 가산하여 가격을 결정하는 방법이다.

$$총원가 = 총변동비 + 총고정비$$

$$가격 = \frac{총원가 + 예상이익}{총단위수}$$

그러나 여행업의 현실에서는 이 원칙이 잘 지켜지지 않고 여행소재의 가격에다 여행사의 일정비용(안내경비, 직원출장비, 수속에 따른 경비 등)을 합산한 가격에 수수료(commission)를 가산한 가격으로 책정하고 있다.

이 방법의 장점은 첫째, 판매자가 수요보다는 원가를 확실히 알 수 있으며, 가격과 원가를 연계시킴으로써 가격결정과업이 용이하면서도 수요변동에 따른 빈번한 조정이 불필요하고, 둘째, 한 산업내의 모든 기업이 이 방법을 채용하면 가격경쟁이 극소화될 수 있으며, 셋째, 대다수 소비자들은 이 방법이 판매자 및 구매자 모두에게 공정한 방법이라고 믿는다는 점이다. 그러나 단점으로는 첫째, 품목에 대한 수요나 경쟁이 전혀 고려되지 않는다는 점, 둘째, 간접원가의 배부방법이 주관적이어서 비현실적이라는 점이다.

② 목표이익법(target return pricing) : 이 방법은 원가가산법에 투하자본수익률의 생각을 가미하여 가격을 결정하는 방법으로 소위 원가가산법의 응용방법으로 불린다. 이 방법의 특징은 예상되는 판매수량을 기초하여 그 비용을 보전하여 특정의 수익률 목표를 달성할 수 있는 가격을 결정하는 점에 있다. 즉 투하자본에 관하여 일정의 장기평균이익률을 달성할 수 있는 가격을 결정하는 셈이다.

$$ROI = \frac{이익}{투자액} = \frac{이익}{판매량} \times \frac{판매량}{투자액}$$

$$가격 = 단위원가 + \frac{투자액 \times 목표수익률}{예상판매량}$$

$$단위원가 = 변동비 + \frac{고정비}{예상판매량}$$

통상적으로 이 방법의 기저에는 여러 생산수준 하에서의 총비용을 추정→다음 기의 예상조업수준 추정→수익률 목표의 결정이라는 단계를 거쳐 가격이 결정된다. 예컨대 여행사에서 행사 최소인원을 결정할 경우 이 방법을 적용하게 되면 행사 최소인원은 (고정비+목표이익) ÷ (가격－변동비)라는 공식으로 쉽게 산출된다. 즉 고정원가가 50,000원, 판매가격이 16,000원, 변동원가가 6,000원, 목표이익이 30,000원이라면 이 때의 행사최소인원은 8명이다. 그러나 이 방법은 목표이익을 달성할 수 있다는 장점을 가지고 있으나, 수요나 경쟁을 고려하지 않고 있어서 경우에 따라서는 목표이익을 달성하기는커녕 손해만 입는 경우도 있다는 단점을 지니고 있다(지정주, 1986 : 19).

③ 손익분기점분석법(break-even point pricing) : 이 방법은 손익분기점 즉 비용과 수익이 동액이 되는 매출액(내지 생산량, 판매량, 조업도)을 기준으로 가격을 결정하는 방법이다. 결정방법으로는 주로 손익분기점 공식이 이용되는데, 즉 손익분기점= 고정비/(1− 변동비/매출액)이라는 공식에 의하여 가격결정이 이루어진다.

$$BEP = \frac{F}{1-\frac{V}{S}} = \frac{F + \text{희망이익}}{CPM} \longrightarrow \text{Contribution Profit Margin(기여한계)}$$

(예) S 1800만원
V 500만원
F 600만원

P 700만원

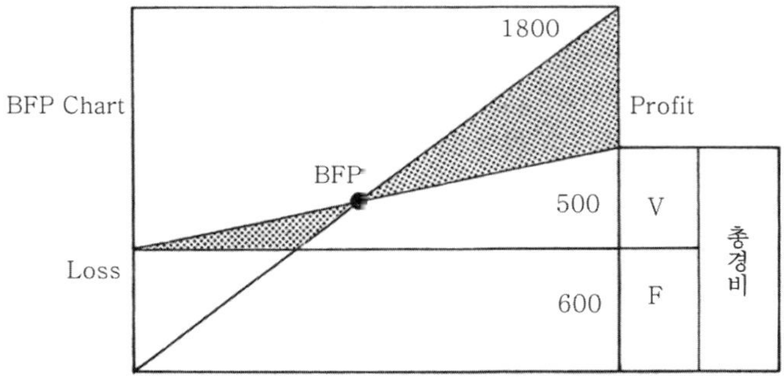

문 1) BEP는?

$$\frac{600}{1-\frac{500}{1800}} = \frac{600}{0.73(\text{기여한계})} = \text{약 } 822\text{만원}(821.91780)$$

문 2) 이익이 750만원이 되려면 매출액을 얼마나 올려야 하나?

$$\frac{600+750}{0.73} = \text{약 } 1849\text{만원}(1849.3150)$$

문 3) 매출액을 20% 신장시키면 이익은 얼마가 되나?

$$(1800 \times 1.2) = 2160 \times 0.73 = \text{약 } 1577\text{만원}(1576.8)$$
$$= 1577 - 600 = 977\text{만원}$$

문 4) 판매가를 30% 할인하면서 700만원의 이익을 내려면 매출액을 얼마나 올려야 하나?

$$\frac{600+700}{1-\dfrac{V}{S-30\%}} = \frac{1300}{1-\dfrac{500}{1260}} = \frac{1300}{0.60} = \text{약 } 2167\text{만원}(2166.666) \rightarrow 0.6032$$

2) 수요지향적 가격결정방법

이 방법은 비용보다도 상품에 대한 여행자의 지각이라든가 수요의 강도 등을 중시하여 가격을 결정하는 것이다. 특히 최근에 판매가격과 상품가치와의 관계에 대한 소비자의 관심이 높아지고 있을 때에는 기업이 이런 종류의 방법에 의하여 가격결정을 하는 경우가 점점 늘어날 것이다.

또한 여행자의 가격평가나 여행상품에 관한 지식이 증가됨에 따라, 혹은 시장이 성숙하여 상품차별화나 시장세분화의 필요성이 높아짐에 따라 이 방법의 중요성이 점점 증대할 것이다.

① 가치가격법(value pricing) : 이 방법은 여행자가 여행상품에 관해 지각하는 가치에 입각하여 가격을 결정하는 방법이다. 이 방법은 여행자에 의한 여행상품가격의 지각을 가격결정의 출발점으로서 하고 있기 때문에 가격을 결정할 경우에는 제공상품에 대하여 여행자가 지각하는 가치를 측정하고 그 자료를 가격을 결정하는데 활용하지 않으면 안 된다. 특히 여행자가 판매가격과 상품가치의 관계에 대해서 충분히 음미할 수 있는 상품에 대해서는 이 방법에 의한 가격결정은 중요할 것이다. 결국 이 방법은 여행상품의 상표(brand)가 중요한 역할을 한다.

② 차별가격법(fare discrimination pricing) : 이 방법은 여행업에서 수요의 평준화 또는 비수기의 타개책으로서 널리 이용하고 있는 방법으로, 예를 들면 성수기의 할증요금 도입, 비수기의 할인요금 도입 등이다.

3) 경쟁지향적 가격결정방법

이 방법은 이미 시장에 있어 자사와 동질의 상품을 판매하고 있는 여행사의 가격을 참고하여 가격결정을 하는 것이다. 즉 경쟁상대의 가격을 자사의 가격에 끌어들이는 방법이다. 이에는 첫째, 경쟁상대와 똑같은 가격을 설정하는 것, 둘째, 경쟁상대보다 높은 가격을 설정하는 것, 셋째, 경쟁상대보다 낮은 가격을 설정하는 것이 있으나, 이들 중에서 어느 것을 선택하느냐는 상품의 동질성, 상품수명주기의 단계, 기업의 목적 등에 의하여 달라진다.

① 현행시장가격에 의한 가격결정 : 이 방법은 경쟁지향 가격결정방법 중에서도 가장 인기있는 방법으로 업계의 가격수준에 자사의 가격을 맞추는 것이다.

② 입찰에 의한 가격결정 : 이 방법은 주로 여행을 많이 취급하는 공사나 협회 등에서 다수의 여행사를 불러 여행가격을 결정하는 방법으로 경쟁상대가 어떤 가격을 내는지를 예상하면서 자사의 비용이나 이익을 감안하여 가격을 제시하는 방법이다. 입찰에 의한 가격결정의 목적은 어디까지나 낙찰을 받아 계약을 체결하는 것이기 때문에 입찰에 참가하는 경쟁상대보다도 싼 가격을 제시할 필요가 있다. 그러나 경쟁상대보다 싼 가격을 제시하는데 한계가 있다. 따라서 경쟁상대의 입찰가격에 관해서 정보를 수집하고 자사에 있어 각 가격별로 기대이익이나 낙찰가능성을 산출한 것을 감안하여 최종적으로 입찰가격을 결정해야 한다.

4) 마케팅지향적 가격결정

이 방법은 최근 중시되고 있는 가격결정방법으로 마케팅시점에서의 가격결정으로 파악하려는 것이다. 즉 비용, 수요, 경쟁이라는 개개의 요인에 입각하여 가격결정을 하는 것이 아니라 이들 모든 요인을 장악한 후 마케팅시점으로 가격결정을 한다는 것이다.

환언하면 마케팅믹스의 1요소로서 취하고 상품, 유통, 판촉 등 타 요소와의 관련을 고려하면서 가격을 결정하려는 방법이다. 그를 위해서는 ① 표적시장의 선정, ② 상표이미지의 선정, ③ 마케팅믹스의 구성, ④ 가격정책의 선택, ⑤ 가격전략의 결정, ⑥ 구체적 가격의 결정이라는 6개의 구성요소로 나눈다. 그리고 이들의 각 요소를 단계별로 분석 · 검토해 나가는 가운데 문제가 한정되고 최적가격을 도출하는 것이다. 이 방법은 각 요소를 순차적으로 검토하고 시장이라는 측면에서 연속적 · 다단계적 · 장기적으로 가격을 결정하려는 것에 큰 특징이 있다.

이상 여행상품의 가격결정방법에 대해 고찰하였다. 여행상품의 가격결정은 중요한 문제이기는 하지만, 보다 중요한 것은 여행상품의 질을 높이는데 있으며, 부가가치가 높은 상품을 개발하고 수익성을 제고시키기 위해서는 비가격 경쟁을 통한 양질의 상품개발 및 여행서비스 향상을 통해 여행수요를 창조하여 여행업 전체의 평균적 이익이 보장되는 방법을 연구해야 한다.

5.5 여행상품의 판매촉진

5.5.1 여행상품의 판매특성

여행상품의 구매환경이 조성됐다 하더라도 여행자의 내점률(來店率)이 낮아지면 여행업은 소기의 매출액 목표를 달성할 수 없다. 그러므로 여행자들의 내점률을 높이고 단순방문자(walking guest)를 구매고객으로 유도하기 위해서는 잠재여행자들에 대한 효과적인 정보제공 활동을 통한 판매활동을 강화하여야 한다. 여행업의 판매활동은 단지 다른 회사의 판매활동을 참고하거나 여러 판촉활동을 통해 여행상품을 팔거나 대금을 회수한다는 업무가 중심을 이루는 것처럼 생각되기 쉬우나, 실제에 있어서는 여행정보 제공이 주된 활동이다.

판매촉진은 비용이기보다는 하나의 투자로서 여행업에 있어 촉진이 중요한 이유는 ① 상품수요가 계절성을 띠고 있어서 비수기에도 여행욕구에 대한 자극이 필요하기 때문이다, ② 상품수요가 종종 가격에 민감하여 경제환경에 영향을 받는다, ③ 고객은 항상 상품을 보지 못한 상태에서 구매해야 한다, ④ 상표충성도(brand loyalty)가 크지 않다, ⑤ 대부분의 상품이 심각한 경쟁을 받고 있다, ⑥ 대부분 상품이 타사에 의해 쉽게 모방된다는 점 등이다(Michael M. Coltman, 1989 : 255).

여행상품은 앞에서도 언급했지만 일반상품과는 매우 다른 판매상의 특성을 가지고 있다. 이를 요약하여 제시하면 다음과 같은 4가지의 특성으로 요약할 수 있다.

첫째, 무형성으로 인해 오감(五感)을 통해 감지할 수 없는 것에 대한 인식 · 설득이 필요하다.

둘째, 광고(advertising), 홍보(publicity), 인적판매(personal selling) 및 판매촉진(sales promotion)과 같은 외부소비자촉진 이외에도 환경개선적 촉진, 종업원/고객촉진, 판매촉진적 가격결정, 내부소비자촉진 등의 수단이 부가적으로 중요하다.

셋째, 제조업의 촉진활동은 소비자의 수요증대를 목표로 하는 반면 여행업의 촉진은 자기기업의 공급능력에 맞게 수요의 양을 조정하여 일정화시키는 것이 중요하다.

넷째, 여행업의 촉진활동은 제공되는 서비스의 고결성과 전문성이 가용되기 때문에 윤리의식적인 면에서 상당히 거부반응을 일으킬 수 있다. 따라서 촉진상의 장애요인도 적지 않다. 예컨대 마케팅사고(思考 · 내부적 활동)와 판매사고(思考 · 외부적 활동)가 동일시되는 것이 그러한 예이다.

5.5.2 여행상품의 판매방법

아무리 가치있는 상품도 판매자측이 그 존재를 인식시키지 않는 한 수요를 유발시키지 못한다. 특히 상품의 대상시장범위가 한정되고 개발속도가 완만하여 그 종류도 얼마 안되는 상황에서는 판매활동이 필요 없을지 모른다. 그러나 지역이 확대되고 유사상품이 범람하는 상황에서는 판매활동이 절실한 문제가 된다. 그런데 이러한 문제는 여행상품과 같은 무형상품도 마찬가지로 적용된다. 어쩌면 유형상품보다도 더 절실한 문제라고 할 수 있다.

일반적으로 여행상품의 판매방법으로는 ① 인적 판매, ② 정시(呈示)판매, ③ 대중매체에 의한 판매, ④ 개인매체에 의한 판매, ⑤ 홍보(publicity), ⑥ 구전(口傳), ⑦ 기타 방법 등 7가지 판매방법으로 나눌 수 있다(정찬종, 1990 : 115).

1) 인적 판매방법(personal selling)

인적판매란 판매원이 표적여행자에 대면하여 의사소통(communication)을 하고 여행자의 욕구를 충분히 인식시킬 만한 상품 및 서비스를 제공하는 것으로 일명 판매원판매라고도 한다. 인적 판매활동의 최종목적은 판매창조에 있다. 따라서 이 방법은 판매원의 올바른 자세, 판매기술, 세일즈맨십(ability + brain + challenge), 창조성 등이 요구된다.

인적 판매방법의 장점으로는 ① 판매자와 구매자의 목표를 상호 보완한다, ② 상호교류적 의사소통이 가능하다, ③ 즉시적인 피드백(feed back) 효과를 가져온다, ④ 기능적으로 현저하게 신축성 내지 융통성에 풍부한 수단이다, ⑤ 의사소통에 걸리는 시간이 타판매방법보다 빠르다는 점을 들 수 있다. 그러나 이와 같은 장점에도 불구하고 단점으로 지적되고 있는 것은 ① 한 사람의 유능한 판매원을 양성하는데 많은 비용이 든다, ② 시간적 제약을 많이 받는다, ③ 판매원에게는 일종의 직업병이 생길 수 있다는 점 등이 단점으로 지적되고 있다(宇野正雄, 1984 : 426~437).

2) 정시(呈示)판매방법(presentation selling)

정시판매란 현물을 상대에게 설명하여 상품을 구입케 하는 방법을 말한다. 여행상품과 같은 무형상품은 고객이 실제로 그 내용을 잘 알 수 없기 때문에, 예를 들면, 여행지의 비디오테이프라든지 슬라이드 필름, 모형전시(miniature), 여행안내 등의 진열, 견본시나 전시회를 통한 판매는 모두 이 계통에 속하는 판매방법이다(浅井鹿三郎, 1985 : 104).

3) 대중매체(mass media)에 의한 판매

대중매체란 일반적으로 4대 미디어라고 일컫는 ① 텔레비전, ② 방송, ③ 신문, ④ 잡지를 비롯한 카탈로그(catalogue)에 의한 인쇄 및 광고 등을 총칭하는 것으로 대중(大衆)을 대상으로 하는 판매방법이다. 이 방법은 대상을 한정시키지 않고 불특정 다수에게 상품의 존재를 알림으로써 판매확대를 꾀해 나가는 방법으로 널리 이용되고 있다(홍기선, 1989 : 233).

이 방법의 장점은 단시일 내에 파급효과가 커 여행자의 이미지에 영향을 줄 수 있으며, 향상된 이미지는 인적 판매에도 상당한 영향력을 미친다는 점이나, 반면에 단점으로는 여행상품의 특성이 무형적이고 고객의 편익은 한정하기 어려우므로 메시지 내용을 결정하기 어렵다는 것, 광고비용이 엄청나게 비싸다는 점 등이다.

특히 대중매체에 의한 광고는 여행자들이 새로운 여행사를 찾거나 여행사와 관련된 의사결정에 필요한 정보를 얻는데 중요하게 이용되는 원천으로서 여행자의 평가를 개선하는 효과를 발휘하는 것으로 알려지고 있다.

보비와 아렌스는 ① 자사상품의 인식 및 타사상품과의 차별화, ② 상품에 관한 정보제공, ③ 새로운 고객에 대한 신상품의 시용권유(試用勸誘) 및 기존고객의 계속구매 유도, ④ 상품의 유통자극, ⑤ 상품이용의 확대, ⑥ 브랜드(brand) 선호도와 충성심의 구축 등을 열거하고 광고의 기능을 소개하고 있는데, 이러한 기능들은 곧 광고를 통하여 여행사선택을 강화시키는 요소로 이해할 수 있다(C.S. Bovee and Arens, 1982 : 9~11).

4) 개인매체(personal media)에 의한 판매

개인매체(personal media)란 대상을 한정하는 미디어로서 크게는 인간에 의한 모든 직접의 사소통(direct communication)이 전부 포함되나, 작게는 직접우편(direct mail)이나 전화판매(telephone selling) 두 가지를 의미한다(정찬종, 1993 : 232).

DM은 우리말로 직접우편, 직접우송광고 또는 서신광고라고도 한다(최승이, 1993 : 529). 이것은 인쇄를 통한 판매촉진방안의 하나이며, 용구적 수단(카탈로그, 전단, 디스플레이, DM, 사보 'house organ')에 포함된다(淡野民雄, 1984 : 152).

한편, 전화판매는 최근 텔레마케팅(telemarketing)의 일환으로 도입되어 널리 이용되고 있는 방법이다. 텔레마케팅은 단순히 전화를 거는 것이 아니라 규정된 방법과 체계적인 방법으로 전화를 이용한다는 점과 특히 시기(timing)가 중요한 요소로 작용한다는 특징을 가지고 있다.

개인매체를 이용한 판매방법의 장점으로는 ① 가장 개성적이며 정선적이다, ② 정확한 표적시장(target market)의 구매자를 선정할 수 있다, ③ 융통성(규격, 형태, 문안)이 많다, ④ 인간적인 접촉효과가 있다, ⑤ 효과측정이 용이하다는 점 등이다. 반면에 단점으로는 ① 정확한 명단의 입수와 유지 · 관리가 어렵다, ② 대상자를 끌어들이는 오락성이 결여되어 있다, ③

동일 광고내용이 여러 군데서 나가므로 광고대상자에게는 오히려 부담을 주게 된다, ④ 광고주의 지명도가 떨어질 때 신뢰감을 얻을 수 없다는 점 등이다.

5) 공중관계(public relation)에 의한 방법

공중관계(PR)란 자기 정책이나 서비스활동을 자신에게 이익이 되도록 설명하는 것으로(윤희중, 1982 : 45~50) 경영관련 의사결정이 이루어진 후에 광범위하게 공중에게 주안점을 둠으로써 표현되는 태도이다.

PR은 판매를 증대시키는 내부적 또는 외부적 기회로서(Michael M. Coltman, 앞의 책, 270) 홍보(publicity)를 포함하는 개념으로 사용한다. 내부적 PR활동에는 고객과 직원의 취급방법을 포함하며, 외부적 PR활동에는 일반적으로 지역사회와 여행관련기업 간의 관계를 포함하고 있다.

한편, 홍보는 자기 정보의 뉴스화로서(조재권, 1964 : 18~25) 여러 사람들에게 알리는 것이며, 지역신문사, TV방송국 등에의 보도자료나 사진자료의 제공을 통해 보도되도록 하여 공중성을 얻는 것(generating publicity)이다(電通, 1955 : 118). 즉 광고주를 표시하지 않고 뉴스 형식으로 무료(free of charge)로 선전하는 것이다(이항구, 1987 : 642). 이처럼 PR은 지역 내에서의 이해(利害)관계의 제거, 지역 외에 대한 지역 이미지의 향상, 사회적 신뢰획득을 목적으로 한 정보활동을 의미한다(日本観光協会, 1981 : 3).

6) 구전(口傳, hand down orally)에 의한 방법

구전(hand down orally)이란 여론형성자(opinion leader)로부터 사람들의 입을 통해 전달되는 것이다. 이와 같이 구전이란 사람들의 입과 입을 통해 전달되기 때문에 즉시적인 효과보다는 어떤 여행사의 서비스를 이용한 적이 없는 사람에게는 다른 사람들이 전해주는 이야기나 평판이 여행사 선택에 중요한 역할을 한다. 즉 여행사의 여행서비스에 대하여 좋은 이용체험을 하는 것이야말로 최대의 판매라고 할 수 있다(김성혁, 1992 : 41~2).

이 방법은 사람이 매체가 되기 때문에(장정렬, 1991 : 147) 내용을 전달하는 사람의 기본품성도 상당히 영향력을 발휘한다. 신뢰성이 있는 사람이라면 그 사람이 전하는 내용을 그대로 믿고 따르겠지만, 그렇지 못한 사람이 전하는 내용은 다시 한번 확인하려 할 것이다. "발 없는 말이 천리간다"라는 옛 속담도 있듯이 구전에 의한 판매방법은 비용도 전혀 들지 않고 소기의 성과도 기대되므로 가능한 좋은 소문이 날 수 있도록 많은 연구를 하여야 한다.

7) 기타 방법

여행상품의 판매방법으로 이용되고 있는 기타 방법으로는 ① 옥외광고(입간판, 유인물, 회보(news letter), 전자전시판 등), ② 교통광고(각종 차의 내외에 광고문을 부착시키는 광고), ③ 구매시점광고(point of purchase), ④ 시찰초대여행(familiarization tour)의 실시, ⑤ 대리점 또는 특약점(representative)을 통한 위탁판매, ⑥ 회원(membership)조직을 통한 판매, ⑦ 경품권을 이용한 판매 등이 있다. 이상 열거한 여행상품 판매촉진을 위한 중요 촉진활동의 목적과 수단은 〈표 5-3〉과 같다.

| 표 5-3 | 대 여행자 촉진활동의 목적별 구분

목 적	촉진수단의 예
상품의 이미지를 고양시키기 위하여	디스플레이(display), 필름, 업계경기 참가, 마켓 리더(market leader)
상품의 지명도(知名度)를 고양시키기 위하여	행사(event), 직접우편(direct mail), 구매시점광고(point of purchase), 실연(實演), 쇼윈도우, 신기성(novelty), 감시평가(monitor)제도, 샘플전시회, 작명(naming), 매스컴 종사자의 초대여행, 포장, 컨테스트 등
상품을 이해시키기 위하여	여행상품설명회, 소책자(brochure) 배포, 텍스트(text)제공, 비디오 테이프(video tape) 제공, 요금표(tariff)제작 배포, 회보(news letter) 제공
상품의 기능을 충분히 발휘시키기 위하여	서비스보장제도, 정기적인 서비스점검, 복면사찰(覆面査察)
목 적	촉진수단의 예
구매를 용이하게 하기 위하여	크레디트제도, 연불(延拂)제도, 자동판매기에 의한 티켓판매, 통신판매, 배달서비스, 우편주문(mail order)
예상고객의 파악을 위하여	소개, DM, 앙케이트, 전시회, 출장판매, 조기(早期)서비스, 야간서비스
직접판매를 증진시키기 위하여	스페셜 세일즈, 프레미엄, 염가판매, 신용판매
계속구입을 촉진시키기 위하여	경품권, PR지(誌), DM, 여행자의 조직화, 회원제도
구입시기를 앞당기기 위하여	조기구입세일즈, 예약세일즈, 컨테스트, 크레디트판매
보다 많이 구입하도록 하기 위하여	세트여행 및 판매, 수량구입 프리미엄, 수량구입 할인, 단체 및 가족여행우대제도

자료 : 한희영, 「마케팅관리론」, 다산출판사, 1982 : 675~676쪽에 의거 재구성.

5.6 여행상품의 품질관리

5.6.1 여행상품 품질관리의 의의 및 접근방법

품질이라는 용어가 학자나 실무자들 사이에 중요하게 인식되고 자주 사용되고 있지만, 품질에 대한 개념은 사람에 따라 사용목적에 따라 서로 보는 관점이 다르다. 품질에 관한 대표적 정의를 몇 가지 들면 다음과 같다.

가빈은 "품질이란 정신도 물질도 아니면서 그 둘에서 도입된 제3의 실체"라고 언급하면서, 품질은 정의될 수는 없으나 무엇인지는 알 수 있는 것(David A. Garvin, 1984 : 26)이라 하였다.

에드워드는 "품질은 고객의 욕구를 충족시킬 수 있는 역량"이라고 언급하여 욕구를 충족시킬 수 있는 모든 작용을 품질로 보고 있으며(C. D. Edward, 1968 : 37), 주란은 품질에 관해 "사용의 적합성"이라고 주장하였다(J. M. Juran, 1974 : 2).

품질관리 또한 학자에 따라서 그 개념이 상이하지만, 공통적으로 거론되고 있는 것은 ① 욕구의 충족, ② 용도에의 적합, ③ 사용목적의 충족, ④ 소비자 기대에의 부응, ⑤ 상품특성의 집합, ⑥ 고유의 특성 등에 표적을 둔 관리활동을 의미하고 있다(김성인, 1989 : 12).

현대적 개념의 품질관리란 전사적(全社的) 품질관리(TQC : Total Quality Control)를 의미하는 것이 상식이다. 전사적 품질관리란 "고객에게 팔리고 회사가 이익을 내는 상품 또는 서비스를 생산 · 판매하기 위해서 사장으로부터 제일선에서 작업하는 종업원, 판매원, 사무원에게 이르기까지 모든 계층의 사람들이 총력을 기울여 협력하는 활동"이라고 할 수 있다.

이들 활동에는 시장조사, 연구개발, 상품계획, 설계, 생산기술, 판매, 수주, 제조, 검사, 애프터서비스 등의 각 부문 및 간접부문의 사람들의 활동을 포함한다. 이러한 의미에서 여행상품의 품질관리란 여행자가 요구하는 여행상품이나 여행서비스를 경제적으로 산출하기 위한 모든 수단과 활동시스템이라 할 수 있다.

과거의 품질관리는 제조현장에 있어 제품을 생산하는 과정에서 하자를 발견하여 이를 시정하는 정도를 품질관리로 인식하였으나, 현대사회에서는 제품을 생산하고 판매하는 회사뿐만 아니라 서비스를 고객에게 제공하는 여행업과 같은 기업에 이르기까지 품질관리 문제가 침투하고 있다(拙稿, 1987 : 215). 여행업 마케팅관리자는 일관성 있는 양질의 여행서비스를 제공하기 위해 품질상기전략(자사 브랜드 이미지의 확보)을 사용할 것이 요구되며, 여행서비스의 질에 대한 일관성을 유지하기 위해 여행상품 생산과정의 시스템화를 실현하고자 하는 전문

기술적 접근법을 시도하지 않으면 안 된다.

이와 같이 모든 여행사가 품질관리에 관심을 두는 이유는 ① 품질에 소홀한 여행사는 여행자로부터 비판을 받게 되어 그 여행사의 명성이나 이미지가 손상되며, 그 결과 여행시장에서의 시장점유율(market share)이 낮아진다는 문제와, ② 여행서비스의 결함에 대해 책임을 져야 하므로 저품질의 여행상품 생산은 재작업이 필요하게 되어 결국 추가적 비용을 발생시키게 되는 바, 이는 여행업의 경영성과와 직결되기 때문에(William J. Stevenson, 1986 : 737~739) 그 중요성은 매우 크다 할 것이다.

이처럼 품질에 대한 개념은 상당히 복잡하나, 현재까지의 품질관리에 관한 정의는 ① 선험적 접근(transcenant approach), ② 제품중심적 접근(product-based approach), ③ 사용자중심적 접근(user-based approach), ④ 제조중심적 접근(manufacturing-based approach), ⑤ 원가중심적 접근(value-based approach) 등 5가지 접근법에 의해서 연구되고 있다. 이하에서는 각각의 접근법을 소개하기로 한다(David A. Garvin, 1984 : 25~28).

1) 선험적 접근

품질은 절대적이고 보편적으로 인식할 수 있는 선천적 우월성(innate excellence)이며, 명확한 표준이나 성취를 의미한다. 이 접근에 의하면 품질은 단지 경험에 의해서만 인식할 수 있는 단순하고 분석이 불가능한 특성이라고 제안하고 있지만, 품질에 관한 명확한 정의를 나타내지 못하고 있다.

2) 제품중심적 접근

이 접근법에서는 품질을 명확하고 측정가능한 변수(variable)로 본다. 이 접근의 견해에 따르면 품질의 차이는 상품이 가지는 어떤 특징이나 성분의 차이를 말한다. 즉 상품속성의 양에 따라 등급을 매길 수 있으므로 품질의 수직적 · 위계적 차원을 파악할 수 있다는 것이다.

3) 사용자중심적 접근

이 접근법은 품질은 보는 사람의 눈에 달려 있다는 인식 위에서 출발한다. 즉 개별소비자는 상이한 욕구와 필요를 가지고 있으므로 그들이 선호를 가장 만족시켜 주는 상품이 품질이 제일 좋은 것으로 여긴다. 이것은 품질이 개인적 특이성을 지닌 주관적 개념을 나타내며 상품특성들의 조합으로 소비자에게 높은 만족을 줄 수 있음을 의미한다.

4) 제조중심적 접근

이 접근법은 공급측면에 입각하여 품질을 정의하는 것으로 여기서는 품질을 욕구에의 일치(P.B. Crosby, 1973 : 15)라고 주장하고 있다. 즉 제조명세서(recipe)를 충족시키는 것이 품질에 있어 가장 중요하다는 것이다. 이 접근법은 소비자의 관심을 인정하지만 그 중요한 초점이 내부적인 것에 한계가 있다(김수광, 1989 : 15).

5) 가치중심적 접근

이 접근법은 품질을 비용과 가격이라는 용어로 정의하고 있는데, 즉 품질은 만족스런 가격하에서의 성과(performance)의 제공, 또는 만족스런 비용에서의 일치를 품질로 보고 있다. 이 접근법의 난점은 두 개념을 혼용하여 사용하고 있다는 점인데, 즉 우월성의 척도인 품질을 가치척도와 동일하게 보는데 있다.

5.6.2 여행상품 품질의 구성요소 및 분류

플리스크는 품질의 특성을 규정짓는 요소로 ① 성과(performance), ② 형상(features), ③ 일치성(conformance), ④ 신뢰성(reliability), ⑤ 지속성(dura-bility), ⑥ 실용성(serviceability), ⑦ 반응(response), ⑧ 심미성(aesthetics), ⑨ 명성(reputation) 등 9가지 요인을 열거하고 있다(Paul E. Plesk, 1987 : 29~30).

리안은 ① 성과, ② 내구성, ③ 애프터서비스, ④ 수리의 용이, ⑤ 보증, ⑥ 사용의 편의, ⑦ 외관, ⑧ 포장 및 전시, ⑨ 상표명, ⑪ 모델의 최신성 등을(John Ryan, 1985 : 12~5).

매트슨은 ① 판매원, ② 가격, ③ 크레디트카드, ④ 구색, ⑤ 반품정책, ⑥ 상표, ⑦ 기호의 유사성, ⑧ 점포의 친숙성, ⑨ 상품의 가치, ⑩ 상품구색의 크기 등을 열거하고 있다(Brunce E. Mattson, 1982 : 46~58).

이렇게 볼 때 품질의 구성요소는 성능이나 기능과 관련되는 품질요소(1차적 품질, 또는 기능적 품질), 디자인, 색채, 신뢰성, 명성 등과 관련되는 품질요소(2차적 품질, 또는 미적 품질, 혹은 심리적 품질)로 구분할 수 있다. 일반적으로 생산수준이 향상되고 품질 간의 차별성이 적은 경우에는 2차적 품질에 보다 더 관심을 두게 된다.

한편, 주란(J. M. Juran)은 위에 열거한 각각의 품질관리요소를 〈표 5-4〉와 같이 ① 사용자의 눈에 보이지 않는 내부적 품질(internal quality), ② 사용자의 눈에 보이는 품질(hardware quality), ③ 사용자의 눈에 보이는 소프트적 품질(software quality), ④ 서비스시간 · 신속성(time promptness) 및 심리적 품질(psychological quality) 등 5가지로 구분하고 각각의 품질특징에 따른 관리를 해야 한다고 주장하고 있으며, 카야노는 품질요소와 제어인자와의 혼동을 피해야 한다면서 품질의 제어인자를 ① 제도, ② 설비기계, 사람 대 사람의 서비스를 들고 이들 제어인자를 각각의 품질요소에 맞도록 관리할 것을 요구하고 있다(茅野健, 1982 : 3~10).

| 표 5-4 | 서비스의 품질분류

품질의 종류	내 용
Internal Quality (비가시적 · 내부적 품질)	설비나 시설 등의 기능을 발휘하도록 보수가 잘 되고 있는지의 여부, 즉 보수성(補修性), 정비성(整備性), 보전성(保全性) 등이 충분한 경비가 안될 경우 품질은 저하된다.
Hardware Quality (가시적 · 경성적 품질)	식당의 요리, 숙박기관의 시설 · 장식, 좌석의 크기, 높이, 조명의 밝기 등
Software Quality (가시적 · 연성적 품질)	적정한 광고, 청구금액의 착오, 기장착오, 컴퓨터의 실수 및 고장, 배달사고, 교통기관의 연발 · 착 및 사고, 전화불통 및 고장, 좌석예약의 매진 등
Time Promptness (시간의 신속성)	대기시간, 여행사직원이 올 때까지의 시간, 고객요구에 대한 해답시간, 고충에 대한 처리시간 등
Psychological Quality (심리적 품질)	여행상품에 대한 지식, 예의바른 응대, 환대, 친절 등의 기본적 품질

자료 : J. M. Juran, 앞의 책, 47~60쪽에 의거 재구성.

그뢴루스(C. Grönroos)는 품질을 기술적 질과 기능적 질로 나누고 이 두 개의 질이 상호 결합하여 품질을 형성한다고 설명하고 있다(Christion, Grönroos, 1984 : 41~3). 그는 기술적 질에 영향을 미치는 요소로서 기술적 해결, 기계, 컴퓨터화된 시스템, 종업원의 기술적 능력, 지식 등을 들고 기능적 질에서는 태도, 내부관계, 행동, 서비스 의식화, 용모, 접근가능성, 고객접촉 등을 들고 있는데, 이는 고접촉(high-touch)과 고기술(high-tech)의 최적 믹스(mix)를 찾아냄으로써 전체적인 서비스 질을 고양할 수 있음을 나타내고 있다.

5.6.3 여행서비스의 분류와 품질평가

1) 여행서비스의 분류

종래의 여행서비스는 상담이나 예약서비스가 주류를 이루었으나, 최근에는 여행관련 정보제공은 물론 패키지투어로 대표되는 여행기획상품이나 여행보험, 환전업무 등 여행자가 요구하는 특별한 서류의 작성이나 처리에 이르기까지 광범위하다(J. C. Holloway, 1985 : 145~146).

이처럼 여행서비스의 종류와 형태가 다양하고 복합적인 성격으로 변화하고 있는 것은 여행자의 요구에 부응하는 여행사가 아니면 경쟁사회에서 살아남기가 점점 어려워지고 있기 때문이다. 따라서 여행자의 요구에 부응한 서비스 제공을 통해 여행자의 만족을 도모하고 이를 통한 여행사 충성도와 장기적인 이윤의 확보가 전제되어야 한다.

벅(Maurice Buck)은 여행서비스를 시간적 흐름으로 분류했는데, 그가 제시한 3분류는 여행 전 서비스, 여행 중 서비스, 여행 후 서비스이다(M. Buck, 1988 : 68).

| 표 5-5 | 여행서비스의 분류

분류체계		내 용
여행전 서비스	핵심서비스	여행상품기획, 여행알선, 여행상담, 여행수속, 각종 권류의 발권, 여행비용의 계산, 여행상품의 판매
	부가적 서비스	여행서류의 배달, 티켓전달, 여행보험 가입, 외화구입 및 환전
여행중 서비스	핵심 서비스	여행일정관리, 여행안내
	부가적 서비스	여행비용의 관리, 여행자의 안전관리, 여행정보의 제공, 사고예방 및 처리
여행후 서비스	핵심 서비스	고객관리, 정산, 회계, 불평처리, 애프터서비스
	부가적 서비스	여행결과의 평가, 특별보상, 여행일정 중 특이사항의 기록, 여행결과의 미비점 보완

자료 : 전주형, 여행업의 서비스품질평가에 관한 연구, 경기대학교 대학원, 박사학위논문, 1996, 53쪽에 의거 재구성.

베네트는 여행서비스를 기술적 · 물리적 서비스와 기능적 · 인적 서비스로 2분류하기도 한다. 전자는 여행사 내의 비품이나 유형재를 활용한 서비스를 지칭하며, 후자는 여행자와 여행사 종사원 상호간에 발생하는 서비스를 말하는데, 즉 서비스의 즉시성, 여행사 종사원의 지식, 서비스 제공시의 정중성, 정확성, 개인적 태도가 그것이다(M. Bennett, 1993 : 259~266).

홀로웨이는 여행서비스를 제공대상에 따라 여행자에게 제공하는 서비스와 여행관련업자에게 제공하는 서비스로 분류하였다. 전자에는 안내, 알선, 정보제공 등이 포함되며, 후자에는 교육훈련, 마케팅서비스가 포함되고 있다(J. C. Holloway, 1983 : 193~202).

노만은 여행서비스를 핵심서비스(core service)와 부가적 서비스(peripheral service)로 분류하고 있다. 핵심서비스는 모든 여행자에게 공통적으로 제공되는 서비스를 의미하며, 부가적 서비스는 여행자의 개별적인 요구나 필요에 따라 제공되는 서비스를 의미한다(R. Normann, 1984 : 23~5).

르위스는 인적 서비스, 상품관련 서비스, 정보관련 서비스 등 여행서비스를 3분류하고 있는데, 그가 분류한 인적 서비스에는 종사원의 전문적 지식에 의존하는 안내서비스, 대행서비스(여권수속이나 사증수속 등) 및 판매서비스 등이 있으며, 상품관련 서비스에는 숙박시설이나 교통시설 등이 포함되어 있고, 정보관련 서비스에는 여행정보의 제공과 여행상품의 소개 등이 포함된다(R. C. Lewis, 1987 : 83~8).

이외에도 여행서비스를 여행업의 발달측면에서 분류한 경우, 유통구조적 측면에서 분류한 경우, 여행수요자와 여행공급자의 상호의존적 측면에서 분류한 경우, 기능적 측면에서 분류한 경우, 품질수준 측면으로 분류한 경우 등 여러 형태가 존재한다.

2) 여행서비스의 품질평가

여행서비스 품질평가와 관련하여 그뢴루스(C. Grönross)는 중요한 영향을 미치는 요인과 제한적 영향을 미치는 요인으로 구분하고 있는데, 전자에는 여행사가 보유하고 있는 시설이나 장비 도구 및 이를 운용할 수 있는 지식이나 기술 등을 포함한 물리적 · 기술적 자원, 종사원, 다른 참여고객 등을 들고 있으며, 후자에는 전통과 사상, 구전(口傳) 등의 외적 요인과 광고, 가격결정, 홍보 등의 마케팅활동으로 나누고 있다(C. Grönroos, 1984 : 36~44).

파라슈라만 등은 여행서비스의 품질평가요인에 대해 ① 신뢰성, ② 반응성, ③ 능력, ④ 접근성, ⑤ 예절성, ⑥ 의사소통, ⑦ 신용성, ⑧ 안전성, ⑨ 고객의 이해력, ⑩ 유형성 등 10개 요인을 제시하고 있다(A. Parasuraman, 1988 : 13~30). 그들은 후속 연구에서 이들 요인을 6개로 축소한 후 〈표 5-6〉과 같이 집단화하였다.

| 표 5-6 | 여행서비스의 품질평가요인

구성요인	내 용
유 형 성	물리적 시설, 장비, 종사원, 의사소통자료의 외양
신 뢰 성	계약된 서비스에 대한 신뢰와 이를 정확히 수행할 능력
반 응 성	고객을 도와주고 신속한 서비스를 제공하려는 자세
확 실 성	종사원의 지식과 예절 및 신뢰성, 자신감을 전달할 수 있는 능력
감정이입	여행사가 고객에게 제공하는 개인적 배려와 관심

자료 : Parasuramann, A. Berry, L.L. and Zeithaml, V.A. "SERQUAL : A Multi-Item Scale for Measuring Consumer Perception of Service Quality," *Journal of Retailing*, Vol. 64(Spring), 1988, 13~30쪽.

고상동은 파라슈라만 등의 품질측정변수를 활용하여 다음 표와 같은 측정 항목을 개발하여(고상동, 1997 : 13) 관광객만족에 미치는 영향을 측정하였다.

| 표 5-7 | 품질평가 측정 항목

차원	측정 문항내용
유형성	• 현대적 시설 • 설비의 외관 • 종사원들의 깔끔함, 단정함 • 서비스와 관련된 제반 자료(팸플릿, 설명서 등)의 외양
신뢰성	• 서비스 약속시간의 준수 • 고객문제에 대한 성심성의 대처 • 최초의 완벽한 서비스 • 약속시간대로의 서비스 • 작은 실수조차 없는 완벽함
반응성	• 서비스제공시간의 정확한 약속 • 종사원들의 신속한 서비스제공 태세 • 종사원들의 상시 자발적 고객지원 태세 • 아무리 바빠도 고객의 요구에 응하는 종업원의 마음가짐
보장성	• 고객에게 확신을 주는 종사원의 행동 • 고객에게 주는 거래의 안정성 • 고객에게 언제나 친절한 직원 • 고객의 어떤 문의에도 응대 가능한 종업원
공감성	• 고객 개인에 대한 관심 • 고객에게 편리한 시간대로 조정 • 고객에게 개인적 관심을 보이는 종업원 태도 • 고객에게 최대한의 이익을 제공하려는 노력 • 고객욕구에 대한 종업원들의 이해정도

3) 여행서비스의 품질평가방법

여행사에서 제공하는 상품은 서비스가 개재된 것이기 때문에 그 품질을 평가하기란 매우 어려운 문제 중의 하나이다. 일반적으로 여행서비스의 평가주체는 여행사 종사원이나 관리자 및 여행자 차원에서 논의될 수 있다.

여행서비스를 공유하는 이들 3자의 관계는 여행상품의 적기제공이나 훌륭한 여행상품을 제공·향수함으로써 만족한 여행이 되도록 하려는 점에서는 공통적이지만, 이들 상호간의 평가기준은 다르다.

여행사의 종사원은 여행자와 상호작용하는 직무의 일부로서 또는 보수의 증가, 승진과 직무만족과 관련하여 평가하는 경향이 있고, 관리자의 경우에는 재구매나 긍정적인 구전(口傳) 등 기업의 경쟁력을 향상시키는 것이 평가기준이 되며, 여행자의 경우에는 여행서비스가 전달되고 수행되는 것과 여행서비스 품질 그 자체가 평가기준이 된다.

일반적으로 여행상품의 질을 평가하는 경우에 많이 이용되고 있는 방법이 여행자의 만족·불만족 관점에서 평가하는 방법이다. 여행상품은 여행 전, 여행 중, 여행 후 등 연속과정으로 이루어져 있기 때문에 일반상품처럼 사용 후에 평가하는 것으로 끝나지 않는다는 점에 유의할 필요가 있다.

지금까지 여행서비스 품질평가방법에 많이 적용되고 있는 것은 Parasuraman, Zeithaml, Berry에 의해 개발된 SERVQUAL 모형이다. PZB 등은 먼저 서비스품질을 특정기업이 제공한 서비스에 대한 소비자의 지각과 기업이 이 서비스를 제공할 것이라는 기대와의 불일치, 즉 지각된 서비스와 기대된 서비스의 차이라고 정의하고, 서비스품질을 구성하는 10가지 차원을 확인했다.

서비스품질의 측정에 관련된 10개 차원은 ① 유형성, ② 신뢰성, ③ 반응, ④ 능력, ⑤ 접근, ⑥ 예절, ⑦ 의사소통, ⑧ 신용, ⑨ 안전, ⑩ 고객이해 등인데, 여행상품과 같은 서비스상품은 일반제품에 대한 품질과 달리 불량률이나 내구성과 같은 객관적인 척도에 의한 측정이 어렵기 때문에 여행자의 지각을 측정하여 여행서비스품질을 측정하고 있다.

이후 여행자들이 기대하는 여행서비스와 여행자들이 실제 지각하는 여행서비스 사이에 생기는 차이를 해결하고자 다음과 같은 Gap(차이)이론이 등장하게 된다(J. Hesket, E. Sasser, C. Hart, 1990 : 2).

$$\text{Gap} = \text{지각된 서비스품질} - \text{기대된 서비스품질}$$

즉 여행자의 지각된 여행서비스품질은 기대된 여행서비스와 지각된 여행서비스의 차이, 즉 갭5의 크기와 방향에 의해 결정된다고 보았다. 즉 기대와 지각된 여행서비스가 불일치되어 발생하는 갭의 정도와 방향은 여행서비스품질에 영향을 미친다는 것이다. 이를 다음과 같은 공식으로 나타내면 갭5의 정도와 방향은 1~4의 함수가 된다.

$$\text{GAP} = f(\text{GAP1, GAP2, GAP3, GAP4})$$

GAP1: 여행사에서 여행자가 기대하는 바를 알지 못할 때

GAP2: 여행자의 기대를 반영하지 못하는 서비스품질 기준을 명기할 때

GAP3: 여행서비스의 실제 성과가 여행서비스 명세서와 일치하지 않을 때

GAP4: 여행사마케팅 커뮤니케이션에서 약속한 수준을 성과가 따르지 못할 때

GAP5: 여행자의 기대된 여행서비스와 지각된 여행서비스가 일치하지 않을 때

▷ SERVQUAL 모형

파라슈라만 등은 여행서비스품질을 기대와 성과의 차이로 보지만, 크로닌과 테일러는 여행자들이 여행서비스에 대한 사전지식이나 여행경험이 부족한 경우에는 기대감을 갖지 못할 수 있다고 비판하면서 여행서비스품질과 고객만족 그리고 구매의도는 어떠한 관계에 있는가에 답하기 위해 [그림 5-7]과 같은 연구모형을 제시하여 이를 실증적으로 분석하였다.

그림 5-7 ⊙ SERVQUAL: SERVPERF 연구모형

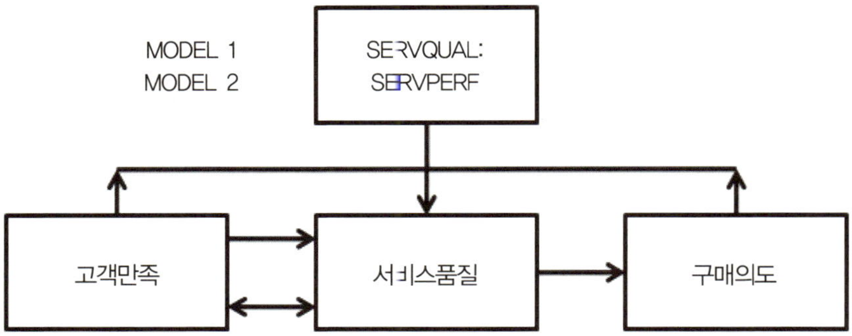

자료 : J. J. Cronin Jr and S. A. Taylor, Measuring Service Quality: Reexamination and Extension, Journal of Marketing, Vol. 56, No. 3, 1992. 59쪽.

SERVPERF 모형은 서비스의 수행결과, 즉 성과 측정에 근거하여 소비자의 반응정도를 측정하여 특정 서비스 차원의 성과에 대해 소비자가 느끼는 중요도를 가중한 평가모형이다.

즉 이 모형은 서비스의 기대와 성과에 대한 차이 측정과정 만을 중심으로 하지 않고 고객의 만족변수와 구매의도의 유의한 상관관계를 요인변수에 의해 추적함으로써 고객만족에 따르는 행동양태를 가설과 검증의 단계를 거쳐 객관적이고 타당성 있는 실증적 조사방법의 원용하여 입증함으로써 서비스품질을 평가하였다는 점에서 학문적 의미를 더 부여하고 있다.

즉 그들은 다음과 같은 네 가지 모형을 검증한 결과 오직 성과만을 가지고 측정한 방법인 SERVPERF 모형이 가장 우월하다는 것을 밝힘으로써 서비스품질의 측정수단으로 성과에 대한 지각을 사용하는 것만이 타당하다는 것을 주장한다.

① 서비스품질 = (성과 － 기대)
② 서비스품질 = 가중치 × (성과 － 기대)
③ 서비스품질 = (성과)
④ 서비스품질 = 가중치 × (성과)

그들에 의하면 서비스품질은 태도에 의해 개념화되어야 하고, 성과 – 기대보다는 성과만으로 측정하는 것이 타당하며, 서비스품질은 고객만족의 선행변수가 되고, 고객만족이 서비스품질보다 구매의도에 더 많은 영향을 미친다고 보고 있다.

여행자는 "여행상품으로서의 서비스"와 "여행업자로서의 서비스"가 구별되어 있는 것은 아니기 때문에 여행자는 여행업자에 대해서 "여행상품으로서의 서비스"를 기대한다(広岡裕一, 2007 : 54).

그러나 여행업자가 직접적으로 제공할 수 있는 것은 "여행업자로서의 서비스"뿐이기 때문에 여행상품 시스템 가운데 다른 요소의 서비스행동 여하에 좌우되는 것이다. 그러므로 여행자들의 만족도를 높이기 위해서는 여행업자로서의 서비스가 무엇인지를 인지한 여행자들에게 인식시키는 것이 무엇보다 중요하다.

여행상품의 품질인증이나 평가도 정부의 강제적 타율적인 평가보다는 소비자단체의 평가, 소비자단체 평가보다는 업계의 자율적 평가가 바람직하다. 특히 소비자와의 대면판매가 배제된 온라인 여행상품 전자상거래 성공의 전제조건은 온라인을 통해 판매되는 상품에 대한 신뢰도 제공 여부가 관건이 될 것인데, 패키지 전문업계가 고객을 보호할 수 있는 장치를 스스로 마련해 나가는 것만이 여행상품 전자상거래를 반석 위에 올려놓을 수 있는 지름길일 것이다(박의서, 2001, 9, 7).

이처럼 여행사에서 여행상품의 품질을 관리하기 위해서는 여행사 내 모든 사원의 참여가 필수적이나, 그 가운데도 현장에서 고객을 안내하고 여행일정을 관리하는 여정관리자의 역할이야말로 더욱 중요한 위치에 있다 할 것이다.

여행상품의 특성에 따라 품질관리를 위한 마케팅믹스 전략은 〈표 5–8〉과 같이 정리할 수 있다.

| 표 5-8 | 여행상품 품질관리를 위한 마케팅믹스(4P)전략 관련 매트릭스

특성 \ 믹스	상품	가격	유통	촉진
무형성	• 유형화 • 유표화 • 분자구조모델 도입 • 제공시 미조정	• 합리적인 가격 근거 제시	• 전산망 구축 • 안내책자의 적절한 공급 • 종사원의 교육훈련	• 기업이미지 광고 • 안내책자, 요금표, 여행정보의 적기 제공 • 회원제도 운용
동시성	• 상품의 질관리 • 유자격 종사원 고용 • 종업원의 자질 향상 • 고객이 참가하는 프로그램 개발	• 고객참여도에 따른 가격의 신축적 조정 • 스케일메리트의 발휘 • 타사와의 차별화	• 입지의 적절한 선택 • 고객간의 관계관리 • 서비스 엔카운터 개념 도입 • 셀프서비스의 확대	• 고객관리대장 운용 • 컴퓨터화 • 직접우편(DM) • 내부마케팅 관리
이질성	• 서비스의 표준화 • 서비스의 비인격화	• 가격-품질 연상전략	• 도·소매간 여행서비스의 균일화	• 내부마케팅관리 • 종사원교육 확대 • 구전효과관리
계절성	• 계절상품 개발 • 비수기 타개상품 개발	• 차별가격전략으로 잠재수요 개발	• 비수기 극복을 위한 협력 • 성수기의 갈등 조정	• 계절별 목표시장 선택 • 광고를 통한 디마케팅(demarketing) • 구매시점(POP)광고
결합성	• 조화있는 일정제작 • 교통간의 효율적 연결 • 반제품(unit)의 개발	• 고가격전략 • 저가격전략 • 차별가격전략 • 할부가격전략	• 직접판매 • 대리점에 위탁판매 • 일반유통 • 무점포판매	• 브로슈어 제작 • 전단제작 • 설명회 개최 • 업자와의 공동판매
수요의 임의성	• 상품의 다양화 • 대규모 단체의 유치 • 회의관광, 포상관광 유치	• 고가격전략 • 저가격전략 • 차별가격전략 • 할부가격전략	• 여행수요예측의 상호협조 • 여행정보의 상호교류	• 이벤트안내서 배포 • 국제회의 개최안내서 제작 • 여행욕구 자극 광고

자료 : 정찬종, "관광마케팅믹스요인이 여행사의 이미지 형성에 미치는 영향에 관한 연구", 박사학위 논문, 경기대학교 대학원, 1992, 82쪽.

5.6.4 여행상품의 품질관리

여행사는 여행일정표(Travel Itinerary)상에 최종적으로 기재한 내용에 대해서 여행소재(旅行素材) 하나하나를 확실히 수배하여 고객에게 제시한 조건대로 운영하는 것, 더욱이 그것이 매끄럽게 실행될 수 있도록 하는 것이 중요하다.

여행사에서는 윤활류 역할을 하는 부품이 매우 중요한데, 여기에서 각 여행사의 품질차이가 생긴다고 할 수 있다. 그것이 안심, 안전을 판매하는 여행사의 브랜드 그 자체이다.

여행상품 소재에는 항공기의 스케줄, 기내(機內)서비스, 호텔 객실이나 체재 중의 서비스, 레스토랑의 식사나 서비스, 인솔 가이드의 질 등이 포함된다. 여행사는 이러한 여행소재들을 자체적으로 가지고 운영하는 것이 아니기 때문에 반드시 고객의 만족을 충족시키기에는 한계가 있을 수밖에 없다. 무언가 부족한 경우도 있을 수 있고, 제시한 조건에 안 맞는 다른 상황이 전개되었을 때, 신속하게 그에 대응하는 것도 관건이 된다. 대응의 좋고 나쁨도 여행상품 품질의 일부이자 고객이 기대하는 상표(brand)에 대한 신뢰감이 된다.

여행상품의 가치를 높이기 위한 상품조성에 대해서는 사전에 점검하여 사전에 생길 수 있는 것을 상정하여 어떤 상활에서도 대응할 수 있도록 사전준비를 철저히 것이다. 유통업으로서의 여행업은 품질관리가 사업의 성패를 결정하는 기본이다(折戸晴雄, 2008. 84~85).

5.6.5 한국관광품질인증제도(Korea Quality)

2017년부터 시행되고 있는 관광품질인증제는 숙박과 쇼핑 분야를 비롯하여 관광면세업, 한옥체험업 등의 품질을 평가해 인증하는 제도이다. 관광품질인증제는 한국관광공사가 그동안 실시했던 굿스테이(good dtay)와 한옥스테이, 코리아스테이, 우수 쇼핑점에 대해 인증해오던 제도를 「공중위생관리법」상 숙박업, 「관광진흥법」상 한옥체험업, 외국인관광도시민박업, 관광면세업(사후면세) 등에 대해 인증제도를 운영하는 것이다.

국가에서 운영하는 단일 품질인증제도는 이미 많은 주요 관광선진국에서도 도입하고 있다. 대부분 숙박업소를 중심으로 관광지, 음식점 등 다양한 분야를 인증하고 품질을 상징하는 Q를 제도 이름에 사용하고 있다는 점이 공통점이다. 프랑스는 QT, 영국은 QiT, 홍콩은 QTS, 스페인은 Q를 제도명칭으로 사용하며 우리나라는 '한국관광품질인증제(Korea Quality)'를 활용하고 있다.

품질인증을 받고자 하는 사업자가 한국관광공사에 신청을 하면 평가항목과 기준에 따라 서류 심사, 현장평가, 불시/암행 평가 등을 거쳐 품질인증운영위원회 심의를 통과하면 인증이 결정된다. 인증업소에는 혜택도 주어진다. 인증이 확정되면 업소는 인증표식을 제공받고 인증브랜드를 홍보할 수 있다. 인증은 3년간 유효한데 3년 동안도 지속적으로 서비스 수준을 유지해야 한다.

정부는 여행업, 호스텔업, 관광식당업 등 품질인증 대상과 범위를 확대해 나가는 한편, 한국관광공사가 운영 중인 굿스테이와 한옥스테이, 코리아스테이 등의 기존 인증제도는 2018년까지 관광품질인증제로 전환할 예정이다.

그림 5-8 ⊙ 한국관광품질인증제도의 핵심요소

통합 (Integration)	모든 이해관계자(수요자, 공급자 등)의 참여, 모든 형태의 관광서비스를 포함, 유사/중복 관광품질 인증제의 통합 및 연계화
품질 (Quality)	서비스, 프로세스, 수용태세, 인적 자원 질적 수준
경영 (Management)	관광 접점별 서비스 품질의 관리, 관련조직의 역량 및 노하우, 책임의식, 가치창조 경영

Chapter

06

여행업의 조직과 경영특성

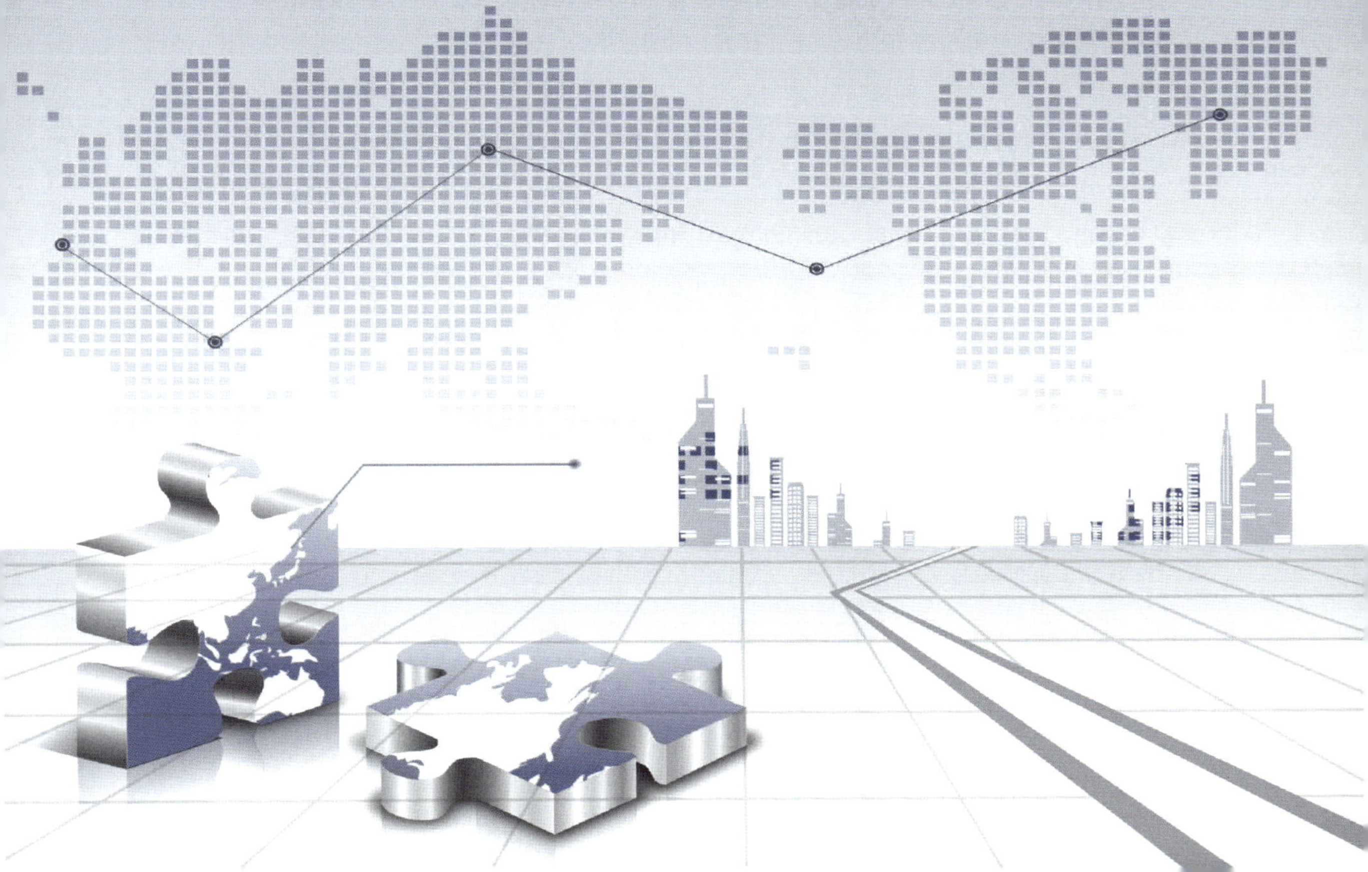

06 Chapter 여행업의 조직과 경영특성

6.1 여행업의 조직

6.1.1 여행업조직론

1) 여행사 경영조직의 의의

여행시장규모가 점점 확대됨에 따라 오늘날 여행사경영은 자본투자 규모도 증대되고 있으며 경영활동도 복잡성을 띠고 있다. 따라서 여행업무를 보다 체계적으로 수행하기 위한 조직화의 필요성이 그 어느 때보다도 요청되고 있다. 여행사를 경영하기 위해서 어떠한 인적구성과 기구로 전체를 운영할 것인가는 매우 중요하다(최규호, 2002 : 273-296).

일반적으로 조직이란 특정한 목표를 추구하기 위하여 구성된 사회적 단위 혹은 인간집합을 말한다. 병원, 학교, 교회, 정부, 대다수 기업들이 특정목표를 추구하는 사회적 단위로서 조직의 예이다. 이러한 조직의 개념을 고려할 때, 경영조직이란 둘 이상의 사람들이 모여서 어떤 공통된 목표를 달성하기 위해 협동적으로 일을 수행하는 조직체를 말한다(B. J. Hodge, W. P. Anthony, 1988 : 7).

경영조직은 기업경영시스템의 관점에서 블 때 흔히 조직구조를 지칭한다. 조직구조란 주로 기업의 성공적인 경영활동을 위해 필요한 일과 부서, 직위 및 권한 관계 등을 안정적으로 짜놓은 틀 또는 뼈대를 의미한다.

조직구조의 구성요소는 조직목표 달성을 위해 필요한 업무들을 할당하는 방법(과업의 분화), 업무를 어느 정도나 담당자의 재량에 맡길 것인가를 정하는 방법(권한의 배분), 업무수행을 위해 필요한 규정과 절차를 명시하는 방법(공식화) 등이다.

그림 6-1 조직구조의 구성요소

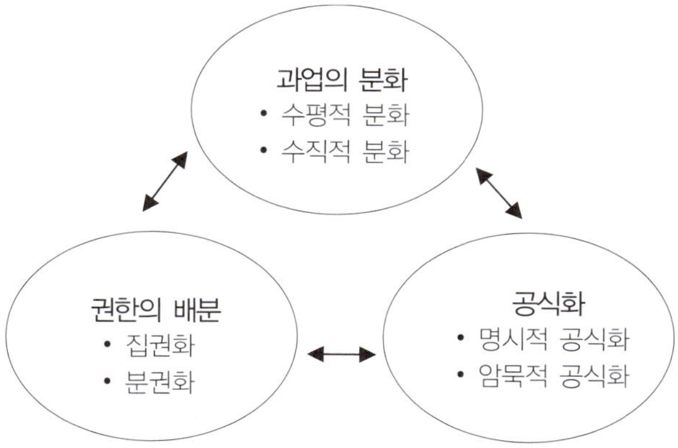

그러나 경영조직은 이러한 구조적 요소로만 구성되는 것은 아니며 그 틀 속에서 조직구성원들이 서로 의사를 전달하거나, 문제해결을 위한 결정을 하거나, 갈등을 해소하는 등의 상호작용활동 등과 같은 조직과정을 포함하게 된다. 결국 경영조직은 조직구조의 구성요소와 조직과정의 상호작용에 의해 형성된다.

여행시장 규모가 점점 확대됨에 따라 오늘날 여행사경영은 자본투자 규모도 증대되고 있으며 경영활동도 복잡성을 띠고 있다. 따라서 여행업무를 보다 체계적으로 수행하기 위한 조직화의 필요성이 그 어느 때보다도 요청되고 있다.

이러한 점에서 여행사의 건전한 경영조직은 경영의 합리화를 도모하고 여행환경에 따라 적절히 대응할 수 있도록 하며, 성장과 다각화를 가능하게 할 수 있어야 하며, 여행사경영자는 합리적인 조직을 편성하여 이를 효율적으로 관리할 수 있는 능력과 숙련을 겸비하고 있지 않으면 안 된다.

최근 여행업계에도 급격한 수요의 증대, 매출액의 증대에 쫓기어 요원을 투입하고 어떻게든 사업을 꾸려나가고자 하는 경향이 일고 있다. 자기 회사가 더욱 발전해 나가기 위해서, 업무를 보다 잘 해나가기 위해서는 어떠한 조직이 이상적인가, 현재의 여행사조직은 잘 운영되고 있는가, 만약 개선할 부분이 있다면 어느 부분을 개선해야 할 것인가 등을 검토하여 적절한 조직을 확립하는 것이 여행사경영에 필수불가결한 사항이다.

2) 여행사 조직의 요점

여행업에 있어 각사의 조직은 회사의 규모, 설립연도, 연혁, 방침 등에 의해 각각 특색을 가진 조직을 갖추고 있지만, 여행업의 특징의 하나인 에이전트(agent)라는 개념의 소위 대리 업무로서 인적 서비스 업무에 중점을 두고 있다. 또한 설비를 가동하고 있지 않으므로 인적 요소, 고객과의 관계를 중시한 조직이 아니면 안 된다.

드러커(P. F. Drecker)는 조직형성의 3원칙을 제시한 바 있는데, 그에 의하면 조직을 구성할 때 주의해야 할 점으로 ① 조직은 사업목적 달성에 도움을 주어야 하며, ② 조직은 가능한 한 중간계층이 적고 명령경로가 짧아야 하며, ③ 조직은 내일의 최고경영자의 육성 및 그들의 능력발휘를 가능하게 하는 구조를 갖추는 일이라고 하였다(P. F. Drucker, 1976 : 17~22).

따라서 여행업 조직과 관련하여 중시해야 할 요점을 아래와 같이 제시한다(森谷トラベル エンタプライス, 1977 : 273~274).

(1) 고객지향이어야 한다

여행업은 대인관계 판매이기 때문에 두엇을 해도 조직은 고객지향적이어야 한다는 점이다. 즉 담당자가 부재중이라고 해서 원활한 업무진행이 되지 않아서는 곤란하다. 대(對)고객지향의 좋은 예는 호텔의 당직지배인(lobby manager)을 참고하면 좋을 것이다.

여행업의 조직은 고객을 중심으로 하여 하나에서 열까지 입체적으로 대응할 수 있는 간소한 조직이 고객에 있어서는 편한 느낌을 준다.

(2) 영업제일주의여야 한다

고객지향이라면 조직과 인원배치의 질과 양면에 있어서 영업을 제1선으로 하고, 관리부문이나 서비스부문과의 관계에 있어서도 영업부문을 중시하여 운영하지 않으면 안 된다. 즉 요원과 경비(經費) 등의 영업부문과 사무, 경리, 총무 부문의 균형 가운데 영업부문에 중점을 두는 노력이 필요하다.

영업제일주의가 되기 위해서는 “영업주도 조직”을 만들어야 한다. 영업주도 조직 구축의 성패를 좌우하는 것은 이른바 ‘이기는 문화’를 먼저 구축하는 것이다. ‘이기는 문화’의 핵심은 바로, 직원들의 ‘경쟁을 즐기는 DNA’를 심는 것이다. 단순히 성과지표를 달성하기 위해, 인센티브를 받기 위해, 매출 목표에만 급급한 것이 아니라, 기업이 추구하는 미션과 비전, 문화를 적극적으로 이해하고 그것을 성과로 이끌고자 하는 DNA다. 궁극적으로 영업이 틀에 맞추는 것이 아니라, 영업 스스로 회사의 ‘대표’로서 자긍심을 갖고 승부욕을 발휘하는 것이다.

(3) 동적 조직이어야 한다

여행업계를 둘러싼 기업환경은 급속도로 변화하고 있다. 기업은 항상 앞을 보아야 하며, 현상에 만족함 없이 신상품이나 판매분야의 개발을 계획적으로 해나가지 않으면 안 된다. 이 경우 기존의 조직으로 대응할 수 없는 경우에는 수시로 프로젝트팀(project team, TF: Task Force)이나 프로젝트 매니저(project manager), 판촉팀(sale team) 등을 조직하여 탄력적인 운영을 하지 않으면 안 된다.

6.1.2 여행업의 조직편성

조직을 세로와 가로로 구성하고 있는 것이 부문과 계층이다. 조직은 이들 양자로 편성된다.

1) 부문별 조직(departmentation)

기업의 목적을 어떻게 수행해 나가고 있는가를 기본으로 기능을 별도로 분할한 것이 부문이다. 각 부문은 각각 특정기능(경리부문이라면, 경리업무라는)에 전문화되어 있기 때문에 능률은 좋다.

그러나 부문 간의 협조가 문제가 된다. 조직을 고려할 때 반드시 조정사항을 중시하지 않으면 안 된다. 또한 기업 전체로서는 부문적 시야에 그치지 않고 통합적 시야에 입각한 인재 육성에 유의하지 않으면 안 된다.

그림 6-2 본사 조직의 예

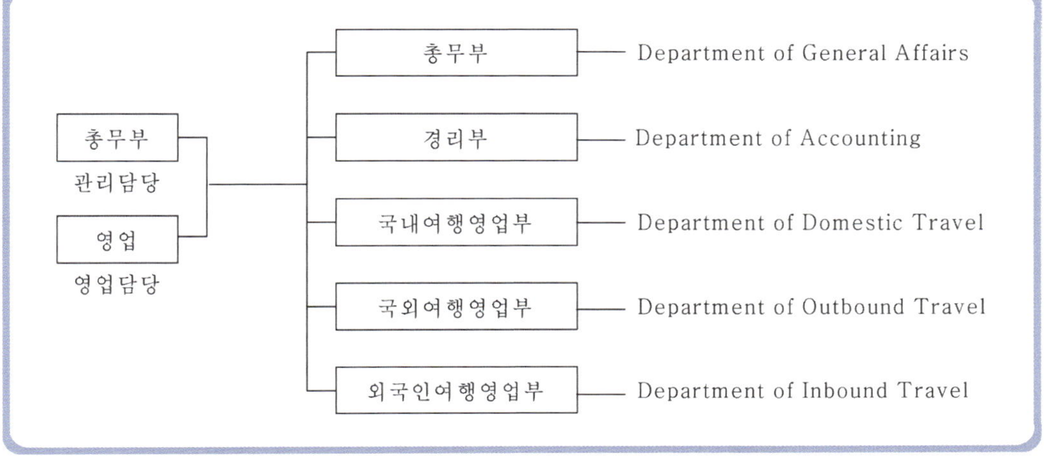

여행업의 부문은 일반적으로 ① 기능별, ② 지역별, ③ 상품별, ④ 고객별, ⑤ 작업별 등으로 구분하고 있다. 각 부문의 특정기능(예 : 영업부문, 경리부문…)으로 전문화하여 가장 효과적으로 분할해야 하며, 또한 동업계 타사의 좋은 점을 참고로 자사에 적합한 방법을 선택해야 한다.

여행업의 경우 통상적으로 본사조직은 총무, 경리, 영업부문으로([그림 6-2 참조]), 영업소 조직으로는 업무(수배, 발권, 관리)부문과 영업부문으로 나누고 있다([그림 6-3] 참조).

예를 들면, 기능별로 총무, 경리, 영업, 국내 · 국외 · 국제여행부 등으로 나뉘며, 지역별 : 강서, 강북(광화문, 종로팀 등), 상품별 : 동남아시아, 동(북)아시아, 오세아니아, 유럽, 아메리카 등, 고객별 : PACKAGE, FIT 또는 관광, 상용, 방문 등, 작업별 : 본사, 지사, 영업소 등으로 구분하여 운영하고 있다.

그림 6-3 영업소 조직의 예

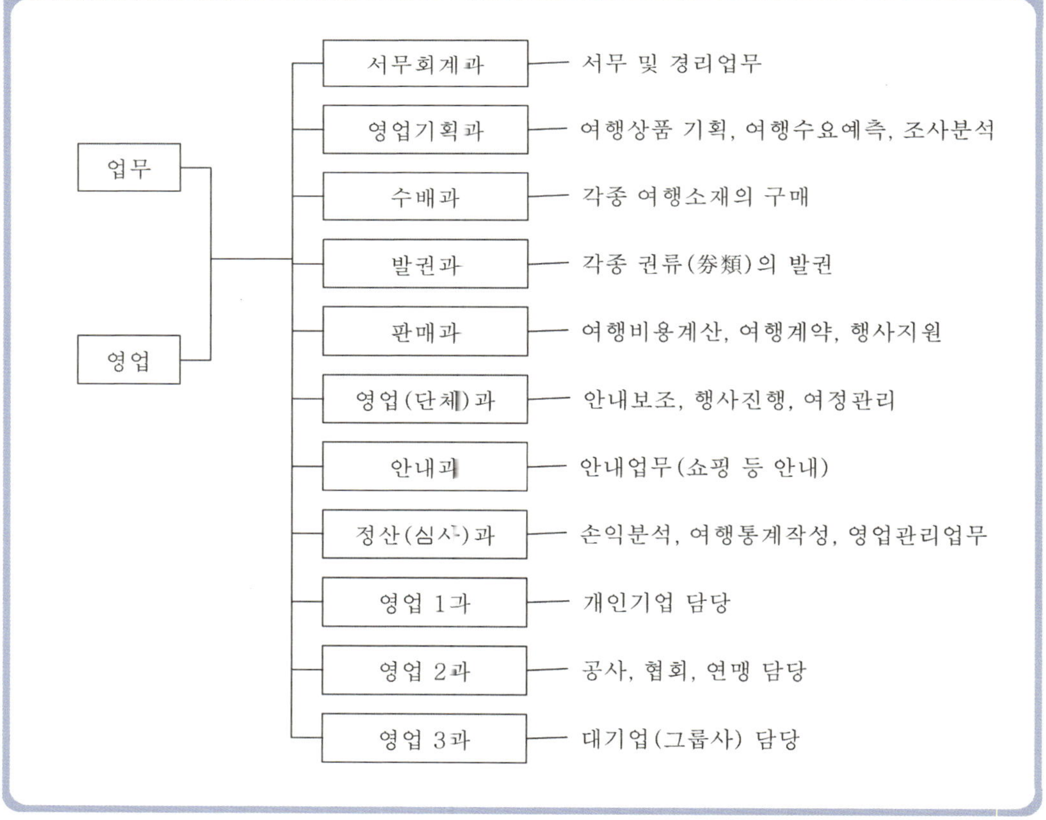

2) 계층별조직

조직을 횡적으로 구성하고 있는 것이 계층이다. 계층의 일반적인 분류는 ① 경영층, ② 관리층, ③ 감독층, ④ 일반층의 4계층이다(정수영, 앞의 책 : 121~2). 계층의 일반적인 예는 〈표 6-1〉과 같이 나타나는데, 사원의 숫자가 적은 회사는 사장이 경영, 관리, 감독의 직무를 혼자서 수행하지만, 회사가 커짐에 따라 담당자를 분리하여 권한을 위양하고 계층이 더욱 분리되어 권한도 따라서 하부에 위양된다.

| 표 6-1 | 계층별 조직의 예

경 영 층	회장, 부회장, 사장, 부사장, 이사
관 리 층	부장, 차장, 과장
감 독 층	대리, 계장, 주임
일 반 층	사원, 사무원, 판매원

자료 : Travel Journal, 海外旅行ビジネス入門, 1983, 67쪽.

계층은 상하의 의사소통(communication)이 가능하도록 가능한 한 적을수록 좋다. 왜냐하면 계층이 하나 증가할 때마다 목표가 왜곡되어 상호이해가 어렵게 되고, 마찰의 원인이 되는 수가 많다.

특히 여행업계는 중소기업이 많으므로 가능한 한 최고경영자가 고객의 목소리에 귀기울일 수 있도록 가능한 한 중간계층이 적은 것이 바람직하다.

3) 계층별 업무내용

여행사의 직위별 구성은 크게는 〈표 6-1〉의 내용과 같으나 영세기업이면서도 직위는 매우 세밀하게 구성되어 있는 것이 특색이다.

이는 종사원들의 월급 불만을 지위를 상승시켜 줌으로써 상쇄효과를 거두고자 한 데서 찾을 수 있으며, 또한 판촉활동(모객활동) 등이 주된 업무를 이루고 있으므로 대기업 또는 대인관계에서의 공신력을 제고시키고자 하는 데서 그 원인을 찾을 수 있다.

여기서는 이를 인·아웃바운드 업무로 나누어 업무내용을 〈표 6-2〉에 정리하였다.

| 표 6-2 | 여행업의 부문별 업무내용

직위	인바운드 업무내용	아웃바운드 업무내용
사원 · 주임 · 계장	• 투어의 접수 • 투어파일(tour file)의 작성 • 투어원장의 기입 • 신규투어의뢰서 작성 • 수배확인서 접수 • 수배내용의 각 지점 송부 • 투어변경의뢰서의 작성 및 접수 • 여행요금의 계산 • 파일 및 원장에 변경사항 기록 • 투어변경확인서의 확인 및 지사(영업소)에 통보 • 투어 일정표의 작성 • 견적서의 작성 • 대 관청, 철도청 및 항공사 제출용 각종 보고서의 작성	• 여권 및 사증구비서류의 대리작성 • 여행상담에 대한 대응 • 여행일정의 작성 • 항공요금의 계산 • 여행일정의 작성 • 항공요금의 계산 • 각종 쿠폰류의 발권 • 환전업무의 지원 • 수속서류의 대리접수 • 출입국 주요 사항의 확인 • 단체접수 및 기장 • 수속진행표의 작성 및 점검 • 단말기(CRT)의 조작
사원 · 주임 · 계장	• 단체조건 확정통보서의 발행 • 영업통계의 작성 • 지급청구서(invoice)의 발행 • 행사집행경비의 비교검토 • 선택관광(optional tour)의 계획 • 여행홍보물의 발송	• 대 관청 및 항공사용 각종 보고서의 작성 • 단체판매보고 • 각종 티켓의 발권 및 관리 • 상용거래선 판촉 • 일반영업관리 • 고객관리대장의 작성 • 은행출납업무 • 여행보험업무 • 여행설명회의 준비 • 여행요금의 문의 • 영업통계의 작성 • 여행홍보물의 정리 및 진열
대리 · 과장	• 투어접수에 대한 파일작성 확인 및 지시 • 원장작성에 대한 확인 및 지시 • 각종 서류의 결재 • 수배회신서의 확인 • 중요 단체 및 특수단체(업무방문단, 학생단체, 국제회의여행 등)에 대한 점검 • 일일 업무연락에 대한 점검 및 확인 • 투어에서 발생한 고충처리 • 중요 단체의 안내 및 접대 • 핸드링상 주요 업무 지시 및 확인	• 항공권 판촉 • 여행일정의 개발 • 각종 수속업무의 지원 • 항공좌석의 확보 • 일반고객의 관리 • 상용거래선의 판촉 및 관리 • 주요 단체의 안내 및 접대 • 지상수배업자의 선정 및 관리 • 프린시펄의 선정 및 관리 • 해외 거래업자의 선정 및 관리

	• 진행단체의 점검 및 지시 • 단체의 진행 및 결과에 대해 상급자에게 보고 • 소속과의 경영계획 입안 • 국내외 판촉지원 • 단체의 담당안내원 배정 • 프린시펄의 선정 및 관리 • 지사 및 영업소와의 상시업무관리 • 여행조건의 설명 • 관련업체의 요금조정 • 요금표(tariff)의 작성 • 사내홍보물의 제작	• 여행인솔업무의 점검 • 소속과의 경영계획의 입안 • 중요 단체 및 특수단체(업무방문단, 학생단체, 국제회의여행 등)에 대한 점검 • 일일 업무연락에 대한 점검 및 확인 • 진행단체의 점검 및 지시 • 단체의 진행 및 결과에 대해 상급자에게 보고 • 여행설명회에서의 교육
차장 · 부장	• 단체내용의 보고 접수 후 처리지시 • 단체의 중요사항 지시 및 교육 • 각종 서류의 결재 • 단체진행상황의 점검 • 각종 단체의 고충처리 지시 및 이행 • 사원의 직무교육 • 중요 단체의 접대 • 단체의 주요 사항을 상급자에게 보고 • 거래업고의 관리 • 임원진의 보좌 • 지사 및 영업소의 활동상황 관장 • 단체의 수지분석 • 부서의 경영계획 입안 및 결과분석 • 국내외 판촉지원	• 조직관리 • 항공좌석의 조정 및 관리 • 판매회의의 주재 • 기획상품의 판매관리 • 기획상품의 개발주도 • 부서내 종사원 교육 • 지점 및 영업소 총괄 • 사용거래선의 항공권판촉 • 프린시펄의 계약 및 관리 • 국내외 여행시장의 정보수집 • 대 관청 및 언론기관과의 유대 • 여행광고의 기획 • 임원진의 보좌 • 지사 및 영업소의 활동상황 관장 • 전체의 수지분석 • 부서의 경영계획입안 및 결과분석 • 국내외 판촉지원

자료 : 조성극, 여행사 조직의 직위별 업무영역에 관한 연구, Tourism Research, 제10호, 1996, 110~111쪽에 의거 재구성.

4) 여행업의 영업조직에 따른 직무명세서

여기서는 학생들이 장차 취업의 주 대상이 되는 판매, 수배, 안내(영업), 정산, 발권, 수속, 여정관리 등 영업부문에 국한하여 이들의 직무를 분석하여 제시하였다(정찬종, 1995 : 17~23쪽).

▷ 직무명세서(Job Specification)

1. 직무기술(job description)	2. 업무내용 : 판매업무
여행업무 중에서 사무실에서 이루어지는 판매사무는 여행 등에 관한 문의로부터 시작하여 여행행사(handling)의 집행에 필요한 모든 업무에 이르기까지의 업무를 말하며, 판매업무라고 할 때에는 판매사무를 포함하여 세일즈활동도 포함하는 개념으로 이해된다.	

3. 작업일람표(list of task) * 난이도 구분 : 매우 어렵다(A) 보통이다(B) 아주 쉽다(C)

No.	작업내용(직무내용)	난이도			발생빈도
		A	B	C	
1)	여행의뢰 접수하기			○	수시
2)	투어파일(tour file)만들기			○	수시
3)	수배의뢰서 작성 및 확인서 접수하기		○		수시
4)	여행일정표 작성하기	○			수시
5)	지사 및 영업소와의 연락하기		○		수시
6)	여행요금 산출하기	○			수시
7)	여행조건서 작성하기	○			수시
8)	단체내용의 안내원 및 영업과 직원에게 설명하기	○			수시
9)	영업통계 작성하기		○		수시
10)	여행요금 통제 및 검토하기		○		수시
11)	여행요금표(tariff) 작성하기	○			연2회
12)	여행판촉물 제작하기	○			수시
13)	지상수배업자와 요금 교섭하기	○			수시
14)	항공요금 교섭하기	○			수시
15)	업무방문(techinical visit)업체에 연락하기		○		가끔
16)	여행계약서 작성·교부하기		○		수시
17)	여행설명회 개최하기		○		수시
특기사항	여행사에서 취급하는 서류 중 **여행의 3대 서류라고 할 수 있는 여행일정표(travel itinerary), 여행경비견적서(quotation), 여행조건서(travel condition sheet)** 등이 모두 판매부서에서 취급되는 만큼 회사의 대외 신뢰도와 직결되는 부분이다. 특히 여행상품 판매행위의 실질적인 지원부문인 동시에 판매전략을 강구하는 중요한 부문으로 여행업에 입사하면 제일 먼저 터득해야 할 부문이다.				

▷ 직무명세서(Job Specification)

1. 직무기술(job description)	2. 업무내용 : 수배업무
여행업무 중에서 사무실에서 이루어지는 수배업무는 기획업무에서 다루어진 업무를 기본으로 하여 여행자 요구에 부응할 수 있는 여행소재의 구입과 제공을 주업무로 하는 부문이다. 이 부문은 관광행사의 성패에 직접적으로 영향을 미치므로 판매촉진의 근간이라고 할 수 있다.	
3. 작업일람표(list of task) * 난이도 구분 : 매우 어렵다(A) 보통이다(B) 아주 쉽다.(C)	

No.	작업내용(직무내용)	난이도			발생빈도
		A	B	C	
1)	수배의뢰서 접수하기			○	수시
2)	여행소재 구입하기(프린서펄의 예약)		○		수시
3)	수배확인서 발행 및 변경의뢰서 접수하기		○		수시
4)	수배변경확인서의 발행하기		○		수시
5)	여행관련기관(principal)과 계약하기		○		수시
6)	여행관련기관(principal)에 대한 예약의 확인 및 재확인하기		○		수시
7)	지사 및 영업소와의 연락하기		○		수시
8)	여행안내원 배정하기	○			수시
9)	여행관련기관(principal) 배정하기	○			수시
10)	행사예산서 작성하기	○			수시
11)	수배조건을 안내원 및 영업과 직원에게 설명하기	○			수시
12)	행사지시서 작성하기		○		수시
13)	수배요금의 통제 및 검토하기		○		수시
14)	여행관련기관(principal)의 연간요금교섭 및 조정하기	○			연2회
15)	여행관련기관(principal)으로부터 비용청구에 대해 확인하기			○	수시
16)	수배통계 작성하기			○	월1회
특기사항	수배업무는 숙박, 교통, 음식 등 여행의 3요소와 이와 관련된 여행소재를 구입함으로써 여행상품의 완성도를 제고하는 업무인 까닭에 ① 정확성, ② 신속성, ③ 간결성, ④ 확인성, ⑤ 대안성이 요구된다.				

▷ 직무명세서(Job Specification)

1. 직무기술(job description)	2. 업무내용 : 안내업무
여행업무 중에서 사무실 외에서 이루어지는 안내업무는 국내외의 관광객을 명승지, 고적지 또는 관광지로 관광객을 안내하면서 역사적인 일이나 유래 등을 설명하는 서비스에 관한 기능을 수행하는 업무가 주류를 이루나, 쇼핑의 안내, 선택관광(optional tour)의 판매를 통하 수익을 증대시키며, 재방문자(repeater)의 유도 등 재판매 활동에 조력하기도 한다.	

3. 작업일람표(list of task) * 난이도 구분 : 매우 어렵다(A) 보통이다(B) 아주 쉽다(C)

No.	작업내용(직무내용)	난이도			발생빈도
		A	B	C	
1)	해당 파일 검토하기			○	수시
2)	여행비와 집행경비의 비교검토		○		수시
3)	선택관광(optional tour)의 계획		○		수시
4)	안내업무 준비하기-I (수배사항에 대한 확인업무)		○		수시
5)	안내업무 준비하기-II (수배사항에 대한 확인업무)			○	수시
6)	공항에서 영접하기		○		수시
7)	공항에서 호텔까지 안내하기	○			수시
8)	호텔입숙(check-in)업무 처리하기		○		수시
9)	관광안내하기		○		수시
10)	자유시간의 안내업무 처리하기			○	수시
11)	쇼핑안내하기		○		연2회
12)	항공편의 예약 재확인하기			○	수시
13)	호텔퇴숙(check-out)업무 처리하기			○	수시
14)	출국안내하기			○	수시
15)	보고 및 정산하기		○		수시
특기사항	외국인 관광객이 짧은 체재기간 중에 접촉할 수 있는 한국사람은 극히 제한된 수에 지나지 않으므로, 안내사를 통하여 우리나라의 모든 것을 평가하려는 경향이 있다. 따라서 안내사는 항상 국민을 대표하는 한국인이라는 긍지를 가지고 민간외교의 제1선에 서서 참다운 한국의 모습을 널리 소개하여 국제간 친선을 도모하지 않으면 안 된다.				

▷ 직무명세서(Job Specification)

1. 직무기술(job description)	2. 업무내용 : 정산업무

정산업무는 여행행사가 종료되고 나서 행사보고서를 작성하여 단체에 대한 수익이나 지출의 근거서류를 첨부하여 경리적으로 마무리짓는 작업이다. 그러므로 이미 제시된 행사계획서와 수배지시서 등의 내용과 실제 진행된 내용과를 비교·검토함과 동시에 행사에 사용하기 위해 회사에서 미리 영수한 전도금의 집행내역과 행사와 관련된 여행관련기관(principal)에 대한 외상매입금 등을 기록하고 당해 행사에 의해 얻어진 수익을 빠짐없이 기록하여 행사에 대한 손익을 확정짓는 작업이다.

3. 작업일람표(list of task) * 난이도 구분 : 매우 어렵다(A) 보통이다(B) 아주 쉽다(C)

No.	작업내용(직무내용)	난이도			발생빈도
		A	B	C	
1)	여행비(tour fee)와 전도금을 비교·검토하기		○		수시
2)	여행관련기관(principal)에서 청구된 영수증 확인하기		○		수시
3)	직불 및 후불내역 확인하기			○	수시
4)	수배과로부터 제안된 조정요금 확인하기			○	수시
5)	행사지시서·수배지시서와 집행결과 확인하기			○	수시
6)	현지불과 미수금 확인하기		○		수시
7)	관련업체의 수수료 확인하기	○			수시
8)	외국환의 교환율(exchange rate) 확인하기			○	수시
9)	무료처리(complimentary) 확인하기			○	수시
10)	정산보고서 작성하기	○			수시
11)	협회 등 관련기관 제출용보고서 작성하기	○			월1회
12)	지급청구서(invoice) 발행하기		○		수시

특기사항	정산은 경비의 입출금에 있는 만큼 다음 사항을 유의해야 한다. ① 여행출발 전에 여행경비를 수령해야 한다. ② 론(loan)을 취급할 경우에는 고객과 은행과의 계약이 완전히 되어 있는지 확인한다. ③ 단체종료 후 늦어도 5일 이내에 정산한다. ④ 미수금이 발생하지 않도록 철저히 검사한다.

▷ 직무명세서(Job Specification)

1. 직무기술(job description)	2. 업무내용 : 발권업무
발권업무는 여행사에서 여행관련기관(principal)의 각종 승차선권의 대매(代賣)나 여행사 자체에서 제작한 각종 권류(券類 · 여행권, 쿠폰)를 발행 · 교부하는 업무이다.	

3. 작업일람표(list of task) *난이도 구분 : 매우 어렵다(A) 보통이다(B) 아주 쉽다(C)

No.	작업내용(직무내용)	난이도			발생빈도
		A	B	C	
1)	발권에 따른 여행관련기관(principal)과의 절차 숙지하기		○		수시
2)	쿠폰류의 발권(숙박권, 여관권, 승차선권, 입장권)		○		수시
3)	항공예약 접수하기			○	수시
4)	여행목적국 정보 안내하기		○		수시
5)	여정작성을 위한 자료판독하기(OAG, TIM 등)	○			수시
6)	단말기의 조작법 익히기	○			수시
7)	항공여정 작성하기		○		수시
8)	항공운임 계산하기	○			수시
9)	항공권 발행하기	○			수시
10)	BSP(Biiling Settlement Plan)제도 숙지하기		○		수시
11)	환불 및 취소 등 처리하기		○		수시
12)	각종 변경사항 및 배서(背書 · endorsement) 처리하기		○		수시
특기사항	발권업무는 여행업의 수입 중 상당부문을 점유하며, 특히 해외여행의 경우에는 발권업무의 비중이 매우 크다. 여행사의 업무 가운데에서도 단시일 내에 업무를 익힐 수 없는 분야이므로 이 분야의 사원양성은 특히 어렵다. 또한 여행관련기관[프린시펄(특히 항공사, 철도)]에 대한 단말기의 조작이 필수적이므로 컴퓨터 업무에 정통한 사람이 더욱 좋다.				

▷ 직무명세서(Job Specification)

1. 직무기술(job description)	2. 업무내용 : 수속업무
수속업무는 여행계약 체결과 동시에 여행에 관한 필요한 절차를 밟는 것이다. 그러므로 제반 수속에 필요한 신청이나 인·허가의 소요일수 등을 감안하여 작업예정표를 수립하는 한편, 관련법규를 숙지하는 것이 필수적이다. 특히 외국과 관련된 수속의 경우에는 수속내용의 변경이나 양식의 변경 또는 대사관이나 영사관의 각종 요구사항에 민감하게 대처하지 않으면 안 된다.	

3. 작업일람표(list of task) * 난이도 구분 : 매우 어렵다(A) 보통이다(B) 아주 쉽다(C)

No.	작업내용(직무내용)	난이도			발생빈도
		A	B	C	
1)	수속에 대한 문의에 답하기			○	수시
2)	각종 신청서(여권발급신청서, 비자신청서 등) 작성하기		○		수시
3)	여행자별 신청서류 검토하기		○		수시
4)	여행파일 정리하기			○	수시
5)	초청장 구비하기		○		수시
6)	특정국가 여행자 확인하기			○	수시
7)	무사증체류(TWOV) 검토하기		○		수시
8)	외화구입하기			○	수시
9)	여행보험 가입하기			○	수시
10)	검역국가 및 지역확인하기			○	수시
11)	병역대상자 확인하기		○		월1회
특기사항	수속업무는 주로 대 관청업무가 주류를 이루고 있는 만큼 서류작성 시 세심한 주의를 기울여 오자나 탈자가 없도록 하여야 하며, 특히 허위서류를 작성하여 회사의 명예에 손상을 입히는 일이 절대로 없어야 한다.				

▷ 직무명세서(Job Specification)

1. 직무기술(job description)	2. 업무내용 : 여정관리업무
여정관리업무는 판매결과의 최종업무로서 보다 좋은 여행의 운영을 도모하는 업무라고 할 수 있다. 그러므로 여정관리업무는 여행업의 사회적 책임을 확실하게 지는 것이며, 여행자측에서 보면 소비자보호라는 내용도 포함되어 있다고 할 수 있다. 특히 여정관리자는 성실(sincerity), 명랑(smile), 세련(smartness), 신속(speed), 확실(sureness)이라는 5S를 목표로 하고 있다.	

3. 작업일람표(list of task) * 난이도 구분 : 매우 어렵다(A) 보통이다(B) 아주 쉽다(C)

No.	작업내용(직무내용)	난이도			발생빈도
		A	B	C	
1)	현지정보 정리하기		○		수시
2)	여행내용 설명하기		○		수시
3)	여행계약내용과 여행조건 확인하기			○	수시
4)	여행일정과 수배내용 확인하기			○	수시
5)	운송서비스의 조건 확인하기			○	수시
6)	여행참가자의 구성내용 확인하기			○	수시
7)	도항서류 확인하기		○		수시
8)	기획 및 판매담당자와 협의하기		○		수시
9)	수배담당자와 협의하기		○		수시
10)	여행준비물 확인하기			○	수시
11)	공항청사 확인하기			○	수시
12)	운송제한여객 확인하기			○	수시
13)	출·귀국신고서 작성(확인)하기			○	수시
14)	하물 정리하기			○	수시
15)	귀중품·고가품 신고대상자 확인하기			○	수시
16)	항공좌석배정하기			○	수시
17)	항공기 갈아타기		○		수시
18)	목적국 입·출국카드 및 세관 신고서 작성하기		○		수시
19)	기내 또는 위탁수하물의 분실물 처리하기		○		수시
20)	객실배정하기			○	수시
21)	모닝콜(morning call) 부탁하기			○	수시
22)	자유시간 안내하기			○	수시
23)	도난품 신고하기	○			수시
24)	면세품 구입하기			○	수시
25)	국내 입국서류 준비하기			○	수시
특기사항	여정관리업무는 특히 다음의 4가지에 주목하여야 한다. 첫째, 소정의 여행서비스를 확실히 제공하도록 여행개시 전의 예약을 정확히 행해야 한다. 둘째, 여행지에서의 여행서비스가 당초의 계획대로 이루어질 수 있도록 필요한 수속을 실시해야 한다. 셋째, 당초의 여행을 변경하지 않을 수 없는 경우에는 대체 서비스의 수배나 그에 필요한 수속 등을 행해야 한다. 넷째, 복수의 여행자가 동일행동을 하는 여정에 있어서는 집합시간이나 장소 등에 관한 필요한 지시를 해야 한다.				

6.1.3 여행업의 조직구조

개인을 인식하는 데는 대부분의 경우 그 사람의 얼굴에 기인하는 경우가 많다. 그러나 얼굴은 신체의 극히 일부분이며, 전체가 아니다. 여행사라는 살아 있는 실체를 볼 경우에도 이와 같다고 할 수 있다. 외부에서 본 여행사의 얼굴은 영업소에서 접객을 하고 있는 점두직원(counter man)의 모습이며, 또한 고객과 같이 여행하는 안내사의 모습일 것이다.

그러나 그것은 문자 그대로 여행사의 얼굴이며, 전체의 일부에 지나지 않는다. 그 배후에는 이들의 얼굴을 지탱해 주는 커다란 조직이 있다. 즉 그것은 기획, 구매, 수배, 업무, 경리 등의 간접부문 또는 후방부문으로 불리는 곳이다. 여행사는 영업부문과 이들 부문과의 합리적인 결합에 의해 경영을 성립해 가는 것이다.

1) 계선(系線)조직과 참모조직

조직은 일반적으로 종과 횡으로 구성되는 바, 통상적으로 여행사의 조직에는 경영자로 구성되는 임원회의 등의 의사결정기관이 있고, 여기서 여행사의 기본목표나 방침을 결정하고 있다.

이들의 목표나 방침을 실현하기 위해서 실제로 영업활동을 하는 부문을 '계선(line)'이라 부르고 계선의 활동을 원조·촉진하는 부문을 '참모(staff)'라고 부른다. 구체적으로는 계선은 지점이나 영업소이며, 또한 이들을 통괄하는 지사, 사업부, 영업부 등이다.

참모는 이들 영업부문의 판매활동을 지원하기 위하여 전문적인 지식에 입각하여 조언하거나 상담에 응하는 등의 서비스를 하며, 간접적으로 여행사의 목표에 기여하는 부분이다.

2) 계선조직의 업무내용

(가) 사업부, 영업부 등

사업부나 영업부는 영업소를 통괄하고 업부(業部)단위의 판매계획 입안이나 영업소의 판매활동에 대한 지도 등을 하는 곳이다.

영업부는 다시 ① 기획부문, ② 수배부문 등으로 구분되어 있다.

(나) 영업소

영업소는 판매의 제1선으로서 직접 고객과 접촉하여 여행상품을 판매하거나 도항수속(해외여행수속) 및 안내 등의 여행서비스를 제공하는 외에, 승차권이나 항공권의 발권 및 예약 등의 업무를 행하는 곳이다.

일반적으로 영업소의 업무에는 ① 단체판매(group sales), ② 개인판매(FIT sales), ③ 점두판매(counter sales), ④ 수배(arrangement), ⑤ 도항수속(passage procedure), ⑥ 발권(ticketing), ⑦ 경리(accounting), ⑧ 서무(general affairs) 등이 있다.

3) 참모조직의 업무내용

참모의 역할은 이미 언급한 대로 계선에 대한 서비스이다. 한국사회의 특성으로서 지적되고 있는 중앙집권형 사고(思考)는 자칫하면 본사지향을 유발하여 '지도'라든가, '교육'이라는 용어가 전면에 나타난다. 그러나 참모에 있어 영업부문을 말하자면 '손님'이며, 여하히 노력하여 손님이 만족할 수 있는 서비스를 제공하느냐가 최대의 관건이라는 것을 잊어서는 안 된다.

(가) 기획부문

① 경영기획부문: 일반적으로 '사장실'이라든가 '기획실'이라든가 하는 부문이다. 여기서는 경영기획의 입안, 시장조사, 연구, 신규사업의 개발 등을 한다. 이 부문에서 극히 어림으로 매출액의 목표, 이익목표 등이 수립된다.

② 영업기획부문: 고객의 수요예측이나 분석, 조사 등을 하며 전사적 판매계획 등을 입안하는 부문이다. 대형 여행사에서는 이 부문을 국내여행, 국외여행, 포괄여행(package tour)부문 등으로 독립시켜 운영하고 있다.

③ 상품기획부문: 영업기획부문에서 만들어진 판매기획에 입각하여 구체적으로 상품조성을 하는 부문이다. 여기서 실제로 판매되는 여행의 개괄적인 내용이 만들어진다.

(나) 구매부문

판매기획과 상품기획에 입각하여 실제로 항공기의 좌석이나 호텔의 객실을 구매(예약)하는 중요한 부문이다. 구매의 좋고 나쁨이 경영성과를 좌우한다고 해도 지나치지 않다.

(다) 수배부문(판매관리)

외국의 지상수배나 구매한 객실이나 항공좌석을 판매상황에 맞추어 관련업체와 연락을 취하면서 조정하는 부문이다. 세심한 배려와 정확성이 요구된다. 우리나라에서는 구매와 수배부문이 따로 독립되어 있지 않고 대개는 한 부문으로 통합되어 있다.

(라) 업무부문

각 서비스 제공기관과의 계약, 요금표의 작성, 영업소에 대한 각종 정보제공, 관계법령의 사내(社內)제도에의 적용검토 등을 행하는 부문이다. 정보산업으로 불리는 여행업에 있어서 중요한 위치를 점하고 있다.

(마) 정산 · 심사부문

여행사의 독특한 부문이다. 여행사가 교통기관 등으로부터 위탁하여 발행하고 있는 항공권이나 승차, 승선권 등 자사발행의 각종 권류(券類)가 적정하게 발행되었는지를 검토하여 정산을 하는 부문. 매우 수수한 부문이지만 대단히 중요한 부문이다.

이상에서 여행업의 조직을 여행업무에 직접 관계하는 것을 중심으로 언급하였다. 영업소에도 판매에 직접적으로 참여하지 않는 조직이 있다는 것을 알았을 것이다. 그러나 그와 같은 직무가 영업활동에 필수적이라는 것을 명심하여야 한다.

예를 들면 수속업무가 잘 되지 못해 출발시까지 해결이 안 된다거나, 고객이 요망한 현지수배가 제대로 되어 있지 못한다거나, 경리담당자가 사소한 비용까지 통제하는 바람에 판매사원의 의욕이 떨어지는 등의 일이 발생한다면 이것은 분명히 영업활동을 저해하고 나아가서는 회사의 존립마저 위태롭게 하는 것이다.

결국 회사는 계선조직과 참모조직의 혼합으로 성립되어 있다는 사실이다. 담당자 한 사람 한 사람이 자신의 역할을 인식하고 협동하여 종합적인 힘을 발휘할 체제(조직)를 갖추지 않으면 안 된다.

국내 여행사 가운데 본부장제도를 도입하고 있는 조직도는 [그림 6-5]와 같다.

한편, 조성극은 여행사의 조직을 분석하고 21세기를 대비한 여행업의 조직을 [그림 6-6]과 같이 제시하고 있다(조성극, 1991 : 162).

그림 6-4 계선조직과 참모조직

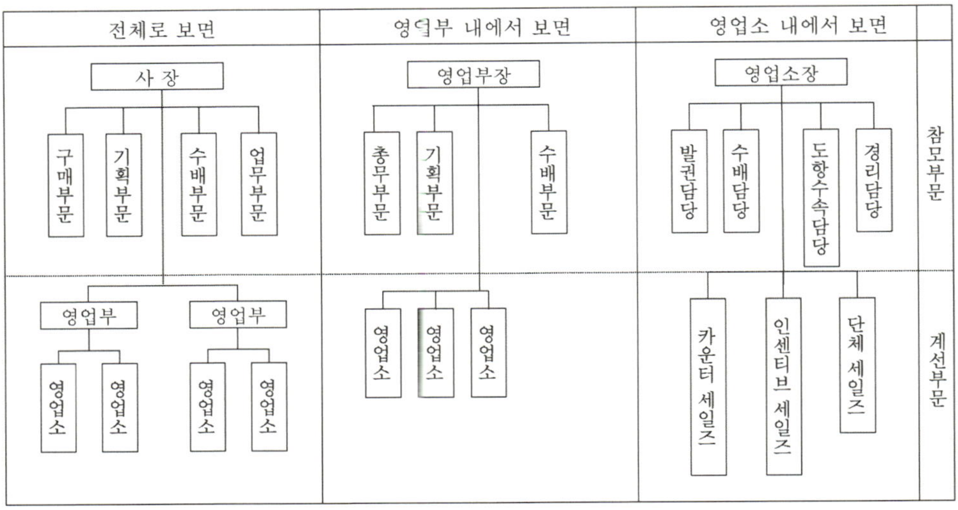

그림 6-5 극내 대형여행사의 조직도

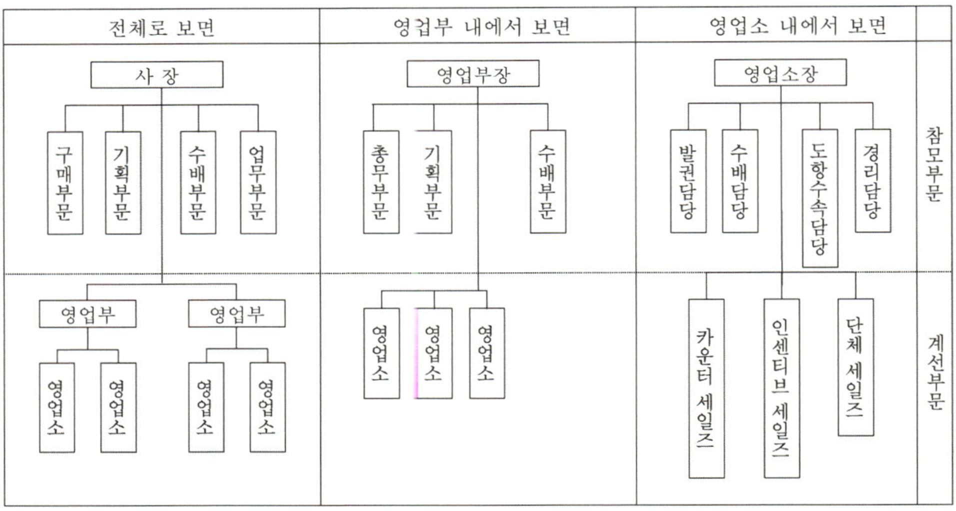

그림 6-6 21세기를 대비한 여행업의 조직

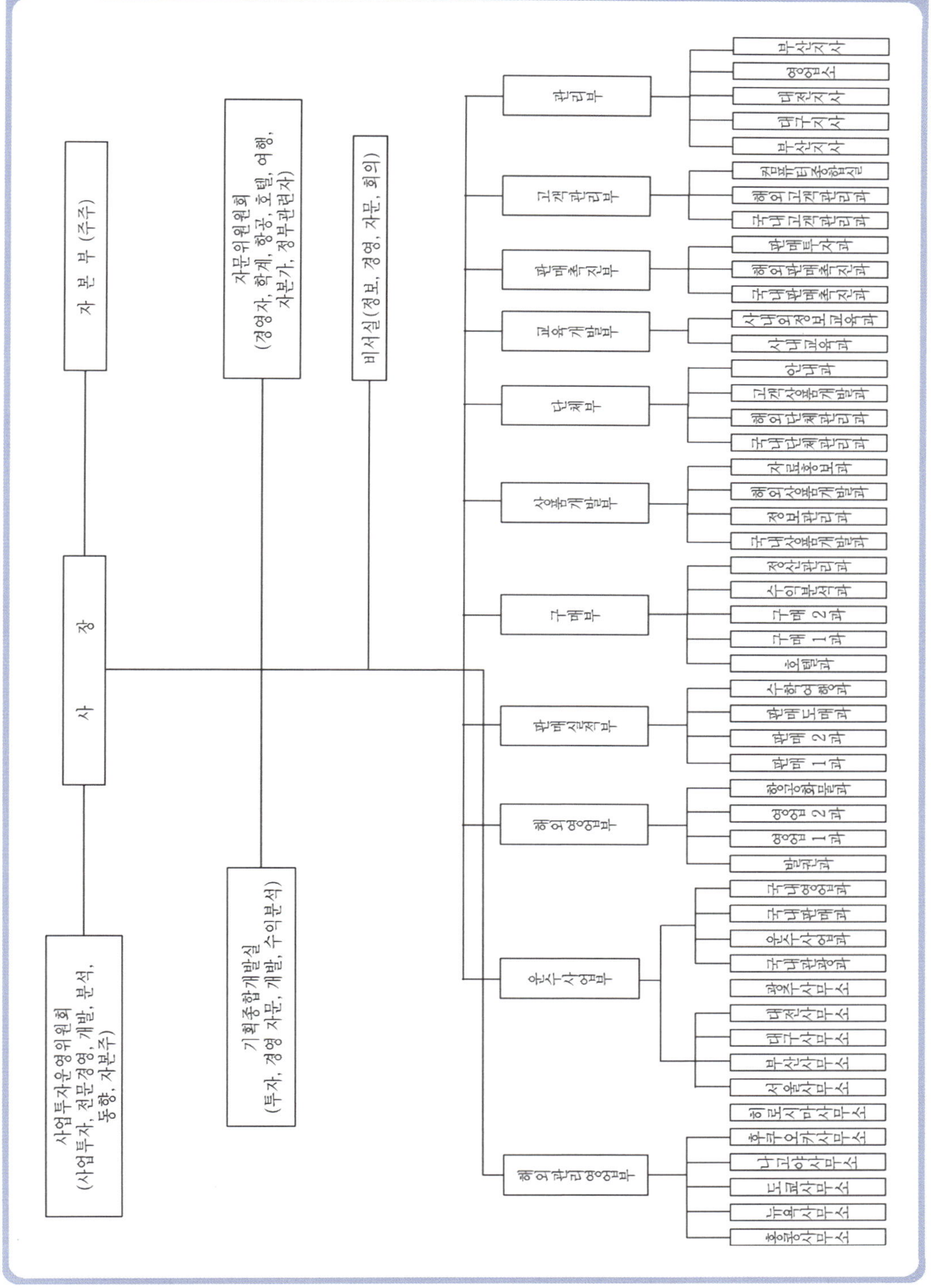

6.1.4 여행업의 경영특성

1) 노동집약형

상품이 무형으로서 서비스의 집합으로 이루어졌기 때문에 대면(對面)영업이 많고, 인적 파워에 의존하는 영업이 많은 업종이다. 판매를 시스템화하고 있는 OTA(Online Travel Agent)에 있어서도 구매 등은 공급자와 공급자와의 접점에 있어서 인적 파워에 의존하는 경우가 많다. IT의 진화에 따라 대형이나 중견 여행사들은 영업을 지탱하는 정보시스템을 도입하여 영업 이외의 후방업무(관리부문)의 생력화(省力化)를 도모하고 있으나 인적 파워에 의존하지 않고 얻을 수 있는 업무는 아직도 많다.

2) 저수익성

대매(代賣) 등의 수수료가 주요 수익원이고, 노동집약형이기 때문에 인건비 비율이 높고, 모방이 용이하여 가격경쟁이 격심한 까닭에 저수익 구조가 필연적이다.

3) 현금장사

여행상품은 여행자가 여행출발 전에 여행대금을 지급하는 것을 원칙으로 하고 있기 때문에 여행상품 공급자에의 지불은 후불이 되는 경우가 대부분이다. 그래서 자금융통 자체는 경영상 유리한 고지에 있다. 단지 여행자들에 의한 신용카드 결제나 인터넷 판매에서의 현지 지급의 증가, 여행상품 공급자에의 지급기일의 단축 등으로 예전과 같은 우위성은 점점 줄고 있는 추세이다.

4) 소자본형

자금융통이 비교적 유리하며, 공장이나 대형 점포처럼 생산설비가 필요 없기 때문에 초기 투자금액은 저액(低額)이다. 이래서 진입장벽도 낮은 편이다.

5) 공급상황에의 종속형

항공사나 철도 또는 에버랜드와 같은 대형관광시설 등 메이저급 공급자의 제약에 대해 전반적으로는 종속성이 높으나, 공급자의 사업상황에 따라서는 과제해결의 주도권을 발휘할 수도 있다. 예컨대 공급자의 수요감퇴기 등의 시즌대책이나 수요환기형 기획제안을 통한 시장접근을 다면적이면서도 유연하게 대처함으로써 여행사의 존재가치를 높일 수도 있다.

6) 사회상황에의 수동성(受動性)

사회의 경제 · 정치상황, 국제 간의 분쟁, 감염증의 전국적 또는 세계적인 대유행 등, 사회환경의 동향 등, 인적 교류가 정체 또는 침체되는 사회적 요인이 그대로 경영업적에 반영되는 경우가 많다.

6.2 여행업의 인사관리

6.2.1 여행업 인사관리의 의의

일반적으로 사람 · 물건 · 돈 그리고 거기에 시간 · 정보를 추가한 것이 경영의 5대자원으로 일컬어지고 있다(宇野正雄, 1984 : 626). 그러나 물건을 만들며, 돈을 움직이며, 시간을 사용하고, 정보를 살리는 것은 사람이다.

조지(George)는 "종업원들은 상품으로 간주되며, 서비스상품을 대표하는 물적(物的) 상품(商品)의 한 부분이다. 성공적인 서비스기업이 되기 위해서는 고객에게 서비스를 판매하기 이전에 먼저 종업원들에게 직무를 판매해야 한다"고 한 것처럼(William R. George, 1977 : 90) 여행사의 종업원이 여행자들에게는 상품의 한 요소라는 것을 암시하고 있다. 이러한 종사원 상품설은 킹(Carol. A. King)이나 버거(Florence. Berger) 등도 같은 견해를 보이고 있는데, 이는 종사원들의 일거수일투족이 여행사의 이미지를 형성하게 되어 여행자들의 여행사 선택에 큰 영향이 미치게 된다는 것을 말하고 있다.

특히 여행상품과 같은 무형상품을 취급하고 있는 경우에는 사람의 중요성이 다른 기업에서보다도 인적 자원인 사람에 의해 기업의 사활이 달려 있음을 우리는 여행업계 현장에서 보아 오고 있는 현실이다. 따라서 극단적인 표현으로 인사관리는 사람관리라고도 한다(김충호, 1986 : 10).

중국 춘추전국시대의 관자(管子, ?~BC 645) 권수편(權修篇)에는 일년지계(一年之計)는 막여수곡(莫如樹穀)이요, 십년지계(十年之計)는 막여수목(莫如樹木)이요, 종신지계(終身之計)는 막여수인(莫如樹人)이라고 하였다. 즉 1년의 계획은 곡식을 심는 것만 같은 것이 없고, 십 년의 계획은 나무를 심는 것만 같은 것이 없고, 평생의 계획은 사람을 심는 것만 같은 것이 없다는 것이다. 인재관리의 중요성을 역설한 내용이다(동양사사상연구회, 1990 : 52).

종래에는 애사심을 배경으로 상부로부터 명령에는 절대복종이라는 방식으로 인사관리가 가능했던 시대는 서서히 그 막을 내리고 있다. 지금은 애사심보다는 자기 자신을 위해서 일하며, 마음이 내키지 않으면 언제라도 퇴사를 하는 개성화된 시대이다.

인사관리란 조직이 필요로 하는 인력을 조달하고 유지·개발하며 이를 활용한 관리활동의 체계를 말한다(서울대학교, 1983 : 603).

게우트리는 "인사관리는 생산목적을 달성하기 위하여 개인이나 집단의 조직성원이 적정한 활동을 할 수 있도록 하는 시책"이라고 정의하였다(Dwight L. Geutry and Charles A. Taff, 1961 : 247).

혼다소이치는 "인사관리란 근로의욕의 확보, 협력체계의 확보, 노동력의 효율적 이용을 도모하는 일련의 제시책"이라고 언급하고 있다(本多莊一, 1970 : 17).

이상의 여러 정의를 분석해보면 인사관리란 ① 기업조직의 생산적 목적 달성, ② 기업 내 조직성원 상호간의 이해관계의 적정한 조정, ③ 기업에 있어 인간적 측면의 충실이라는 세 가지 측면을 고려한 활동이라고 정의할 수 있다(김봉규, 1983 : 15). 그러므로 "여행사의 인사관리는 여행사가 필요로 하는 인력의 고용, 유지, 개발, 활용을 자발성과 자율성의 원리에 입각하여 관리(계획, 조정, 통제)하는 것"이라 할 수 있다.

앞에서도 언급했지만 여행업의 인사관리는 여행업의 경영성과를 좌우하는 활동이다. 왜냐하면 여행업의 많은 부분은 노동집약적인데다, 인사관리는 조직의 중요한 자원 중의 하나로 간주되기 때문이다(Stephen F. Witt and Luiz. Moutiho, 1989 : 295).

여행사도 타 기업과 마찬가지로 궁극적인 목적은 이윤추구를 통한 여행의 확대에 있다는 점을 고려할 때 여행관련 시설이 아무리 훌륭하고 여행일정이 아무리 잘 짜여 있다 하더라도 이를 효율적으로 관리하는 여행업 종사원의 좋고 나쁨에 따라 그 여행의 성패가 달려 있다고 해도 과언이 아니다.

왜냐하면 여행상품의 가치를 창조하는 것은 이를 결합하는 인간의 정신적·육체적 능력에 의한 것이며, 이들의 성과는 개인의 능력이나 노력이 아니라 기업에 참가한 많은 상이한 활동을 하는 사람들의 협동에 의하여 이루어지기 때문이다.

경영의 요체는 물건을 관리하는 일이 아니라 사람을 관리하는 일이라고 한 것에서 잘 알 수 있는 것처럼, 인간이 조직을 통하여 각자의 능력을 발휘하는 과정을 적절히 기업 전체의 기능과 연결시키는 것은 경영성과를 높이는데 중요한 요소가 된다(김식현, 1991 : 6).

특히 정보를 상품의 주된 소재로 하고 있는 여행업에 있어서는 고도의 기술을 활용하고 극심한 경쟁에 대응하기 위해서는 인간의 두뇌와 성의 및 의욕이 전제되지 않으면 안 된다.

6.2.2 여행업 종사원의 종류

여행업종사원의 종류는 여러 각도에서 분류할 수 있겠으나, 대체로 영업직, 관리직, 안내직 종사원으로 3분류하고 있다.

1) 영업직 종사원

영업직 종사원은 여행업의 조직 가운데 서무회계 및 정산 · 심사를 제외한 모든 부문이 영업과 관련된 종사원이라 할 수 있다. 영업부문의 종사원은 여행사를 대표하여 거래처나 고객과 대개 직접 대면하여 접촉하기 때문에 ① 좋은 인상을 주는 종업원, ② 자기규제능력 및 판매능력을 겸비한 사람, ③ 업무완수능력이 있는 사람이라야 한다.

| 표 6-3 | 여행업 영업직 종사원의 요건

<table>
<tr><td colspan="2">인간성
(좋은 인상을 줌)</td><td>• 명랑 · 성실 · 겸허 · 친절 · 유머 · 책임감
• 사랑받을 수 있는 인품</td></tr>
<tr><td rowspan="3">세일즈
관철력</td><td>자기규제능력</td><td>• 근면 · 계획성 · 적극성 · 인내 · 용기</td></tr>
<tr><td>업무완수능력</td><td>• 열의 · 유연성</td></tr>
<tr><td>판매능력</td><td>• 설득력 · 고객을 확보하는 힘 · 이해, 파악
• 상품지식 · 판매기술</td></tr>
</table>

자료 : 森谷トラベル エンタプライズ, 「新入社員に贈る旅行業入門」, 1974, 78쪽.

2) 관리직 종사원

관리직 종사원은 서무회계 및 정산 · 심사부문에 종사하는 사람들로서 주로 영업에서 발생하는 수익 및 지출을 관리하는 업무를 비롯하여 회사의 후방부문을 담당하는 종사원이다.

관리부문 종사원이 갖추어야 할 마음가짐은 다섯 가지로 나눌 수 있다(日本リクルト人事教育事業部, 1978 : 5~6).

첫째, 원리원칙의 존중이다. 자연계에 자연의 법칙이 존재하듯, 직장의 목표를 달성하기 위해서 업무를 관리해 가는 원리원칙, 사람을 관리해 나가는 원리원칙, 이를 습득하는 것이 중요하다.

둘째, 과학적 · 창조적 접근이다. 과학적 접근이란 자료(data)에 입각하여 사물을 검토하고 목적을 향해 합리적으로 나아가는 것이며, 창조적 접근이란 항상 전향적인 자세로 개선이나 혁신을 위해 노력하는 것이다.

셋째, 원가(효율)의식이 있어야 한다. 업무수행상 투입되는 품, 짬, 돈과 그 산출물(output)로서 얻어지는 결과나 이익을 고려하여 헛되지 않게, 무리 없이, 흠 없는 관리를 해야 한다. 효율이란 투입과 산출의 비율로서 다음과 같은 공식으로 나타낼 수 있다.

$$\text{효율} = \frac{\text{산출(결과)물}}{\text{투입물(품, 짬, 돈)}}$$

즉 원가의식이란 최소의 투입으로 최대의 산출을 추구하기 위하여 노력하는 자세라고 할 수 있다.

넷째, 건전한 판단이다. 건전한 판단이란 자신의 감각이나 경험에 의한 독단적인 의사결정이 아니라 회사의 방침이나 계획, 원리원칙에 입각한 폭넓은 지식으로 자신의 기업관, 직업관, 인간관, 인생관 등의 이념에 비추어 판단하는 것이다.

다섯째, 인간성의 존중이다. 업무를 수행하는 직장의 인간은 고유의 능력을 가지고 있다. 또한 체력적 · 정신적 · 지적 능력의 한계도 가지고 있다. 이러한 한계를 잘 생각하여 한 사람 한 사람의 개성을 존중하고 살리도록 해야 한다.

3) 안내(인솔)직 종사원

안내직 종사원에는 관광통역안내사(tour interpreter guide)와 국내여행안내사 및 국외여행인솔자(tour conductor) 등을 들 수 있다. 이들 안내직 종사원은 여행서비스의 품질과 직접적인 관계가 있기 때문에 「관광진흥법」에서도 안내사에 관한 한 일정한 자격요건을 구비하도록 규정하고 있다.

「관광진흥법 시행령」 제36조 관련 별표 4에 의하면 〈표 6-4〉와 같이 요약할 수 있다. 즉 관할등록기관등의 장은 대통령령으로 정하는 관광업무(여행업무)에는 관광종사원의 자격을 가진 자가 종사하도록 해당 관광사업자에게 권고할 수 있다. 다만, 외국인관광객을 대상으로 하는 여행업자는 관광통역안내의 자격을 가진 사람을 관광안내에 종사하게 하여야 한다(동법 제38조 제1항). 따라서 관광통역안내의 자격이 없는 사람은 외국인관광객을 대상으로 하는 관광안내를 하여서는 아니된다(동법 제38조 제6항 〈신설 2016.2.3.〉).

한편, 등록기관등의 장이 관광종사원의 자격을 가진 자가 종사하도록 권고할 수 있거나 종사하게 하여야 하는 관광업무 및 업무별 자격기준은 다음과 같다.

| 표 6-4 | 여행업무별 자격기준 〈개정 2014.11.28.〉 (시행령 제36조 관련 〈별표 4〉)

업종	업무	종사하도록 권고할 수 있는 자	종사하게 하여야 하는 자
여행업	가. 외국인관광객의 국내여행을 위한 안내		관광통역안내사 자격을 취득한 자
	나. 내국인의 국내여행을 위한 안내	국내여행안내사 자격을 취득한 자	

4) 문화관광해설사

문화관광해설사란 관광객의 이해와 감상, 체험 기회를 제고하기 위하여 역사 · 문화 · 예술 · 자연 등 관광자원 전반에 대한 전문적인 해설을 제공하는 자를 말한다(관광진흥법 제2조 제12호). 이는 2011년 4월 5일 「관광진흥법」 개정 때 문화관광해설사를 체계적이고 효과적으로 양성 · 활용하기 위해 문화관광해설사에 관한 법적 근거를 마련한 것이다.

문화체육관광부장관은 문화관광해설사를 효과적이고 체계적으로 양성 · 활용하기 위하여 해마다 문화관광해설사의 양성 및 활용계획을 수립하고, 이를 지방자치단체의 장에게 알려야 한다(동법 제48조의4 제1항). 한편, 지방자치단체의 장은 문화관광해설사 양성 및 활용계획에 따라 관광객의 규모, 관광자원의 보유 현황, 문화관광해설사에 대한 수요 등을 고려하여 해마다 문화관광해설사 운영계획을 수립 · 시행하여야 한다. 이 경우 문화관광해설사의 양성 · 배치 · 활용 등에 관한 사항을 포함하여야 한다(동법 제48조의4 제2항).

원래 문화관광해설사 제도는 처음에는 문화재나 문화유산을 중심으로 운영되어 왔으나, 최근에는 해설사의 역할과 기능이 기존의 문화유산뿐만 아니라 관광지 및 관광단지, 생태 · 녹색관광, 농산어촌 체험관광 등 다양한 분야의 관광자원으로 확대됨에 따라, 기존의 문화유산해설사를 2005년 8월 1일부터 문화관광해설사로 명칭을 변경하여 제도화한 것이다.

5) 여행업종사원의 자격시험

(1) 시험실시기관

관광종사원 자격시험에 관한 사항은 문화체육관광부장관의 권한사항이나(관광진흥법 제38조 제2항), 다음과 같이 한국관광공사 또는 협회에 위탁하고 있다.

① 관광통역안내사의 자격시험, 등록 및 자격증의 발급에 관한 권한은 한국관광공사에 위탁한다. 다만, 자격시험의 출제, 시행, 채점 등 자격시험의 관리에 관한 업무는 한국산업인력공단에 위탁한다.

② 국내여행안내사의 자격시험, 등록 및 자격증의 발급에 관한 권한은 한국관광협회중앙회에 위탁한다. 다만, 자격시험의 출제, 시행, 채점 등 자격시험의 관리에 관한 업무는 「한국산업인력공단법」에 따른 한국산업인력공단에 위탁한다.

(2) 응시자격

관광통역안내사, 국내여행안내사 시험의 응시자격은 별도로 규정하지 않고 있어, 연령 · 학력 · 경력 · 국적 등의 제한 없이 누구나 응시할 수 있도록 하였다.

(3) 시험실시방법

여행업종사원의 자격시험은 필기시험(외국어시험을 제외한 필기시험을 말한다), 외국어시험(관광통역안내사 자격시험만 해당한다) 및 면접시험으로 구분하되, 평가의 객관성이 확보될 수 있는 방법으로 시행하여야 한다. 그리고 면접시험은 필기시험 및 외국어시험에 합격한 자에 대하여 시행한다.

(4) 시험과목 및 합격결정기준

① 필기시험: 필기시험과목 및 합격결정기준은 다음 〈표 6-5〉와 같다.

| 표 6-5 | 필기시험의 시험과목 및 합격결정기준(시행규칙 제46조 제1항 관련 〈별표 14〉)

1. 시험과목 및 배점비율

구분	시험과목	배점비율
가. 관광통역안내사	국사 관광자원해설 관광법규(관광기본법 · 관광진흥법 · 관광진흥개발기금법 · 국제회의산업육성에 관한 법률 등의 관광관련 법규를 말한다) 관광학개론	40% 20% 20% 20%
	계	100%
나. 국내여행안내사	국사 관광자원해설 관광법규 관광학개론	30% 20% 20% 30%
	계	100%

2. 합격결정기준: 필기시험의 합격기준은 매과목 4할 이상, 전과목의 점수가 위의 배점비율로 환산하여 6할 이상이어야 한다.

② 외국어시험: 다른 외국어시험의 종류 및 합격에 필요한 점수 및 급수는 다음 〈표 6-6〉과 같다.

| 표 6-6 | 합격에 필요한 다른 외국어시험의 점수 또는 급수

시험명 \ 자격구분		관광통역안내사	만점/최고 점수
영어	TOEIC	760점 이상	990점
	TEPS	677점 이상	990점
	TOEFL(CBT)	217점 이상	300점
	TOEFL(IBT)	81점 이상	120점
	G-TELP(Level 2)	74점 이상	100점
	FLEX	776점 이상	1000점
	PELT(main)	345점 이상	600점
일본어	JPT	740점 이상	990점
	日檢(NIKKEN)	750점 이상	1000점
	FLEX	776점 이상	1000점
	JLPT	N1 이상	N1
중국어	HSK	5급 이상	6급
	FLEX	446점 이상	1000점
	BCT	4급 이상	5급
	CPT	750점 이상	1000점
	TOP	고급5급 이상	고급7급

③ 면접시험: 면접시험은 다음 각 호의 사항에 관하여 평가한다.

1. 국가관 · 사명감 등 정신자세
2. 전문지식과 응용능력
3. 예의 · 품행 및 성실성
4. 의사발표의 정확성과 논리성

면접시험의 합격점수는 면접시험 총점의 6할 이상이어야 한다.

(5) 시험의 면제

시험의 일부를 면제할 수 있는 경우는 위의 〈표 6-7〉과 같다.

필기시험 및 외국어시험에 합격하고 면접시험에 불합격한 자에 대하여는 다음 회의 시험에만 필기시험 및 외국어시험을 면제한다.

| 표 6-7 | 시험의 면제기준 〈개정 2011.10.6.〉(시행규칙 제51조 제1항 관련 〈별표 16〉)

구 분	면제대상 및 면제과목
1. 관광통역 안내사	가. 「고등교육법」에 의한 전문대학 이상의 학교 또는 다른 법령에서 이와 동등 이상의 학력이 인정되는 교육기관에서 해당 외국어를 3년 이상 계속하여 강의한 자에 대하여 해당 외국어시험을 면제 나. 4년 이상 해당 언어권의 외국에서 근무하거나 유학을 한 경력이 있는 자 및 「초·중등교육법」에 따른 중·고등학교 또는 고등기술학교에서 해당 외국어를 5년 이상 계속하여 강의한 자에 대하여 해당 외국어시험을 면제 다. 「고등교육법」에 의한 전문대학 이상의 학교에서 관광분야를 전공하고 졸업한 자(졸업예정자 및 관광분야 과목을 이수하여 다른 법령에서 이와 동등한 학력을 취득한 자를 포함한다)에 대하여 필기시험 중 관광법규 및 관광학개론 과목을 면제 라. 관광통역안내사 자격증을 소지한 자가 다른 외국어를 사용하여 관광안내를 하기 위하여 시험에 응시하는 경우 필기시험 면제 마. 문화체육관광부장관이 정하여 고시하는 교육기관에서 실시하는 60시간 이상의 실무교육과정을 이수한 사람에 대하여 필기시험 중 관광법규 및 관광학개론 과목을 면제, 이 경우 실무교육과정의 교육과목 및 그 비중은 다음과 같음 1) 관광법규 및 관광학개론: 30% 2) 관광안내실무: 20% 3) 관광안내실습: 50%
2. 국내여행 안내사	가. 「고등교육법」에 의한 전문대학 이상의 학교에서 관광분야를 전공하고 졸업한 자(졸업예정자 및 관광분야 과목을 이수하여 다른 법령에서 이와 동등한 학력을 취득한 자를 포함한다)에 대하여 필기시험을 면제 나. 여행안내와 관련된 업무에 2년 이상 종사한 경력이 있는 자에 대하여 필기시험을 면제 다. 「초·중등교육법」에 따른 고등학교나 고등기술학교를 졸업한 자 또는 다른 법령에서 이와 동등한 학력이 있다고 인정되는 교육기관에서 관광분야의 학과를 이수하고 졸업한 자(졸업예정자를 포함한다)에 대하여 필기시험을 면제

6) 국외여행 인솔자

(1) 국외여행 인솔자의 자격요건

여행업자가 내국인의 국외여행을 실시할 경우 여행자의 안전 및 편의 제공을 위하여 그 여행을 인솔하는 자를 둘 때에는 문화체육관광부령으로 정하는 다음 각 호의 어느 하나에 해당하는 자격요건에 맞는 자를 두어야 한다(관광진흥법 제13조 제1항 및 동법 시행규칙 제22조 제1항). 다만, '제주자치도'에서는 이러한 자격요건을 「관광진흥법 시행규칙」이 아닌 도조례로 정할 수 있도록 규정하고 있다(제주특별법 제244조 제2항).

1. 관광통역안내사 자격을 취득할 것
2. 여행업체에서 6개월 이상 근무하고 국외여행 경험이 있는 자로서 문화체육관광부장관이 정하는 소양교육을 이수할 것
3. 문화체육관광부장관이 지정하는 교육기관에서 국외여행인솔에 필요한 양성교육을 이수할 것

(2) 국외여행 인솔자의 자격 등록

국외여행 인솔자의 자격요건을 갖춘 자가 내국인의 국외여행을 인솔하려면 문화체육관광부장관에게 등록하여야 한다(동법 제13조 제2항). 이는 내국인 국외여행 인솔자에 대한 등록제도를 도입한 것이다.

국외여행인솔자의 자격요건을 갖춘 자로서 국외여행 인솔자로 등록하려는 사람은 국외여행 인솔자등록신청서(별지 제24호의2 서식)에 다음 각 호의 어느 하나에 해당하는 서류 및 사진(최근 6개월 이내에 촬영한 탈모 상반신 반명함판) 2매를 첨부하여 관련 업종별 관광협회에 제출하여야 한다.

1. 관광통역안내사 자격증
2. 문화체육관광부장관이 지정하는 교육기관에서 국외여행 인솔에 필요한 소양교육 또는 양성교육을 이수하였음을 증명하는 서류

(3) 국외여행 인솔자의 자격증 발급 및 재발급

국외여행 인솔자등록신청을 받은 업종별 관광협회는 국외여행 인솔자 자격요건에 적합하다고 인정되는 경우에는 국외여행 인솔자 자격증(별지 제23호의3 서식)을 발급하여야 한다(동법 시행규칙 제22조의2 제2항).

발급받은 국외여행 인솔자 자격증을 잃어버리거나 헐어 못 쓰게 되어 자격증을 재발급받으려는 사람은 국외여행 인솔자 자격증 재발급신청서(별지 제24호의2 서식)에 자격증(자격증이 헐어 못 쓰게 된 경우만 해당한다) 및 사진(최근 6개월 이내에 촬영한 탈모 상반신 반명함판) 2매를 첨부하여 관련 업종별 관광협회에 제출하여야 한다(동법 시행규칙 제22조의3).

6.2.3 여행업 종사원의 관리방향

여행업의 최대의 자원은 인적 자원이다. 우수한 인재를 확보하고 있는 기업은 여하한 환경의 변화에도 항상 능동적으로 대처할 수 있음에 틀림없다. 기업으로서 최대의

투자는 인재에 두어야 하며, 즉 우수한 인재의 채용, 교육훈련, 활용, 도덕성(moral)을 높이는 것이다.

1) 종사원의 채용

자연적인 노동자가 공식적인 집단 내에서 공식적인 업무를 수행하는 출발점을 채용으로 본다면, 인사관리는 채용으로부터 시작되며 그러한 면에서 채용은 인사관리에서 그 중요성이 부각되고 있다.

크루든은 "지원자 가운데 조직이 필요로 하는 직무에 가장 적합한 자질을 갖추었다고 판단되는 인력을 고용할 것을 결정하는 과정(process)"을 채용이라고 정의하였으며(Herbert J. Chruden, & Archer W. Sherman, 1976 : 119).

플립포는 인사관리의 상호기능을 중시하여 "기능과 기능 간에 발생되는 직무를 효과적으로 수행할 수 있는 최적의 인적 요건과 적성 및 기술을 소지한 사람에게 특정 조직구성원의 자격을 부여하는 행위"(Edwin B. Flippo, 1971 : 122~3)라고 규정하고 있다.

이들의 정의에서 나타나듯 "채용이란 최적상태의 인적 요소를 특정 직무에 일치되도록 결정하는 과정"이라고 할 수 있다.

채용과 관련하여 유의할 점은 ① 윤리적 고려, ② 공정하고 평등한 고용실무, ③ 신체장애자 등에 대한 정책, ④ 기타 소외집단을 위한 정책 등이나(류기현, 1981 : 67~8), 여행업무에 요구되는 소질이나 적성에는 다음과 같은 것을 들 수 있다.

- 업무처리를 재빠르게 할 수 있는 사람
- 세심한 배려를 할 수 있는 사람
- 여행을 좋아하는 사람
- 상식이 풍부한 사람
- 어학의 소양이 있는 사람
- 자기계발에 노력하는 사람
- 행동력이 있는 사람
- 대인관계가 원만한 사람
- 성격이 원만한 사람
- 성실하고 타인으로부터 호감이 가는 사람
- 건강한 사람

2) 관광종사원의 의무교육제도에서 지원제도로 전환

우수한 종사원을 양성하는 일은 기업경영에 있어 성공의 열쇠가 된다. 많은 연구에서 종사원의 자질과 서비스의 질은 정적(正的) 상관관계에 있다는 연구결과가 발표되고 있다.

여행서비스의 질을 향상시키기 위해서는 종사원에 대하여 끊임없이 교육훈련을 실시하여 그들의 직업관, 태도, 서비스기능, 여행업무지식 및 고유기술, 외국어 구사력, 교양 등 여행업무 전반에 관한 교육훈련이 절대적으로 필요하다. 이처럼 여행업 내에서의 교육훈련을 실시하는 목적은 ① 여행업에 필요한 인재의 육성, ② 개인으로서의 삶의 보람 추구, ③ 사회에 유익한 인간으로의 육성 등이다(송기현, 1992 : 15).

「관광기본법」은 제11조에서 "정부는 관광종사자의 자질을 향상하기 위하여 교육훈련 기타 필요한 시책을 강구하여야 한다"고 규정하고 있다. 즉 관광종사자는 관광전문인으로서의 자질을 향상하기 위하여 부단한 교육과 훈련을 받아야 한다.

그러나 개정된 「관광진흥법」은 제39조에서 "문화체육관광부장관 또는 시 · 도지사는 관광종사원과 그 밖에 관광업무에 종사하는 자의 업무능력 향상을 위한 교육에 필요한 지원을 할 수 있다"고 규정하고 있다. 종전에는 관광종사원이 문화체육관광부장관이 실시하는 교육을 의무적으로 받도록 하였으나 그 실효성이 미흡하다고 인정됨으로써 2011년 4월 5일 「관광진흥법」 개정 때 관광종사원의 의무교육제도를 폐지하고 지원제도로 전환한 것이다.

그러나 여행업 종사원의 자질을 향상시키기 위해서는 종사원의 업무성격에 비추어 이를 세분화하여 보다 전문적인 교육을 실시하여야 할 것이다.

첫째, 여행안내사에 대한 기초교육을 강화하여야 할 것이다. 현재의 8시간 정도의 정신교육만으로는 도저히 현장에 적응하기 어려울 뿐더러 특히 관광을 전공하지 않은 비전공자의 경우에는 심각한 문제라 아니할 수 없다. 종전에는 안내원 시험합격자는 지정된 관광종사원 연수기관에서 1개월 이상 교육을 이수한 후에 소정의 교육평가 후 자격증을 교부하였으나 관광진흥법을 개정하면서 자격증 취득을 위한 교육은 폐지하였는데 이의 부활을 고려해야 하며, 특히 관광 비전공자에게는 교육을 의무화하여야 한다.

둘째, 직무특성에 따른 교육을 강화하여야 한다. 여행업의 업무는 복잡하게 이루어져 있으므로 직무에 대한 특성이 제각각이다. 따라서 여행상품기획(개발), 예약 · 수배, 판매, 안내, 영업, 발권, 수속, 여정관리, 정산(심사), 경리 등의 업무분야별 전문교육을 실시하여야 할 것이다.

셋째, 계속교육이 되어야 한다. 교육수료 후 일정기간이 지난 자에 대한 재교육이 의무화되어야 한다.

여행업에 필요한 교육의 대계(大系)는 〈표 6-8〉과 같이 구분할 수 있다. 특히 어학교육은 종사원 각자의 자기계발에 의한 것이기는 하나, 회사로서는 어학공부를 위한 장려금제도의 도입, 어학학교(학원)의 수업료에 대한 회사지원, 외국어검정시험 합격자에 대한 우대조치 등이 병행되어야 한다.

| 표 6-8 | 여행업 종사원의 교육훈련

교육의 종류	교육내용
사원교육	• 회사업무의 안내교육(orientation) • 어학연수 • 전문교육 • 관리자 교육 • 배속업무의 안내교육 • 판매사원교육 • 안내원 교육
사내교육	• OJT(on the job training) • 그룹별 판매회의 • 현장지도 • 정보철저를 위한 각종 회의 • 신상품 개발을 위한 현장연수 및 사전답사 • 업계의 이해를 위한 시찰초대여행(familiarization tour)의 실시
사외위탁교육	• 항공사/항공예약운임발권 시스템회사 : 운임계산, 항공권발행 • 업계단체 : 신입사원교육, 안내원교육, 국외주재원교육 • 관광종사원 전문교육기관 : 신상품개발, 통신교육, 서비스개선 등

3) 업계공통의 인사고과제도 확립

여행업의 전문요원 양성도 중요하지만, 이의 철저한 관리도 이에 못지 않게 중요하다. 현재 국내의 여행업 종사원에 대한 체계적 관리는 전무한 상태이므로 업계 공동의 인사고과제도의 확립이 필요하다.

인사고과란 조직의 관리자들이 조직성원의 행위를 보다 조직의 목적에 적합하게끔 유도하기 위하여 의식적으로 제정 · 실시하는 인사평정제도로서(김식현, 1991 : 122) 여행업에서 이 제도를 도입 · 시행하는 경우 다음과 같은 이점을 발휘할 수 있다. 첫째, 조직과 직무의 개선에 활용할 수 있다. 둘째, 채용관리의 유용한 정보를 제공한다. 셋째, 종업원의 배치, 승진, 이동에 가장 많이 활용되고 있다. 넷째, 임금관리에 많이 활용되고 있으며 타당한 근거를 가지고 있다는 등이다.

인사고과에 적용되는 주요 항목은 다음과 같다.

① 성실하게 적극적으로 움직이고 있는가?
② 업무는 정확 · 기민한가?

③ 업무에 필요한 기술, 지식은 겸비하고 있는가?
④ 책임감은 강한가?
⑤ 규율을 지키며, 정리 · 정돈은 잘되고 있는가?
⑥ 적절한 보고를 하고 있는가?
⑦ 동료와 협조는 잘되고 있는가?
⑧ 기획력 · 이해력은 있는가?
⑨ 연구의욕은 왕성한가?

이상은 부하사원에 대한 항목인데, 상급자에 대한 평정항목은 다음과 같은 것이 추가된다.

① 통솔력은 있는가?
② 지도력은 있는가?
③ 부하의 능력에 따라 적절히 업무를 할당하고 있는가?
④ 외부와의 교섭력 · 대응력은 있는가?
⑤ 부하에 대한 업무감독이 적절한가?
⑥ 부하에게 지지 않고 리드해 나갈 수 있는 지식이나 교양이 있는가?
⑦ 타부서나 부하와의 협조성이 있는가?

6.2.4 여행업 종사원의 금지행위

여행업 종사원은 여행서비스 제공에 있어 다음의 행위를 해서는 안 된다.

① 관광객으로부터 부당한 요금을 수수하거나 약관을 위반하는 행위
② 관광객에게 물품의 판매 기타 여행알선과 관련하여 판매업자나 기타 관계인으로부터 금품을 수수하는 행위
③ 자격증을 타인에게 대여하는 행위
④ 기타 관광진흥을 저해하는 행위 등이다.

여기서 관광진흥을 저해하는 행위란

- 퇴폐행위를 알선 · 유도하는 행위
- 허위광고 또는 과대광고를 하는 행위
- 다른 업체의 고객을 부당한 방법으로 유인하는 행위

- 물품의 과다구입을 유도하는 행위
- 종사원의 불성실한 업무수행으로 관광객에게 재산상의 피해를 입히는 행위
- 해외여행시 사전교육을 실시하지 않는 행위 등이다.

이처럼 여행업에 종사원의 행동은 여행자의 기분을 좌우하는 결정적인 요소가 될 뿐만 아니라 이는 곧 여행업의 경영성과에도 직결되기 때문에 여행업 종사원 특히 접객직 종사원(contact personal)은 진심에서 우러나오는 참다운 서비스를 제공해야 한다.

참다운 서비스를 가지기 위해서는 여행업 종사원으로서의 긍지를 가져야 한다. 긍지를 가진다는 것은 위에서 언급하고 있는 행위를 하지 않을 뿐만 아니라 스스로의 명예를 존중한다는 것과 같다.

우리나라에서는 자고로 돈보다는 명예를 존중하는 풍토가 있었다. 그러나 여행업은 접객산업(hospitality industry)으로 대인접촉이 많은데다, 업무내용 또한 서비스가 주를 이루고 있어 팁(tip)이라는 풍습과 밀접하게 연결되어 있다. 팁이란 To Insure Promptness(빠른 서비스의 확보)의 약어이다. 즉 서비스 종사원에게 주어지는 부담 없는 사례금으로서 청구의 성질이 있는 것이 아니라 여행자의 재량에 의한 재물의 증여에 해당되는 것이다(이항구, 1983 : 187). 그러나 여행업 등 서비스 종사원에게는 팁의 강요를 비롯한 이와 관련된 금품수수행위는 법률로서 엄격히 금지되어 있는 데도 좀처럼 근절되지 않고 있다.

6.2.5 여행업 분야 신규직업전망

1) **여행상품개발자**(tour planner)

여행상품개발자의 주요 임무는 ① 여행지역으로 활성화되지 않은 지역을 찾아내 여행을 상품화한다, ② 국내 · 외의 항공, 육로 및 해상 교통편, 여행요금, 관광명소의 위치, 숙박시설 등에 관한 제반자료를 토대로 상품성이 있는 관광지를 찾아낸다, ③ 개발 가능지역은 직접 현지답사를 통해 그 지역의 상품성, 교통편, 숙박시설 등을 조사 · 분석하여 그 지역에 맞는 여행상품을 개발하는 것이다(한국고용정보원, 2007 : 20~34).

이들은 여행코디네이터(tour coordinator), 투어플래너(tour planner), 여행상품기획가로 불리며, 여행을 기획하고 구체적인 여행상품을 만드는 일을 한다. 여행상품을 기획하기 위해서 해외 현지자료와 현지 관광청(觀光廳)자료를 자주 체크하여 해외현지동향을 파악하고 항공, 육로 및 해상교통편을, 요금, 관광개소의 위치, 숙박시설 등에 관한 제반자료를 토대로 상품성이 있을만한 여행지를 찾는다.

개발가능지역을 찾게 되면 직접 현지답사를 통해 모든 상황을 조사·분석한 후, 여행사의 특징과 타 여행사 상품과의 차별성, 여행비용, 이벤트, 최근 여행경향 등을 고려하여 여행상품을 개발한다.

상품의 기획과 판매는 함께 이루어지며 기본적인 업무 외에 마케팅활동까지 병행하는 것이 보통이다. 이들은 주로 여행사에 소속되거나 프리랜서(freelancer) 형태로 근무하며 각 여행사들은 공채와 수시채용을 통해 이들을 채용하고 있다.

2) 지역수배전문가

지역수배전문가는 여행지의 여행시설을 직접 수배하는 현지 담당자를 말한다. 이들은 투어오퍼레이터(tour oprerator) 혹은 랜드 오퍼레이터(land operator)로 불리며, 우리나라 여행업계에서 많이 사용되고 있는 용어 중의 하나로 랜드사로 불리는 곳에서 활동한다.

랜드사는 현지여행사의 주체(主體)로서 모객 주체인 여행사와 거래 계약을 통해 현지에서 여행자의 숙박, 교통, 여행코스 개발, 여행일정, 가이드 섭외, 공항미팅과 센딩 등 여행의 모든 업무를 관할하는 현지회사이다.

따라서 지역수배전문가는 랜드사에 소속되어 국내의 여행사로부터 현지의 지상수배를 의뢰받아 여행상품의 구성요소 중 항공권을 제외하고 숙박, 교통, 음식 등을 사전에 확보하여 예약업무를 수행한다.

이들은 일반 여행자를 상대로 직접 영업을 하는 것이 아니라 여행사를 상대로 영업하고 있다. 국내의 아웃바운드 여행사를 대신하여 현지의 인바운드 여행사와 연락 및 업무를 원활하게 해주고 시간과 인건비, 통신비 등 제반 비용을 절감시켜주는 이점이 있다.

| 표 6-9 | 여행기업별 여행상품 취급내용

구분	내용
종합여행사	여행상품의 도매, 소매, 직판을 모두 취급하는 여행사로 관련 공급업자가 제공한 단위상품을 결합하여 하나의 패키지 상품을 만들어 도매하거나 직접 고객에게 판매한다.
도매형 여행사	여행상품을 기획하여 소매형 여행사에 판매한다.
소매형 여행사	도매형 여행사의 상품을 최종 소비자인 여행자에게 판매한다.
직판형 여행사	여행상품을 생산하여 직접 여행자에게 판매한다.
랜드사	여행 목적지에서의 운영을 담당하며 숙박, 교통, 여행지 안내 등 현지 수배를 전문으로 한다.

자료 : 한국고용정보원, 관광분야 직업전망, 2007. 25쪽.

3) 여행사무원(OP: Operator)

여행사무원은 고객의 요구에 맞는 여행상품을 추천하고 상품비용 등 각종 자료를 제시하는 사람이다. 이들은 숙박시설 예약, 교통편 예약 등 여행에 따르는 대행업무를 준비하고 여행일정을 계획하며, 행선지, 교통편, 여행일정, 경비, 숙박시설을 고객과 협의하고 여행출발 전 여행지 관련 자료를 고객에게 제공하기도 한다. 또한 여행경비를 계산하거나 고객운송수단 및 숙박시설을 예약하고 수송이나 여행지 출입을 위한 티켓 구입 및 요금을 수급(受給)한다. 나아가 여행상품에 관한 고객 불만사항을 해결한다.

즉 여행사무원은 여행자를 대상으로 출발에서부터 돌아오는 순간까지를 담당하는 사람이다. 따라서 이들은 여행자를 모집하고 이들을 대상으로 상담하여 여행상품을 추천하거나 판매하는 일을 주 업무로 하고 있다. 또한 여행자의 요구에 맞게 일정을 변경하여 새로운 상품을 만들기도 한다. 때로는 여행자의 비자를 대행하기도 하며 여행경비를 입금받는 업무를 수행한다.

여행사에 따라 평소에는 사내(社內)업무를 대행하고, 단체가 형성되면 여행자들이 소집되어 있는 공항으로 찾아가서 여행자들이 편리하게 출발할 수 있도록 인솔업무를 담당하기도 한다.

소속업체에 따라서 항공권의 예약 및 발권을 담당하기도 하며 숙박, 교통, 식당 및 쇼핑센터 등의 각종 여행관련 사항의 예약 및 수배를 담당하는 수배업무를 하기도 한다. 또한 여행자들이 여행을 마치면 여행경비 수입 및 지출에 관해 정산업무를 한다. 한 마디로 여행사의 만물박사라고 할 수 있다.

4) 항공권 예약 · 발권 사무원

항공권 예약 · 발권 사무원은 항공사의 발권시스템을 이용하여 승객이 원하는 출발지 및 목적지, 시간을 검색하여 이용가능한 항공편을 조회하여 여행자에게 이용가능한 항공사 및 탑승시간, 좌석등급 등을 조회하여 알려주고 고객이 승인하면 신분증 및 여권 등을 확인하여 예약하는 사람을 말한다.

이들은 항공여행 일정에 따른 항공요금을 산출하고, 항공티켓을 발권하며, 항공권 이용에 따른 주의사항을 전달한다. 고객의 마일리지 확인 및 목적지, 항공사 등과 관련한 문의사항에 대하여 답변을 하거나, 환급, 기한연장 또는 변경 등을 처리하고, 전자항공권 및 선불증 (PTA: Prepaid Ticket Advice, 타 지역에 거주하고 있는 여행자를 위해 미리 티켓가격을 지급하고 해당 지역에서 티켓을 발권할 수 있도록 하는 제도)과 관련된 업무를 수행한다.

여행이나 출장 등으로 항공기를 이용하고자 하는 고객이 항공권 예약을 위해 가장 처음 접하게 되는 사람이 항공권 예약 · 발권 사무원이다. 이들은 항공사 및 여행사에서 근무하며 개인여행객과 단체여행객을 구분하여 업무를 담당하거나, VIP 또는 비즈니스 클래스 및 일등석 예약 고객을 별도 전담하기도 한다. 현재 TOPAS Sell Connect System을 주로 이용한다.

5) 여행상담사

미국의 경우 여행상담사(CTC: Certified Travel Counselor)는 ICTA(Institute of Certified Travel Agents)에서 주관하고 있는데, 여행상담사는 여행사를 전업으로 하면서 적어도 실무경험 5년 이상을 유지하여야 하거나, CTA시험에 합격하여야 한다. 또한 CTC의 지위를 유지하기 위해서는 ICTA에서 실시하는 계속교육 프로그램 중 10강좌를 이수하도록 요구하고 있다. 여행상담사(CTC)의 교육은 3개의 핵심 영역 즉 업무개발(business development)분야와 전문적 개발(professional development)분야 및 시사문제(contemporary issues)에 관한 분야로 나누어 각각 필수코스와 선택코스로 나뉘어 있다.

필수코스를 보면, 여행실무의 기본적 사항과 관련된 것으로 업무계획, 재무계획, 기술의 영향, 마케팅전략 등이 있는 점이 특기할 만하다.

| 표 6-10 | 여행상담사 교육과정

필 수 코 스	선 택 코 스
업무계획, 재무계획, 기술의 영향, 마케팅전략, 정시(呈示)판매, 협상기술, 목표수립/동기유발, 경영, 산업윤리, 관광동향, 문화적 다양성	인적자원관리, 틈새마케팅, 위기관리, 문화의 다양성, 재택(在宅)여행사, 경영환경변화, 공급체계, 문서작성기법, 종업원훈련 및 개발, 목표수립 및 동기, 경영분쟁 등

자료 : http://www.icta.com/ctc.htm. 2002년 12월 10일 의거 재구성.

6) 여행업무관리사

일본의 여행업무취급관리자는 일본여행업협회에서 인정하는 유일한 국가자격으로서 유자격자는 여행에 관한 풍부한 지식 및 기술을 보유한 여행전문가로 인정된다. 자격은 전국적으로 통용되며 한번 취득하면 일생동안 유효한 여행업계의 취 · 전직 경력을 쌓는데도 유리하고 취득만 하면 큰 재산이 되는 자격이다. 일본에서는 여행업을 개설하고자 하는 경우 이들을 일정 인원을 고용하도록 하고 있다(정찬종 · 김정옥, 2003 : 337~355).

이들의 취급업무는 ① 고객에게 여행의 신청내용을 설명하고, ② 계약을 채결하고, 여행계획의 작성을 관리 · 감독한다, ③ 여행에 관한 광고가 적절한지의 여부를 관리한다, ④ 여행자로부터 고충이 청구된 경우에 적절히 대응한다, ⑤ 기획여행 실시에 즈음하여 숙박이나 교통편의 예약 수배 등을 관리 · 감독한다, ⑥ 영업소 내에서 요금표 등의 게시를 체크하고 중요 서류를 보관한다, ⑦ 고객에게 쾌적하고 즐거운 여행을 기획 · 제공하는 등의 업무이다.

수험자격은 특별한 제한이 없고 누구나 지원할 수 있다. 시험과목으로는 여행업법 및 그에 따른 법령, 여행업약관, 운송약관 및 숙박약관, 국내여행실무, 해외여행실무 등이다.

6.3 여행업의 경영지침

여행업경영에 있어서 우선 전제되지 않으면 안 되는 것은 ① 여행업의 실태조사 특히 여행업경영과 채산성에 대해서, ② 여행업을 어떤 목표로 운영하고 영업을 전개할 것인지, 그 이해와 효과 및 장래성에 대해서의 검토 등 두 가지이다.

여행업의 진출실태를 살펴보면 전업(專業)회사보다는 겸업부문으로서 여행업무 취급을 하고 있는 회사(inplant agency 혹은 in-house agency)가 압도적으로 많다는 점이다.

특히 겸업회사의 경우에는 건설, 보험, 백화점, 신용카드, 운송업, 신문사 등 대기업에서 본업 자체의 판매력, 고객동원력, 집객력을 여행업무와 연관시켜 운영을 하고는 있다.

이들 기업은 기업의 채산성에 중점을 둔다기보다는 국외여행을 취급하고 있다는 기업의 이미지 PR에 이용하는 경우가 많고, 사원이나 고객에 대한 서비스 차원에서 또는 국외여행에 지출할 비용을 자사(그룹)에서 흡수할 목적으로 운영하고 있는 경우도 허다하다. 그러므로 여행업 경영자들은 경영지침을 확실히 해둘 필요가 있다 하겠다.

1) 고객을 창조한다

기업의 행위에 따라서 기업이 만들어 내는 재화(또는 서비스)에 대해 돈을 지급할 의사를 가진 "고객을 창조함으로써" 단순히 여행사서비스를 재화로 변환시킬 수 있다. 고객이야말로 기업의 기반이며 기업을 지탱해 주는 기둥이다. 사회는 부를 낳는 자원을 기업에게 위탁하는 것이다.

2) 기업의 특징을 살린다

여행사의 규모에 따라 소규모 회사의 경우에는 훌륭한 서비스를 목표로 하든지, 타사에서 취급하고 있지 않는 특정지역을 취급하든지, 어느 한 부문(예 : 등산여행, 낚시여행, 골프여행, 트래킹, 트럭킹 등)에 전문여행사로 특징짓는 것이 필요하다. 대기업의 흉내만 내서는 매번 뒤만 쫓는 회사로 남을 수밖에 없다. 그러므로 회사에서 충분히 가능성 있는 부문을 설정하여 집중 · 전문화하는 것이 여행업 경영의 기본이다.

3) 사회적 책임을 진다

기업은 사회 중의 한 개인이다. 그 개인의 존재가 어떤 형태로든 사회에 공헌하는 데에 기업의 존재의의가 있다(森谷トラベル エンタプライス, 1974 : 142). 여행을 통한 외화획득이나 자국을 널리 소개하는 것은 국가발전에 공헌하는 것이다.

4) 이윤을 추구한다

흔히 이윤추구라고 하면 나쁘다는 인식이 있는데, 기업의 정상적인 활동을 통하여 획득한 이윤은 기업이 계속기업(going concern)으로 살아남기 위해서는 필수불가결한 것이다.

5) 여행업의 비전을 확립한다

여행업은 여행이라는 서비스를 판매하는 것이지, 무상의 봉사를 하는 것은 아니다. 여행업은 지금 국민의 가장 관심 깊은 여가활동의 조정자(coordinator)이며, 동시에 상담자(consultant)이다. 결코 여행자들의 심부름이나 해주는 잡역부가 아니다. 대외적으로는 민간외교관이라는 긍지와 대내적으로는 여행계도자라는 긍지를 가져야 한다.

6.4 여행업과 경영수익

6.4.1 기본수익

여행업이 계속기업(going concern)으로서 살아남기 위해서는 기본적으로 영업적 요건인 일정한 수익을 올리지 않으면 안 된다.

여행업은 여행자와 운송업자, 숙박업자 및 기타 여행관련 업자의 중간에서 쌍방을 대표 또는 대리하면서 여행의 성립을 알선하고 그에 따라 얻는 보수(수수료)로 운영하는 회사이다. 그 사업의 수입원의 확보야말로 여행업의 안정적 성장에 기여하게 된다(長谷川巖, 1986 : 3).

여행업의 기본적 수입원으로서 중요한 것을 구체적으로 열거하면 다음과 같다.

① 운송업자의 승차 · 승선권, 항공권 등의 대매(代賣)수수료이다. 항공사들은 이 대매수수료를 아예 폐지하거나 수수료의 축소를 단행하고 하고 있어서 여행사들은 항공사로부터 받던 발권수수료 대신 여행사서비스수수료(TASF: Travel Agent Servcice Fee)를 개발하여 시행하고 있다.

② 전세버스 수송에 대한 버스업자에 의한 수수료이다. 대개는 수수료를 받은 대신 운행요금을 미리 공제하는 방식을 취하고 있다.

③ 송객알선에 대한 숙박업자에 의한 수수료이다.

④ 여행관계시설에의 송객에 따른 수수료이다.

⑤ 주최여행, 위탁여행에 대한 수수료(등이 있지만 이들의 수입을 확보하기 위해서는 각각 관계 제기관 · 제시설과의 정식으로 계약을 체결하지 않으면 안 된다). 일반적으로 5~7% 내외의 수수료를 받으나, 하나투어 전판점의 경우 ▲우량도 ▲경쟁력 ▲전략 기여도 등 3가지 항목을 고려해 수수료를 차별화하고 있다.

⑥ 국외여행의 제반수속(사증, 환전, 보험 등) 대행수수료이다. 고객유치 차원에서 무료로 진행하는 경우도 허다하다.

⑦ 여행도서류의 위탁판매 등에 의한 수수료이다.

⑧ 기타 여행에 부수되는 제 취급(사진, 카지노, 낚시, 골프, 사격, 쇼핑 등)에 따른 수수료이다.

여행업자가 수수료 수입을 확보하기 위한 여행관련 기관과 체결해야 할 수수료 계약을 대별하면 ① 승차선권류 · 항공권 대매계약, ② 쿠폰제 계약(호텔권, 여관권, 관광권, 식사권 등) 두 가지이다. 이러한 쿠폰계약에 의한 수수료의 확보는 여행사의 입장에서는 보다 능동적으로 수수료가 확보되는 것이므로 이 부문에 눈을 돌려야 할 것이다. 최근 일본 등 여행선진국에서는 오로지 이러한 쿠폰판매만 가지고도 거액의 매출실적을 올리고 있는 회사도 적지 않은 것으로 나타났다(JHC, APPLE 등).

| 표 6-11 | 항공사별 발권수수료 지급현황

항공사	판매 수수료	비고
에어차이나(Air China)	2%	에어차이나(CA) 영역이 아니라면 0%
인도항공(Air India)	1%	다양한 지역마다 다양한 요율, 인도항공 영역이 아닌 경우 0%
타히티누이항공(Air Tahiti Nui)	7%	미국지역 ARC만 해당, 프랑스, 영국, 독일, 스페인 등지 5%
바하마항공(Bahamasair)	4%	
중화항공(China Air)	3%	일등석, 비즈니스석, 일반석인 경우
중국남방항공(China Southern)	3%	중국남방항공 영역이 아니라면 0%
이집트항공(Egypt Air)	8%	출발지 미국시만/국제 출발지 3%
에티오피아항공(Ethiopian Air)	5%	국제선만/국내3%
에바항공(EVA Airways)	3%	자세한 사항은 직접 문의
걸프항공(Gulf Air)	9%	미국출발 걸프지역 도착만/유럽출발 걸프지역 도착시 7%
쿠웨이트항공(Kuwait Airways)	9%	여행일정 절반 쿠웨이트 지역 포함시
말레이시아항공(Malaysian Airlines)	5%	미국출발시
콴타스항공(Qantas)	3%	일등석, 비즈니스석만/일반석 0%
SN브뤼셀항공(SN Brussels Airlines)	5%	
선컨츄리항공(Sun Country)	5%	온라인 직접 예약시/GDS 예약시는 0%
탐브라질리안에어웨이(TAM Brazilian Airlines)	5%	브라질 외부지역만
타이항공(Thai)	5~10%	미국서 아시아, 호주, 뉴질랜드, LA국제공항 경우 캐나다만 5%/LA국제항공서 아시아, 호주, 뉴질랜드 등지 10%
우크라이나국제항공(Ukraine International)	7%	기본 수수료, 변동 사항은 직접 문의

자료 : ASTA, 2012년 7월 3일 기준, 세계여행신문, 제739호, 2013년 7월 1일.

6.4.2 부문별 수익

1) 국내 여행업무의 수익

당일여행, 숙박여행, 수학여행, 효도관광, 산업시찰여행, 각종 기업의 연수여행, 신혼여행 등 국내 여행업무에서 발생하는 수익에는 다음과 같은 것이 있다.

① 여행상품의 생산판매에서 얻어지는 여행경비(일반적으로 제조원가의 10% 이상)

② 포괄여행상품(package tour)의 판매로 인한 수수료(9% 이상)
③ 항공권 등 교통기관(철도 및 유람선 등) 이용권 등의 대리판매로 인한 수수료(판매금액의 5~10%).
④ 개인고객의 호텔객실 판매수수료(10%)
⑤ 관광쇼핑의 물품판매에 따른 수수료(10% 이상)
⑥ 버스대절 및 렌터카에 따른 수수료(10% 정도) 등이다.

2) 외국인 여행업무의 수익

외국인 여행업무의 주된 수익은 지상경비(land fee)로 얻어지는 수익이다. 지상경비는 여행경비의 지상부분 즉 국제적으로 이동하는 부문을 제외한 이동부문에 따른 총 경비에 일정률의 이익을 가산하여 산출된다. 그러나 여행업체가 난립하다 보니 어떤 경우에는 이익은 고사하고 제조원가도 되지 않는 경우도 발생하고 있는 실정이다. 외래여행자의 국내유치에 의한 여행사의 수익은 다음과 같다.

① 여행상품의 생산판매 즉 지상비용(land fee)에 대한 10% 이상의 수익(handling charge)
② 개인고객의 호텔예약에 따른 송객수수료(10%)
③ 선택여행(optional tour)의 실시에 대한 수익(10% 이상)
④ 관광기념품점, 면세점, 관광식품점 등의 물품 판매대금으로부터 얻어지는 수수료(10% 이상)
⑤ 항공권 등의 각종 교통기관의 이용권의 대리판매로 얻어지는 수수료(5% 이상)
⑥ 관광사진업의 관광사진 판매로 얻어지는 수수료(10% 이상)
⑦ 한국음식점의 음식판매로 얻어지는 수수료(총매출액의 20%)
⑧ 카지노 송객에 따른 수수료(수송에 따른 교통비 지원금, 유치인원당 수수료 및 고객이 손실금에 대한 수수료)
⑨ 관광 관련업체와 별도계약에 따른 수수료(예 : 골프장 송객수수료, 나이트클럽 송객 수수료, 극장식당 송객수수료, 온천장 및 이발소 이용에 따른 송객수수료 등)
⑩ 용역관련수입(통역안내 서비스, 송영(送迎) 서비스, 여행과 관련된 기타 용역 서비스)이 있다.

3) 국외여행업무의 수익

국외여행업무에서 얻어지는 수수료는 크게 수속에 따른 수수료, 각종 권류(券類)의 대매에 따른 수수료 및 지상경비의 수익으로 나눌 수 있으며, 구체적으로는 다음과 같다.

① 사증 및 여행자보험, 환전 등 대행에 따른 수수료(5%)
② 국제선 항공권 판매에 따른 수수료[일부 항공사만 제공되며, 여행사서비스수수료(TASF : Travel Agent Service Fee)로 변경되어 자율적으로 부가]
③ 국외 포괄여행(package tour)의 판매에 따른 수수료(9% 이상)
④ 선택여행(option tour)의 실시에 따른 수수료(10% 이상)
⑤ 여행자의 국외여행 중의 쇼핑(백화점, 기념품점, 면세점 등)의 물품구매에 따른 수수료(5% 이상)
⑥ 국외 호텔의 이용에 따른 송객수수료(10%)
⑦ 타사의 포괄여행상품 위탁판매에 따른 수수료(9%)
⑧ 국외여행보험 수수료(20% 정도) 등이다.

이처럼 여행업의 수익은 기본적으로는 수수료에 의하여 운영되고 있으며, 국내여행업무에서는 '버스대절 수입과 각종 권류의 판매수수료'가 중요한 비중을 차지하고 있으며, 외국인여행업무에서는 '지상비용(land fee)과 쇼핑 등에서 얻어지는 송객수수료', 국외여행업무의 경우에는 '포괄여행(package tour)의 판매에 따른 수수료'가 많은 비중을 차지하고 있다.

6.4.3 수익의 향상방안

"수익 없이 기업 없다"라는 말은 모든 기업에 있어서 공통된 지침이다. 왜냐하면 수익은 사업의 전제조건이자 본질이기 때문이다.

여행업의 수익성 향상을 위한 기본지침에는 일반적으로 4가지로 나누어 고찰할 수 있다(森谷トラベル エンタプライズ, 1974 : 63~7).

1) 매출액 증대전략

매출액을 증대시키는 것은 이유 여하를 막론하고 매상을 신장시키는 것이다. 이익률이 높은 것을 많이 파는데 지나침은 없지만, 한 품목당 이익이 적으면 소위 박리다매방식으로 많이 파는 수밖에 없다. 그를 위해서 메이커는 설비투자를 하고 기술개발을 하며, 시스템을 개발하여 대량생산체제를 갖추어 나가야 한다. 매출액 증대를 위한 방안으로는 4가지가 있다.

① 판매사원의 다량확보 : 많이 판매하기 위한 가장 손쉬운 방법은 판매사원의 다량확보이

다. 예컨대 판매사원 한 사람이 1,000명의 고객명부를 가지고 매월 50명의 여행자를 유치한다고 가정하면 10명의 판매사원을 고용하면 월 500명의 고객을 확보할 수 있다는 계산이 나온다.

② 판매전략의 효율화 : 이것은 판매사원 개개인의 영업효율을 높이는 것이다. 즉 1,000명의 고객명부를 가지고 월 50명의 고객을 확보하던 것을 월 70명, 80명, 100명으로 늘리는 것이다. 이를 위해서는 능력 있는 판매사원의 확보와 기존 판매사원의 질을 향상시켜야 하는 것으로 귀결된다. 3×10전략[3]의 수행은 판매전략에서 흔히 채용하고 있는 기본 대형(formation)이다(박선협, 1986 : 24).

③ 광고 · 선전에의 투자 : 이 방법은 기업의 이미지를 고양시키고 불특정다수의 고객을 흡수한다는 이점을 가지고 있기 때문에 많은 여행사에서 채용하고 있다. 이 방법은 점두판매형 여행사는 물론 섭외판매형 여행사에서도 회사의 지명도를 향상시키는 데 유리한 방법이다.

④ 판매대금 수수방법의 개발 : 여행요금은 전통적으로 여행개시 전에 지급하는 것이 원칙으로 되어 있다. 그러나 후불제(pay later plan)나 분할납부제도의 도입, 적립식 여행요금제의 시행 등 판매대금의 수수방법을 개발한다면(拙稿 1990 : 18) 잠재여행 수요자를 자극시켜 여행인구의 확대를 꾀할 수 있을 것이다.

2) 판매가격 인상전략

이것은 판매가격을 인상하는 것이다. 이익률이 낮다면 판매가격을 인상하여 높은 수익을 창출해야 한다. 그러기 위해서는 그 나름의 근거(부가가치)가 있어야 한다. 즉 부가가치 부분을 증대하는 것이다. 왜냐하면 시장에는 시장가격이라는 게 있어서 동일상품을 비싼 가격에 내놓으면 그것은 매출에 영향을 미치게 된다.

여행업에서 보다 이익률이 높은, 판매가가 높은 상품을 만들기 위한 부가가치란 무엇인가. 그리고 그 상품의 가격은 시장시세에서 보아 어디까지 인상이 가능한 것인지 면밀한 검토가 필요하다. 이 방법에는 다음의 4가지가 있다.

① 이익률의 증대 : 이 방법은 낮은 가격에 여행소재를 구매하여 높은 가격에 판매하는 것이다. 그러기 위해서는 대량판매와 어느 특정업체에 집중송객을 함으로써 생산원가를 낮추고 이에 부가가치를 창출해야 한다.

② 고급화 : 여행상품의 가격은 여행소재의 결합에 의한 총 가격(total price)에 일정률의 이

3) 3×10전략이란 (방문+전화+편지)×10 daily로, 즉 하루에 방문, 전화, 편지를 10군데씩 하라는 것이다.

익(mark up)을 가산하여 책정하는 만큼 여행상품을 고급화한다는 것은 고급여행소재의 구매를 말하는 것으로, 고급여행소재의 구매는 필연적으로 총가격의 인상을 가져와 여행사로서는 그만큼의 이익률이 보장되는 것이다.

③ 특수상품의 개발 : 여행사를 통하지 않고도 아무나 할 수 있는 여행이라면 여행사의 존재의의도 없어질 뿐만 아니라 여행자의 여행사 유인에도 어려움이 따르게 된다. 그러므로 여행사로서는 경쟁 타사와의 차별화를 위해서나 계속적인 고객을 확보하기 위해서도 이벤트를 위주로 한 특수소재상품(special interest tour)의 개발이나 목적지향형 여행상품 개발이 필수적이다.

④ 특수고객층의 확보 : 특수고객층이란 여행에 영향을 줄 만한 유력한 인사로서 예컨대 여행조직자(travel organizer)나 특별유통경로자 등을 말하는 것으로서 이들의 확보는 여행행사를 증대시키는 관건이다.

3) 원가절감 전략

① 적자상품의 제거 : 구색을 갖추어 이미지를 향상시킨다는 논리는 현실적으로는 마이너스요인으로 작용하는 경우가 허다하다(박선협, 앞의 논문 : 26).

따라서 '다품종소량생산방식(多品種少量生産方式)'에서 적자상품을 제거한 후 '소품종대량생산방식(少品種大量生産方式)'으로 전환하는 것이다. 여행상품의 구성요소 중 인상요인이 되고 있는 것은 무엇인지 면밀히 검토하여 이를 제거하는 것이 무엇보다 중요하다.

② 대체상품 및 대체방식의 개발전략 : 일정상품의 판매가 불투명한 경우 지역별, 여행목적별, 연령 등 시장을 세분화한 대체상품을 개발하고, 업무 중 단순업무는 위탁시키는 등의 대체방식의 개발을 통해 수익을 향상시킨다.

③ 과잉서비스 억제전략 : 여행사에서는 여행에 부수되는 여행상담이나 여행과는 관계도 없는 고객의 요망사항 등에 대한 처리에 있어서 무료라는 개념이 지배적이다. 따라서 상품의 품질과 필요한 서비스를 재검토하여 불필요한 부분을 잘라내고 여행상담료 징수 등 정당한 대가를 받을 수 있는 방안을 강구하여야 한다.

④ 강·약점 고려전략 : 자사가 가지고 있는 강점은 무엇인지, 또한 거래사의 약점은 무엇인지를 알아내어 강점을 살리고 상대의 약점을 여행비용인하 전략과 연계시켜 나가는 것이다. 이것은 거래사에게는 상품의 판매기회를 주고 자사에게는 이익률을 향상시키는 상호간 이점이 있는 활동이다.

⑤ 협업화전략 : 협업화란 자사와 거래사 또는 동업 타사와의 공동구매나 배서(背書 · endorsement) 등을 통한 필요한 여행부품의 조달이나, 컴퓨터의 공동이용 등 상호간의 협력체제를 구축하는 것을 말한다.

⑥ 계열화전략 : 계열화는 생산자가 다른 생산자나 도매업자 · 소매업자 등의 판매업자를 조직화함에 따라 자사제품의 생산이나 판매를 유리하게 전개하기 위한 기업활동인데, 이 전략은 첫째, 합리화에 의한 원가절감, 둘째, 판매촉진활동의 강화, 셋째, 소매점경영의 안정화, 넷째, 애프터서비스의 향상 등의 장점이 있는 만큼(宇野正雄, 1984 : 316~7) 이 전략은 여행소재 구매를 원활히 할 뿐만 아니라 가격을 인하하는데 상당히 도움을 주는 것으로 알려지고 있다. 따라서 여행업과 밀접한 면세점, 관광토산품점, 관광사진업, 관광식당 및 나아가서는 호텔이나 항공사까지 계열화함으로써 수익성 향상에 이바지할 수 있다.

⑦ 다각화전략 : 여기서의 다각화란 이업종(異業種)에의 진출을 의미하는 것이 아니라 어디까지나 구매 · 판매기구 가운데에서의 다각화이다. 즉 전술한 계열화를 진전시킨 것으로 보아도 좋을 것이다. 즉 지금까지 타사로부터 구매하고 있던 부품을 자사에서 해결할 수 있다면 가격인하 효과를 올리기가 용이할 것이다. 그러나 이 전략은 자금력이 관건이 된다. 대형 그룹사가 여행업에 진출하여 성공을 거두고 있는 것은 그 때문이다.

6.4.4 항공사 발권수수료 폐지에 따른 수수료 개발전략

여행선진국에서 사용해 왔던 전략은 크게 여섯 가지이다. 즉 패키지투어의 판매확대를 통한 매출액 증대전략, 서비스피(service fee) 개발전략, 볼륨인센티브(volume incentive)전략, 여행 관련상품의 개발전략, 여행서비스 품질의 유지 · 향상전략, 지자체 인센티브 참여전략 등이 그것이다(정찬종, 2007.5.7)

1) 패키지투어의 판매확대를 통한 매출액 증대전략

패키지 여행상품에서는 상품구성상 발권수수료보다는 여행전반에 따른 비자발급 수수료, 지상교통편 수배수수료, 가이드 및 TC(tour conductor) 수수료, 호텔 송객수수료 등 제반 서비스 수수료를 기본으로 운영해 왔기 때문에 여행상품 공급업자와의 가격협상을 통해 요금할인을 받아 전체 여행상품에 대한 마크업(mark up)규모를 증대시켜 매출증대를 꾀하는 전략이다.

2) 서비스피(service fee) 개발전략

항공 이외의 철도예약, 여행계획, 항공+호텔+렌터카 패키지, 호텔+렌터카+투어패키지, 크루즈 상품 등 모든 상품에 서비스피 부과방안을 모색한다.

ASTA(미주여행업협회)에 의하면 2008년 항공권 판매비중은 23.8%로, 발권수수료 폐지이전인 2000년의 56.1%와 비교하여 무려 53.7%의 하락을 보이고 있는 반면, 패키지투어와 크루즈 판매의 비중은 점차 증가추세를 보이고 있음으로써 서비스피 개발전략에 따라 패키지 투어가 판매비중 1위가 되었다고 보고하고 있다. 이에 대해서는 한국여행업협회(KATA)차원에서 서비스피 개발을 위한 다양한 전략을 모색하고 있어서 향후 이에 대한 실행방안에 대해 업계의 공동대응이 필수적인 전략이다.

3) 볼륨인센티브(volume incentive) 전략

볼륨인센티브란 항공사가 여행사를 대상으로 실시하는 항공권 판매독려책을 말한다. 즉 항공권을 판매한 규모(볼륨)에 따라 추가수수료 등의 혜택(인센티브)을 제공하는 정책이다. 항공사별로 볼륨인센티브 정책은 다양하게 운영되는데, 일반적으로 다음과 같은 사항에 적용하고 있다. ▲전년 동기 대비 판매량 증가율, ▲목표량 달성여부, ▲판매금액증가분, ▲항공권 매수(枚數) 등인데, 여행사와 항공사의 이익이 합치한다면 기존의 발권수수료다 더 많은 수수료를 받을 수도 있기 때문에 여행사의 대형화 추구를 통한 규모의 경제(판매계약에 근거한 인센티브)를 확보할 수 있는 전략이다.

4) 여행관련상품의 개발전략

여행사의 아버지로 불리는 영국의 토마스쿡(Thomas Cook)사는 이미 1851년에 "Cook의 Excursionist"라는 여행잡지를 선보이고 있으며, 1873년에 발행되기 시작한 "Thomas Cook Continental Timetable"을 비롯하여 1874년 본업이라고 할 만한 여행자수표(Traveler's Check)의 영업을 개시하고 있다.

여행사들이 단순히 여행상품에 국한된 상품뿐만 아니라 관련상품의 개발여하에 따라서는 부업이 본업을 압도할지도 모르는 일이다. 여행선진국에서 개발된 관련상품으로는 여행시각표, 여행정보지, 여행 가이드북 등 여행도서류, 여행자수표, 여행보험 등 비교적 오랜 세월 동안 여행 이외의 상품들이 있다.

새로운 개발상품으로는 ▲해외토산품 사전구입서비스, ▲트래블 론(travel loan), ▲여행권(旅行券)적립플랜, ▲선물(gift) 여행권 등이 있으며, 국내·외 여행에 가방이나 의류, 짐 꾸리기 용품이나, 기내나 호텔에서 사용하는 잡화, 보안용품 등 여행 중에 사용하는 모든 여행용품의 판매 및 국제전화관련 서비스, 공항관련 서비스, 백화점, 호텔, 레스토랑, 전문점, 레저시설 등 여러 곳에서 사용할 수 있는 선물용 상품권, 연극, 뮤지컬, 고전극, 콘서트 재즈, 오페라, 마당놀이, 판소리 등 "음악", 미술전, 박물관 등의 "미술", 야구, 축구, 씨름 등의 "스포츠", 박람회, 전시회, 페스티벌 등의 "이벤트", 그리고 영화 티켓 등 엔터테인먼트 티켓의 판매, 공영복권의 판매 등도 고려해 볼 수 있다.

5) 여행서비스 품질의 유지 · 향상전략

여행서비스를 연구하는 학자들의 연구결과들은 한결같이 서비스품질–만족–구매의도의 관계를 형성한다는 실증적 결과를 내놓고 있다. 그러므로 여행사들은 여행서비스의 품질을 유지 · 향상시킬 수 있는 시스템을 도입하지 않으면 안 된다. 항상 경쟁사보다 뛰어난 서비스를 제공해야 한다는 것을 명심하고 이를 유지하기 위한 노력을 해야 한다.

여행서비스의 질을 유지 · 향상시킬 수 있는 시스템은 서비스수준협정(service level agreement)의 도입이나 여행상품 브랜드 품질인증제를 통해 여행사들이 제공하는 서비스를 식별할 수 있다.

상품의 성격이 매우 유사하고 쉽게 모방될 수 있는 여행서비스의 품질은 여행사의 경쟁우위와 차별화의 원천으로서 사업성패를 결정하는 핵심적인 요인이기 때문이다. 현재 한국일반여행업협회나 문화체육관광부에서 시행하고 있는 "우수여행상품품질인증제" 등의 제도를 적극 활용하여 자사상품의 품질인증을 가능한 많이 확보해 두는 것이 중요하다.

6) 지자체 인센티브 참여전략

서울특별시를 비롯하여 각 지자체에서는 지역의 관광산업 활성화를 위해 각종 인센티브제도를 만들어 시행 중에 있다. 예컨대 유치인원 1인당 적게는 몇 천원에서부터 많게는 몇 만원에 이르기까지 매우 다양하다. 또한 특정 지자체를 중심으로 한 여행상품개발 · 판매시 광고 또는 홍보에 들어가는 비용의 일부를 지원하기도 한다. 즉 "전담여행사 지원제도"이다. 따라서 여행사들은 각 지자체에서 실시하고 있는 전담여행사 지원제도의 구체적 지원내용을 사전에 파악하여 영업에 활용한다면 회사 자체의 판매수익과 지자체의 지원수익 등 두 마리의 토끼를 잡을 수 있게 된다. 이 같은 전략은 주한 외국 관광청(NTO)과의 제휴로 해외여행에도 적용할 수 있다.

6.5 여행업의 경영관리

여행상품과 같은 서비스재를 취급하는 기업에서는 제조업과는 달리 독특한 경영관리방법이 적용되지 않으면 안 된다(井原哲夫, 1979 : 3). 그러나 서비스를 기본으로 하는 여행업에서는 적절한 경영기법이 발달되어 있지 못할 뿐만 아니라 무조건 손님의 비위를 맞추는 것만이 경영방법인양 오해하고 있기도 하다.

여행업의 경영적 특질은 주지하다시피 ① 노동집약형이라는 점, ② 노동생산성의 상승률이 낮다는 점, ③ 가격상승률이 높다는 점, ④ 타산업에 비해 위험부담이 적다는 점 등으로 요약된다(日本交通公社, 1979 : 467~468). 오늘날 여행업의 기업경영은 많은 문제에의 대응을 요구받고 있다. 그것은 제조업 등 물적산업이 가지고 있는 경영문제에 추가되어 여행상품의 특수성 및 이에 따라 발생하는 여러 문제를 내포하고 있기 때문이다. 따라서 많은 여행업경영자들은 제조업중심의 경영관리기법이나 마케팅이론을 이용하고 있는 것이 현실이다.

여행업을 비롯한 서비스기업 일반에서 적용가능한 일반적 기법과 경영관리적 기법으로 나누어 경영관리기법을 알아보자.

6.5.1 일반적 관리

1) 물재(物財)로의 체화(體化)

여행상품은 시 · 공간이 특정되어 있고 일과성(一過性)의 특질을 가진다. 따라서 저장 및 수송이 불가능하다. 그런 까닭에 여행상품의 생산은 수요자 입지(立地)와 수요시간에 맞추어 행해지지 않으면 안 된다(정찬종, 1990 : 273~4).

그러나 생산과정에서 서비스를 물재로 체화시킬 수 있는 경우에는 약간의 시간적 · 공간적 허용(재고와 수송)을 취할 수 있다. 서비스를 일단 물재로 체화시켜버리면 물재로서의 비축 · 재고나 계획 · 생산 등의 물적 운용기업을 활용할 수 있다. 예컨대 교육서비스업인 학교에서는 학생들에게 교육내용을 교재라는 것을 만들어 학생들의 학습활동에 기여함으로써 학습효과를 높일 수 있다. 이와 같은 맥락으로 파악하면 여행업에서도 여행업무의 교본(manual)화, 직무명세서(job specification)나 직무기술서(job description) 등의 작성을 통해 업무효율을 높이는 것이다.

2) 내용고지의 적극화

여행상품은 일정한 형태가 없어서 고간은 종종 여행서비스의 존재를 망각한다. 즉 어떤 것이 좋은 서비스인지를 여행자들이 인식하지 못하고 있는 경우가 많다. 즉 고객은 얻고 있는 것을 얻을 수 없을 때까지 얻고 있는 것을 모른다는 것이다.

즉 여행자는 여행사 측의 실수나 업무착오가 발생하는 경우에만 의식에 남게 된다는 것이다(T. Levitt, 1981 : 94~102). 따라서 여행사측으로서는 여행자들이 여행서비스를 계속적으로 공급받고 있다는 확신을 갖도록 할 필요가 있다. 이와 관련된 것으로는 여행관련 뉴스의 제공, 편지발송, 전화 등 서비스제공의 구체적 제공이 필수적이다.

3) 유형화

여행은 일과성이기 때문에 때가 지나면 그것을 직접 눈으로 볼 수가 없다. 따라서 그 존재를 나타내는 방법으로서 이를 유형화하여 나타내는 방법이 좋다. 예컨대 호텔에서의 화장실 청소상황에 대해서 청소했음을 알리는 "소독 끝"이라는 띠를 둘러 표시하는 것 등이 유형화의 한 수단이다.

그러므로 여행업에서는 여권의 커버(cover)를 씌우는 것, 현장종사원의 어깨띠, 휘장, 완장 등의 사용 등 서비스를 실시하고 있다는 것을 알리는 일이 중요하다.

4) 이미지화

카메라나 음향기기의 경우에는 내부가 보이지 않고 설사 내부가 보인다 해도 일반인의 눈으로는 품질식별이 곤란하기 때문에 브랜드이미지(brand image)의 영향을 강하게 받듯이, 인식의 곤란성을 가지는 여행상품은 그 내용이나 품질수준에 대해서 명성, 평판, 이미지에 강하게 영향을 받는다.

따라서 종업원의 제복, 여행사의 건물, 간판, 사인보드(sign board), 서비스마크, 슬로건 등 각종 매체의 이미지를 고도화하는 것이 중요하다. 그렇게 함으로써 타여행사와의 기업식별(corporate identity)이 가능해진다.

5) 서비스 제공시 약간의 조정

여행상품은 무형상품으로 품질의 안정이 어렵다는 단점을 가지고 있다. 이러한 점을 장점으로 살리기 위해서는 서비스 제공시에 약간의 조정을 가미하면 여행자의 욕구를 만족시킬 수 있다. 즉 여행자의 개별사정에 맞추어 임기응변의 여행서비스를 제공하는 것이다. 그렇다고 해서 임기응변이 지나쳐 여행상품의 본래의 내용이 저해되어서는 안 된다.

6.5.2 경영적 관리

1) 고객관리

여행상품의 생산과정에는 여행자가 직접 참가하고 수급(需給) 양자(兩者)의 협동이 생긴다. 이는 경영측면에서 보면 생산과정에 있어 고객의 행동을 관리하지 않으면 안 된다는 것을 의미한다.

고객관리에 있어 두 가지 요소는 첫째, 고객의 의지이고, 둘째, 고객과 생산자의 협동이다. 이 두 요소가 여행상품의 수수과정에서 혼연일체가 되어 제공자와 고객의 상호작용이 발생한다. 즉 여행서비스의 제공방법의 의사결정 및 고객의 협력 등이 한꺼번에 행해지기 때문에 계획과 운용의 미분화상태가 존재하는 것이다. 이를 관리하는 것은 ① 고객 고정화, ② 고객이용이다.

(1) 고객고정화

고객고정화란 단골고객의 확보를 의미한다. 신규고객을 확보하는 데는 시간이 많이 소요될 뿐더러 경비도 더 든다. 단골고객은 속마음을 알 수 있기 때문에 상호의존적인 생산을 하는 여행상품의 경우에는 그만큼 위험이 감소된다. 그러므로 단골고객을 확보하기 위해서는 고객관리 정보대장(customer information file)을 만들고 고객별 행동특성이나 기호사항 등을 면밀히 분석해 둘 필요가 있다. 또한 회원제(membership)의 운영이나 고객카드 등록제의 운영도 검토해 볼 만하다. 작은 여행사들은 많은 단골고객을 확보하여 소비자 개개인에 대해 맞춤형 관리를 할 수 있는 고객관리 시스템으로 생존전략을 바꾸어야 한다.

대형 여행사라고 해도 모든 여행상품을 잘 만들어서 시장에서 인정받을 수는 없다. 하지만 작은 여행사들은 상품을 생산하려는 노력 대신 어떤 회사에서 생산한 여행상품이 좋은 지 정보를 수집해 단골고객들 개개인의 욕구에 맞춰 경쟁력 있는 다양한 회사의 여행상품을 제공할 수 있다면 시장에서 생존할 수 있는 확률은 높아진다. 은행 · 보험 · 증권 · 부동산뿐만 아니라 대부분의 업종에서 PB(Private Banking)라는 직업군을 흔히 찾아 볼 수 있다.

(2) 고객이용

이것은 고객과의 협동에 있어서 많은 부분을 고객에게 떠맡기려는 전략이다. 즉 여행업에서 제공하는 여행상품을 표준화하고 여행서비스를 효율적인 범위에 한정시켜 남은 업무를 고객에게 짐을 떠맡기는 방책이다. 예컨대 호텔의 룸서비스의 자판기 대체, 테이블 서비스(table service)의 뷔페(buffet) 대체, 모닝콜의 자명종 대체, 장거리전화의 즉시다이얼 대체 등이 이에 속한다.

은행출납업무의 자동화(ATM : Automated Teller Machine)는 기계화, 고객이용, 서비스의 신속화 등 대표적인 성공사례에 속한다. 그러므로 여행사에서도 업무상 비중이 낮은 단순업무는 고객을 이용하여 고객의 행동을 바꾸는, 혹은 고객의 노동력을 늘리는 변화가 필요하다. 이때 물론 고객의 동의와 충분한 이해가 필요한 점은 말할 필요조차 없다.

2) 수급의 균형유지

여행상품은 완성품의 재고를 가지고 있지 않기 때문에 여행상품의 생산은 수요시간으로 돌려진다. 성수기에는 공급능력이 수요를 감당하지 못하고 반대로 비수기에는 공급이 과잉현상을 빚게 되어 수요가 이에 따르지 못하게 된다. 그러므로 여행업으로서는 어느 정도의 수요에 대한 시간적 변동을 관리한다든가 혹은 공급능력에 경영효율을 도모하려는 연구가 진행되고 있다.

(1) 수요조정

이 방법은 수요를 비수기로 이동시키거나 비수기에 새로운 수요를 개척하는 방법이다.

수요조정에는 대체로 다음의 다섯 가지 방법이 있다.

① 차별요금(fare discrimination) : 이 방법은 성수기에는 요금을 할증해서 비싸게 받고 비수기에는 요금을 할인하여 싸게 받는 방법을 취함으로써 안정적인 조업을 확보하려는 것이다. 예컨대 여행의 성수기에는 여행요금을 비싸게 받고 여행의 비수기에는 요금을 할인하는 등의 방법을 말한다.

② 시간제한 : 이 방법은 여행업계가 공동으로 대처해야 할 문제의 하나로 영업시간을 같은 시각으로 함으로써 수요의 시간적 분산을 영업시간 가운데로 끌어들이는 전략이다. 즉 업계가 일제히 영업시간을 조정함으로 해서 고객의 행동을 강요하는 전략인데 대부분의 여행사에서는 한 사람의 고객이라도 확보하려고 영업시간을 연장하면서까지 업무활동을 하고 있으나, 그 시간에 소요되는 종업원의 초과수당이나 광열비, 통신비 등을 지출하고도 과연 이익이 발생되고 있는지 생각해 볼 일이다.

③ 비수기의 수요개척 : 비수기에는 공급능력이 과잉상태가 되어 여행업으로서는 새로운 상품을 개발할 수 있는 절호의 기회가 된다.

④ 보충적 서비스의 실시 : 여행서비스의 관리에 많은 시책을 강구해도 여행서비스 현장에서는 수용능력과 수요량의 미세한 차이가 발생하기 마련이다. 즉 고객의 대기시간이 불가피하게 발생한다. 그러한 대기시간은 고객에 있어서는 무의미한 시간이며 기다리

는 고통을 수반한다. 따라서 여행사로서는 고객의 이러한 고통을 사전에 제거해 주는 노력이 필요하다. 그러므로 구두로 얘기하는 것보다는 동영상, 포스터, 브로슈어 등으로 시각효과도 가미하여 보충적 서비스를 하는 것이 바람직하다.

⑤ 예약제도의 개선 : 예약은 수급 양자에게 계획성을 부여해 주는 좋은 제도이다. 고객에게는 불필요한 대기시간이 줄고 확실한 서비스가 보장되기 때문에 좋고, 여행사로서는 업무의 번잡화를 덜 수 있어서 좋다.

선진국처럼 예약문화가 정착되면 수급양자 간에 취소에 의한 불확실성이 제거된다. 여행상품의 경우에도 극장이나 영화관 같이 티켓화하면 그 티켓은 물재처럼 시장에 유통시킬 수도 있으며, 여행사로서는 고객이 납득할 수 있는 범위 내에서 취소료 등의 구속력을 행사할 수 있게 되어 확실한 수입이 보장되는 셈이다.

(2) 공급능력 조정

공급능력을 조정하는 방법으로는 다음과 같은 4가지 방법이 있다.

① 일시고용원의 이용 : 성수기의 수요에 대처하기 위해서는 일시적 노동력의 증가를 통해 해결할 수 있다. 여행사에서도 흔히 채용되고 있는 일시고용안내사(part time guide)의 활용이 그러한 예이다. 따라서 여행업무 중 단순노동은 실습생 또는 외주(外注)를 주는 방안이 모색되어야 한다. 특히 여행업에서 결혼으로 인하여 퇴직한 사원의 활용이나 성수기의 월 단위로 고용하는 방법도 좋다.

② 효율극대화 노력 : 여행은 행사가 시작되면 행사가 끝날 때까지 쉴 새 없이 계속되기 때문에 여행업 종사원은 업무부서간 협업은 물론이거니와 때로는 타 업무도 능히 감당할 수 있도록 훈련되어 있어야 한다. 행사가 한창일 때에는 기업 내의 인원배치를 일시적으로 바꿈(shift)으로써 관리부서의 직원이라도 행사현장요원으로 활용하여 공급능력을 확대하여 효율을 극대화시켜야 한다.

③ 공동이용 : 공급기업 간 또는 여행업 간에 수용능력을 상호간 융통시키면 공급능력을 탄력적으로 운용할 수 있다. 예를 들면 병원 간 이송, 오픈티켓(open ticket)의 항공권으로 어떠한 항공사라도 이용가능한 것 등이 그것이다. 여행사로서도 관련 프린서펄의 배서(背書 · 裏書, endorsement)를 통한 공동협력방안이 모색되어야 한다.

④ 예상확장에의 투자 : 제조업에 있어서 장래의 수요증가에 대비하여 증설예정 분을 전망하여 공장부지를 사전에 매입하는 것처럼 여행사로서도 시설이나 건물의 증설 · 확장을 고려한 준비적 투자를 하는 것은 바람직한 방법이다.

6.5.3 여행서비스의 수준관리

1) 여행서비스의 수준과 가격

가격과 내용이 메뉴화되어 있지 않은 여행업 현장에서는 극히 애매한 서비스내용과 가격정보에 따라 공급자의 존재를 알고 그 가운데 한 회사를 골라 연락을 취하는 경우가 대부분이다. 이러한 경우 고객의 보다 싼 가격을 선택하고자 하는 것은 지극히 당연하다. 고객의 이러한 심리는 어딘가에 정지시키지 않으면 제한이 없어진다. 그러므로 여행사로서는 이 정도의 서비스 수준에는 이 가격, 가격이 낮은 여행상품의 경우에는 이 정도의 서비스가 제공된다고 확실히 말해 줌으로써 고객의 자주규제를 유도할 수 있다.

2) 품질관리

① 생산시스템에 의한 관리 : 이는 여행서비스의 생산과정을 관리함으로써 품질을 관리하는 것으로 특히 인적 서비스의 관리에 초점을 두고 있다. 즉 단순노동은 생산공정을 표준화하고, 물적 서비스는 물체의 유지관리를 철저히 하며, 인적 서비스는 매뉴얼 등 표준화된 교재에 의한 교육훈련, 표창제도에 의한 여행업 종사원의 자긍심 함양, 간부가 행하는 현장지도 등이 그것이다.

② 모니터(monitor)조사와 복면사찰(覆面査察) : 여행서비스를 생산하는 여행사 자신은 품질의 측정이 불가능하므로 대체적 방법으로써 고객의 반응을 파악하여 품질을 측정하는 것이 유효한 방법이다. 즉 고객앙케이트 조사나, 모니터요원에 의한 모니터 조사, 조사요원에 의한 복면사찰방법 등이 그것이다.

6.5.4 여행서비스의 생산시스템 관리

여행서비스의 생산과정의 특색은 '제공 = 향수(享受)'라는 수요자와 직접 연결된 부분을 내포하고 있는 점에 있다. 따라서 여행업으로서는 수요자의 공간적 존재에 대처한 위치(location)를 찾게 되고 여행사의 설비나 여행서비스요원의 공간적 배치가 중요한 요인이 된다.

1) 시스템의 분리적용

여행서비스 생산시스템은 고객과의 접촉에 따라 고접촉부문과 저접촉부문으로 구별된다.

체이스는 "고객과의 접촉 정도가 높은 서비스시스템은 낮은 서비스시스템보다 관리하기가 어렵고 또한 합리화도 용이하지 않다"고 주장하였는데(Richard B. Chase, 1978 : 13~8), 이는 고객과의 접촉이 적으면 적을수록 생산효율을 높일 수 있음을 의미하고 있다. 그러므로 여행업에서도 후방부문인 정산, 경리, 총무 등 저접촉부문(low contact department)은 임대료가 비싼 시내 중심지에서 임대료가 싼 변두리지역으로 분리 독립하는 것도 고려하는 등 영업효율을 높이는 방향으로 검토를 해야 할 것이다.

2) 체인화와 후방부문의 연동(連動)

고접촉부문은 수요에 밀착하는 방향으로 검토하고 가급적 수요자에 분산시켜 고객의 개별욕구에 대처할 수 있는 융통성 있는 조직을 갖추지 않으면 안 된다. 반대로 저접촉부문은 내부효율을 우선시켜 비용절감을 통한 관리에 역점을 두어야 한다. 이것이 체인화와 후방부문 분화의 연동(連動)이다.

6.5.5 여행업의 인재교육

1) 여행서비스의 원천은 인간이다

여행서비스를 창출하는 원천은 인간이라는데 대해 이를 부인하는 사람은 없을 것이다. 그러므로 여행업종사자들에게 필요한 전문적 기술(technical skill)을 습득시키는 교육이 필요하다. 이것은 경제적 논리에서 말하자면 좋은 제품을 만들기 위해 기계를 충분히 관리 유지한다거나 새로운 신예기계로 대체하는 것과 같은 논리이다.

2) 사람(서비스 요원) = 서비스재(상품)

물재의 경우에는 그 물건의 호 · 불호(好 · 不好)로 구입의 판단을 하지만, 여행서비스재는 실제로 여행에 참가하지 않으면 상품의 좋고 나쁨을 알 수 없기 때문에 소비자로서는 여행업의 종사원(사람)을 보고 여행서비스의 좋고 나쁨을 판단한다. 즉 "종사원의 좋은 인상 = 좋은 서비스재"로 생각한다. 이는 학교에서 선생과 학생관계에서도 나타난다. 즉 마음에 들지 않는 선생의 과목은 공부하기가 싫어지는 것과 같은 이치이다.

3) 사람(서비스 요원) = 기업

여행서비스를 제공하는 여행사종사원은 기업을 대표한다. 고객이 여행사를 이용하고 선택하는 것은 여행사경영자의 능력이나 사무실의 위치와도 관계되겠으나, 그보다도 우선하는 것은 기업을 대표하여 고객과 접촉하고 있는 여행사 종사원이라고 할 수 있다.

4) 전인격적(全人格的)인 완성

여행은 여행사의 종사원과 여행자가 함께 현장에서 이루어지는 활동으로서 협업체계가 구축되지 않고서는 훌륭한 여행을 기대할 수 없다. 따라서 여행업 종사원에게는 '기술 · 기능의 힘' 이외에도 고객과 접촉하기 위한 대인관계능력(human skill)이 요구된다.

즉 여행업 종사원으로서의 이상적인 모습은 "이 사람에게 맡기면 안심된다", "이 사람이라면 틀림없다"라고 고객으로부터 추천을 받을 수 있는 인간상(人間像)이다. 이러한 신뢰감은 단순히 대인관계 능력을 개발하는 것처럼 기술적 · 표면적인 능력에 의하여 가져오는 것이 아니라 '전인적인 인간성'에 의해서 가능한 것이다. 이러한 전인적인 인격은 현대에서 흔히 프로근성이라든가 직업의식으로 받아들이고 있는 일종의 '인간적 사명감'에 입각한 정신자세로 전수되고 있다.

여행업에 있어서의 인재교육은 여행서비스에 필요한 기술 및 기능에서 시작하여 전인적인 완성에 이르게 된다는 밑(뿌리)이 깊은 과정의 연속이다.

Chapter

07

여행업의 관련법규와 운영

07 Chapter 여행업의 관련법규와 운영

7.1 여행업 등록의 의의

우리나라 국민은 헌법에서 보장하고 있는 직업선택의 자유권에 의하여 누구나 자유롭게 여행업을 영위할 수 있는 권리를 가지고 있다. 그러나 여행업을 경영하고자 하는 사람은 「관광진흥법」에서 규정하고 있는 대로 해당 관청에 등록을 해야 하고(법 제4조), 등록을 하고자 할 때에는 등록기준에 적합하고(동법시행령 제5조), 일정한 결격사유에 해당되지 않아야 하는 제한이 가해지고 있다. 이러한 제한규정에 배치되지 않는다고 판단되는 경우 즉 등록요건이 충족되는 경우 등록관청(특별자치도지사 · 특별자치시장 · 시장 · 군수 · 구청장)은 등록을 수리하여야 한다.

「관광진흥법」에 따르면 여행업을 경영하려는 자는 특별자치도지사 · 특별자치시장 · 군수 · 구청장(자치구의 구청장을 말한다)에게 등록하여야 한다(관광진흥법 제4조 제1항). 따라서 여행업의 등록관청은 특별자치도지사 · 특별자치시장 · 시장 · 군수 · 구청장(자치구의 구청장)이다.

종전에는 여행업 중 일반여행업만 특별시장 · 광역시장 · 도지사 · 특별자치도지사("도지사"라 함)에게 등록하고, 일반여행업 외의 여행업(국외여행업 · 국내여행업)은 모두 특별자치도지사 · 시장 · 군수 · 구청장(자치구의 구청장을 말함)에게 등록하도록 되어 있던 것을, 2009년 3월 25일 「관광진흥법」을 개정하면서 등록관청을 모두 특별자치도지사 · 특별자치시장 · 시장 · 군수 · 구청장(자치구의 구청장을 말함)으로 일원화하였다.

관광사업의 등록은 신규등록과 변경등록으로 구분되고 있는데, 신규등록이라 함은 관광사업을 경영하고자 하는 자가 최초로 하는 등록을 말하고, 변경등록이란 이미 등록한 내용을 변경하고자 할 때 하는 등록을 말한다.

등록관청은 관광사업의 등록을 함에 있어서 등록의 수리 여부에 대한 재량권을 가지고 있다 할 것이다. 왜냐하면 여행업의 등록은 사실상 허가에 해당하고, 등록을 한 여행업자는 금융지원(관광진흥개발기금)과 세제혜택(부가가치세 감면) 등 각종 행정상·재정상의 지원을 받을 수 있는 점을 감안할 때, 등록관청은 등록에 필요한 형식적·소극적 요건의 구비 여부뿐만 아니라 사업의 적합성도 판단하여야 하기 때문이다.

▷ 용어의 정의

용어의 종류	정의
허가	법령에 의하여 일반적으로 금지되어 있는 행위를 특정의 경우에 특정인에 대하여 해제하는 행정처분. 법령상으로는 허가·면허·인가 등의 용어가 함께 사용되고 있으나, 이들은 단지 국민의 자유활동에 과해졌던 제한을 해제하고 그 자유를 회복시키는 행위일 뿐, 새로이 권리를 설정하는 특허나 다른 행위의 법률적 효과를 보충하는 인가와 구별된다.
등록	일정한 법률 사실이나 법률관계를 특정한 등록기관에 마련해 둔 장부에 기재하는 일. 등록은 어떤 사실이나 법률관계의 존재를 공적으로 공시 또는 증명하는 공증행위에 속하며, 그 직접 효과는 공증력이 발생하는 데 있으나, 기타의 효력은 각종 등록에 따라 여러 가지가 있다. 예컨대, 주민등록처럼 주민이 되는 요건인 경우도 있고, 실용신안·의장(意匠) 또는 상표의 등록처럼 권리발생의 요건인 경우도 있으며, 어업권의 등록, 자동차의 등록, 항공기의 등록처럼 권리득상(權利得喪)의 제3자에 대한 대항요건인 경우도 있고, 건설업자의 등록, 의사의 등록, 농약제조업자 및 수입업자의 등록처럼 일정한 영업을 하기 우한 요건인 경우도 있다. 최후의 경우는 허가의 성질을 가지는 것이다.
인가	제3자의 법률행위를 보충하여 그 법률상 효력을 완성시켜 주는 행정행위. 즉 어떤 당사자의 법률행위가 행정주체의 인가를 받아야 하도록 법률에 특히 규정하고 있는 경우에, 그 법률행위에 동의하여 그 행위를 완전히 유효하게 만드는 행정주체의 동의행위이다.
면허	법령상의 용어로서, 일반적으로 금지되어 있는 행위를 특정한 경우에 허가하거나, 특정한 권리를 설정하는 행정행위(행정처분). 법령상 면허라고 하는 경우를 학문상으로 보면, 허가와 특허를 혼용하고 있는 경우가 많다. 따라서 법령상으로는 면허라고 하는 경우라도 학문상으로는 허가와 특허로 구별하여 설명한다. 허가는 하명행위에 속하고, 특허는 설권행위(設權行爲)에 속하여 행정법학상 그 성질이 판이하기 때문이다. 즉 자동차의 운전면허, 의사의 면허, 조산사·간호사 등의 면허, 주류제조의 면허, 판매업면허 등은 그 성질이 허가에 속하고, 어업면허·공유수면매립면허 등은 그 성질이 설권행위로서의 특허에 해당된다.

7.2 여행업의 설립과 등록

7.2.1 여행업 등록을 위한 신청서류

여행업을 등록하고자 하는 자는 별지 제1호서식의 관광사업등록신청서에 공통의 구비서류와 사업별 필요서류를 첨부하여 특별자치도지사 · 특별자치시장 · 시장 · 군수 · 구청장(자치구의 구청장을 말함)에게 제출하여야 한다(관광진흥법시행령 제4조 제1항 · 제3항, 동법 시행령 제3조 제1항 및 시행규칙 제2조 제1항). 이 경우 첨부하여야 할 서류는 다음과 같다.

① 사업계획서

② 신청인(법인의 경우에는 대표자 및 임원)이 내국인인 경우에는 성명 및 주민등록번호를 기재한 서류

③ 신청인(법인의 경우에는 대표자 및 임원)이 외국인인 경우에는 「관광진흥법」 제7조 제1항 각 호에 해당하지 아니함을 증명하는 다음 각 목의 어느 하나에 해당하는 서류

④ 부동산의 소유권 또는 사용권을 증명하는 서류(부동산의 등기사항증명서를 통하여 부동산의 소유권 또는 사용권을 확인할 수 없는 경우만 해당한다)

⑤ 「외국인투자 촉진법」에 따른 외국인투자를 증명하는 서류(외국인투자기업만 해당한다)

⑥ 제1항에 따른 신청서를 제출받은 특별자치도지사 · 시장 · 군수 · 구청장은 「전자정부법」 제36조제1항에 따른 행정정보의 공동이용을 통하여 다음 각 호의 서류를 확인하여야 한다. 다만, 제3호의 경우 신청인이 확인에 동의하지 아니하는 경우에는 그 서류를 첨부하도록 하여야 한다.

가. 법인 등기사항증명서(법인만 해당한다)

나. 부동산의 등기사항증명서

다. 여행업 및 국제회의기획업의 등록을 하려는 자는 제1항에 따른 서류 외에 공인회계사 또는 세무사가 확인한 등록신청 당시의 대차대조표(개인의 경우에는 영업용 자산명세서 및 그 증명서류)를 첨부하여야 한다.

⑥ 특별자치도지사 · 특별자치시장 · 시장 · 군수 · 구청장은 제1항에 따른 관광사업등록 신청을 받은 경우 그 신청내용이 등록기준에 적합하다고 인정되는 경우에는 별지 제5호서식의 관광사업 등록증을 신청인에게 발급하여야 한다.

(가) 사업계획서 작성 시의 주요 내용

- 개요 — 여행사의 설립목적 및 운영방침
- 사업체 — 회사명, 사업의 종류, 대표자, 소재지(약도 포함), 여행업무 추진을 위한 기구 및 조직, 사무실의 시설 및 장비, 사업내용, 사업대상지역, 예상거래처 명단, 향후 3년간의 사업계획의 규모
- 재정 — 자본금, 자금계획, 고정자산 투자비의 내역, 소요자금의 조달(주식발행의 총액수), 주주명단 및 배당주 수
- 지출경비 내역 및 예산 — 인건비(급료, 상여금, 퇴직금), 사무실 임차료(관리비 포함), 제세공과금, 차량유지비, 통신비, 여비, 광고선전비, 해외시장 개척비, 소모품비, 판매촉진비(접대비), 기타 판매관리비
- 수입예상계획 — 관광수입, 항공권수입, 여행수속수수료, 기타 수익
- 등기부등본 — 법인등기부 등본, 법인 인감증명, 정관, 주식납입금 보관증명(은행발행), 주식발행 현황 및 주주명단

(나) 기타 서류작성시의 주의해야 할 사항

- 사업목적에 여행업 이외의 업종운영(예 : 유학) 사항 불가
- 인바운드, 아웃바운드, 항공권 판매계획의 3차년도 계획 및 국적별, 인원, 총수입, 수수료 명시
- 수수료는 인바운드 5% 이상, 아웃바운드 10% 이내, 항공권 9% 이내
- 3개 년간 추정손익계산서(계산근거 명시)
- 업체조직현황 및 사무실 배치도 등 첨부
- 이사진 현황(명단 및 인적사항 이력서)
- 법인등기부 등본상의 상호, 소재지(임대차계약서 및 건물 등기부등본 상 신청서와 주소의 일치 — 평면도, 실내외의 사진 등)
- 국제항공운송사업자 또는 항공운송 총대리점업자(General Sales Agent)와 항공권 판매에 관한 계약서 사본
- 은행잔고증명

7.2.2 여행업의 등록

1) 등록기준

여행업을 포함한 관광사업에 필요한 관광시설은 그 어느 것이나 국제적 성격을 띠고 있기 때문에 품위 있고 청결하고 안정감이 있어야 하며, 관광객의 이용에 편리하여야 한다. 더구나 외국인들도 이를 이용하고 있으므로 관광시설과 그 운영상태는 일정한 수준 이상으로 유지 · 관리되어야 한다.

이를 위해서는 관광시설의 표준화와 현대화가 요청되며, 시설이나 그 운영수준은 국제적이어야 한다. 따라서 관광객에 대한 서비스를 개선하고 국제경쟁력의 강화를 위해서는 관광시설과 그 운영에 관한 기준을 설정할 필요가 있다.

이에 따라 「관광진흥법」은 등록 또는 변경등록의 기준 및 절차 등에 관하여 필요한 사항을 대통령령으로 정하도록 하고 있으며(제4조 4항), 관광진흥법시행령 제5조에서는 그 등록기준을 규정하고 있다.

여행업의 등록기준은 다음 〈표 7-1〉과 같다(시행령 제5조관련 별표1 참조).

| 표 7-1 | 여행업의 등록기준 〈개정 2016.6.30.〉

구 분	등록기준
일반여행업	1. 자본금(개인의 경우에는 자산평가액): 2억원 이상일 것 다만, 2016년 7월 1일부터 2018년 6월 30일까지 제3조 제1항에 따라 등록신청하는 경우에는 1억원 이상으로 한다. 2. 사무실: 소유권 또는 사용권이 있을 것
국외여행업	1. 자본금(개인의 경우에는 자산평가액): 6천만원 이상일 것 다만, 2016년 7월 1일부터 2018년 6월 30일까지 제3조 제1항에 따라 등록신청하는 경우에는 3천만원 이상으로 한다. 2. 사무실: 소유권 또는 사용권이 있을 것
국내여행업	1. 자본금(개인의 경우에는 자산평가액): 3천만원 이상일 것 다만, 2016년 7월 1일부터 2018년 6월 30일까지 제3조 제1항에 따라 등록신청하는 경우에는 1,500만원 이상으로 한다. 2. 사무실: 소유권 또는 사용권이 있을 것

2) 등록절차

여행업의 등록을 하려는 자는 별지 제1호서식의 관광사업등록신청서에 공통의 구비서류와 사업별 필요서류를 첨부하여 특별자치도지사 · 특별자치시장 · 시장 · 군수 · 구청장(자치구의 구청장을 말함)에게 제출하여야 한다.

등록신청을 받은 특별자치도지사 · 특별자치시장 · 시장 · 군수 · 구청장은 신청한 사항이 등록기준에 맞으면 관광사업등록증을 신청인에게 발급하여야 한다.

7.3 여행업자의 보험의 가입 등

7.3.1 보증보험등 가입의무

1) 여행업자의 보증보험등 가입의무

① 여행업의 등록을 한 자(이하 "여행업자"라 한다)는 그 사업을 시작하기 전에 여행알선과 관련한 사고로 인하여 관광객에게 피해를 준 경우 그 손해를 배상할 것을 내용으로 하는 보증보험 또는 한국관광협회중앙회의 공제(共濟)(이하 "보증보험등"이라 한다)에 가입하거나 업종별 관광협회(업종별 관광협회가 구성되지 아니한 경우에는 지역별 관광협회)에 영업보증금을 예치하고 그 사업을 하는 동안(휴업기간을 포함한다) 계속하여 이를 유지하여야 한다(관광진흥법 시행규칙 제18조 제1항). 다만, 제주자치도에서는 '보증보험등'에 관하여 「관광진흥법 시행규칙」 대신 도조례(道條例)로 정하도록 하였다(제주특별법 제244조 제2항).

② 여행업자 중에서 기획여행을 실시하려는 자는 그 기획여행 사업을 시작하기 전에 보증보험등에 가입하거나 영업보증금을 예치하고 유지하는 것 외에 추가로 기획여행과 관련한 사고로 인하여 관광객에게 피해를 준 경우 그 손해를 배상할 것을 내용으로 하는 보증보험등에 가입하거나 업종별 관광협회(업종별 관광협회가 구성되지 아니한 경우에는 지역별 관광협회)에 영업보증금을 예치하고 그 기획여행 사업을 하는 동안(기획여행 휴업기간을 포함한다) 계속하여 이를 유지하여야 한다(관광진흥법 시행규칙 제18조 제2항).

2) 보증보험등 가입금액 및 영업보증금 예치금액의 기준

여행업자가 가입하거나 예치하고 유지하여야 할 보증보험등의 가입금액 또는 영업보증금의 예치금액은 직전사업연도의 매출액(손익계산서에 표시된 매출액을 말한다) 규모에 따라 〈별표 3〉과 같이한다(관광진흥법 시행규칙 제18조 제3항).

| 표 7-2 | 보증보험 등 가입금액(영업보증금 예치금액) 기준(시해규칙 제18조 제3항 관련 〈별표 3〉)

(단위: 천원)

<table>
<tr><th>여행업 종류
매출액</th><th>국내여행업</th><th>국외여행업</th><th>일반여행업</th><th>국외여행업의 기획여행</th><th>일반여행업의 기획여행</th></tr>
<tr><td>1억원 미만</td><td>20,000</td><td>30,000</td><td>50,000</td><td rowspan="4">200,000</td><td rowspan="4">200,000</td></tr>
<tr><td>1억원 이상 5억원 미만</td><td>30,000</td><td>40,000</td><td>65,000</td></tr>
<tr><td>5억원 이상 10억원 미만</td><td>45,000</td><td>55,000</td><td>85,000</td></tr>
<tr><td>10억원 이상 50억원 미만</td><td>85,000</td><td>100,000</td><td>150,000</td></tr>
<tr><td>50억원 이상 100억원 미만</td><td>140,000</td><td>180,000</td><td>250,000</td><td>300,000</td><td>300,000</td></tr>
<tr><td>100억원 이상 1,000억원 미만</td><td>450,000</td><td>750,000</td><td>1,000,000</td><td>500,000</td><td>500,000</td></tr>
<tr><td>1000억원 이상</td><td>750,000</td><td>1,250,000</td><td>1,510,000</td><td>700,000</td><td>700,000</td></tr>
</table>

3) 보증보험등 가입증명서류 제출

보증보험등에 가입하거나 영업보증금을 예치한 여행업자는 그 사실을 증명하는 서류를 지체없이 등록관청에 제출하여야 한다(동법 시행규칙 제18조 제4항).

4) 보증보험등의 가입 및 배상금의 지급절차 등 고시

보증보험등의 가입, 영업보증금의 예치 및 그 배상금의 지급에 관한 절차 등은 문화체육관광부장관이 정하여 고시한다(동법 시행규칙 제18조 제5항).

7.3.2 여행업자의 기획여행 실시

기획여행이란 여행업을 경영하는 자가 국외여행을 하려는 여행자를 위하여 여행의 목적지 · 일정, 여행자가 제공받을 운송 또는 숙박 등의 서비스 내용과 그 요금 등에 관한 사항을 미리 정하고 이에 참가하는 여행자를 모집하여 실시하는 여행을 말한다(관광진흥법 제2조 제3호).

그동안 기획여행이 무분별하게 판매되어 왔으며, 여행업자 간의 과다경쟁으로 인하여 관광업계의 질서를 파괴하는 경우가 허다하였으므로, 국외여행의 질적 향상을 도모하고 여행자의 권익보호 및 과당경쟁 방지를 위해 기획여행을 규제할 필요성이 제기됨으로써, 여행업자는 법정요건을 갖추어 일정한 절차에 따라서만 기획여행을 실시할 수 있도록 한 것이다(동법 제12조).

2) 기획여행의 실시요건

「관광진흥법」은 기획여행을 국외여행에 국한하고 있으므로 기획여행을 할 수 있는 여행업자는 일반여행업자와 국외여행업자이고 국내여행업자는 대상에서 제외된다. 또 '제주자치도'에서는 기획여행의 실시요건이나 광고 등의 표시에 관하여는 도조례로 정할 수 있도록 하였다(제주특별법 제244조 제2항).

따라서 국외여행업 또는 일반여행업을 하는 여행업자 중에서 기획여행을 실시하려는 자는 국외여행업 또는 일반여행업에 따른 보증보험등에 가입하거나 영업조증금을 예치하고 유지하는 것 외에 추가로 기획여행에 따른 보증보험등에 가입하거나 영업보증금을 예치하고 유지하여야 한다.

3) 기획여행실시 광고등 표시의무

기획여행을 실시하는 자가 광고를 하려는 경우에는 다음 각 호의 사항을 표시하여야 한다. 다만, 2이상의 기획여행을 동시에 광고하는 경우에는 다음 각 호의 사항 중 내용이 동일한 것은 공통으로 표시할 수 있다(동법 시행규칙 제21조 〈개정 2014.9.16.〉).

1. 여행업의 등록번호, 상호, 소재지 및 등록관청
2. 기획여행명 · 여행일정 및 주요 여행지
3. 여행경비
4. 교통 · 숙박 및 식사 등 여행자가 제공받을 서비스의 내용
5. 최저 여행인원
6. 보증보험등의 가입 또는 영업보증금의 예치 내용
7. 여행일정 변경 시 여행자의 사전 동의 규정
8. 여행목적지(국가 및 지역)의 여행경보단계〈신설 2014.6.16.〉

7.3.3 여행계약의 구체화

1) 여행지 안전정보 등 제공

여행업자는 여행자와 여행계약을 체결할 때에는 여행자를 보호하기 위하여 다음 각 호의 사항을 포함한 해당 여행지에 대한 안전정보를 서면으로 제공하여야 한다. 해당 여행지에 대한 안전정보가 변경된 경우에도 또한 같다(동법 제14조 제1항 〈개정 2015.2.3.〉 및 동법 시행규칙 제22조의4 제1항 〈개정 2015.8.4.〉).

1. 「여권법」(제17조)에 따라 여권의 사용을 제한하거나 방문 · 체류를 금지하는 국가 목록 및 「여권법」(제26조) 위반시의 벌칙
2. 외교부 해외안전여행 인터넷홈페이지에 게재된 여행목적지(국가 및 지역)의 여행경보단계 및 국가별 안전정보(긴급연락처를 포함한다)
3. 해외여행자 인터넷 등록제도에 관한 안내

2) 여행자에 대한 여행계약서 교부

여행업자는 여행자와 여행계약을 체결하였을 때에는 그 서비스에 관한 내용을 적은 여행계약서(여행일정표 및 약관을 포함한다) 및 보험 가입 등을 증명할 수 있는 서류를 여행자에게 내주어야 한다(동법 제14조 제2항 〈개정 2015.5.18.〉).

3) 여행일정 변경시 여행자의 동의

여행업자는 여행계약서(여행일정표 및 약관을 포함한다)에 명시된 숙식 · 항공 등 여행일정(선택관광 일정을 포함한다)을 변경하려면 해당 날짜의 일정을 시작하기전에 여행자로부터 서면으로 동의를 받아야 한다(동법 제14조 제3항 및 동법 시행규칙 제22조의4 제2항). 이 서면동의서에는 변경일시, 변경내용, 변경으로 발생하는 비용 및 여행자 또는 단체의 대표자가 일정변경에 동의한다는 의사를 표시하는 자필서명이 포함되어야 한다(동법 시행규칙 제22조의4 제3항).

그러나 여행업자는 천재지변, 사고, 납치 등 긴급한 사유가 발생하여 여행자로부터 사전에 일정변경동의를 받기 어렵다고 인정되는 경우에는 사전에 일정변경동의서를 받지 아니할 수 있다. 다만, 여행업자는 사후에 서면으로 그 변경내용 등을 설명하여야 한다(동법 시행규칙 제22조의4 제4항).

4) 약관의 작성 및 설명

① 사업자는 고객이 약관의 내용을 쉽게 알 수 있도록 한글로 작성하고, 표준화 · 체계화된 용어를 사용하며, 약관의 중요한 내용을 부호, 색채, 굵고 큰 문자 등으로 명확하게 표시하여 알아보기 쉽게 약관을 작성하여야 한다.

② 사업자는 계약을 체결할 때에는 고객에게 약관의 내용을 계약의 종류에 따라 일반적으로 예상되는 방법으로 분명하게 밝히고, 고객이 요구할 경우 그 약관의 사본을 고객에게 내주어 고객이 약관의 내용을 알 수 있게 하여야 한다.

③ 제2항에 따른 서면동의서에는 변경일시, 변경내용, 변경으로 발생하는 비용 및 여행자 또는 단체의 대표자가 일정변경에 동의한다는 의사를 표시하는 자필서명이 포함되어야 한다.

7.3.4 여행업자의 금지행위

여행업자의 금지행위(prohibition act)란 여행업을 경영하는 자가 영업행위 중에 영업행위를 빙자하여 해서는 안 되는 행위를 말한다.

여행업자의 금지행위에는 두 가지 유형이 있다. 첫째, 관광관계 법률이나 다른 법률에서 해서는 안 되는 불법행위를 자행하는 경우와(예컨대 여행업자의 밀수품 알선), 둘째, 외형상으로는 적법한 듯이 보이나 사실상 불법행위에 해당되는 여행업자의 권리남용행위이다(예컨대 여행계약내용을 불공정하게 처리하는 행위).

여행업자의 금지행위에는 다음과 같은 것이 있다.

① 여행업을 경영함에 있어서 사위(詐僞 · 속이는 행위) 기타 부정한 방법을 사용하는 행위
② 여행업과 관련되는 시설경영자로부터 부당한 수수료(commission)나 금품을 수수하는 행위
③ 여행업과 관련된 계약이나 약관을 위반하는 행위
④ 여행업자 상호간의 과당경쟁을 하는 행위
⑤ 관광진흥을 저해하는 행위
⑥ 여행업자가 여행업을 타인으로 하여금 경영케 하는 행위(명의이용의 금지)

7.4 여행약관의 내용과 법적 관계

7.4.1 여행약관의 의의

「약관의 규제에 관한 법률」 제2조 1항은 "약관이란 그 명칭이나 형태 또는 범위에 상관없이 계약의 한쪽 당사자가 여러 명의 상대방과 계약을 체결하기 위하여 일정한 형식으로 미리 마련한 계약의 내용을 말한다"고 규정되어 있다.

사실 여행사가 거래 때마다 일일이 여행자와 여행계약을 체결한다는 것은 번거롭고 귀찮은 일이다. 그러므로 여행사로서는 이러한 번거로움을 피하고자 장차 체결해야 할 개별계약에 일률적으로 적용될 계약내용을 미리 정형적으로 정해 두고 동종의 거래에 대해서는 공통적 · 획일적으로 계약을 체결하는데 이 때 정형화된 계약내용이 약관이다(곽윤직,

1990 : 31).

예컨대 여행자가 약속기일까지 여행비용을 납부하지 못했을 때에는 어떻게 하며 여행을 해약했을 때에는 어떻게 해야 하는지 등에 대해서 자세히 계약을 할 수 없으므로 미리 이에 해당하는 계약내용을 결정하여 다량의 거래를 신속하고 안전하게 처리할 수 있도록 정형화 시킨 것이 여행약관이다(한국소비자원, 1988 : 59).

또한, 「약관의 규제에 관한 법률」 제6조는 안전정보 제공 및 계약서 등 교부에 관하여 여행업자는 여행자와 여행계약을 체결할 때 여행약관과 외교부 해외안전여행홈페이지(www.0404.go.kr)에 게재된 여행지 안전정보를 제공하여야 하며, 여행계약을 체결한 경우 계약서와 여행일정표(또는 여행설명서)를 각 1부씩 여행자에게 교부하여야 한다(공정거래위원회, 여행업 표준약관 개정, 2014. 12. 19).

이와 같이 약관을 제정하고 신고하는 것은 여행업의 영업에 관하여 통일성을 보장하고 거래의 신속성을 유지하기 위한 것이다. 종래의 여행업은 고객의 욕구에 의하여 여행목적지에 관한 정보를 제공하거나 버스를 빌려주거나 대매업무 등 단순업무에 국한되었으나, 오늘날의 여행업은 여행상품을 스스로 생산하고 판매함으로써 상품의 대량유통이 가능해졌다.

상품의 대량유통은 곧 상품의 대량거래를 의미하며 이는 곧 여행계약이 상대적으로 증가한다는 것을 의미한다. 그러므로 여행약관이란 "여행업자가 대량의 여행계약을 체결하기 위해 미리 작성한 정형적인 기본계약조항"이라고 말할 수 있다.

7.4.2 여행약관의 기능

여행약관의 기능은 약관이 가지는 간편하고도 신속한 기능을 위시하여 다음과 같은 기능을 가지고 있다.

1) 여행거래의 간편 · 신속화

약관 출현의 계기이기도 한 본질적 기능으로서 약관을 통해 여행계약을 체결함으로써 계약의 표준화 및 정형화를 유도하여 계약내용을 신속하고 간편하게 처리할 수 있다.

2) 여행업경영의 합리화

여행약관은 여행업 경영자와 고객 간에 체결되는 계약내용을 표준화 · 정형화하는 것으로 여행거래를 합리적으로 수행하도록 편의를 제공하고 있다(김성환, 1988 : 6). 또한 약관의 이용은 여행거래에 수반되는 위험을 사전에 대비케 함으로써 현대의 신속한 경제적 · 기술적 변화에 대응할 수 있도록 하고 있다.

3) 여행업자의 우월적 지위확보

여행약관은 통상 여행업자가 일방적으로 작성하게 되므로 따라서 여행업자 자신에게는 유리하고 이용자에게는 불리한 조항을 강요할 수 있다. 또 거래상의 위험을 계약당사자에게 전가함으로써 여행업경영의 우월적 지위강화를 확보할 수 있다(신동숙, 1991 : 21).

4) 법률적 분쟁의 예방

실정법질서는 급변하는 환경으로 인해 종래 예상하지 못한 새로운 계약형태에 대하여 신속하게 대응할 만큼 유연성을 가지고 있지 않다. 여행약관은 비교적 신종의 계약형태로서 부족한 법적 규율의 공백을 메꾸어 주는 역할을 수행하고 있다. 이는 법률에 아무런 규정도 없거나 매우 불충분하게 규정되어 있는 계약유형을 세부항목에 이르기까지 상세하게 규정함으로써 일반적 · 추상적 권리의무 관계의 구체화를 통해 당사자 간에 발생하는 법률적 분쟁을 예방하는 기능을 수행하고 있다.

5) 여행거래의 원활화

경제 및 교통의 발달로 인해 오늘날의 여행은 국제간에 이동을 의미할 만큼 국제간의 거래가 활발해지고 있다. 국제간의 여행거래에 있어 준거법이 명백하지 않을 때에는 어려움이 따르게 되므로 이런 어려움을 미리 예방하기 위해 여행거래의 표준화와 합리화가 요청되는 바, 이때 각국의 여행약관이 상호 영향을 미치면서 국제여행거래의 원활화에 기여하고 있다.

7.4.3 여행계약의 의미와 내용

계약이란 청약과 승낙이라는 의사표시의 합치에 의하여 이루어지는 법률행위를 통해서, 특정인이 다른 특정인을 위해서 특정의 행위를 청구할 수 있는 권리와 이에 대하여 특정의 행위를 해야 할 의무가 발생하는 것을 말한다. 즉 상호 의사표시의 합치로서 적어도 2개의 대립하는 의사표시로 구성된 법률관계의 발생 · 변동 · 소멸의 효과를 생기게 하는 하나의 법률요건을 의미한다(김증한, 1986 : 205~206).

독일민법 제651조 a에서는 "여행계약이란 여행주최자가 여행에 관한 도급 일체를 제공하야 할 의무를 부담하고, 이에 대해 여행자는 약정한 여행대금을 지급할 의무를 지는 계약"이라고 명시하고 있다(신동숙, 앞의 논문 : 10).

UNWTO에서는 "일방 당사자 자신의 이름으로 일괄요금을 받고 타방 당사자에게 운송, 운송과 독립된 숙박, 기타 이와 관련된 일련의 서비스를 제공할 의무를 지는 계약"이라고 언급하고 있다(UNWTO, 1985 : 8~9).

일본의 표준여행업약관에서는 여행계약을 주최여행계약과 수배여행계약으로 구분하고 있다(日本旅行業協会, 1987 : 26~32). 여기서 주최여행계약이란 여행사가 주최가 되어 여행상품을 만들어 여행자를 모집하는 계약을 말하며, 수배여행계약이란 여행자의 여행서비스의 위탁에 대해 대리 · 매개 혹은 위탁매매 등의 형식으로 여행자가 운송 · 숙박기관 등이 제공하는 서비스를 제공받을 수 있도록 수배할 것을 책임지는 계약을 말한다.

이은영은 "여행계약이란 일정기간 동안 여행을 총괄적으로 조직 · 운영하여 주는 서비스를 제공하고 그의 대가로서 여행요금을 받는 여행업자와 여행자 사이의 노무(서비스) 공급계약"으로 보고 있으며, 이항구는 여행계약을 일부(partial)와 전부(inclusive) 계약으로 구분하고는 있으나 전체적으로는 도급계약으로 보고 있다(이항구, 1989 : 43).

김진섭은 "여행계약이란 당사자의 일방이 상대방에 대하여 관광상의 편의를 제공할 것을 의뢰받아 위탁매매, 이용 등의 법형식에 따라 여행서비스의 제공을 약정하거나 또는 여행서비스 제공업자와 여행자의 중간에 서서 대리 · 중개 등의 상담에 응하게 되는데 이에 대하여 상대방이 보수를 지급할 것을 약정하는 계약"이라고 언급하고 있다(김진섭, 1991 : 158).

이처럼 여행계약이란 여행행위를 위해 체결하는 계약으로서 "당사자 일방(여행자)이 약정한 여행요금을 지급하고 상대방(여행업자)이 운송 · 숙박 등 여행관련 서비스를 제공함으로써 소기의 여행을 달성할 목적으로 하는 계약"이라고 정의할 수 있다.

7.4.4 여행계약상의 책임

1) 여행업자의 책임

여행계약이 체결되고 나면 여행업자는 여행계약의 내용에 따라, 여행일정에 따라 안전하면서도 지체 없이 여행계약으로 인한 목적을 달성해야 할 의무가 있다. 이 의무에 위반되는 경우에는 채무불이행으로 인한 손해배상책임을 지게 된다.

우리나라는 여행에 관해 사법상의 책임규정을 두고 있지 않아 여행분쟁이 발생할 경우 여행약관에 의해 해결할 수밖에 없다.

여행계약과 관련하여 여행업자의 책임사항을 구체적으로 살펴보면 다음과 같다.

① 여행계약의 내용을 성실하게 이행하여야 한다.

② 여행자가 이용하게 되는 시설업체에 대한 송객은 관광사업체 또는 관광협회의 시설지

정업체에 한하되, 그러한 업체가 없는 지역은 그 지역에서 우수한 시설업체에 송객하는 것을 원칙으로 한다.

③ 관광행사를 직접 할 수 없는 지역에 행사를 위탁하는 경우에는 여행자 보호를 위하여 당해 지역의 여행업체에 한하여 의뢰하여야 한다.

④ 위탁모집을 하여 관광을 할 때에는 사전에 고지하고 여행에 따른 책임문제를 명시한다.

⑤ 관광행사 시 안내사의 용역은 한국관광협회중앙회에 등록된 유자격 안내사로 한다.

또한 여행업자가 계약을 해제 · 취소할 때에는 계약조건이 동일하거나 유사한 타사 상품을 추천하여야 하며, 여행사에 의한 계약조건 위반이나 여행사 종사자의 고의 또는 과실에 의한 여행자의 손해에 대하여 그 손해를 보상하도록 하고 있다.

그러나 여행업자는 여행자의 귀책사유 및 천재 · 지변, 항공기 · 기차 · 선박의 연발착, 정부나 공공단체의 명령, 전란, 정변, 파업, 항공기 납치, 폭동, 도난, 사기, 상해, 질병 등의 불가항력적인, 즉 여행사에 귀책되지 않은 사유로 발생한 여행자의 피해에 대해서는 책임을 지지 않는다.

또한 여행자의 소지품과 귀중품은 여행자가 보관할 책임이 있기 때문에 여행업자는 여행자의 귀중품과 소지품에 대해서는 책임을 지지 않는다.

2) 여행자의 책임

여행자도 여행서비스를 수수하는 과정에서 고의 또는 과실로 여행사 또는 그 여행에 참가하는 여행자에게 손해를 입히게 되었을 때에는 응분의 책임을 져야 한다. 구체적인 내용을 살펴보면 다음과 같다.

① 여행자는 여행계약 내용을 성실하게 이행하여야 한다.

② 여행계약을 이행함에 있어 여행자의 고의 또는 과실로 인하여 약관내용 및 법률 등을 위반함으로써 여행사에 피해를 입힌 경우 여행자는 그 손해를 배상해야 한다.

③ 여행자의 귀중품 및 소지품은 여행자 자신이 보관할 책임이 있다.

④ 여행자는 공공질서와 미풍양속을 해치는 행위를 해서는 안 된다.

⑤ 여행자는 유독물, 오물, 또는 폐기물을 함부로 버리는 행위 및 자연을 훼손하는 행위를 해서는 안 된다.

⑥ 여행자는 여행의 원활한 실시를 위하여 출발 전 설명회에 참가하여야 하며, 여행 중에는 안내사의 업무수행에 성실히 협조하여야 한다. 또한 관허업무를 수행하는 여행사의 제반 협조요망사항을 준수하여야 한다.

7.4.5 여행계약의 해제

1) 여행업자의 해제권

한국의 일반여행업약관에서는 여행업자에게 여행의 해제권을 부여하고 있다. 즉 ① 여행자의 요청이 있는 경우, ② 천재 · 지변 등 불가항력에 의해 여행의 실시가 불가능한 경우, ③ 여행참가자 수가 최저행사인원(국내 14명, 국외 10명)에 미달되어 여행자에게 통지한 경우(국내 → 당일 여행은 여행출발 24시간 이전까지, 1박2일 이상인 여행에는 출발 48시간 이전까지, 국외 → 여행개시 7일 전), ④ 여행자가 여행의 실시를 방해할 경우, ⑤ 계약 후 여행자의 건강상태에 이상이 발생된 경우, ⑥ 여행자가 여행계약을 위배한 경우 등이다.

이에 비해 일본의 표준여행업약관에서는 여행의 개시시기를 기준으로 여행계약에 대한 계약해제권의 발생사유를 규정하고 있다. 즉 ① 여행자의 질병 등에 의한 여행내구력(旅行耐久力)의 결여, ② 여행의 안전 · 원활한 실시를 방해하는 여행자의 행태, ③ 관리불능사유에 의해 여행실시가 불가능할 때, ④ 여행자에 의한 여행참가조건의 결여, ⑤ 계약체결시에 명시한 여행실시조건의 성취가 불가능한 때, ⑥ 최소참가인원의 모집이 불가능한 때, ⑦ 여행대금을 납부하지 않았을 때 등이다.

| 표 7-3 | 여행계약 해제에 관한 각국별 주요내용

국 가	여행자 해제권	여행업자 해제권	기타
일 본	• 임의해제권부여(취소료 부담) • 여행계약내용 및 요금변경시 취소료 없이 해제할 수 있음 • 여행개시 전 · 후로 구분하여 독립적으로 규정 불가항력으로 여행실시 못할 때, 여행자는 해체할 수 있음	• 임의해제권 없음 • 여행개시 전 – 여행자의 참가조건 결여, 최소인원 미달 – 여행자의 여행대금 미지급 • 여행개시 후 – 여행자의 질병, 기타 이유로 여행불가능 – 여행의 실시방해, 불가항력의 경우	• 여행업자는 귀로 수배의무담당 • 귀로 운송에 의한 초과비용을 여행자가 부담
독 일	• 여행개시 전 – 서면에 의해 언제든지 가능(여행업자에 대해 손해배상부담) – 불가항력에 의할 때	• 여행자의 여행실행 방해, 계약위반, 최저행사인원의 미달, 여행의 실시가 경제적 희생을 초래할 때	• 여행중 계약해제시 여행자, 여행업자 모두 귀로운송의무 부담

영 국 OECD	• 취소료 부담하고 해제	• 동등 이상의 대체된 여행과 지급된 모든 금액의 반환에 대한 선택권을 부여하고 계약해제 • 불가항력-상당한 비용을 공제하고 요금반환	
한 국	• 독립조항 없음 • 여행개시 전에만 가능 • 3촌 이내의 친족 사망시, 신체이상시는 취소료 없이 해제가능 • 여행업자의 계약위반에 대해서 해제가능	• 불가항력적, 최저행사인원 미달(여행자에게 통지요), 여행자의 계약위반, 여행자 건강의 이상	• 귀로 수배의무에 대한 규정없음

자료 : 신동숙, 앞의 논문, 74~75쪽에 의함.

2) 여행자의 해제권

한국의 일반여행업약관에서는 여행자는 일정한 취소료를 지급하거나 취소료 없이 계약을 해제할 수 있다. 즉 ① 여행사의 요청이 있는 경우, ② 3촌 이내의 친족 사망시, ③ 여행자의 신체에 이상이 발생하여 여행의 참가가 불가능할 것이 확실시될 때에는 취소료 없이 계약을 해제할 수 있다. 이처럼 표준약관으로 규정돼 있던 여행계약이 법으로 명문화되어, 여행자가 여행을 시작하기 전에는 언제든지 계약을 해지할 수 있고, 질병이나 가족 사망 등 부득이한 경우'에도 계약을 취소할 수 있게 되면서 여행자들의 권리가 한층 보장될 전망이다.

일본의 표준여행업 약관에 의하면 여행자가 취소료를 지급하는 경우에는 시가에 관계없이 해제가 가능하도록 하고 있으며, 여행해제권을 여행개시 전과 여행개시 후로 나누어 다음과 같이 적시하고 있다.

여행개시 전에 여행자에 의한 여행해제권은 ① 여행자의 배우자 또는 1등친(일촌)의 사망, ② 관리불능에 의한 중요한 계약내용의 변경, ③ 적용운임 등의 증액에 의한 여행요금의 증액, ④ 불가항력의 사유에 의한 여행실시의 불가능, ⑤ 특정된 여행서비스에 대한 약속의 불이행, ⑥ 여행주최자의 귀책사유에 의한 여행실시의 불가능 등의 사유가 이에 해당된다.

여행개시 후의 여행자에 의한 여행해제권은 여행서비스 제공이 사실상 불가능한 때에 취소료 지급 없이 계약의 전부 또는 일부를 해제할 수 있다.

일본의 경우 여행자의 여행해제권은 임의해제권을 행사할 수 있다는 점이 특징이며, 독일에서는 여행자는 여행개시 전에 언제든지 여행을 해제할 수 있도록 하여 여행계약의 해제를 광범위하게 인정하고 있다. 다만, 계약 후 불가항력적인 사유로 여행의 실시가 곤란하거나 위태롭거나 침해될 때를 제외하고는 여행업자에 의한 손해배상이 청구될 수도 있음을 각오해야 한다.

계약의 해제・해지에 관하여 정하고 있는 약관의 내용 중 다음 각 호의 어느 하나에 해당되는 내용을 정하고 있는 조항은 무효로 한다고 되어 있다.

① 법률에 따른 고객의 해제권 또는 해지권을 배제하거나 그 행사를 제한하는 조항
② 사업자에게 법률에서 규정하고 있지 아니하는 해제권 또는 해지권을 부여하여 고객에게 부당하게 불이익을 줄 우려가 있는 조항
③ 법률에 따른 사업자의 해제권 또는 해지권의 행사 요건을 완화하여 고객에게 부당하게 불이익을 줄 우려가 있는 조항
④ 계약의 해제 또는 해지로 인한 원상회복의무를 상당한 이유 없이 고객에게 과중하게 부담시키거나 고객의 원상회복 청구권을 부당하게 포기하도록 하는 조항
⑤ 계약의 해제 또는 해지로 인한 사업자의 원상회복의무나 손해배상의무를 부당하게 경감하는 조항
⑥ 계속적인 채권관계의 발생을 목적으로 하는 계약에서 그 존속기간을 부당하게 단기 또는 장기로 하거나 묵시적인 기간의 연장 또는 갱신이 가능하도록 정하여 고객에게 부당하게 불이익을 줄 우려가 있는 조항 등이다.

3) 한국의 일반여행업약관

약관의 내용에는 ① 내국인의 국내여행에 관한 업무, ② 내국인의 해외여행에 관한 업무, ③ 외국인의 국내여행에 관한 업무, ④ 변제에 관한 사항 등으로 구성되어 있는데, 이의 중요한 사항을 요약하여 제시하면 다음의 〈표 7-4〉와 같다.

| 표 7-4 | 국외여행 표준약관의 중요내용

구 성	내 용
여행사와 여행자의 의무	여행사는 여행자에게 안전하고 만족스러운 여행서비스를 제공하기 위하여 여행알선 및 안내·운송·숙박 등 여행계획의 수립 및 실행과정에서 맡은 바 임무를 충실히 수행하여야 한다.
계약의 구성	여행계약은 여행계약서와 여행약관, 여행일정표(또는 여행설명서)를 계약내용으로 한다. 여행일정표(또는 여행설명서)에는 여행일자별 여행지와 관광내용, 교통수단, 쇼핑횟수, 숙박장소, 식사 등 여행실시일정 및 여행사 제공 서비스 내용과 여행자 유의사항이 포함되어야 한다.
안전정보 제공 및 계약서 등 교부	여행사는 여행자와 여행계약을 체결할 때 여행약관과 외교부 해외안전여행 홈페이지에 게재된 여행지 안전정보를 제공하여야 하며, 여행계약을 체결한 경우 계약서와 여행일정표(또는 여행설명서)를 각 1부씩 여행자에게 교부하여야 한다.
여행사의 책임	여행사는 여행 출발시부터 도착시까지 여행사 본인 또는 그 고용인, 현지여행사 또는 그 고용인 등(이하 '사용인'이라 함)이 여행사 임무와 관련하여 여행자에게 고의 또는 과실로 손해를 가한 경우 책임을 진다.
계약해제/거절	여행사는 최저행사인원이 충족되지 아니하여 여행계약을 해제하는 경우 여행출발 7일전까지 여행자에게 통지하여야 한다. 한편 여행사는 여행자에게 다음 사유가 있을 경우에는 여행자와의 계약체결을 거절할 수 있다. ① 다른 여행자에게 폐를 끼치거나 여행의 원활한 실시에 지장이 있다고 인정될 때, ② 질병 기타 사유로 여행이 어렵다고 인정될 때, ③ 계약서에 명시한 최대행사인원이 초과되었을 때
손해배상	① 여행사는 현지여행사 등의 고의 또는 과실로 여행자에게 손해를 가한 경우 여행사는 여행자에게 손해를 배상하여야 한다. ② 여행사의 귀책사유로 여행자의 국외여행에 필요한 사증, 재입국 허가 또는 각종 증명서 등을 취득하지 못하여 여행자의 여행일정에 차질이 생긴 경우 여행사는 여행자로부터 절차대행을 위하여 받은 금액 전부 및 그 금액의 100%상당액을 여행자에게 배상하여야 한다. ③ 여행사는 항공기, 기차, 선박 등 교통기관의 연발착 또는 교통체증 등으로 인하여 여행자가 입은 손해를 배상하여야 한다. 다만, 여행사가 고의 또는 과실이 없음을 입증한 때에는 그러하지 아니하다. ④ 여행사는 자기나 그 사용인이 여행자의 수하물 수령, 인도, 보관 등에 관하여 주의를 해태(懈怠, 게을리 함)하지 아니하였음을 증명하지 아니하면 여행자의 수하물 멸실, 훼손 또는 연착으로 인한 손해를 배상할 책임을 면하지 못한다.
설명의무	여행사는 계약서에 정하여져 있는 중요한 내용 및 그 변경사항을 여행자가 이해할 수 있도록 설명하여야 한다.
보험가입 등	여행사는 이 여행과 관련하여 여행자에게 손해가 발생한 경우 여행자에게 보험금을 지급하기 위한 보험 또는 공제에 가입하거나 영업보증금을 예치하여야 한다.

자료 : 표준약관 제10021호, 공정거래위원회, 2014에 의거 재구성.

7.5 여행자의 보호방안

여행을 둘러싸고 여행사 및 여행자가 접촉할 수 있는 관계상황은 광범위하다. 여행에 관계된 사업자를 대충 들어보아도 숙박업, 식음료업, 교통업, 유흥업, 토산품판매업, 레저 · 스포츠업, 관광사진업 등 매우 다양한 사업이 관계하고 있으며, 그에 따른 관광지환경에 이르는 문제까지 폭넓은 문제가 개재된다.

급증하고 있는 여행수요에 따라 여행자의 피해사례도 날로 증가하는 추세에 있으며, 특히 여행사가 주최자가 되어 불특정다수인 여행자를 모집하는 패키지여행에 있어 여행자들이 당면하게 되는 중요한 문제들은 매우 다양하지만, 이를 3단계로 요약하여 정리하면 다음과 같다(OECD, 1980 : 4~19).

1) 여행계약 전의 문제

① 정보수집방법의 문제 : 여행자들은 여행정보를 수집하기 위해서 친구나 친지, 여행상품 안내서, 관광안내소, 대중매체를 통해 여행에 관한 정보를 입수할 수 있다. 그러나 다양한 정보원(情報源) 중에서 여행자에게 알맞은 정보는 어떤 것인지를 인지해야만 한다(한국소비자원, 1988 : 31~33).

② 여행가격에 대한 문제 : 가격은 여러 여행사 중 특정여행사를 결정하는 중요한 변수이다. 여행가격은 일반적으로 최소가격으로부터 혹은 ×××원 이상으로 명시되어 있는데, 이러한 광고는 그 최소가격이 어떤 특정상황에서만 혹은 중요한 특징을 제외했을 때만 가능한 것에 주목하지 않으면 안 된다. 이에 주의하지 않으면 그 가격으로 일반적인 여행서비스가 제공되는 것으로 착각하기 쉽다. 따라서 여행자는 그 최소가격이 실제로 보장하는 조건을 분명히 확인하는 절차가 필요하다.

광고에는 "추가경비 없음"이라고 하였으나, 실제로는 유류할증료, 항공세, 전쟁보험료 등의 추가비용이 있어 실제 여행사에 지급하는 경비는 광고금액을 초과하는 사례가 적지 않다(공정거래위원회, 2006년 9월 22일).

③ 여행서비스 품질의 문제 : 여행안내서 및 여행광고는 때때로 관광지나 시설에 대해 멋진 사진을 곁들여 과장된 선전을 하기도 한다.

④ 장소표시에 대한 문제 : "××호텔이 바다에 가까운 위치에 있다", "스키장에 가깝다"라는 표현은 그 장소의 실제위치를 설명하는 데는 부적합하다. 따라서 좀더 구체적이고 정

확한 설명이 필요하다.

2) 여행계약 중의 문제

① 가격인상문제 : 계약 이후에 가격이 인상되는 경우 여행자가 여행실시를 할지 말아야 할지를 재고하게 되는 중요한 문제이다.

② 여행서비스 변화문제 : 여행일자의 변경, 계약된 호텔의 변경, 차량의 점검불량으로 인한 고장 등은 여행자에게 불편을 주며, 이러한 것이 출발에 임박하게 결정되는 경우 어려운 국면에 빠지게 된다.

③ 취소에 대한 수수료문제 : 여행계약이 이루어지고 나서 이를 취소하는 경우 얼마의 취소수수료를 부과할 것인가가 명확하게 규정되지 않음으로써 많은 문제가 발생하고 있다.

④ 보험문제 : 여행 중 피해가 발생하였을 때 그 피해에 대한 보험으로 보상될 수 있는 범위가 정확히 설명되어 있지 않아 문제가 되고 있다.

⑤ 교통에 대한 문제 : 항공기의 연착, 교통기관 종사자의 파업, 날씨, 초과예약 등의 이유로 여행의 원활한 진행이 이루어지지 못할 때, 이는 여행사의 불가항력적인 측면이 강하다고는 하나, 이에서 비롯하여 여러 가지 문제가 발생할 수 있다.

⑥ 숙박시설의 불만족에 대한 문제 : 같은 숙박시설에 투숙한 여행자라도 객실형태, 전망 등 여행자의 주관적인 판단에 따른 불만의 제기가 있을 수 있다.

3) 여행계약 후의 문제

여행의 종료 후 발생한 문제의 책임소재. 예컨대 어떤 여행상품이 광고된 내용과 동떨어진 서비스나 숙박기관에서 투숙하였을 때 여행자는 여행사(travel agent), 여행기획자(tour operator), 혹은 호텔업자에게 책임을 묻게 된다. 그러나 여행관계자들 사이의 책임소재가 불분명한 경우에는 여행자들의 불만이 보상되기 어렵다.

기타가와는 여행자의 피해유형을 ① 발생, ② 성질, ③ 형태면 등 3가지로 들고 있는데 ①의 유형은 상품과 용역내용상의 피해와 거래상의 피해로 나뉜다(北川善太郎, 1977 : 4).

용역내용상의 피해는 ① 상품의 하자피해, ② 거래상의 피해가 있다. 상품하자피해는 상품자체의 문제가 원인이 되어 생명, 신체, 기타 재산에 피해가 미치는 경우이고, 거래상의 피해는 불공정한 가격형성, 부당한 계약조건 등 부당한 판매방법 등이 이에 해당된다.

성질면에서의 피해는 ① 생명이나 신체에 영향을 미치는 피해, ② 경제적 피해로 구분된다. 전자의 예로는 호텔화재 등이 있고, 후자의 예로는 결함상품 혹은 부당표시 등 거래상의 불이익 등이다.

형태면에서의 피해는 ① 다수피해, ② 소수피해로 구분된다. 이렇게 볼 때 여행자의 피해유형은 발생면에서 거래상의 피해이며, 성질편에서는 경제적 피해가 많고 형태면에서는 소액피해의 유형을 보이고 있다고 할 수 있다(김천중, 1994 : 39).

이처럼 여행자피해란 여행자가 여행상품이나 용역을 사용, 이용하는 과정에서 상품이나 용역의 잘못된 가격, 품질, 성능, 안전, 품질표시, 광고, 중량, 거래방법, 거래조건 등으로 인하여 직·간접적으로 피해를 입은 신체적 위해와 경제적 손실을 말한다(김천중, 1994 : 35). 따라서 여행자의 이러한 피해를 구제하고 피해가 발생할 수 있는 소지를 사전에 제거하는 것이 여행자 보호라고 할 수 있다.

| 표 7-5 | 여행자피해 업무별 현황

(단위 : 건, %)

연도	구분								합계
2015년	구분	여행자의 계약최소	교통	가이드(TC) 불친절 및 경비	여행사의 계약 불이행	일정변경 및 누락	숙식	상담 서비스	1,436 (100%)
	건수	375	156	149	137	125	84	72	
	비율	26.1%	10.9%	10.4%	9.5%	8.7%	5.8%	5.0%	
	구분	여행요금 분쟁	사업중단 및 부도	여행사고	쇼핑	선택관광	수속	기타	
	건수	67	59	52	49	42	30	39	
	비율	4.7%	4.1%	3.6%	3.4%	2.9%	2.1%	2.7%	
2016년	구분	여행자의 계약최소	여행사의 계약 불이행	가이드(TC) 불친절 및 경비	교통	일정변경 및 누락	쇼핑	여행요금분쟁	1,487 (100%)
	건수	453	154	140	103	98	89	82	
	비율	30.5%	10.4%	9.4%	6.9%	6.6%	6.0%	5.5%	
	구분	숙식	여행사고	사업중단 및 부도	선택 관광	상담 서비스	수속	기타	
	건수	81	77	54	50	37	32	37	
	비율	5.4%	5.2%	3.6%	3.4%	2.5%	2.2%	2.5%	

자료 : 한국관광공사.

7.6 여행자의 불만과 피해구제

여행자는 여행행위시 발생한 불만족과 여행경험과 여행상품 구매시 발생한 여러 형태의 불만족으로부터 불평행동이 발생하게 된다. 이러한 불만족은 불공정 여행상품으로부터 발생한다. 예를 들면, 불공정 여행상품광고는 '중요표시 광고사항 고시'를 이행하지 않은 광고에서 여행비용에 이르기까지 다양하다. 예컨대 여행사가 여행자에게 부담을 주는 불공정 거래는 환율이나 요금을 수시로 변경하고, 명확한 여행조건을 설명치 않거나 여행조건을 명확하게 설명하지 않거나, 현지에서 선택관광을 강요하는 사례 등이다. 한편 여행자가 여행사에게 부담을 주는 불공정 거래는 날짜와 출발인원 및 금액을 명확하게 밝히지 않고 예약했다고 주장하거나, 저렴한 금액의 상품인데도 고가상품의 서비스를 요구하거나, 여러 여행사에 전화하여 가예약을 한 후 취소하거나, 여행업무취급수수료를 인정치 않거나, 타 고객은 만족했는데 유독 불편을 호소하고 보상을 요구하는 등이다(오익근, 2010 : 80).

딕커손(Dickerson)은 여행자의 불평행동에 관해 〈표 7-6〉과 같이 분류하고 있다(1994 : 6).

| 표 7-6 | 여행자의 불평대상과 내용

대상	불만내용
항공기	① 신체적 상해, ② 연착, 해약, ③ 과잉예약, ④ 차별대우, ⑤ 분실, 도난, 손상화물, ⑥ 잘못된 정보 허위설명, ⑦ 수하물, ⑧ 높은 가격
유람선	① 신체적 상해, ② 지연, 일정변경, ③ 선박의 쾌적성, ④ 잘못된 정보, 허위설명, ⑤ 분실, 도난, 손상화물, ⑥ 기타
철도와 버스회사	① 신체적 상해, ② 지연, ③ 쾌적성, ④ 예약, ⑤ 허위설명, ⑥ 기타
렌터카 회사	① 가격담합, 높은 가격, ② 전달의 불편, ③ 과잉예약, 위약, ④ 기타
호텔	① 신체적 상해, ② 과잉예약, ③ 허위설명
여가산업	① 허위설명, ② 구조적 결함, ③ 협회나 클럽의 불합리한 운용, ④ 주와 연방보안법의 탈법
환대산업	① 허위설명, ② 원자재의 미확보로 인한 실수
여행도매업자	① 신체적 손상, ② 항공기의 지연예약, ③ 호텔교통기관의 허위설명, ④ 시설사용의 허위설명, ⑤ 식사의 허위설명, ⑥ 소비자 보증금의 잘못 운용과 기만, ⑦ 기타
안전과 보험회사	① 원자재 공급업자, 여행상품업자의 안정보장의 실패, ② 안전확보의 거절, ③ 보험정책상의 책임회피, ④ 기타
여행대리점	① 예약업무수행 실패, ② 교통기관도매업자의 선정 실패
무역회사	① 가격갈등, ② 기타

자료 : 김시중·최지영, 여행상품소비자의 고충처리방안에 관한 실증적 연구, 관광경영학연구 제7호, 관광경영학회, 2000. 52쪽 재인용.

소비자의 피해구제에 대한 권리는 1962년 3월 15일 미국의 존 에프 케네디 대통령에 의해 제창된 「소비자 이익보호에 관한 대통령특별교서」 즉 ① 안전 추구할 권리(right to safety), ② 정보입수의 권리(right to be informed), ③ 선택할 권리(right to choose), ④ 의견청취의 권리(right to be heard) 등이 기초가 되어 태동되었다(日本消費者教育学会, 1989 : 15).

일반적으로 소비자의 7대 권리는 ① 안전할 권리, ② 정보를 받을 권리, ③ 선택할 권리, ④ 의사가 반영될 권리, ⑤ 보상을 받을 권리, ⑥ 교육을 받을 권리, ⑦ 쾌적한 환경에서 살 권리 등을 말한다. 이와 같은 권리는 관광사업 분야에서도 똑같이 적용된다. 예컨대 안전한 여행을 할 권리라든지, 안전정보를 제공받거나 여행 중 피해를 입었다면 당연히 보상을 받을 권리를 주장할 수 있다.

재정경제부(고시 제2002-23호)가 2002년 12월 개정 고시한 소비자피해보상규정에 따르면 관광사업과 관련된 소비자 피해보상규정 대상품목은 크게 여행업, 운수업, 휴양콘도미니엄업으로 나뉜다. 이중 여행업의 소비자 관련 규정으로는 소비자 불편신고제도, 해외여행보험, 영업보증금, 공제보험, 여행공제회 및 여행업 표준약관, 관광경찰(tourist police) 등이 있다.

또한 소비자의 권리를 보호하기 위한 각종 단체는 1955년 서울여자기독교청년회를 필두로 한국부인회(1964), 대한어머니회(1965), 한국소비자연맹(1970), 주부클럽연합회(1971), 전국주부교실중앙회(1972), 한국여성단체협의회(1973), 시민의 모임(1986), 한국소비자원(1987) 등이 있다.

공정거래위원회에서는 피해 예방을 위한 소비자 유의사항으로 ① 여행경비는 상품가격 외에 유류할증료, 항공세 명목으로 추가비용을 요구하는 경우가 있으므로 상품간 가격 비교시 이를 반드시 고려하고, ② 유류할증료, 공항세 명목으로 추가 비용을 요구하는 경우 항목별 정해진 요금이 맞는지 계산해 볼 것과, ③ 선택관광으로 표시되어 있어도 현지에서는 사실상 강요되는 경우가 많으므로 가격 판단 시 선택관광비용도 추가해서 검토할 것과, ④ 쇼핑, 선택관광 등과 관련한 중요사항을 계약서에 명기하고, ⑤ 최종 계약서를 반드시 교부받아 향후 법적 분쟁 발생 시 근거 자료로 활용할 것 등을 제시하고 있다.

7.6.1 여행자의 피해구제방법

여행자가 여행상품 구입으로 인해 발생한 피해에 대한 구제방법은 크게 4가지가 있다. 그것은 첫째, 사업자에 의한 피해구제, 둘째, 소비자단체에 의한 피해구제, 셋째, 행정기관에 의한 피해구제, 넷째, 한국소비자원에 대한 피해구제 등이다. 여행자의 피해구제 처리절차는 대체적으로 다음과 같다.

1) 사업자에 의한 피해구제

이 방법은 가장 일반적인 피해구제방법으로서 여행자가 입은 손해에 대하여 여행사측이 손해를 보상해 주는 방법이다. 이 방법은 당사자 간의 자율적 규제에 의한 해결방법으로 가장 바람직한 방법이기는 하나, 양측이 첨예한 대립을 하는 경우에는 결말이 나지 않는다는 단점이 있다.

2) 소비자단체에 의한 피해구제

이 방법은 소비자단체가 피해자로부터 불만이나 피해사례를 보고받고, 그에 대한 법률적 방법을 제공하고 나아가서 당해 사업자로 하여금 자율적으로 소비자 피해를 구제토록 유도하는 방법이다.

그림 7-2 여행자 불편신고 처리절차

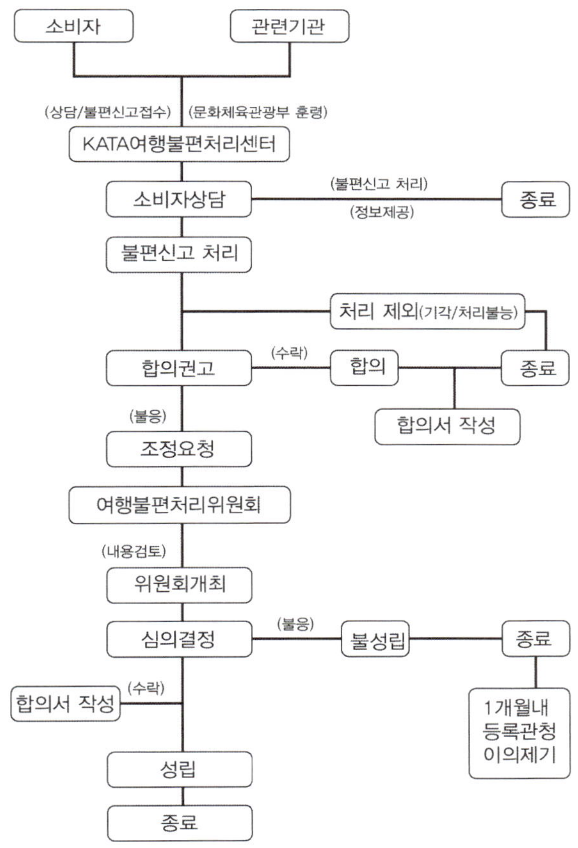

자료: 여행불편신고처리사례집, 한국여행업협회, 2017. 10쪽.

3) 행정기관에 의한 피해구제

이 방법은 행정기관이 소비자보호법을 비롯한 각종 관련법에 규정된 법에 따라 사업자에게 구제적인 의무를 부과하는 방법이다. 그러한 의무를 부과한 때에는 행정명령, 영업허가의 취소, 법령위반에 대한 처벌을 부과함으로써 여행자의 개별적 피해를 사전에 예방하는 방법이다.

4) 한국소비자원에 의한 피해구제

소비자와 사업자 간에 분쟁이 발생한 때에는 소비자보호법에 의거하여 그 처리를 한국소비자원에 의뢰할 수 있다. 또한 물품의 사용이나 용역의 이용으로 인한 피해를 경험한 소비자뿐만 아니라 소비자단체, 국가, 지방자치단체, 여행자로부터 피해구제를 요구받은 사업자도 한국소비자원에 그 처리의뢰가 가능하다. 대개는 합의권고를 유도하나 30일 이내에 당사자 간 합의가 안 될 경우에는 소비자분쟁조정위원회에 조정의뢰를 하고 30일 이내에 조정의결을 하게 된다.

조정결과를 통보받은 날로부터 15일 이내에 조정안을 수락하면 재판상의 화해와 같은 효력이 발생한다.

| 표 7-7 | 국내여행업 소비자피해보상규정

피해유형	보상기준	비고
1) 여행계약 해제로 인한 피해		
■ 여행사의 귀책사유로 여행사가 계약해제하는 경우		
〈당일여행인 경우〉		
• 여행개시 3일전까지 통보시	계약금 환급	
• 여행개시 2일전까지 통보시	계약금 환급 및 요금의 10% 배상	
• 여행개시 1일전까지 통보시	계약금 환급 및 요금의 20% 배상	
• 여행당일 통보 및 통보가 없는 경우	계약금 환급 및 요금의 30% 배상	
〈숙박여행인 경우〉		
• 여행개시 5일전까지 통보시	계약금 환급	국내여행
• 여행개시 2일전까지 통보시	계약금 환급 및 요금의 10% 배상	표준약관과
• 여행개시 1일전까지 통보시	계약금 환급 및 요금의 20% 배상	동일하게
• 여행당일 통보 및 통보가 없는 경우	계약금 환급 및 요금의 30% 배상	규정
■ 여행자의 귀책사유로 여행사가 계약해제하는 경우		
〈당일여행인 경우〉		
• 여행개시 3일전까지 통보시	전액 환급	
• 여행개시 2일전까지 통보시	요금의 10% 배상	
• 여행개시 1일전까지 통보시	요금의 20% 배상	

• 여행당일 통보 및 통보가 없는 경우 〈숙박여행인 경우〉 • 여행개시 5일전까지 통보시 • 여행개시 2일전까지 통보시 • 여행개시 1일전까지 통보시 • 여행당일 통보 및 통보가 없는 경우 ■ 여행사의 계약조건 위반으로 여행자의 여행계약을 해제하는 경우(여행전) 〈당일여행인 경우〉 • 여행개시 3일전까지 계약조건 변경통보시 • 여행개시 2일전까지 계약조건 변경통보시 • 여행개시 1일전까지 계약조건 변경통보시 • 여행당일 계약조건 변경통보 또는 통보가 없는 경우 〈숙박여행인 경우〉 • 여행개시 3일전까지 계약조건 변경통보시 • 여행개시 2일전까지 계약조건 변경통보시 • 여행개시 1일전까지 계약조건 변경통보시 • 여행당일 계약조건 변경통보 또는 통보가 없을 시 ■ 여행참가자 수의 미달로 여행사가 여행계약을 해제하는 경우(사전 통지기일 미준수)	요금의 30% 배상 전액 환급 요금의 10% 배상 요금의 20% 배상 요금의 30% 배상 계약금 환급 계약금 환급 및 요금의 10% 배상 계약금 환급 및 요금의 20% 배상 계약금 환급 및 요금의 30% 배상 계약금 환급 계약금 환급 및 요금의 10% 배상 계약금 환급 및 요금의 20% 배상 계약금 환급 및 요금의 30% 배상 계약금 환급 및 계약금의 100%(위약금) 배상	
2) **여행사의 계약조건 위반으로 인한 피해**(여행 후)		여행자가 입은 손해 배상
3) **여행사 또는 여행종사자의 고의 또는 과실로 인한 여행자의 피해**		
4) **여행중 위탁수하물의 분실, 도난, 기타사고로 인한 피해**		
5) **여행사의 고의 · 과실로 인해 여행일정의 지연 또는 운송 미완수**		운송수단의 고장, 교통사고 등 운수업체의 고의 · 과실에 의한 경우도 포함

| 표 7-8 | 국외여행업 소비자피해보상규정

피해유형	보상기준	비고
1) 여행계약 해제로 인한 피해 ■ 여행사의 귀책사유로 여행사가 계약해제하는 경우 • 여행개시 20일전까지 통보시 • 여행개시 10일전까지 통보시	 계약금 환급 여행경비의 5% 배상	여행자가 입은 손해배상

• 여행개시 8일전까지 통보시	여행경비의 10% 배상	
• 여행개시 1일전까지 통보시	여행경비의 30% 배상	
■ 여행자의 여행계약 해제 요청이 있는 경우		
• 여행출발일 20일전까지 통보시	계약금 환급	
• 여행출발일 10일전까지 통보시	여행경비의 5% 배상	
• 여행출발일 8일전까지 통보시	여행경비의 10% 배상	
• 여행출발일 1일전까지 통보시	여행경비의 20% 배상	
• 여행출발 당일 통보시	여행경비의 50% 배상	
■ 여행참가자 수의 미달로 여행개시 7일전까지 여행계약 해제통지시		
■ 여행참가자 수의 미달로 인한 여행계약 해제 통지기일 미준수		
• 여행개시 1일전까지 통지시	여행경비의 20% 배상	
• 여행출발 당일 통보시	여행경비의 50% 배상	
2) 여행사의 계약조건 위반으로 인한 피해 (여행 후)		여행자가 입은 손해배상
3) 여행계약의 이행에 있어 여행종사자의 고의 또는 과실로 여행자에게 손해를 끼쳤을 경우		여행자가 입은 손해배상

7.6.2 여행자보호의 문제점과 대책

한국의 여행자보호를 위한 개선방안으로는 다음과 같은 것들이 고려되어야 한다(장병권, 1990 : 167~169).

1) 여행자보호법 제정

여행자보호를 위하여 우선적으로 정비하야 할 것은 기존의 관광관련 법규를 정비하는 것이다. 기존의 관광기본법을 현실에 맞게 개정하여 여행자보호 관련조항과 관련시책을 명시하도록 하고, 관광진흥법을 개정하여 여행자보호 관련조항을 명시하도록 하는 방안이다. 또한 여행업법을 신설하여 여행자의 안전과 보호를 위한 조항을 만들어 이를 수행할 수 있도록 한다.

2) 여행자보호기구의 설치

관광관련 법규의 정비와 더불어 여행자 브호업무를 수행할 여행자보호 기구를 설치하도록 해야 하며, 현행 관광불편신고센터의 기능을 강화하고 상설화하여 항시 발생하는 불편신고의 접수 · 처리 · 고발 · 회신 등을 담당하게 할 필요가 있다. 더욱이 관광사업체별 여행자 안내, 정보제공, 불평처리를 담당할 수 있는 '관광소비자 상담센터'의 설치를 강력히 유도해야 할 것이다.

3) 여행자 보호시책의 개선

여행자의 권익을 보호하기 위하여 여행당사자의 참여를 법적 · 제도적으로 명문화할 필요가 있으며, 정부의 여행자 보호체계도 현재의 단순한 여행자 안전대책지향에서 벗어나 정보 · 서비스 · 보상 · 교육 등 보다 다각도로 전개하여야 할 것이다.

4) 여행자교육의 지속적 전개

여행자보호를 위한 사전 예비활동의 하나로서 아동기에서 노년기에 이르기까지 관광교육의 일환으로 여행자 정신과 여행관련 지식에 관한 교육이 적극적으로 이루어져야 할 것이다. 특히 알뜰하고 저렴한 여행활동과 교육여행 프로그램을 강조함으로써 건전한 여행분위기를 조성하고 여행 철에 여행자의 안전과 편의증진을 목적으로 민관합동에 의한 여행행사를 개최하고, 질서 캠페인, 불편방지 캠페인 등을 전개하여야 할 것이다.

5) 여행정보 전달체계의 개선

여행자의 정보탐색과 대안의 평가 · 결정을 가장 효과적으로 지원할 수 있는 여행지의 날씨, 전쟁, 범죄, 출입국절차, 불편처리방법 등 여행상품 공급의 실상(實狀)을 여행자에게 정확하게 전달하는 것이다.

6) 여행자 안전관리체계 확립

여행자보호를 위한 가장 중요한 부분은 여행자가 안전하게 여행활동을 할 수 있는 장치를 마련하는 것이다. 이를 위해서는 주요 여행지와 해외거점도시별로 여행정보중심선을 구축하여 정보의 신속한 전달을 기하여야 할 것이며, 한국관광공사 해외사무소를 통한 해외여행자의 안전 확보대책을 강구시켜야 할 것이다.

7) 여행자 불편처리의 개선

국내 · 외 여행자의 여행활동 중 불편사항과 피해보상을 위해서는 가칭 '여행자 피해보상기금'을 조성 · 운영할 필요가 있다. 또한 국외여행의 경우 국내보다 여행상의 안전보장이 미흡하고 불상사의 발생가능성이 높다는 점에서 여행자의 여행활동 중 정신적 · 물질적 피해를 보상해 줄 수 있는 다종다양한 여행보험상품을 적극적으로 개발하여야 할 것이다.

8) 여행업계 자율위원회 활성화

정부가 여행자보호에 대해 형식적 · 선언적 역할을 한다면 관광사업체는 실질적으로 여행서비스 제공과정에서 직접 여행자와 접촉하게 되므로 여행관련 사업체간 공정경쟁과 공정거래를 확립시켜야 할 것이다.

위와 같은 소비자보호의 문제점과 개선방안에 대해 정부측, 소비자측, 소비자단체측, 사업자측의 4가지 측면에서 고찰해 보면 다음의 표와 같이 정리할 수 있다(박금순, 1982 : 19~31).

| 표 7-9 | 우리나라 소비자보호의 문제점과 대책

구분	문제점	개선방안
정부측	▲소비자보호행정의 다원화 –일관된 행정체계의 미비 –행정업무의 중복 –각 부처의 소비자에 대한 인식 차이	▲소비자행정기구의 정비강화 ▲소비자보호사업기구의 설치운영 –상품시험검사소 –소비자보호센터 –소액청구심판소 ▲소비자보호관련법규의 정비 ▲민간소비자보호단체의 육성과 지도강화
소비자측	▲올바른 상품선택에 대한 무지 ▲상품지식과 제조업자에 대한 정보의 부족 ▲고발정신의 결여	▲순수소비자보호단체의 결성 ▲민간단체에 의한 대소비자 교육계몽 및 홍보활동의 강화 ▲소비자보호운동의 체계화와 조직화
소비자단체측	▲체계적이고 조직적인 전문소비자단체의 부재 ▲유능한 지도자의 부재 ▲소비자보호기구의 부실 ▲재정능력의 부족 ▲사이비 소비자운동의 존재	▲각 분야의 전문소비자단체의 조직 ▲유능한 지도자의 육성 ▲소비자단체에 대한 재정적 지원 ▲소비자보호기구의 통폐합
사업자측	▲생산자측의 문제 –비도덕적 · 비윤리적 기업정신 ▲유통업자측의 문제 –판매가격의 과대계상 및 덤핑 –강매, 비윤리적 상행위	▲생산 및 유통상의 품질보증 및 위해방지 ▲계량 · 규격 · 가격 및 품질표시의 적정화 ▲과대광고 · 허위광고의 금지와 매점매석행위의 지양 ▲소비자보호전담기구의 설치

자료 : 김동기, "한국에 있어서의 소비자보호의 문제점과 전개방향", 박금순, 전게서에 의거 재구성.

Chapter 08

여행업과 관련기업

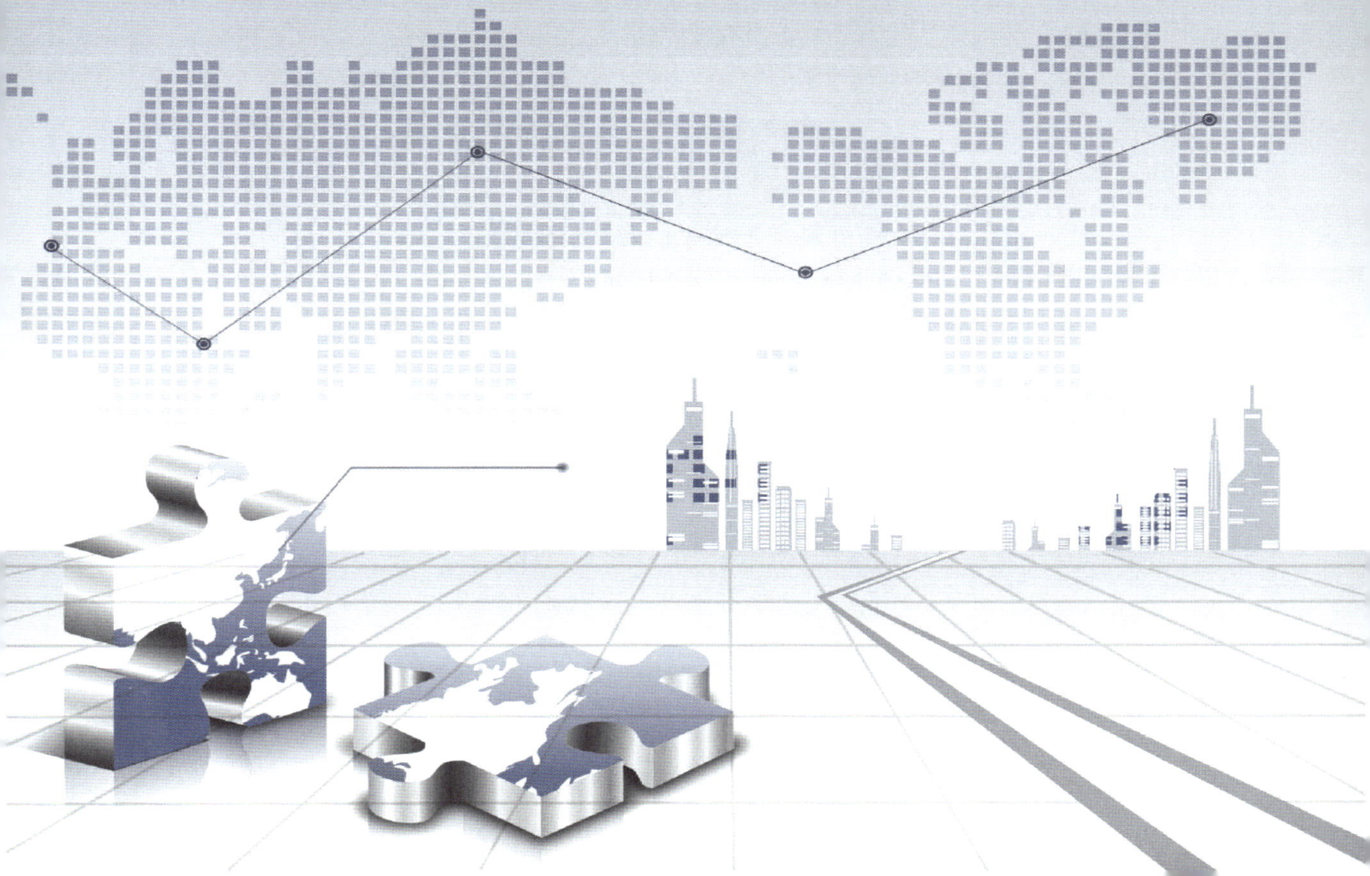

08 Chapter 여행업과 관련기업

흔히 관광산업이라 하면 여행업을 비롯하여 숙박업과 교통업을 연상하기 쉬운데, 본래 관광산업은 복수의 산업이 연관되어 일련의 업대(業態)를 구성하는 이른바 체계적 산업(systematic industry)으로서(일본관광협회, 1986 : 14) 여행자와 관련된 업종은 거의 무한대라고 할 수 있다.

| 표 8-1 | 관광사업의 종류

종류	세분류	
여행업	일반여행업, 국외여행업, 국내여행업	
관광숙박업	호텔업	관광호텔업, 수상관광호텔업, 한국전통호텔업, 가족호텔업, 호스텔업, 소형호텔업, 의료관광호텔업
	휴양콘도미니엄업	
관광객이용시설업	전문휴양업	민속촌, 해수욕장, 수렵장, 동물원, 식물원, 수족관, 온천장, 동굴자원, 수영장, 농어촌휴양시설, 활공장, 등록 및 신고 체육시설업시설, 산림휴양시설, 박물관, 미술관
	종합휴양업	제1종 종합휴양업, 제2종 종합휴양업
	야영장업(일반야영장업, 자동차야영장업)	
	관광유람선업(일반관광유람선업, 크루즈업)	
	관광공연장업	
	외국인관광 도시민박업	
국제회의업	국제회의시설업, 국제회의기획업	
카지노업		
유원시설업	종합유원시설업, 일반유원시설업, 기타유원시설업	
관광편의시설업	관광유흥음식점업, 관광극장유흥업, 외국인전용 유흥음식점업, 관광식당업, 관광순환버스업, 여객자동차터미널시설업, 관광펜션업, 관광궤도업, 한옥체험업, 관광면세업	

자료: 조진호 외 3인 공저, 관광법규론(서울: 현학사, 2017), p.134.

그러나 여행자와 관련된 기업을 전부 열거하여 이를 알아보기란 불가능에 가깝기 때문에, 여행자와 관련되고, 여행업과 매우 밀접함 연관을 가진 대표적 업종만 하더라도 〈표 8-1〉과 같이 34개 업종에 이르고 있다. 따라서 여행업과 관련하여 가장 중요한 업종 4개를 선정하여 필요한 사항만을 언급하고자 한다.

8.1 숙박업

숙박은 여행의 성패를 좌우할 만큼 상당히 중요한 부분이다. 왜냐하면 여행활동의 1/3은 숙박시설에서의 생활이라고 할 수 있기 때문이다. 따라서 여행사로서는 숙박시설의 선정에 즈음해서는 각별한 신경을 쓰지 않으면 안 된다.

본 교재에서는 「호텔경영론」이나 기타 호텔관련 서적에서 흔히 언급하고 있는 내용과는 달리 여행사의 시각에서 호텔을 파악하고자 한다.

8.1.1 호텔정보의 입수방법

호텔에 관한 정보라고 말하는 경우 방문예정 도시에 어떠한 호텔이 있는가라는 것과 그 호텔에 대해서 요금, 객실수, 위치 등 보다 상세한 정보의 두 가지를 생각할 수 있다.

호텔의 정보입수방법에는 일반적으로 다음의 5가지 방법이 이용되고 있다(トラベル ジャーナル, 1985 : 200).

1) 호텔예약사무소

예약사무소에는 세계의 유수 호텔과 계약하여 예약 · 안내업무를 하고 있는 호텔예약사무소와 특정 호텔체인의 직영예약사무소 등 두 가지가 있다. 각사 모두 「예약안내」, 「호텔리스트」, Guest Dictionary 등으로 일컫는 상세한 자사 계열의 안내문헌을 무료로 배포하고 있다.

예약사무소에서는 호텔의 객실 예약상황을 알 수 있는데다, 숙박 1주전 정도까지는 자유판매(free sale)로 불리는 제도가 있어 현장에서 예약 OK를 주는 경우가 많다. 온라인 예약을 하고 있는 곳에서는 즉시 예약결과를 알 수 있고, 만실로 예약이 불가능한 시기도 일러준다.

호텔에 따라서는 직영 한국내사무소를 가지고 있으며, 더욱이 호텔예약안내소를 통해서 예약을 접수하고 있는 곳도 있다. 대개는 직영사무소 쪽이 상세한 정보를 가지고 있다고 생각하면 틀림없다. 그러나 그 호텔이 만실인 경우에는 같은 도시에 복수의 호텔과 계약하고 있는 예약안내소 쪽이 이용하기 쉽다.

2) 문헌의 이용

이 방법은 호텔에 관해 상세한 안내를 하고 있는 문헌을 구입하여 이를 이용하는 방법이다. 호텔에 관한 문헌은 다음과 같은 것들이 있다.

① 「세계호텔안내」, ② Hotel and Convention Directory, ③ Hotel Index, ④ 각국 정부 관광국 발행의 숙박기관 리스트 등인데, 이 가운데 ①, ②의 문헌은 여행사의 서가에 필수적으로 비치해야 하는 호텔에 관한 문헌이다.

3) 항공사(carrier)

항공사의 호텔정보(SAHARA Program)는 자사계열의 호텔시스템에 한정되지만, 항공예약시스템(TOPAS, ABACUS, GALILEO 등)에 입력되어 있는 정보에 대해서는 회신도 빠르다.

4) 현지 주재원 또는 여행경험자

이 방법은 가장 손쉬우면서도 여행자 본인에 맞는 조언을 들을 가능성이 크다. 특히 주재원은 한국인들이 잘 이용하고 있는 호텔을 숙지하고 있으며, 최신정보(예를 들면 한국인 지배인이 배속되어 있는 등)를 가지고 있기 때문에 그 곳을 선택하면 무난하다. 어디까지나 주관적 판단이므로 무조건 받아들이는 것은 금물이다.

5) 인터넷을 통한 정보입수

인터넷을 통해 얻을 수 있는 관광정보는 다양하다. 예를 들면 관광목적지의 도시정보를 비롯하여 교통, 항공편, 해당지역의 숙박, 식당, 문화, 공연 등의 상세한 안내를 볼 수 있다(송하길 : 1996, 111~114).

8.1.2 호텔의 지역별 특색과 종류

1) 동남아시아

최근 20여년 간 동남아지역은 새로운 호텔을 각 관광지에 건설하였다. 대표적인 호텔은 한국의 호텔보다도 시설이 좋고 호텔의 본고장이라 일컫는 미국보다도 서비스가 좋은 곳도 많다. 이와 같은 현상은 각국 정부가 외화를 벌어들이기 위해 관광행정에 힘을 쏟아 호텔시설

투자를 촉진한 것이지만, 각지 모두 각국의 특색을 반영한 환대태도(hospitality)를 보이고 있다.

동남아 호텔들은 유럽이나 미국의 호텔에 비해서 종업원 수가 많고 식당이나 룸서비스 등 서비스도 빨라서 좋다. 한국인 여행자의 약 절반 이상이 동남아 여행에 집중되어 있고 시기에 따라서는 매우 혼잡할 때도 있다(성탄절, 연말연시, 구정 등). 홍콩은 특히 미리 예약이 필요하며 예약보증금(deposit)을 요구하는 경우도 있으므로 이에 대비해 두는 것이 좋다.

일반적으로 동남아지역의 호텔은 비교적 신규호텔이 많아 호텔의 시설면에서 아무런 불편이 없는 것이 장점인데다, 숙박요금도 저렴한 것이 특색이라 하겠다.

2) 일본

일본의 숙박시설은 호텔, 여관, 국민숙사, 유스호스텔, 캡슐 인 등 다양한 숙박시설을 갖추고 있다. 일본의 호텔은 서구식 경영이 기본으로 되어 있어 유럽이나 미국과 대동소이하나, 크게 다른 점은 객실 내에 잠옷을 구비하고 있는 점과, 각종 부대물품(치솔, 치약, 샴푸, 머리건조기, 슬리퍼 등)이 객실 내에 비치되어 있는 점이다. 비즈니스호텔에서는 심지어 커피포트도 있어 객실 내에서 간단한 음료를 마실 수 있게 되어 있다. 온천지에서는 일본식 잠옷(유카타; 浴衣)와 나막신(게타; 下駄)만으로 거리를 활보할 수 있다.

일본식 전통여관은 말이 여관이지 요금도 만만치 않다. 여관은 대개 오랜 전통을 유지하고 있는 곳이 많으며 서비스요원도 대개 일본옷(기모노)을 입고 서비스하고 있다. 개인고객의 식사는 대개 객실 내에서 들 수 있도록 배려하고 있는 등 일본 분위기를 만끽할 수 있어 좋다. 가격이 저렴한 숙박시설을 원하는 고객에게는 국민숙사나 유스호스텔을 선택할 것을 권유한다.

3) 유럽

유럽지역 호텔들은 일찍부터 미국이나 유럽 내의 여행자를 많이 수용해 온 까닭에 전통적으로 고도의 서비스를 자랑하고 있는 곳이 많으며, 숙박시설이 매우 다양한 것이 특징이다.

시내의 호텔에는 객실수 100~200실 정도의 중규모 호텔이 많고 외관도 고전적이다. 최근에는 내부 개량이 행해지고 있어 거주성이 좋아지고 있다. 또한 격식과 전통을 가진 호텔에서는 상류사회의 사교장이 되어 있어 지금도 유럽의 독특하고도 우아한 분위기를 연출하고 있다.

최근에 설립된 신규호텔들은 교외지역이나 혹은 시내의 중심지에서 떨어진 곳에 지어진 곳이 많아 입지조건은 좋지 않지만 설비와 경치는 좋은 편이다.

유럽에서는 인력이 부족하기 때문에 포터, 웨이터, 도어맨 등은 아프리카, 파키스탄, 인도 등 외지에서 온 사람이 많은 것이 특징인데, 유럽지역 내에서도 이탈리아나 스페인 사람도

이 분야에 상당수가 종사하고 있다.

오래된 호텔은 욕조가 없는 곳도 상당수 있으므로 체크인 전에 반드시 욕조의 유무를 확인해두는 것이 상책이다.

4) 미국

미국에는 도시호텔, 리조트호텔, 모텔 등 다양한 숙박시설이 있다. 외관, 설비, 요금 등이 서로 다르지만 선택의 폭도 넓다. 고속도로 주변에는 모텔이 많다. 모텔은 대개 자동차여행자들이 주로 이용하고 있다.

미국에는 힐튼, 쉐라톤, 트래블 롯지(travel lodge), 하워드 존슨, 홀리데이 인 등 호텔체인이 발달하고 있는데 이러한 호텔들은 미국 내는 물론 전 세계에 널리 퍼져 있기 때문에 한국에서도 대개는 예약이 가능하다.

미국의 호텔들은 대형호텔이 많은데, 이들 호텔들은 가족을 위한 패밀리 플랜(family plan) 제도를 채택하고 있어서 가족여행자들의 여행경비 절감에 적극 협조하고 있다.

대형호텔(라스베이거스의 MGM호텔은 5,500객실임)들은 자주 서비스의 신속성에 문제를 유발하고 있기 때문에 대형호텔에 투숙한 경우에는 체크아웃 시에 각별한 신경을 써야 한다. 실제로 숙박요금의 지불을 하는 데 1시간 이상이나 소요된 경우도 있었다.

8.1.3 호텔의 선정방법

호텔을 예약하는 경우 다음의 3가지 점이 관건이 된다. ① 어디에 예약을 의뢰하여야 하는가, ② 예약을 넣을 때 필요한 정보는 무엇인가, ③ 객실의 유형, 식사조건 등의 특별 의뢰는 있는가의 세 가지이다(トラベル ジャーナル, 1985 : 201).

일반적으로 숙박시설 예약시의 선정방법으로는 ① 위치(location), ② 교통(transportation), ③ 환경(environment), ④ 접근성(accessbility), ⑤ 안전성(safety) 등을 고려하여 선정하는 것이 좋다.

또한 국가별, 지역별로 고객의 여행비와 비교하여 알맞는 예산편성을 하여 선정하고, 특히 동일요금일 경우에는 객실등급이 낮더라도 호텔등급을 높여서 선정하는 것이 일반적이라 하겠다.

여행자의 종류에 따라서도 호텔선정이 달라지는데, 예를 들면, 개인여행객의 경우에는 조용한 환경이 좋고 교통이 편리한 아담한 호텔을, 단체여행객에게는 동일형태의 객실이 많은 곳을 선정하는 것이 좋다.

여행목적에 따라서는 관광여행자에게는 쇼핑센터의 접근이 용이한 곳을, 업무방문자에게는 방문지역에 가까운 곳을, 회의참석자에게는 회의가 열리는 호텔을 선정하는 것이 이상적이다.

미국신문협회가 미국인 성인 남녀 6,245명을 대상으로 실시한 설문조사에서 미국인들은 호텔을 선택할 때 관광여행자는 요금을 제1요인으로, 상용여행자는 위치를 가장 고려하는 것으로 밝혀졌다. 그 다음으로는 보안시설, 일반서비스 등 요인을 들고 있으며, 구체적 내용은 〈표 8-2〉와 같다.

8.1.4 호텔의 예약 및 확인방법

1) 현지호텔에 직접 예약하는 방법

이 방법은 현지호텔에 이메일, 전화, 팩시밀리 등으로 직접 예약하는 경우를 말한다. 편지에 의한 방법은 시일이 걸리며, 기타 방법은 통신비가 많아지는 등 일장일단이 있다. 이 방법을 이용할 경우에는 회신이 올 때까지 불안하다는 점이다. 따라서 이 방법은 한국에 예약사무소가 없거나 대형단체인 시리즈단체(series tour)들 공급물량이 있을 때 현지호텔과의 유리한 요금교섭이 가능할 때 주로 이용되고 있다.

예약확인은 현지에서 예약을 확인한 예약확인서(group contract)를 수령하고 예약의 일치여부를 점검함으로써 가능하다.

| 표 8-2 | 여행자별 호텔선택의 고려요인

호텔선택시의 고려요인	관광여행자	상용여행자
가격/할인율	76%	47%
위치	72%	71%
보안시설	58%	51%
일반서비스	55%	54%
금연객실의 운영	52%	52%
이미지	44%	35%
수영장	35%	14%
가족지향형 서비스시설	26%	–
식당수준	18%	14%
신속한 체크인/아웃	13%	23%
항공사 마일리지 연계	11%	21%
단골고객 우대제도	9%	15%
체력단련장	8%	13%
객실내 음성사서함 설치	2%	8%
비즈니스센터의 운영	–	8%

자료 : 한국관광공사, 관광정보, 1997년 4월, 9쪽.

2) 한국의 예약사무소(representative)에 예약하는 방법

업무출장이나 관광객의 증가에 따라 호텔의 숙박수요가 크게 늘어남에 따라 세계의 유수 호텔 특히 체인호텔은 각국에 예약사무실을 설치하고 있거나 예약의 대행기관을 지정하여 판촉활동을 전개하고 있다. 예약사무소의 형태는 다음의 두 가지로 나뉜다.

① 국외 호텔체인 직영의 한국사무소, ② 세계 여러 나라의 호텔과 계약하여 그 호텔의 예약안내 업무를 하는 호텔 예약사무소가 그것이다. 이 두 가지 유형의 서로 다른 점은 〈표 8-3〉과 같다.

| 표 8-3 | 유형별 예약사무소의 차이점

국외호텔체인 직영 한국사무소	계약된 호텔의 예약사무소
자사 계열 호텔만의 일반적인 미국중심	계약호텔의 예약을 취급. 비교적 동남아나 구미지역에 강함.
②에 비하여 상세한 정보를 완비하고 있는 곳이 많다.	①에 비하여 수많은 호텔을 취급하고 있는 경우가 많다.
현지호텔에서 분쟁이 발생하여, 그 현장에서 해결할 수 없었던 때에도 귀국 후 한국사무소에서 보다 책임 있는 대응이 가능하다.	①이라면 그 계열호텔에 예약을 의뢰하므로 동일지구에서의 호텔선택 폭이 좁지만, 한 도시에서의 복수의 호텔을 가지고 있는 ②에서는 목적에 따라 선택이 가능하다.

자료 : トラベル ジャーナル, 「海外ビジネス出張事典」, 1985, 201쪽.

이 방법의 장점은 예약신청과 동시에 가부가 판명되며, 요금도 알 수 있기 때문에 여행사에서 많이 이용되는 방법 중의 하나이다. 일반적으로 투숙일 3일 전이 아니면 예약이 불가능한 곳이 많다. 예약확인은 예약확인서(confirmation slip)를 수령함으로써 가능하다.

3) 항공사를 통한 예약방법

예약사무소를 이용하는 방법과 함께 널리 이용되고 있는 방법이다. 여행사로서는 이 방법이 바람직한 방법은 아니나 항공사를 통한 호텔예약도 가능하다. 항공사는 많은 승객을 실어 나르고 있기도 하거니와 연결편의 접속이 원활하지 못할 때 고객을 호텔에 안내해 주고 있어 자사의 지정호텔에는 강력한 힘을 가지고 있다.

이 방법으로 예약을 할 때에는 최초탑승구간 이용항공사(initial carrier)에 예약을 의뢰하여야 하며, 현지에 일일이 조회하여 확인되므로 예약확인까지 시간이 걸린다는 점을 각오해야 된다. 이 방법을 이용할 경우 여행사로서는 수수료가 없으므로 충분히 고려해야 한다.

예약확인은 항공사의 소정양식에 유효인(有效印 · validation)을 받음으로써 가능하다.

4) 지상수배업자 또는 현지여행사를 통한 예약

이 방법은 여행일정이 길고 몇 나라를 순회하는 경우 각국에 일일이 수배가 번거로울 때 이용하는 방법으로서 일반적으로 다른 관광수배업무와 병행해서 예약할 때 주로 이용하고 있다. 예약확인은 여행상환권(travel voucher)을 받아 해당호텔에 송부하고 보증금을 송금한 경우에는 호텔에 통지하고 송금통지서를 여행안내원 또는 고객에게 지참시킴으로써 가능하다.

5) 신용카드에 의한 예약

1994년 7월 이후에 실시된 이 방법은 예약문화에 대한 올바른 정착을 위해 실시되는 것으로서 새로 도입된 제도이다. 이 예약방법으로 예약할 경우 예약자는 접수번호, 접수일시, 접수자 성명, 위약금 내용을 안내받지 않으면 안 된다(한국여행신문, 1994년 5월 20일).

6) 숙박예약 전문업체를 이용한 예약

여행상품의 유통이 다양화하면서 숙박상품만을 별도로 취급하여 이의 예약만을 전문적으로 취급하는 회사가 등장하였다. 주로 호텔만 이용(hotel only) 하는 고객들이 주된 이용대상이다. 국내의 대표적 업체로는 호텔패스(Hotel pass.com), 걸리버, 아고다(agoda.com) 등이 있다.

8.1.5 객실부문 종사원과의 협조

여행사 수배부서에서 예약이 아무리 정확하고 잘되어 있다 하더라도 호텔에 종사하는 객실부문 종사원과의 협조체제가 원만하지 못하면 애써 수배한 객실에 좋지 않은 객실을 배정받게 되는 등 불이익을 당할 우려가 있다. 왜냐하면 객실의 배정은 프런트 데스크 종사원이 배정하기 때문이다. 따라서 프런트 오피스(FO), 프런트 서비스(FS), 하우스 키핑(HK) 등 객실부문 종사원과의 인간적 유대관계 형성이 원만한 여행업무 수행에 중요한 관건이 된다.

8.1.6 호텔 내의 안전수칙

자사고객의 불편과 불만을 없도록 하고 원활한 여행업무의 수행을 위해서는 호텔에서의 업무 수행 시 여행안내원은 다음과 같은 사항에 주의를 기울여야 한다.

① 호텔에 지급하도록 위임한 방값과 투숙호텔의 프런트에 기재된 예약요금을 상호 비교한다. 만약 요금이 상이한 경우에는 즉시 수배과에 연락을 취하여 지시를 받도록 한다.

② 고객의 여권이나 항공권 및 기타 귀중품의 도난방지를 위하여 가능한 한 귀중품보관소(safety deposit box)에 맡기도록 권유한다.

③ 예약조건과 예약된 내용이 실제로 부합되고 있는지를 확인한다(방의 조건, 전망, 욕조의 유무, 지불조건 등).

④ 고객에게 객실 내에 비치된 호텔의 구조도(layout)를 확인하도록 안내한다(객실의 위치도, 회중전등의 위치, 화재시의 탈출방법 등).

⑤ 숙박기간의 연장 · 단축, 객실등급의 상향조정(up grading) 및 하향조정(down grading) 등이 있을 경우에는 프런트에 미리 연락해 둔다.

⑥ 객실의 출입구(door)의 잠금장치를 확실히 해두도록 안내하고 모르는 사람이 객실로 침입을 하지 못하도록 항상 확대경 또는 걸림장치(night latch)가 걸린 상태에서 확인하도록 당부한다.

⑦ 외출시에는 열쇠를 지참케 하고 이를 프런트에 보관시키도록 한다.

⑧ 퇴실일 전일에 모든 지불관계를 가급적 정산하도록 안내한다.

⑨ 퇴실일 전날 벨맨에게 퇴실시간을 연락하고 짐의 하강(baggage down) 작업을 차질 없이 할 수 있도록 당부하는 한편, 가능하면 짐을 실을 차량번호도 명기해 준다.

⑩ 퇴실일에는 투숙고객의 객실 내에서 사용한 음료대, 전화료 등 개인적 비용 유무를 확인하고 이를 정산토록 유도하는 한편, 귀중품보관소에 맡긴 물품을 찾지 않은 고객이 있는지를 점검하고 객실 열쇠의 반납유무를 확인한다.

8.2 교통업

8.2.1 관광교통의 개념

인간은 시간적 존재임과 동시에 공간적 존재이다. 왜냐하면 공간적 이동을 하지 않고 한정된 지점 내에서 생활을 영위할 수는 없기 때문이다. 인간이 공간적인 차이를 극복하고 이동하는 것이 인간의 교통활동 즉 여행(travel)이다(江野行秀, 1983 : 31). 따라서 교통은 이동을 전제로 하고 있는 여행에 있어서는 필수적인 요소이다.

라에(J. Ree)는 "교통은 역사적으로 볼 때 재화와 용역뿐만 아니라 사상까지도 교류될 수 있는 토대를 마련할 수 있어 사회성장에 지대한 역할을 수행해왔다"고 언급하고 있다(원제무, 1990 : 1).

미즈타도 교통에 관해 언급하면서 "교통이란 인간과 물건 및 사상을 한 장소에서 다른 장소로 이동하는 것을 의미하고 이러한 장소적 이동을 공간적 위치의 변화라고 하며, 이 가운데 인간과 물건의 장소적 이동을 수송(transportation)"이라 하였다(水田元也, 1975 : 5).

아무리 훌륭한 관광자원이 있어도 그 곳에 이르는 이용교통수단이 없다면 여행은 제한적일 수밖에 없으며 여행사로서는 이들 지역을 상품화할 수 없다. 그러므로 관광교통은 관광지의 쇠퇴와 번영에 크게 관련되며 이는 곧 여행업의 여행상품개발과도 밀접하게 관련되는 것이다.

관광교통은 그 자체로 관광욕구의 충족도 되지만 일반적으로 관광대상을 연결하는 매체로서 관광욕구 발생장소와 관광욕구 충족장소 간의 공간적 · 지리적 차이를 극복시켜 준다(윤대순, 1993 : 340). 이와 같은 점에서 볼 때 관광교통업이란 이동하는 관광자를 대상으로 운구(運具)를 사용하여 관광대상을 연결시키는 영업을 하는 업이라 할 수 있다(溝尾良隆, 1990 : 52~3).

관광교통의 발전에 따라 여행의 대중화가 실현된 점은 누구도 부인할 수 없을 것이다. 이처럼 관광교통의 발달은 시간적 거리와 경제적 거리의 단축으로써 생기는 심리적 거리의 단축이 여행동기에 작용을 미치며(前田勇, 1983 : 75~7), 경우에 따라서는 여행자원이 되어 그 교통기관을 이용하러 여행을 떠나는 일도 있다.

예를 들면 과거 수인선(水仁線)의 협궤철도 이용이나 증기기관차(SL : Steam Locomotive) 탑승여행 등이 그것이다(浅香幸雄, 1982 : 104). 그러나 오늘날에는 관광교통업이란 용어가 사라지고 전세버스업이 있을 뿐으로 전세버스업의 관광교통업으로의 부활이 요망된다. 그 이유는 대부분의 전세버스업은 여행업에서 운영하고 있을 뿐더러 승차대상도 대부분 관광자이기 때문이다.

요컨대 "관광교통이란 관광자와 관광대상을 매개하는 수단으로써 영리 또는 비영리의 이동행위"라고 할 수 있다(稲垣勉, 1982 : 9, 51~2).

8.2.2 관광교통의 역할

관광지에서의 교통의 역할은 도시교통 또는 지역교통에서 단순히 다루고 있는 이동목적을 위한 기능 이외에도 다음과 같은 다양한 역할을 담당하고 있다(권영인, 2001 : 22~23)

첫째, 관광지 연출축(演出軸)으로서의 교통 : 소설과 희곡은 시간축에 따라 연출되지만, 여행지는 여행자의 공간적 이동에 따라서 연출된다. 여행자원의 대부분은 지역에 고정되어 있고, 여행자들은 교통시설 등에 의해 이동경로를 선택하기 때문에 교통이 연출축이 된다.

둘째, 관광자원으로서의 교통 : 등산열차, 케이블카, 증기기관차, 유람선, 우마차, 인력거 등 다양한 교통수단은 그 자체가 여행매력물이며, 지역 고유 디자인으로 구성된 버스 터미널 등 교통시설도 여행의 구성요소인 동시에 랜드마크(land mark)로서의 의미를 갖는 경우도 있다.

셋째, 여행자원의 경관과 시점인 교통시설 : 여행자원을 보는 장소의 상당 부분은 교통공간이며, 해안선, 산악도로 등은 미려한 풍광을 제공할뿐더러 케이블카나 등산열차처럼 풍광을 보여주기 위한 고통시설이나 교통수단도 있다.

넷째, 편리성 향상을 위한 교통 : 여행지의 매력도를 구성하는 요소로서의 접근 교통의 편리성과 여행지 내의 이동의 편리성도 매우 중요하고, 교시 내 교통과 마찬가지로 신속성 · 쾌속성 · 대중성은 물론 여행지에서는 이런 요소와 더불어 교통의 편리성 향상이 필요하다.

다섯째, 관광수요 통제수단으로서의 교통: 교통수단의 통제, 경로의 공간적 · 시간적 통제는 교통뿐만 아니라 관광시설배치 및 요금에 의한 통제 등 여러 정책의 조합에 의해 보다 효과적일 수 있고, 교통서비스에 따라 여행자수는 물론 여행의 질도 통제가 가능하다.

여섯째, 여행지 토지이용 통제수단으로서의 교통 : 도시계획적 토지이용의 규제가 지역개발과 변화를 억제하듯이 여행지역에서는 자연지역의 개발억제와 교통에 의한 억제수단이 매우 중요하다.

일곱째, 지역생활기반으로서의 교통 : 여행지의 교통시설은 여행자뿐만 아니라 지역주민의 생활교통 및 물류의 원활한 이동을 위한 역할도 담당하며, 지역의 생활 및 관광교통의 혼재가 지역주민과 여행자 모두에게 문제발생의 원인이 되기 때문에 신중한 계획이 필요하다.

8.2.3 육상교통

경제사회의 원동력이며 사회간접자본의 일익을 담당하고 있는 육상교통은 국민경제의 발전과 더불어 양적 · 질적 발전을 거듭하고 있다. 특히 여객수송의 경우에는 도시화에 기인한 도시 대중교통수단의 급속한 발전으로 급증추세를 보이고 있으며, 최근에는 국민소득 향상에 따른 여가선용 등으로 이동량이 급격히 늘어나는 추세이다.

수송수단별 분담률에 있어서는 경제개발 초창기의 철도중심체제에서 자동차의 증가 등 공로(公路)교통의 확충으로 공로의 분담비중이 증대되었으며, 여행의 고급화와 장거리 이동이 유리한 점으로 항공교통 및 고급철도 수송인원이 증가하고 있다. 특히 국내 항공수요의 폭발적 증가세는 앞으로도 당분간 지속될 전망이며 고속철도가 건설되면 육상교통에 의한 수송력이 비약적으로 증대될 것이다

1) 철도교통

철도란 노반(路盤)위에 자갈과 침목 및 철제궤조(鐵製軌條)로 철도를 구성하여 그 위를 기계적 동력으로 차량을 운전하여 여객과 화물의 운송에 이바지하는 설비이다.

철도의 시작은 1825년 영국을 시작으로, 동양에는 1853년 인도를 선두로 1872년에 일본에 철도가 도입되었으며, 우리나라에는 일본인에 의해 1899년 경인선이 개통됨으로써 철도운송이 시작되었다.

철도는 여행에 있어 큰 역할을 다하여 왔으며 현재에도 그 비중은 변함없이 계속되고 있다. 특히 자가용차량의 증가는 각종 도로의 혼잡을 초래하여 정시성을 요구하는 여행자에게는 철도의 이용은 필수적인 것으로까지 인식하고 있다.

종래에는 철도여행 그 자체만으로도 낭만과 추억을 간직하고 있는 사람도 많다. 자동차나 비행기 등 타교통기관의 수송분담률이 증대되면서 철도의 수송분담률은 현저하게 줄고 있는 것 또한 현실이다(박수이, 1974 : 25).

그러나 철도는 여행수단으로서의 가치는 떨어지고 있으나, 교량 · 터널 등 관광조성가치가 많은 시설들이 병설되어 있어 여행에 기여하는 바는 매우 크다. 다시 말해서 철도는 관광영업을 영위한다는 것보다 오히려 교통조건을 개선하여 여행조건을 기여하고 있는 것이다. 또한 여행업으로서는 철도승차권 대매(代賣)를 함으로써 여행업의 수익성 향상에도 크게 기여하고 있다.

종전에는 지역경제개발과 지역문화진흥에 이바지했던 철도는 일부 간선을 제외하고 지방노선은 적자노선이 대부분으로 폐선화해 나가는 추세에 있다. 철도공사에서는 이러한 점을 극복하고자 열차의 속도와 빈도를 높이고, 객차의 고급화, 승차권 전산발매제도의 확대, 신혼열차, 계절관광열차 등 철도여행상품을 개발하여 각 관광지와의 연계수송에 박차를 가하고 있다(교통부, 1993 : 291).

철도이용의 장점은 ① 이동이 관광이다, ② 근거리의 이동은 소요시간 면에서 항공기와 큰 차이가 없다, ③ 개인여행이나 젊은 층의 여행자에게는 숙박료가 절약된다는 점에 있다.

한편, 철도이용의 단점으로는 ① 안내방송이 현지언어 위주이다, ② 정차시간이 짧은 역에서의 이동에는 각별한 주의를 하지 않으면 안 된다(특히 여성, 노년층 및 대형단체)는 것을 들 수 있다.

(1) 외국의 철도운송업무

가) 유럽의 철도

유럽은 철도영업이 개시된 세계 최초의 지역인데다 최근에는 영 · 불 해저터널이 개통됨으로써 전 유럽이 하나의 대륙으로 연결되어 수많은 국제열차가 운행되고 있다. 모스크바~파리 간의 동서진영을 연결하는 열차도 운행되고 있다. 단, 동유럽과 서유럽 사이의 국경역을 통과할 때 승객은 하차하여 출입국 검사를 받아야 한다.

서유럽 간을 운행하는 국제열차에서는 국경통과에는 극히 형식적인 검사만이 진행된다. 또한 수송량에 걸맞은 좌석량을 확보하려는 지형이 강하고, 필요한 좌석이나 침대는 필요한 구간에만 연결하기 때문에 중간역에서의 분할 증결(增結)이 한국에서와는 비교가 되지 않을 만큼 빈번히 행해진다.

예를 들면 10량 편성에 4방향의 열차가 출발하고 있는 경우도 많다. 더욱이 철도를 부설하는 시점에서 이미 시가지가 형성되어 있던 도시가 많아 그러한 경우에는 그 시가지를 통과하지 않고 들어갔다 나오는 경우가 많기 때문에 열차의 진행방향이 자주 바뀐다.

① 차량의 종류

- **좌석차** : 한국의 열차처럼 통로를 좌석의 중앙에 관통시킨 형식의 오픈 살롱(open salon)차이다(2등에서는 통로 양측에 각 2석씩, 1등에서는 한쪽이 1석 다른 한쪽이 2석 배치)와 통로를 한쪽 면에 복도식으로 배치하고 한쪽을 방으로 구획한 개실(個室)차량(compartment car) 2등석은 4석씩 마주보는 형식으로 1실 8석, 1등은 3석씩 마주보는 1실 6석의 두 종류가 있다. 전반적으로는 오픈 살롱카가 증가하고 있는 추세이나 편안한 여행을 하기 위해서는 후자 쪽이 훨씬 좋다.
- **금연차와 흡연차** : 오픈 살롱카라면 차량마다 또는 차량의 중앙에서 앞뒤로 나뉜다. 컴파트먼트 차량에서는 차실마다 하나씩 건너 구별하고 있는 경우가 많다. 흡연차량은 거의 없어지고 있는 추세이다.
- **침대차** : 정규침대와 간이침대(couchette)가 있다. 전자는 설비도 좋고 쾌적하지만 요금이 비싸다. 반대로 후자는 한국의 병원에서 환자의 보호자들이 야간에 잠시 수면용으로 이용하는 정도의 침대 정도인데 요금은 매우 싼 편이다. 침대는 1인용, 2인용, 3인용이 있는데, 1인 예약의 경우에는 왕왕 상단 · 중단을 포개서 하단만을 사용한다.

② 예약

예약은 한국에서도 가능하다(통신비 필요). 예약의 필요성은 부활절이나 여름 여행성수기를 제외하고 그다지 개의치 않아도 좋다. 전석 예약제의 열차를 제외하면 자유석과 예약석의 비율은 변동적으로, 예약이 있는 숫자만큼 자유석을 예약석으로 조정해 나가는 국가가 많다.

예약된 좌석은 차실(車室) 입구에 '예약석(때로는 그 구간)'이라는 표시를 해둔다. 따라서 예약을 하지 않은 여행자는 표시가 없는 좌석을 이용하면 된다. 침대예약도 마찬가지로 침대의 입구에 표시해둔다. 침실은 가족이나 연인 등을 제외하고는 남녀별로 구분하여 입실하고 있으나, 간이침대의 경우에는 예외이다.

③ 개찰과 국경통과

개찰구가 없는 나라가 거의 대부분이나 그 대신 검표를 자주 한다. 새로운 여행자가 도중역에서 승차하면 그 때마다 새로운 승객에게 다가와 검표를 한다. 국경역을 통과할 때에는 여권과 승차권을 조사한다. 이 경우는 별도로 행할 경우도 있다.

침대나 간이침대를 이용할 때에는 차장이 승차권과 여권을 보관하며, 출입국 수속을 대행하여 준다. 또한 하차역 부근에서는 모닝콜(morning call)도 해준다. 국경역에서의 검사는 간소화해가는 경향이지만, 서유럽과 동유럽 간, 동유럽 간 끼리는 차 밖으로 나가서 출입국 수속을 하는 경우도 있다.

④ 유럽의 철도패스(rail pass)

〈패스의 종류〉

패스의 종류는 7일용, 15일용, 21일용, 1개월용, 2개월용, 3개월용 등 6가지로 나뉘어 있다. 단, 7일용 패스는 단체여행자만이 사용할 수 있다.

- 유레일 글로벌 패스(Eurail Global Pass) : 유럽 전역 24개국의 국철(國鐵) 및 일부 사철(私鐵)을 이용할 수 있는 패스이다.

오스트리아	벨기에	불가리아	크로아티아	체코	덴마크	핀란드	프랑스
독일	그리스	헝가리	아일랜드	이탈리아	룩셈부르크	네덜란드	노르웨이
포르투갈	루마니아	슬로바키아	슬로베니아	스페인	스웨덴	스위스	터키

글로벌 패스는 연속패스와 비연속 패스(flex pass)로 나뉘는데 연속패스는 그대로 끊기는 날짜 없이 연속적으로 이어서 15일부터 최장 3개월까지 사용할 수 있는 패스인데 비해, 비연속패스는 2개월 이내 혹은 10일 또는 15일을 지정하여 딱 그날 만 사용할 수 있는 패스이다.

- 유레일 실렉트 패스(Eurail Select Pass) : 24개국 중 국경이 인접한 3, 4, 5개국만을 선택하여 그 나라 안에서만 일정기간 동안 무제한 이용할 수 있는 패스로, 단기간이나

2~3개국만을 여행하는 사람들에게 편리하다. 국경이 인접했다 하더라도 실렉트에 표시하지 않은 국가를 관통하여 지나갈 경우에는 해당구간만큼의 추가비용을 부담해야 한다.

- 1등석 패스와 2등석 패스 및 세이버 패스 : 나이에 따라 26세 이상은 1등석 패스를, 만 12세~25세(학생이 아니어도 상관없다) 미만의 청소년이 사용하는 패스는 2등석패스이다. 한편 세이버 패스(Saver-Pass)는 2인 이상의 여행자가 동시에 여행을 할 경우(단, 4월~10월에는 3인 이상)에 할인하여 주는 패스로서 승차시에는 패스에 명시되어 있는 사람이 동시에 승차하여야 한다(서울항공, 1992 : 83).

〈패스의 사용법〉

유레일패스 사용은 여행을 개시하는 최초역(validation office)에서 패스를 여권과 함께 제시하고 사용일자(개시일, 종료일)와 승차확인 스탬프를 받는다. 패스는 구입일로부터 6개월 이내에 사용을 개시하여야 한다.

패스에 날인을 받고 이를 되돌려 받으면 첫장(validation slip)은 안전한 곳에 잘 보관하여야 한다. 이것은 분실시 재발급의 근거가 된다. 패스를 분실한 경우에는 보관중인 영수증(validation slip)과 경찰서에서 발급한 분실 혹은 도난신고서를 받아가지고 유레일 사무실(Eurail Aid Office)에 가서 재발급 받는다(재발행 수수료는 별도 지급). 재발급을 해 줄 경우에는 영수증에 기재되어 있는 기간 중에서 남은 일자만큼 재발행해 준다.

유레일패스를 소지하고 있다 해도 일부의 특별열차는 추가요금을 내지 않으면 안 된다.

프랑스의 TGV를 비롯하여 예약하라(Reservation Obligatory, Seat Reservation Compulsory)는 기차들은 대부분 추가요금을 내지 않으면 안 된다. 이탈리아의 IC열차의 경우에는 조조(早朝)나 저녁시간대 운행하는 열차도 추가요금을 내야 하는데, 이는 1등차의 경우 식사가 제공되기 때문이다.

특히 파리~마드리드 간을 운행하고 탈고(Talgo)열차는 티켓을 끊어 와야 승차가 가능한데, 이는 전 객차가 침대차로 편성되어 있기 때문이다.

나) 미국 및 캐나다의 철도

① 미국의 철도

미국의 장거리 여객철도수송의 대부분은 약 20개 대형철도회사의 여객수송부문을 통합하여 1971년에 설립한 반관반민의 암트랙(AMTRAK) 'National Railroad Passenger Corporation

AMTRAK'에 의해 운행되고 있다.

미국의 항공수송망이 완비, 자동차 여행이 발달되어 있는 관계로 철도는 유럽에 비해 속도도 느리고 운전편수도 1일 상 · 하 1편뿐인 구간이 많다. 그러나 차내는 여유가 있으며 라운지 카, 다이닝카 등의 퍼블릭스페이스(Public Space)가 충실하여 장거리 여행 시 지루함을 덜 수 있다는 특징을 가지고 있다(トラベル ジャーナル, 1991 : 278).

암트랙의 서비스 조건은 ① 2세 이상 12세 미만은 어른운임의 반액으로 한다. ② 2세 미만은 어른이 동반하는 경우에 한해 무료 적용한다. ③ 수하물은 150파운드(약 68kg)까지 무료로 가져갈 수 있다. ④ Amerail Discount의 적용이다. 즉 미국이나 캐나다와 인접하지 않은 국가에서 미국에 입국하는 여행자에 한해(미국인 포함) 보통운임의 25%가 할인된다. ⑤ 보통승차권은 발행일로부터 6개월간, 지정권류는 지정된 열차에 한해서 유효하다. ⑥ 유효기간 내의 승차권은 환급이 가능하나, 소정의 수수료를 부담하여야 한다는 것으로 요약할 수 있다(安芸昌男, 1981 : 5~6).

- 열차의 등급 및 요금 : 미국열차의 요금구조는 기초가 되는 코치클래스(coach class) 운임(보통좌석차 이용)에다 클럽좌석(특실에 해당)요금, 1인용 침실요금(roomette rate), 침실요금(bedroom charge : 2인용 침실)을 가산하여 적용하고 있다. 암트랙의 숙박시설에는 Roomette, Bedroom, Drawing Room, Bedroom Suite 등 4가지 형태가 있다. Roomette는 세면기, 화장실, 벽에서 펴 내릴 수 있는 침대가 있는 싱글 룸을 말하며, Bedroom은 세면기, 화장실, 2단 침대가 있는 객실이다. Drawing Room은 아래의 2개의 침대 위에 한 개의 침대가 있고 낮에는 5인의 좌석이 가능하다. Bedroom Suite는 2개의 Bedroom(침대 4개)이 있고 사이에 칸막이가 있는 객실이다(Armin D. Lehmann, 1978 : 121~2).
- USA 레일 패스(Rail Pass) : 암트랙의 코치차를 기간 내에서 횟수에 관계없이 마음대로 이용할 수 있는 패스로서 '전선용(全線用)'과 북동부, 중부 및 서부만 유효한 '지역용'으로 나뉘어 발매하고 있다. 클럽좌석, 룸메트, 베드룸에 대해서는 열차출발 1시간 전 이후에 빈 좌석이 있으면 당해 요금의 지급에 의해 이용이 가능하다. 메트로 코치(Metro Coach)도 여분이 있으면 운임차액을 지급하면 이용이 가능하다.

② 캐나다의 철도

캐나다의 장거리 철도여객수송은 Canadian National과 Canadian Pacific 양 철도의 여객부문이 합병하여 탄생한 'VIA Rail'에 의해 운행되어 왔다. 그러나 실적이 극히 부진하여 1991년부터 운전편수를 대폭적으로 줄여 운행하고 있는 실정이다.

캐나다철도의 운행상황은 미국과 큰 차이가 없다. 대륙이 워낙 넓어 차창의 풍경은 변화를 가져와 여행의 맛을 한층 돋구어 준다. 여름과 겨울의 혼잡도의 차가 매우 크기 때문에 여름철의 장거리 열차는 항공기와 마찬가지로 예약이 어려운 게 특징이다.

- 등급과 운임 및 패스 : 암트랙과 마찬가지로 단일제(mono class). 기본운임(통상 좌석의 사용가능)에다 이용하는 설비요금을 가산하도록 되어 있다. 운임은 여름철에 할증된다. 패스로는 CAN Rail Pass가 있는데, 이는 보통좌석의 이용에 유효한 패스이다. 패스의 종류에는 '전선용(全線用)', '위니펙 이서용(以西用)', '위니펙 이동용(以東用)', '퀘벡 · 윈자 지대용(地帶用)' 등 4종류가 있다(トラベル ジャーナル, 1989 : 174). 대륙횡단철도 The Canadian이 몬트리올~위니펙~밴프~밴쿠버를 약 75시간에 연결하고 있다.

③ 기타 국가의 철도

- 러시아 : 러시아의 철도망은 우랄산맥의 이서지역에 밀집되어 있다. 각 구간의 운전편수는 많지 않고 운행속도도 늦다. 열차의 등급은 보통과 급행으로 나뉘어 있는데, 국제열차는 모두 급행으로 편성된다. 등급은 1등과 2등이 있는데 전자를 Soft Class(軟席), 후자를 Hard Class(硬席)로 불린다. 설비는 국내선의 경우에는 1등=2인용, 4인용 컴파트먼트, 2등=4인용 컴파트먼트, 오픈 살롱 및 보통침대. 국제열차의 경우에는 1등=개실(個室), 2등=2인용 · 3인용 · 4인용 컴파트먼트, 컴파트먼트는 양쪽 모두 침대를 설치할 수 있도록 되어 있다.

  시베리아 횡단철도는 모스크바~블라디보스톡 간 전장 9,297km를 7일간 운행한다.
- 호주 : 미국과 캐나다처럼 운행편수도 적고 운전속도도 늦어 항공기와 비교가 되지 않고 있다. 네트워크의 범위도 퍼스~시드니~멜버른을 잇는 대륙횡단노선 및 멜버른~시드니~브리즈번~케이언즈를 잇는 동해안 횡단노선 등이다. 유명열차로는 시드니~퍼스를 약 65시간에 잇는 Indian Pacific이라는 열차가 있는데, 외국인이나 호주의 중년층에 인기가 있어 예약이 어렵다. 호주에는 오스트레일리아 레일패스가 있는데, 이 패스에는 어린이 요금이 없는 것이 특징이다.
- 중국 : 전장 10만km 이상의 노선을 가지고 있는 철도대국이지만, 일반여행자가 이용하는 데에는 여러 제한이 있다. 열차의 등급은 연석 및 경석으로 구분되어 있다. 주요 노선으로는 베이징(北京)~선양(沈阳)~하얼빈(哈尔滨)을 잇는 동북노선(1,391km), 베이징(北京)~난징(南京)~상하이(上海)선(1,462km), 베이징(北京~광저우(广州)~홍콩(香港)을 잇는 구광(九广)철도 등이 있다. 최근에는 세계최고시속의 고속철도 개통되어 운행 중이다.

• 일본: 일본은 세계에 있어서도 손색이 없는 철도왕국으로 영업시속 270킬로 이상을 주파하는 신칸센(新幹線)을 비롯하여 각종 등급의 열차가 있다. 1987년 국철의 민영화조치로 인해 여객부문은 여객철도주식회사 체제로 접어들어 JR(Japan Railway)이라는 형식으로 전국에 6개의 철도회사로 분할되었다. 6개의 회사란 '홋카이도 : 北海道', '히가시니혼 : 東日本', '도카이 : 東海', '니시니혼 : 西日本', '시코쿠 : 四国', '규슈 : 九州' 등을 말한다.

더욱이 1988년에는 혼슈(本州) 내의 3사(JR 히가시니혼, JR 도카이, JR 니시니혼)가 버스사업부문을 독립시켜 새로운 JR 버스 간토, JR버스 도호쿠, JR도카이버스, 니시니혼JR버스, 주고쿠JR버스로서 독립하였다.

여행자들이 주로 이용하는 신칸센의 경우 좌석의 등급은 자유석과 그린석(한국의 특실과 비슷한 지정좌석제)으로 구분된다. 운임은 어른=12세 이상, 어린이=6세 이상 12세 미만, 유아(乳児)=1세 이상 6세 미만, 유아(乳児)=1세 미만으로 구분하고 있다(トラベル ジャーナル, 1991 : 185).

신칸센은 도카이도(東海道)·산요(山陽)신간센(도쿄~하카다), 조에츠(上越)신칸센(우에노~니가타), 도호쿠(東北)신칸센(우에노~하코다테) 등 3개의 노선이 있다.

2) 버스교통

우리나라 여객자동차운수사업법에 의하면 "여객자동차 운수사업"이란 여객자동차운송사업, 자동차대여사업, 여객자동차터미널사업 및 여객자동차운송가맹사업을 말한다. 관광버스는 이 가운데 여객자동차운송사업이다.

| 표 8-4 | 여객자동차 운수사업의 종류

사업명		정 의
여객자동차운수사업	여객자동차운송사업	다른 사람의 수요에 응하여 자동차를 사용하여 유상(有償)으로 여객을 운송하는 사업을 말한다.
	자동차대여사업	다른 사람의 수요에 응하여 유상으로 자동차를 대여(貸與)하는 사업을 말한다
	여객자동차터미널사업	여객자동차터미널을 여객자동차운송사업에 사용하게 하는 사업을 말한다.
	여객자동차운송가맹사업	다른 사람의 요구에 응하여 소속 여객자동차 운송가맹점에 의뢰하여 여객을 운송하게 하거나 운송에 부가되는 서비스를 제공하는 사업을 말한다.

자료 : http://www.law.go.kr/에 의거 재구성.

여객자동차운송사업은 노선여객자동차운송사업과 구역여객자동차운송사업으로 크게 나뉘며, 관광버스는 이 가운데 구역여객자동차운송사업 중 전세버스운송사업에 해당한다. 이와 같이 관광버스는 여행업에 부속되어 관광사업의 일부분을 수행하고 있으나, 아직도 관광사업으로 인정되지 못하는 아이러니가 존재한다.

| 표 8-5 | 여객자동차 운송사업의 종류

사업의 종류		내용
노선 여객 자동차 운송사업	시내버스 운송사업	주로 특별시 · 광역시 · 특별자치시 또는 시단일 행정구역에서 운행계통을 정하고 국토교통부령으로 정하는 자동차를 사용하여 여객을 운송하는 사업. 이 경우 국토교통부령으로 정하는 바에 따라 광역급행형 · 직행좌석형 · 좌석형 및 일반형 등으로 그 운행형태를 구분한다.
	농어촌버스 운송사업	주로 군(광역시의 군은 제외한다)의 단일 행정구역에서 운행계통을 정하고 국토교통부령으로 정하는 자동차를 사용하여 여객을 운송하는 사업으로서 국토교통부령으로 정하는 바에 따라 직행좌석형 · 좌석형 및 일반형 등으로 그 운행형태를 구분한다.
	마을버스 운송사업	주로 시 · 군 · 구의 단일 행정구역에서 기점 · 종점의 특수성이나 사용되는 자동차의 특수성 등으로 인하여 다른 노선 여객자동차운송사업자가 운행하기 어려운 구간을 대상으로 국토교통부령으로 정하는 기준에 따라 운행계통을 정하고 국토교통부령으로 정하는 자동차를 사용하여 여객을 운송하는 사업
	시외버스 운송사업	운행계통을 정하고 국토교통부령으로 정하는 자동차를 사용하여 여객을 운송하는 사업으로서 국토교통부령이 정하는 바에 따라 고속형 · 직행형 및 일반형 등으로 그 운행형태를 구분한다.
구역 여객 자동차 운송사업	전세버스 운송사업	운행계통을 정하지 아니하고 전국을 사업구역으로 정하여 1개의 운송계약에 따라 국토교통부령으로 정하는 자동차를 사용하여 여객을 운송하는 사업.
	특수여객자동차 운송사업	운행계통을 정하지 아니하고 전국을 사업구역으로 하여 1개의 운송계약에 따라 국토교통부령으로 정하는 특수한 자동차를 사용하여 장례에 참여하는 자와 시체(유골을 포함한다)를 운송하는 사업
	일반택시 운송사업	운행계통을 정하지 아니하고 국토교통부령으로 정하는 사업구역에서 1개의 운송계약에 따라 국토교통부령으로 정하는 자동차를 사용하여 여객을 운송하는 사업. 이 경우 국토교통부령으로 정하는 바에 따라 경형 · 소형 · 중형 · 대형 · 모범형 및 고급형 등으로 구분한다.
	개인택시 운송사업	운행계통을 정하지 아니하고 국토교통부령으로 정하는 사업구역에서 1개의 운송계약에 따라 국토교통부령으로 정하는 자동차 1대를 사업자가 직접 운전(사업자의 질병 등 국토교통부령으로 정하는 사유가 있는 경우는 제외한다)하여 여객을 운송하는 사업. 이 경우 국토교통부령으로 정하는 바에 따라 경형 · 소형 · 중형 · 대형 · 모범형 및 고급형 등으로 구분한다.

과거에는 관광교통업이라고 하여 전세버스를 관광사업의 범주에 포함시켜 운용하던 시절도 있었으나, 현재는 분명히 관광사업의 범주에서는 벗어나고 있다. 이 사업은 자가용 승용차의 대량보급 이전에는 호황을 누리던 시절도 있었으나, 현재에는 여행사에서조차 회사의 경영압박수단으로 작용하고 있는 등 냉대를 받고 있기도 하다.

그러나 여행사에서는 회사의 이미지 관리차원에서 울며 겨자 먹기 식으로 운용하고 있기도 한데, 이는 전세버스를 이용하여 다른 고객확보가 용이하기 때문으로 풀이된다. 따라서 경상경비를 줄이는 차원에서 많은 여행사들은 버스를 직영체제로 운영하기보다는 지입제(持込制)형식을 빌어서 운용하고 있는 실정이다.

3) 렌터카(rent a car)

국내와 국제의 자동차임대를 추천하고 심지어 외국차의 구입을 조정하는 것까지도 여행사의 기능이다. 몇몇 중요한 참고지침들이 자동차임대를 더욱 효과적으로 이용할 수 있도록 정보를 제공하여 주고 있다.

공인항공안내서(북미판)는 공항지역에서 자동차 임대에 관한 많은 정보를 제공하고 있다. 특히 통합항공여행편람(The CAT Manual)은 국내와 국제적으로 잘 선전된 항공여행 프로그램들과 자동차임대 패키지들을 포함하고 있으며, 예약시스템과 관련된 정보, 여행권과 우대권, 계약금 시스템 및 예약의 취소에 관한 것도 다루고 있다(Armin D. Lemann, 1978 : 139~140).

Hertz, Avis, National 등과 같은 자동차임대 취급업체들은 자동차임대편람을 자체적으로 발간하여 고객에게 보다 정확한 정보를 제공하려고 노력하고 있다.

임대자동차를 예약할 때 여행사는 예약취급점에 아래의 정보를 제공하지 않으면 안 된다.

① 고객의 이름
② 예약한 자동차의 장소와 시간(일시, 장소, 자동차의 종류 및 번호 등)
③ 서비스 형태(손수운전, 운전사 고용)
④ 자동차의 형태 및 구조(투도어, 퍼도어, 소·중·대형, 시추에이션 왜건, 수동 또는 자동)
⑤ 예정된 예약기간의 길이와 날짜
⑥ 고객이 자동차를 반납할 장소와 일자
⑦ 일행의 수(성인과 어린이 포함), 자가운전일 경우 운전자가 누구이며 운전자가 21세 이하인지 또는 60세 이상인지(이 범주의 사람에게는 일부 국가에서는 임대가 불가능한 경우도 있다)
⑧ 개략적인 일정

국제적인 임대자동차를 다루는데 있어 운전풍습과 국가에 따라 통행방법이 다른 나라도 있기 때문에 이를 숙지하는 것은 중요하다. 예를 들면 영국, 홍콩, 싱가포르, 뉴질랜드, 호주, 일본, 인도네시아, 키프로스, 몰타, 태국, 인도, 파키스탄, 남아프리카공화국, 로디지아, 케냐 등은 왼쪽 통행이다. 이외에 형식적으로 영연방에 속해 있는 일부 다른 국가들도 왼쪽 통행을 하고 있다.

(1) 요금구조

요금에는 기본요금과 통상요금 및 특별요금이 있다.

〈기본요금〉

① 시간요금→최저대출요금 단위로 '1일'을 초과한 시간의 대출에 적용. 통상적으로 1시간 요금은 1일 요금의 3분의 1에서 6분의 1.

② 1일 요금→대출 출발시각으로부터 24시간 후(=1일)까지의 대출에 적용.

③ 1주간 요금→연속해서 7일간 대출에 적용.

④ 1개월 요금→연속해서 28일간(=1개월)의 대출에 적용. 더욱이 1개월을 초과하는 경우에는 국가에 따라 단기리스(lease)도 있다.

〈통상요금〉

① 시간·거리 병산요금(time and mileage rate)

② 주행거리 무제한 1주간 요금(unlimited rate)

〈특별요금〉

① 판매촉진용 요금 : 특별조건하에서 사전에 할인된 값싼 요금, 각사 모두 독자의 이름을 붙이고 있다(Avis, Supervalue, Discovery America).

② 세계 각국에서 거의 공통적인 특별요금(예 : 주말요금, 축제일 등의 특별요금) : 이들 중 조건만 맞으면 판촉용 종별요금을 이용하는 것이 상책이라 할 수 있다.

(2) 예약(reservation)

예약은 희망일시에 희망차종을 경제적인 요금으로 이용하기 위해서 필수불가결하다. 여행사에 있어 고객으로부터 예약을 의뢰받는 것은 예약수수료를 확보하는 것이다. 더욱이 대형 임대자동차회사에서는 특수한 차량(캠핑카, 모터홈)이나 운전수고용차를 제외하고는 취소료가 없는 것이 특징이라 하겠다.

(3) 트래블 바우처(렌터카 권)

트래블바우처(travel voucher)는 렌터카의 지불증(MCO : Miscellaneous Charges Order)에 해당하고 여행사와 고객 쌍방에 있어 이점이 있다. 즉 이 방법을 사용함으로써 다음과 같은 이점이 있음을 알 수 있다.

| 표 8-6 | 트래블 바우처 이용시의 이점

여행자측	여행사측
• 대출에 필요한 예약사항이 명기되어 있어 현지에서의 귀찮은 수속을 생략할 수 있다. • 발권시에 예약도 할 수 있다. • 현지에서 대출시, 예약보증금이 면제된다. • AVIS의 경우 운전자의 연령자격제한이 완화된다(통상 25세 이상이 18~21세 이상으로 완화됨)	• 항공권을 구입한 고객에 대해 그 장소에서 구입을 추천하는 등 판매가 용이하다. • 항공권과 마찬가지로 판매와 동시에 현금이 확보된다. • 발권업무가 매우 간단하다. • 렌터카회사에의 지급은 고객의 자동차대출 종료 후에 하기 때문에 자금의 이용이 가능하다.

자료 : トラベル ジャーナル, 「海外旅行の業務知識」, 1991, 296쪽에 의함.

(4) 현지에서의 렌탈수속

① 체크아웃(check out)

임대차를 빌리려는 예정공항에 도착하면 공항내의 수하물 수취소(baggage claim) 가까이에 있는 렌터카 카운터로 가서 소지하고 간 예약확인서, 한국의 운전면허증, 국제운전면허증, 여권(passport), 신용카드(credit card)를 제시하고 대출계약서(rental agreement)에 사인하면 모두 끝난다. 사인시 'CWD(Collision Damage Waiver＝자동차량보험면책면제)'와 'PAI(Personal Accident Insurance＝탑승자상해보험)'의 가입에 대해서 설명을 듣는다. 만일의 경우에 대비하여 가입해 두는 것이 현명한 선택이다. 또한 타인이 운전할 경우가 있는 경우에는 반드시 계원에게 그러한 사실을 통고해 둔다. 만약 'Additional Driver Form'에 사인해 두지 않으면 사고발생시 보험적용을 받을 수 없다.

계약수속이 끝나면 통상 렌터카회사의 무료송영버스가 고객을 렌터카 앞까지 데려다 준다.

예약시에 항공사명과 도착예정시각을 전달해 두면 렌터카회사의 접수카운터에서 미리 'Rental Agreement'를 준비해 두기 때문에 수속이 손쉬워진다.

② 체크인(check in)

반환장소는 공항 내의 렌터카사무소가 가장 적당하다. 반환 후 그대로 공항에서 출발한 경우에는 적어도 2시간 30분 정도 전에는 공항에 도착하는 것이 좋다. 이 때 개솔린은 가득

채워 돌려주어야 한다.

공항에서는 'Rent a Car Return'의 사인에 따라 렌터카회사의 체크인센터에 가면 된다. 마일수, 개솔린 소모량, 도착시간을 'Rental Agreement'의 기입란에 기재하고 하물을 꺼내 카운터에서 정산한다. 임대차의 반환시 전용주차장의 경우에는 자동차의 열쇠는 차에 끼워둔 채로 놔둔다.

정산이 끝나면 영수증으로 'Rental Agreement'의 고객용 복사본을 'Paid'인을 날인하여 돌려주는데, 이를 잘 보관해 두어야 추후 분쟁에 대처할 수 있다.

8.2.4 해상교통

국외여행이라는 말 대신 해외여행이라는 용어가 널리 사용되듯이, 1950년대만 하더라도 국외여행 하면 으레 선박을 이용한 여행이 주류를 이루었다.

해상운송은 대외무역의 증대에 따른 수출입화물의 운송수단뿐만 아니라 해상관광자원개발 및 해안도서지방의 교통수요에 따라 여객 및 관광객의 운송수단으로서도 그 수요가 날로 증가하고 있다.

2012년 12월 말 기준 한-중 간 17개 항로, 한-러 간 3개 항로 한-일 간 6개 항로 등 총 26개 항로가 운항되고 있으며, 앞으로 일본 · 중국 · 러시아 등 인접국 간을 연결하는 신규항로 개설을 지속적으로 추진하여 관광객의 해상교통수단 이용을 적극 유도해 나갈 방침이다. 또한 우리나라를 중심으로 하는 동북아 크루즈 관광항로 개발 및 특성있는 여행상품개발로 국내외관광객을 적극 유치하기 위해 전용부두 건설과 함께 크루즈 사업의 활성화에 따른 운항선사들의 불편사항 등 제도개선을 지속적으로 추진할 계획이다.

1) 연안여객선

연안여객선은 육지와 인근 도서지방을 연결하는 선박으로 여행자를 비롯하여 주로 서민들이 이용하는 선박이다. 여행사로서는 수수료를 기대할 수 없어 매력은 없으나 국내여행상품의 다양화를 위해서 또한 최근의 여행은 도서지방을 선호하는 점을 감안한다면, 연안여객선을 이용한 여행상품개발은 필수불가결한 것으로 인식하지 않으면 안 된다.

2) 카페리(car ferry)

카페리란 승객과 함께 자동차를 실어 나르는 배를 일컫는데 한국과 일본(부산~시모노세키)을 오가는 부관페리를 비롯하여 국내는 6개 항로(부산/제주, 목포/제주, 완도/제주, 포항/울릉도, 부산

/서귀포, 진해/거제)에 12척의 카페리가 운행 중에 있다. 국제항로에는 부산/시모노세키 구간(227km)을 비롯하여 부산/오사카(700km), 부산/하카타(214km), 인천/웨하이(426km), 인천/칭다오(531km), 인천/텐진(926km) 등이었으나 최근 부산-모지(일), 광양-시모노세키(일), 평택-연운(중), 평택-웨하이(중), 속초-훈춘(중), 속초-니카타(일), 속초-자루비노(러), 동해-블라디보스토크(러), 동해-사카이미나토(일) 등 노선이 추가되었다.

카페리는 대형단체(학단)의 행사에 주로 이용하며, 여행사로서는 송객에 따른 수수료를 챙길 수 있어 장점이 된다.

3) 관광유람선(cruise)

(1) 크루즈기획 · 판매의 전제

크루즈여행이란 한마디로 선박을 이용하는 여행으로서 선박 내에 숙박과 식사, 각종 위락시설을과 부대시설을 갖추고 수준 높은 서비스를 제공하면서 세계의 여행지들을 순항하는 여행패턴으로, 운송의 개념과 리조트 호텔의 개념을 합친 것이다. 크루즈여행의 장점으로는 다음과 같은 것이 있다.

① 이동시간조차도 즐겁다. 각 기항지에서의 새로운 여행, 선내에서의 편안한 휴식 및 각종 엔터테인먼트를 즐길 수 있으며, 저렴한 편이다.

② 배는 커뮤니티(동네)이며 항해 중에는 수백 명이 구성하는 폐쇄사회가 되므로 세계 각지에서 온 사람들과 함께 생활하고 즐기는 가운데 자연스럽게 친구가 된다.

③ 의사소통을 하기 위하여 식사나 음료를 드는 좌석에서의 영어회화는 필수조건이다.

④ 선내의 생활은 구미 감각의 탓이기도 하지만, 낮은 밤을 위해 있다는 생각을 가지고 있다.

⑤ 선내의 생활은 유명 주방장들과 바텐더에 의한 식사와 술을 비롯하여 쇼, 음악, 뮤지컬, 경매, 각종 스포츠, 게임 등 다채로운 행사를 여행기간 내내 즐길 수 있으며, 선원의 서비스 또한 모두 1류 수준의 내용으로 구성되어 있다.

⑥ 운항기간이 수일 또는 수개월 등 장기간이어서 충분하나 휴식이 가능하다는 점이다.

⑦ 여유 있는 여행계획을 세울 수 있다. 크루즈여행은 일반적으로 6~18개월 전에 예약을 하기 때문에 시간적 여유가 있어 여행에 대한 체계적인 계획을 세울 수 있고 그만큼 차근차근 준비해서 만족스런 여행을 할 수 있다.

⑧ 간편한 수속절차이다. 크루즈 여행은 일반여행처럼 각각의 행선지마다 출입국관리소를 통과하거나 짐 검사를 받아야 하는 번거로움이 없다.

⑨ 선박의 규모는 대형 또는 몇 만 톤에 이르는 초대형이 주류를 이루고 있다(한국관광공사, 1987 : 16).

이상 열거한 바와 같이 크루즈여행은 사람과 사귀기를 좋아하고, 지적 호기심이 왕성하며, 영어회화에 주눅들지 않고 덤빌 수 있는 성격이라면 크루즈여행이 재미있을 것이다.

(2) 판매의 요점

고객에 대한 크루즈판매의 요점은 다음과 같은 것을 들 수 있다.

① 목적지가 다양하며 풍부하다.
② 기후가 좋은 시기 · 해역을 골라서 일정이 잡혀 있기 때문에 쾌적한 여행이 가능하다.
③ 요금은 전부 선불이므로 여행비용은 사전에 거의 정확하게 산출할 수 있다.
④ 식사에 돈을 지급할 필요가 없다. 메뉴는 풍부하고 음식의 기회는 하루 10회 이상 있고 맛있는 요리를 즐길 수 있다.
⑤ 선내 행사가 다채롭게 펼쳐진다.
⑥ 일류 연출가에 의한 나이트 라이프(night life)를 즐길 수 있다.
⑦ 일상생활에서 입어볼 수 없는 공식 · 비공식 복장을 입어보는 기회가 많아 좋은 추억이 된다.
⑧ 이동이 번잡스럽지 않고, 자기가 좋아하는 시간에 휴식을 취할 수 있다.
⑨ 승선객과의 교류로 새로운 친구관계를 형성할 수 있다.
⑩ 대해원(大海原)의 항해, 바다와 배의 로맨스 등 크루즈 그 자체의 목적이 매력적이다.

(3) 종 류

한마디로 크루즈라고 해도 취항해역, 목적, 시기 등에 의해 각양각색이지만, 대체로 다음의 4종류로 구분하는 것이 일반적이다.

① 오션 크루즈(ocean cruise) : 세계일주나 태평양, 대서양 등을 횡단하는 본격파 크루즈이다.
② 레저 크루즈(leisure cruise) : 파티 크루즈(party cruise)나 미니 크루즈(mini cruise)라고도 불리는 1주일 정도의 단기 크루즈이다.
③ 전세 크루즈(charter cruise) : 여행사 등이 배를 전세내서 여행행사를 실시하는 해상대학이나 문화탐방여행, 역사기행여행 등으로 이용하고 있다.
④ 리버 크루즈(river cruise) : 라인강, 볼가강, 아마존강, 미시시피강 등에서 상하로 운항하는 선박여행이다.

(4) 선내생활

① 선실과 지입하물

- 하물 : 개인의 일상생활에 필요한 것으로 제한된다. 통상적으로 중량이나 개수의 제한은 없다. 가구류나 타인의 하물, 매각을 목적으로 하는 물품은 인정되지 않는다. 귀중품은 개인적으로 보험을 들어 두는 것이 상책.
- 선실 : 선실은 움직이는 호텔이다. 일반적으로 트윈룸(twin room)과 더블룸(double room)이 많으며 싱글룸(single room)이 적은 것이 특징이다. 선박에 따라 2단식 침대를 이용하는 경우도 있으므로 예약시에는 확인이 필요하다.

② 기타 시설과 서비스

- 이 · 미용실 : 싼 요금으로 이용가능하나 예약제이다.
- 세탁 : 통상 셀프서비스의 세탁기, 건조기, 다리미 등이 준비되어 있지만, 없는 경우도 있기 때문에 예약시 확인을 요한다.
- 의료실 : 의사 및 간호사가 대기하고 있으며, 병실도 완비하고 있다. 단, 지병이 있는 자는 예약시에 선박회사에 연락해 두는 것이 필요.
- 통신 : 승객에로의 우편물은 각 기항지에서 수취할 수 있도록 수배하고, 출항 전에 그들의 주소가 송부된다. 이외에도 국제전화, 텔렉스(통신위성 경우 포함)도 소정요금을 지불하면 이용이 가능하다.

③ 복장

낮에는 어떠한 복장도 좋지만 갑판에서의 스웨터나 운동복, 수영복 등의 준비가 필요하고 그 외에도 야간복장으로 이하의 세 가지는 필수적이다.

- 정장(formal) : 남성은 턱시도(tuxedo) 또는 흑 · 감청색 계통의 양복에 나비넥타이. 어두운 비즈니스용 옷은 정장으로 통용됨. 여성은 야회복(evening dress), 칵테일 드레스 또는 드레시한 판타롱 정장. 남녀 모두 한복은 정장으로 간주.
- 비정장(informal) : 남성은 갈아입을 양복에 넥타이, 에스코트타이, 또는 터틀넥의 셔츠, 여성은 보통의 드레스 이외에도 블라우스, 스웨터에 판탈롱, 조합할 수 있는 스커트.
- 평상복(casual wear) : 남성은 스포츠 셔츠와 슬랙스, 여성은 블라우스와 스커트, 열대지방을 여행하는 경우의 핫팬티 등.

④ 식사

승객의 다이닝 테이블(Dinning table)은 통상적으로 승선시에 지정되지만, 미리 자신이 좋아하는 장소를 희망하는 것도 가능하다. 최근에는 금연석도 증가하고 있다.

⑤ 선내의 프로그램

선내의 프로그램은 매우 다채로워 항해 중 지루할 틈이 없을 뿐더러, 자신의 취미에 맞추어 선택하는 것도 치밀한 계획을 세워두지 않으면 몸이 남아나지 못할 정도이다.

⑥ 지급과 팁

- 지급 : 선내에서의 지급은 통상적으로 현금을 사용하지 않고 모두 전표로 캐빈 멤버(cabin member)로 사인한다. 정산은 크루즈 최종일(또는 1주일마다 정산)에 정산하는데, 1주일 이내의 단기 크루즈에서는 현금정산이 원칙인 곳도 있다.
- 팁 : 각사에 따라 상이한데, 로얄 바이킹 라인에서는 다이닝 룸 웨이터 2인에 대해서 하루에 1인 USD 2.5씩. 또한 캐빈 스튜어디스에 대해서 마찬가지로 USD 2.5이 필요하다. 한편, 팁을 건네는 시기는 2주간 이내의 크루즈라면 최종일, 그 이상인 경우에는 1주간마다 건네는 것이 관례로 되어 있다.

⑦ 승선과 하선

- 승선 : 주요항에서는 출항 2시간 전에 승선수속이 개시된다. 정확한 시간은 승선권과 함께 배달되는 안내장에 명기되어 있다. 따라서 지정된 시각 전에는 승선이 불가능하다.
- 하선 : 최종항에서 하선할 때에는 입국심사나 세관심사 등으로 통상 약 2시간은 선내와 항내터미널에서 기다리게 된다. 더욱이 항해 중 기항지 상류의 경우에는 이들의 검사는 생략되는 것이 일반적이다.

8.2.5 항공교통

항공교통이란 여행자의 수요에 응하여 항공기를 사용하여 유상으로 여객 또는 화물을 운송하는 사업으로서 국제수지 개선과 외국과의 경제적 · 정치적 긴밀화 및 국위선양을 목적으로 개설되며, 다음과 같은 기본 틀에서 움직인다.

1) 국제항공운송

(1) 운송권(traffic right)

국제항공은 2국간에 걸친 운송이다. 따라서 쌍방을 영공주권주의에 입각하여 권익을 상호 교환하는 것이 전제가 되며 그를 위한 결정을 필요로 한다. 시카고조약에서는 영공주권에 입각한 권익 즉 운송권에 관해 언급하고 있는데, 운송권은 이하의 8자유로 구성되고 있다(Burkart and Medlik, 1982 : 133).

① 제1자유 : 상공통과의 자유(overflying) → 타국의 영공을 무착륙으로 횡단비행할 수 있

는 특권

② 제2자유 : 기술착륙의 자유(technical landing) → 운수 이외의 목적(예 : 급유나 정비)을 위해 타국의 영역에 착륙할 수 있는 특권

③ 제3자유 : 자국에서 상대국에의 수송의 자유(disembarkation) → 자국의 영역에서 탑재한 화객(貨客)을 타국의 영역에서 하기(下機)시킬 수 있는 특권

④ 제4자유 : 상대국에서 자국에의 수송의 자유(return) → 자국의 영역에서 하기(下機)시킬 화객을 타국의 영역에서 탑재할 수 있는 특권

⑤ 제5자유 : 제3국 경유의 자유 → 계약체결 쌍방 사이의 제3국을 경유(제3국에서 영업가능)하여 운항할 수 있는 자유

⑥ 제6자유 : 제3국인을 본국으로 운송하여 체약상대국으로 다시 운송할 수 있는 자유

⑦ 제7자유 : 제3국간 운항할 수 있는 자유

⑧ 제8자유 : 상대방 국내에서의 운항할 수 있는 자유(이는 cabotage규정의 위배에 해당됨)

위의 자유 가운데 1, 2의 자유는 대부분 국가가 수용하고 있으나 3~6의 자유에 관해서는 국가간 협의에 의하여 성립되고 있으며, 7~8의 자유는 특별한 조건하에서 기능을 부여하고 있으나 대부분의 국가에서는 이를 인정하지 않고 있다.

(2) 항공협정

정기국제항공의 개설에 즈음하여, 당사국 2국간에 운송권의 교환과 그 내용 및 부대조건에 대해서 내린 결정이 항공협정인데, 대개 국제항공의 운영상 특히 중요한 협의대상은 다음과 같다.

① 노선권 : 제3~4의 자유와 관련되는 것으로 상호 노선개설지점과 자국내 시발지점을 특정하는 형식으로 협정된다.

② 이원권(以遠權) : 제5자유와 관련되는 것으로 상대국 노선개설지점과 그 이원(以遠)의 제3국 지점과의 운송에 대해 상호 일정한 결정을 하는 것이다.

③ 지정항공기업 : 특정노선에 운항하는 항공사에 대해서의 결정으로 통상적으로 기업의 수를 정하고, 상호간 상대국이 지정한 그 국가의 항공사를 승인하는 방식을 취하고 있다.

④ 수송력 : 특정노선마다 투입되는 기종(機種)과 운항횟수에 대해서의 결정으로 일반적으로 Boeing 747형 기종에 의한 주 3편이라는 식이다.

⑤ 적용운임에 관한 원칙 : 적정한 운임의 결정방법으로 정식발효에 이르는 수속 등에 대해서 결정한다.

항공협정은 위에 열거한 사항을 중심으로 국제항공업무의 전반에 걸쳐 당사국간 협의를 하고(항공교섭), 합의에 이르면 정부간 협정을 체결한다. 1991년 12월 기준으로 한국과 항공협정을 체결한 국가는 미국을 비롯하여 54개국에 이르고 있다(한국관광개발연구원, 1993 : 722).

2) 국제민간항공기구와 국제항공운송협회

(1) 국제민간항공기구(ICAO)

ICAO(International Civil Aviation Organization)는 1944년 시카고조약에 의거 설립되어 2년간의 예비기간을 거쳐 1947년 정식으로 발족되었다. 현재는 국제연합(United Nation)의 한 전문기관이 되어 있으며, 본부는 캐나다의 몬트리올에 있다. 이 기구의 목적은 다음과 같다.

① 국제민간항공의 안전 및 정연한 발전의 확립
② 평화목적을 위한 항공기의 개발과 운항기술의 장려
③ 항공로, 공항, 항공보안시설에 관한 발달의 장려
④ 안전하면서도 정확, 능률적이고 경제적인 항공운송에의 국민 요구에의 부응
⑤ 불합리한 경쟁에 의한 경제적 낭비의 방지
⑥ 가맹국의 권리존중과 국제항공운영의 공정한 기회확보
⑦ 가맹국간 차별대우의 배제
⑧ 비행의 안전증진
⑨ 전반적인 국제민간항공의 발달 · 촉진 등이다.

조직은 전가맹국으로 구성되는 총회와 33가 이사국으로 구성되는 이사회가 있으며, 하위조직으로는 항공, 항공운송, 법률, 공동유지, 저정위원회가 있고, 각 분야의 전문적인 연구 · 심의를 하는 이외에도 사무국이 설치되어 부수업무를 처리하고 있다. 이 기구에는 한국을 비롯하여 약 160여개 국가가 가맹되어 있다.

(2) 국제항공운송협회(IATA)

IATA(International Air Transport Association)는 1945년 하바나에서 항공사의 대표자들이 모여 개최한 '세계항공기업회의'에서 설립되었다. 본부는 ICAO가 설치되어 있는 몬트리올에 두고 있으나, 1973년 제23회 총회의 결정에 의해 제네바에 지부를 설치하여 사실상 이원화하였다. IATA는 ICAO가 관리적 권능을 가지지 않은 정부간 수준의 기관으로서 국제민간항공의 상업적 측면, 즉 운임과 수송력의 규제를 항공7 업단체에 책임지우려고 영국의 주도적인 노력과 유럽계 항공사의 강력한 지지를 바탕으로 설립되었다. IATA의 목적은 다음과 같다.

① 안전 · 정기적 · 경제적인 항공운송을 조성하여 항공산업을 조정하고 이와 관련된 여러 문제의 해결
② 국제항공업무에 직 · 간접으로 종사하는 항공기업 간의 협력을 위한 수단의 제공
③ ICAO 등 국제기관과의 협력

이들 중 ②의 항공기업간의 협력은 매우 중요한 것으로 IATA의 가맹항공사(IATA Carrier)간의 통일적인 표준방식은 이 목적에 따라 정해져 있으며, 운송약관의 모형(model), 항공권 등 운송권류의 통일양식, 복수항공사에 의한 연대운송의 협정(endorsement agreement), 판매대리점과의 계약의 표준 등 다방면에 걸쳐 있다.

총회는 연 1회 개최하는 통상총회와 필요에 따라 소집되는 특별총회가 있다. 이사회는 총회를 소집하는 이외에도 IATA의 관리 · 운영면 등의 다방면의 업무를 지고 있어 실질적인 최고의 경영조직이다. 하위조직으로는 운송회의와 기술, 재무, 법률 등 상설위원회가 있으며, 여기서는 각각 제문제를 연구하여 이사회와 사무총장에게 조언하는 것을 업무로 하고 있다. 또한 사무국이 설치되어 협회와 관련사무를 보고 있는데 현재 몬트리올과 제네바 등의 사무국을 포함하여 싱가포르 등 6개 도시에 사무소가 있다.

3) 여행사와 항공사와의 관계

여행업은 여행대상을 따라 이동하는 여행자들의 행동과 이에 부수되는 활동을 내용으로 하는 업종이다. 따라서 여행자의 자유롭고 편리한 이동을 보장해 주는 대중적 교통수단의 발달과 보급이 전제되지 않고서는 여행업의 발달을 기대할 수 없다.

한국관광공사의 관광자통계에 보면 한국을 입 · 출국하는 여행자의 95%가 항공기를 이용하고 있는데, 이는 항공사의 협력 없이는 국제여행의 발전이 어렵다는 것을 단적으로 증명하여 주고 있다. 즉 항공좌석의 확보야말로 여행사 경영의 열쇠라 할 수 있는 것이다.

한 사람의 여행자는 여행사측에서 보면 여행자 또는 관광객(자)으로 인식되는 반면, 항공사의 입장에서는 한 사람의 승객(passenger)이 되는 것이다. 상품면에서 보더라도 여행사와 항공사는 물질적 상품은 비교적 적고 절대다수의 상품은 서비스(무형)상품이라는 점이다.

또한 상품의 유통구조도 유사한 점이 많다. 여행사의 입장에서는 항공사는 원매업자(principal)에 해당되며, 항공사의 입장에서는 여행사가 자사의 지점이나 영업소 또는 출장소의 위치에 있는 대리점으로 구실하고 있다. 어떤 경우에는 여행사나 항공사가 유통경로가 중복되고 있어 여행업계의 중간상(대리점) 역할을 수행할 때도 있다(한국관광공사, 1988 : 97).

이렇게 볼 때 여행사와 항공사 간의 관계는 바늘과 실과의 관계 즉 상부상조하는 관계라고

할 수 있다.

4) 항공권의 성격

항공권은 운송의뢰인(여행자)과 운송인(항공사)간에 성립된 운송계약의 세부사항을 표시하고 그에 정한 바에 따라 운송이 항공사의 운송약관 및 특약에 의거하여 행해지는 것임을 표시하는 비양도성 증거증권이다(아시아나항공, 1993 : 121).

운송계약은 운송인과 운송의뢰인의 권리 · 의무관계가 발생하는 요인이 되는 것이므로 그 책임소재를 명확히 할 필요가 있다. 따라서 불특정다수의 운송의뢰인과 운송계약을 체결하는 운송사업에 있어서는 항공권(여객용 쿠폰)을 발행함으로써 운송계약의 내용을 명백히 하고 나아가 운송계약체결의 증거로 삼는다.

5) 항공권의 발행원칙

① 항공권은 항공사의 점소(본 · 지점 및 영업소) 또는 여행사에서 소정의 운임 또는 요금을 징수하고 발행한다.
② 항공권은 그 발행 당시 적용되는 운임 또는 요금규정에 정한 바에 따라 발행해야 한다.
③ 동일한 양식번호를 가진 항공권은 일련번호 순서대로 발행해야 한다.
④ 특정목적에 대해서만 발행하도록 지정된 항공권은 지정된 목적에만 발행해야 한다.
⑤ 항공권은 여객 1인당, 각 탑승구간당 1매 기준으로 발행해야 한다.
⑥ 항공권의 기재내용은 임의로 변경 또는 삭제가 불가능하다.
⑦ 다음의 항공권은 항공권의 전면에 'VOID'라고 표기하여 무효처리 후 관할 지점으로 송부하여야 한다.
- 잘못 발행된 항공권
- 파손 또는 오손된 항공권
- 인쇄내용이 불완전하여 사용이 불가능하다고 판단되는 항공권
- 복수탑승용 쿠폰 항공권 중 여행자의 탑승구간과 무관한 탑승용 쿠폰
- 장비작동상 문제나 기타 사유로 인한 사용불가한 항공권

6) 항공권의 구성

① 수기(手記) 항공권(MIT : Manually Issued Ticket)
- 심사용 쿠폰(audit coupon) : 항공권 발행 후 매표보고서에 첨부 항공사의 경리부로 송부
- 발행소용 쿠폰(agent coupon) : 항공권의 발행점소 또는 여행사에서 보관

- 탑승용 쿠폰(flight coupon) : 공항에서 탑승수속 후 여객의 탑승 직전에 회수, 경리부로 보고
- 여객용 쿠폰(passenger coupon) : 운송계약의 증거서류 내지 세금계산서로 여행자가 보관

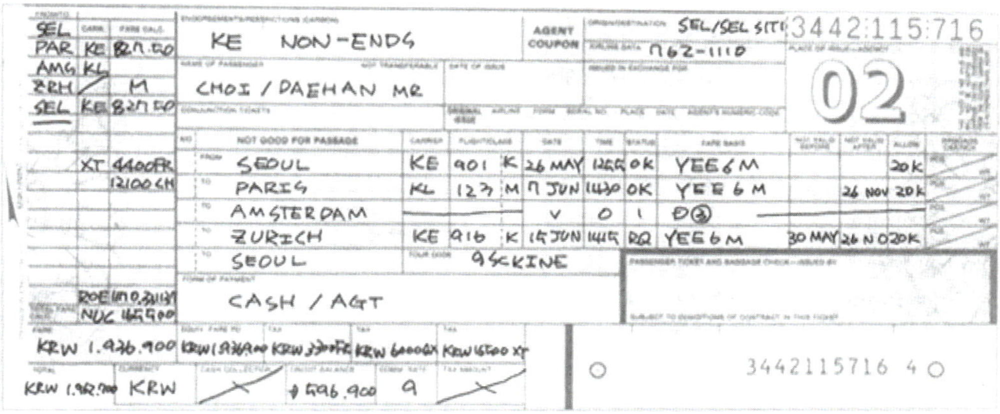

② 항공권번호 구성 및 종류

- 양식번호(form number) : 최초의 2자리 수
- 일련번호(serial number) : 앞에서 3번째부터 9번째까지의 7자리수
- 식별번호(check digit) : 맨마지막 1자리수

③ 전산항공권[ATB(Automated Ticket/Boarding Pass)]

- 의의 : 항공권과 탑승권이 일체화된 첨단항공권으로서 마그네틱 줄(magnetic stripe)을 이용하여 발권/탑승수속을 자동처리함.
- 사용범위 : 적용운임에 관계없이 국내선 전구간에 적용함.

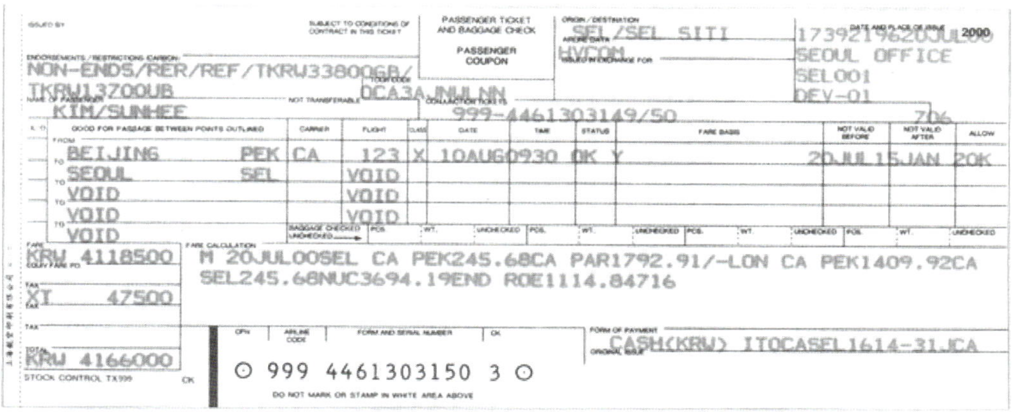

④ 전자항공권(e-Ticket)

이티켓이란 기존의 수표딱지 같이 생긴 항공권 대신, A4지에 예약내역을 인쇄하는 방식의 전자 항공권을 뜻한다. 즉 e-Ticket 서비스는 기존의 종이 형태의 항공권에 기재되어 있는 출발일, 편명 등의 발권정보 일체를 항공사의 시스템에 전자 데이터로 보관하는 안전하고 편리한 발권 서비스이다. e-Ticket으로 발권받으면 항공권 구입을 위하여 사전에 대리점이나 발권카운터를 방문할 필요가 없고 항공권을 분실하거나 도난당할 염려가 없으며, 「e-Ticket 승객용 사본」은 본인 확인 후에 수수료 없이 재발행하여 준다.

KOREAN AIR

1419 / 09APR07

e-Ticket Itinerary/Receipt

인쇄하기

승객성명 Passenger Name HONG/KILDONGMR (KE BK1234****)
e-티켓번호 e-Ticket number 1802301740981

여정 Itinerary 예약번호 Booking Reference 5627911

KE 853 Operated by KE - KOREAN AIR. 경유 Via : -

출발 Departure	서울 (ICN)	07APR07	19:00 Local Time	Terminal NO.: -
도착 Arrival	베이징[北京] (PEK)	07APR07	20:05 Local Time	Terminal NO.: 2

예약클래스 Class E 예약상태 Status OK (확약) 운임 Fare Basis MLPX15
무료 수하물 허용량 Free Baggage Allowance 20 KG
항공권 유효기간 Not Valid Before - After 14APR07

KE 854 Operated by KE - KOREAN AIR. 경유 Via : -

출발 Departure	베이징[北京] (PEK)	12APR07	21:05 Local Time	Terminal NO.: 2
도착 Arrival	서울 (ICN)	12APR07	23:55 Local Time	Terminal NO.: -

예약클래스 Class E 예약상태 Status OK (확약) 운임 Fare Basis MLPX15
무료 수하물 허용량 Free Baggage Allowance 20 KG
항공권 유효기간 Not Valid Before 07APR07 After 14APR07

항공사 직원을 위한 e-티켓 정보입니다. For Airline Staff

Restriction	NON-ENDS KE853/07APR ONLY RFND PNTY 50000 REFUND PENALTY APPLICABLE
Conj.Ticket No.	-
Fare Calculation	M*SEL KE BJS Q22.00 306.96KE SEL Q22.00 306.96 NUC657.92END ROE948.15
Fare Amount	KRW 623900
Equiv. Fare Paid	-
TAX	KRW 4800YQ 27000BP 11000CN
Total Amount	KRW 666700
Form of Payment	7CWIJOI CC VI*************4235/****/E00
e-Ticket Issue Date/Place	05APR07 / 17392340 / KAL INTERNET SEOUL

상기 운임정보는 공시운임으로 실제 지불 금액과 다를 수 있습니다.
지불금액은 영수증을 확인하시기 바랍니다.

※ 본 e-티켓 확인증과 함께 제공된 법적 고지문을 반드시 참고하여 주시기 바랍니다.

* e-티켓 확인증은 탑승수속시, 입출국/세관 통과시 제시하도록 요구될 수 있으므로 반드시 전여행 기간 동안 소지하시기 바랍니다. e-티켓 확인증의 이름과 여권상의 이름은 반드시 일치해야 합니다.

* 대부분의 공항에서 탑승 수속 마감 시간은 해당 항공편 출발 40분 전(미주, 유럽 출발편은 1시간 전)으로 되어 있으니, 해당 항공편 출발 예정시각 최소 2시간 전에는 공항에 도착하시기 바랍니다.
단, 일부 공동 운항편의 경우 탑승수속은 운항항공사의 카운터에서 이루어지며, 운항항공사의 규정에 따라 탑승 마감시간이 다를 수 있습니다.

대한항공 | 서울 강서구 공항동 1370 | 대표이사 : 이종희 외 1명 | 사업자등록번호 : 110-81-14794 |
http://www.koreanair.com

자료 : 대한항공, http://kr.koreanair.com/, 2012년.

7) 항공권의 사용

① 항공권(탑승용 쿠폰)은 그에 명시된 구간과 지정된 일시에 항공편으로 여행하는 경우에만 사용 가능하다.

② 복수탑승용 쿠폰항공권과 각 탑승용 쿠폰은 번호 순서대로 사용하여야 한다.

③ 항공권은 소정의 유효기간 내에 사용하여야 하며 유효기간이 만료된 후 항공편 탑승을 위한 사용은 불가하다.

④ 항공권은 최초 발행된 여객으로 성명이 기재된 본인이 사용하여야 한다.

⑤ 항공권은 그에 적용된 운임규정에 따라 사용하여야 한다.

⑥ 위조, 변조 또는 훼손되었거나 그 기재내용이 임의로 변경 또는 삭제된 항공권의 사용은 불가하다.

| 표 8-7 | 항공권의 종류

구 분	사용구간	양식번호	쿠폰구성			
			심사용	발행소용	탑승용	여행자용
항공회수권	서울~부산	40	1	1	10	1
	서울~제주	41	1	1	10	1
	전구간	89	1	1	10	1
부정액권	전구간	83	1	1	1	1
	전구간	88	1	1	2	1
ATB Ticket	전구간	6	0	0	1	1
초과수하물	전구간	00	1	1	1	1

자료 : 대한항공 김포국내여객운송지점, 「표준업무절차」, 1993, 발권편 2쪽에 의함.

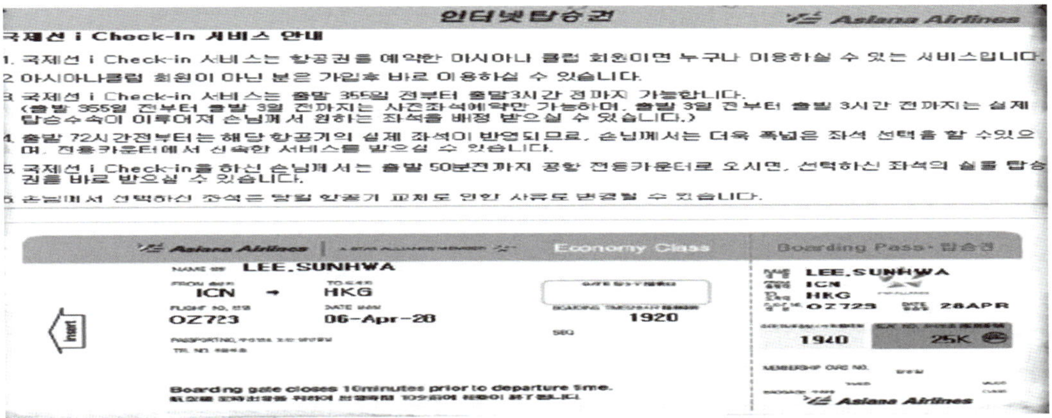

자료 : 권문호 외 2인, Tour Conductor 서비스실무, 대왕사, 2013.

8) 항공권의 유효기간 및 할인 운임

① 편도 탑승용 쿠폰 항공권 : 발행일로부터 3개월

② 왕복 탑승용 쿠폰 항공권

- 전부 미사용시 : 발행일로부터 3개월
- 탑승용 쿠폰 일부 사용시 : 최초 탑승용 쿠폰 사용일로부터 3개월

③ 무임항공권(trip pass) : 발행일로부터 2개월

④ 상기 ①, ②에도 불구하고 특정 할인운임이 적용된 항공권의 유효기간은 해당 운임규정에 별도로 정하는 바에 따른다.

| 표 8-8 | 국내선 할인 종류

할인코드	할인율	내 용
GP	10/55/20	그룹구성원(어른/어린이)/비수기 단체(30명)
SD	10/30	학생/학생단체
OF	10	공무원
ME	30	군인
IP	30	국가유공자
IN	50	국가상이유공자/신체장애자/독립유공자
IA	50	IN50의 동반자
CD	50	소아
DG	1-99	건별승인
FG	100	건별승인
FR	100	사전 기본 품의에 의한 승인 FG QUOTA초과시 - FAM TOUR 특판활동관련
FK	100	직원출장티켓발급시(NOSUB)
FV	100	임직원 휴가 및 가족 FOC(SUBLO 또는 NOSUB)
FE	100	별거가족 또는 직원 청휴시
DE	75	직원가족 및 별거가족 어른에 대한 할인
DE	90	별거가족 어린이에 대한 할인
BD	100	FTBS 회원에 대한 보너스(유효기간 3개월)
IT	15	국내포괄여행
CT	10	회수권 할인
AD	75	여행사(대리점)직원 할인

| 표 8-9 | 특별운임

종 류	내 용	적용운임	발권방법
2개 좌석 사용여객	체격, 신체장애 또는 기타 사유로 인해 2개의 좌석을 사용하고자 사전에 요청하는 여객	- 탑승구간 성인 탑승요금을 추가적용 - 여객이 운임을 지급하는 총좌석수에 해당하는 운임액 기입	항공권 여객성명 뒤에 'EXST' 라고 표기
STRETCHER 환자	들것에 실리는 환자로서 통상의 좌석 이용이 불가능한 여객	해당구간 성인운임의 6배액을 징수	성명란 : 'STRETCHER CASE' 발행조건란 : 'SF' 운임란에 6배액 기입
	동반보호자 여객	1인에 대해 무료, 무료수하물허용량은 6좌석에 해당하는 허용량 적용	성명란 : 'STRETCHER CASE' 관련번호란 : STRETCHER여객의 항공권 번호 기입 운임란 : 'FOC'
비동반소아 (Unaccompanied Minor)	동일항공기의 동일객실 내에서 만 13세에 이상의 여객에 의하여 동반되지 않고 여행하는 만 5세 이상 만 13세 미만의 여객	해당 운임의 50%	여객의 성명 뒤에 'UM'과 연령기입
별도좌석 점유수하물	별도 규정에 의거 여객이 기내에 무료 휴대한 물품 이외에 부피가 크거나 부서지기 쉬운 성질의 것으로서 여객의 사전요청에 따라 기내에 탑재되어 별도의 좌석을 차지하는 수하물 운송조건 : - 중량 75kg이하 - 개수 및 총중량 사전통보 - 좌석확약시 'CBBG' 명시	당해구간 성인편도 통상요금액 징수	성명란 : 'CBBG' 및 점유좌석수 기입 (예 : CBBG 2 SEAT)

8.3 여행관련 기업

8.3.1 관광기념품판매업

1) 관광쇼핑의 개념

일본관광협회의 관광의 경제효과 분석에 의하면 다음과 같이 여행소비가 각 부문에 파급되고 있음을 알 수 있다.

아래의 〈그림 8-1〉에서 나타나고 있는 바와 같이 여행자들은 여행 중의 활동 가운데 여러 부문에서 여행경비를 사용하고 있다. 일반적으로 여행의 4요소는 ① 견(見 · seeing), ② 식(食 · eating), ③ 매(買 · shopping), ④ 체험(體驗 · experience)이라고 알려지고 있는데(トラベル ジャーナル旅行学院, 1974 : 3), 그 가운데 쇼핑은 3요소의 하나로 그 중요성이 부각되고 있다.

그림 8-1 ⊙ 여행자의 여행소비 흐름도

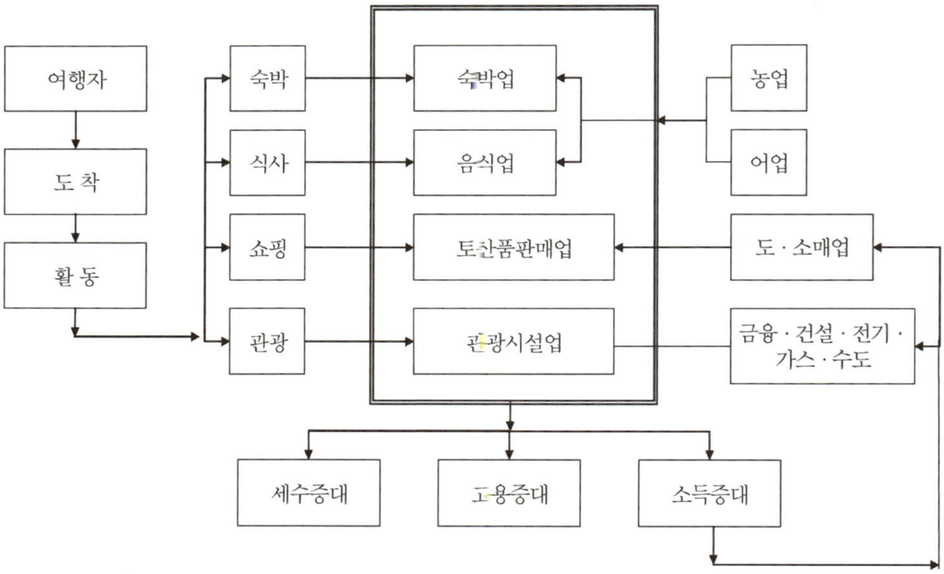

자료 : 日本観光協会, 「月刊観光」, 通巻 第81号, 1981, 7쪽에 의거 재구성.

이처럼 쇼핑은 여행자의 욕구를 충족시키고 더욱 만족스러운 관광을 보장할 수 있다는 점에서 중요한 의의를 찾아볼 수 있다. 관광산업을 국책산업으로 육성하고 있는 스위스, 홍콩, 싱가포르 등 국가에서는 쇼핑을 주된 상품으로 육성하여 많은 수입을 올리고 있다.

특히 동양권에 있으면서 한국의 관광경쟁국가인 싱가포르와 홍콩은 관광수입 중 50~60%가 쇼핑상품의 판매수입에 있다는 점에 주목하지 않을 수 없다(한국관광공사, 1988 : 6). 우리나라는 그에 미치지 못하고는 있으나, 여러 나라의 관광수입내역을 분석해 보면 평균적으로 숙식비 40~50%를 제외한 20~30%가 쇼핑부문에서 얻는 수익이다.

이처럼 관광쇼핑은 관광산업상 대단히 중요한 위치를 차지하고 있으며, 특히 국제관광에 있어서 관광토산품은 각국에 소개되어 수출상품으로 소개되기도 한다(김범국 외, 1989 : 43). 즉 국제관광자가 관광토산품을 구입하는데 소비하는 금액은 외화획득에 해당되므로 이는 곧 국가경제에 직접적 효과를 창출하게 되는 것이다.

2) 관광기념품의 개념

관광기념품이란 "관광자가 방문하는 방문국 또는 방문지의 고유한 전통성과 지역적 특성이 표출되는 민예품, 공예품 등의 토산품(특산품)으로서 관광객이 취득 가능한 상품"으로 이해할 수 있다.

그런데 특산품이란 용어는 그 범위가 관련기관 사이에서도 각기 그 호칭이 다르게 나타나고 있다. 예컨대 관광업계와 농가공산품(農家工産品) 개발센터는 토산품(향토특산물의 줄임말)이라고 부르고, 상공부와 중소기업진흥공단 및 한국디자인 포장센터에서는 공예품 또는 민예품, 전통공예품으로 부르며, 농업협동조합중앙회에서는 농가부업제품 및 농가특산품으로 각각 호칭하고 있다(한국관광공사, 앞의 책 : 16). 그러나 여기서는 사회에서 널리 통용되고 있는 일반적 정의를 중심으로 관광기념품을 정의하고자 한다.

공예품은 산업공예품과 미술공예품으로 나뉜다. 즉 산업공예품은 기술자 또는 기계로 어떤 하나의 모형(틀)에 의해 대량생산되어 나올 수 있는 제품(예 : 도자기, 도자기 인형, 커피 잔, 금속장신구 등)을 일컫는데 비해, 미술공예품은 빼어난 장인에 의한 수공예품으로서 장시간(6개월~1년)의 제작기간을 요하는 것을 말한다(송기헌, 1989).

한편, 민예품이란 기계에 의하지 않고 장인이 수공예적 기법으로 제작한 제품으로서 단시간 내에 제조할 수 있는 공예품(예 : 목각제품, 목기제품, 죽세공품 등)을 말한다.

이러한 공예품과 민예품은 그 국가 그 지역의 특정지역에서만 생산되는 원료나 소재로 만든 공산품이나 그 지역에서 많이 생산되는 농수산물을 통틀어 토산품으로 정의하고 있다.

이렇게 볼 때 관광기념품이란 “어떤 지역 또는 어느 국가의 전통성을 지닌 공예품 등의 토산품과 일상용품(신변잡화) 등 여행자가 여행방문지에서 구입 · 취득할 수 있는 모든 상품”으로 정의할 수 있다.

3) 관광기념품의 종류

현재 관광지에서는 여러 가지 기념품뿐만 아니라 다종다양한 상품이 기념품으로 관광자에게 판매되고 있다. 이들의 상품을 분류하면 [그림 8-2]와 같이 분류할 수 있다(日本観光開発財団, 1987 : 2).

기념품은 원래 문자 그대로 그 토지의 산물이지만 그 실태를 보면 반드시 본래의 토산품뿐만 아니라 다른 곳에서 제조되어 유통된 것도 있고, 경우에 따라서는 외국에서 수입한 것도 눈에 띈다. 또한 길거리에서 팔고 있는 야채나 과실 등과 같이 소위 기념품이 아닌 것도 여행자에게는 쇼핑대상이 된다는 것에 주의를 기울일 필요가 있다.

[그림 8-2]에서 나타난 바와 같이 관광기념품의 종류는 거의 무한대에 가까운 상품이라 할 수 있다. 그러나 관광기념품은 여행자로 하여금 구매의욕을 유발할 수 있어야 하는 바, 일반적으로 다음의 다섯 가지 특색을 구비하고 있어야 한다(송기헌, 앞의 자료 : 3).

첫째, 그 지역 또는 그 국가의 향토색(국민색)이 풍부하여야 한다.

그림 8-2 기념품의 분류

- 식료품
  - 생선식료품(생선, 과실, 야채류, 산채, 버섯류, 육류), 가공식품(주류, 햄 · 소시지류, 통조림류, 유제품, 과자류, 튀김류, 茶류, 약초류, 젓갈류, 麵류, 김치류)
- 비식료품
  - 공예품(칠기, 도자기, 금속품 목 · 죽공품, 종이제품, 부채제품, 인형, 기타세공류, '석제가공, 수정 · 귀금속세공 등', 장신구, 액세서리류)
  - 면예품(民具, 완구, 유리제품, 유리세공, 집 · 왕골세공)
  - 직물 · 染物(각지의 명주 · 삼베, 자수제품, 의류품, 지갑, 혁대, 넥타이류)
  - 식물(화훼, 분재, 묘목, 구근류 · 球根類)
  - 잡화, 기타(명함꽂이, 패션상품, 열쇠고리, 페넌트, 화장품, 일용잡화, 라이터, 손톱깎이, 지갑 등)

자료 : 日本観光開発財団, 「土産品開発の手引」, 1987 2쪽.

둘째, 간편하며 휴대하기가 편리하여야 한다.

셋째, 견고하고 실용적이어야 한다.

넷째, 여행의 회상이 가능하도록 오래 보존할 수 있어야 한다.

다섯째, 가격이 합리적이면서도 적절하여야 한다.

8.3.2 면세점(DFS: Duty Free Shop)

1) 면세점의 개념

쇼핑관광의 중요한 몫을 차지하는 면세점은 외국인 여행자들과 출국하는 내국인 여행자들에게 매력요인으로 작용하고 있다. 또한 국내의 면세점은 외화획득과 내국인의 외화유출을 감소시킬 수 있어 관광산업뿐만 아니라 국가경제에도 크게 기여하고 있어 정책적으로도 보호·육성되고 있는 분야이기도 하다.

어떤 나라를 막론하고 대개는 외국으로부터 들어오는 상품에는 관세 혹은 세금을 부과하게 된다. 그러나 관세납부의무를 특정의 경우에 무조건 또는 일정 조건하에서 면제하는 것을 면세라 한다. 이러한 면세제도는 여러 가지 정책목적의 정책실현수단으로 이용되고 있다(장병철, 1990 : 288).

관세의 재정수입목적을 희생하면서까지 관세를 면세하려는 데에는 그만한 이유가 있어야 한다. 그 목적을 크게 나누면 ① 경제정책적 목적, ② 문화정책적 목적, ③ 사회정책적 목적을 들고 있고, 좀 더 구체적으로 살펴보면 외교관례, 기간산업의 육성, 자원개발촉진, 특정산업의 보호, 학술연구의 촉진, 사회정책의 수행, 가공무역의 증진, 교역의 증대, 소비자보호, 물가의 안정 등 다양한 목적을 가지고 있다.

관광의 경우 각국의 국제공항에는 외국물품을 외국으로 반출하거나 관세의 면제를 받을 수 있는 자가 사용하는 것을 조건으로 판매하는 구역을 설정하고 있는데, 이러한 장소를 보세구역이라 하며 이러한 구역에서 판매행위를 할 수 있도록 한 것이 보세판매장이라 한다.

보세판매장은 ① 외국으로 반출할 외국물품을 판매하는 장소로서 국제공항의 출국장에 있는 이른바 '면세점', ② 주한외국공관의 외교관에게 외국물품을 판매하는 장소로서 카머세리(commissary) 두 종류로 구분되는데 일반여행자의 경우에는 ①과 관련된다.

면세점은 원래 중세기에 중요 항구를 중심으로 항해에 필요한 물건을 공급하는 선구상(船具商)에서 비롯되었는데, 그 이유는 선구상에서 구입한 물건이 국외에서 소비된다는 특성을 가지고 있기 때문이다(양도건, 1987 : 8).

이러한 것이 보편화하여 최근에는 항공여행자나 선박여행자 모두 자국의 영토한계를 떠나는 여행자에 한해 면세점을 이용할 수 있도록 하고 있다. 이와 같이 면세제도의 취지는 국내에 반출 우려가 없는 국외여행자가 구입하는 물품에 대하여 부가가치세, 특별소비세, 관세 등을 사전에 면세하여 주는 데 있다.

이상 고찰한 바와 같이 "면세점이란 국외여행자를 위하여 보세구역 내에 설치된 각종 물품을 판매하는 점포"라고 할 수 있다.

2) 면세점의 특성

관광사업과 관련된 면세점의 특성은 다음과 같이 정리할 수 있다(조성극, 1992 : 82).

① 특허성 사업이다 : 면세점은 아무나 어느 장소에서나 개설할 수 있는 것이 아니라, 관세법상 특허가 가능한 지역이나 장소로서 외국인 여행자가 이용하고 활용이나 판매할 수 있는 곳으로서 시장규모에 의하여 그 수를 제한하고 있다.

② 외화획득에 이바지하고 있다 : 외국인 대상으로 하기 때문에 수출사업의 역할을 담당하고 있다.

③ 면세물품의 반입이나 반출에는 엄격한 통제를 받는다 : 면세점에서 가장 중요하게 취급하고 있는 것이 특허의 취지와 취급상품의 특성으로 인하여 상품의 반입 · 반출에 대하여 세관이 엄격한 관리 · 통제를 하고 있다. 이는 여행자에 의한 국내유출을 사전에 방지하기 위한 것이라 하겠다.

④ 여행사의 협조를 필요로 한다 : 면세점의 주요 고객은 외국인 및 출국하는 내국인으로 제한되고 있기 때문에 이들을 관장하고 있는 여행사의 협력이 없이는 효율적인 매출액 증대를 꾀할 수 없다.

3) 면세점의 종류와 형태

면세제도는 크게 사전면세제도와 사후면세제도로 구분된다. 사전면세제도는 물품구입시 세금이 이미 면세되어 있는 제도로서 보세판매장과 관광기념품판매장이 있으며, 사후면세제도는 물품구입시 세금이 포함된 가격으로 구입하고 해당세금액을 사후에 환급받는 제도로서 사후면세판매장이 이에 해당된다. 사전면세제도 중 대표적인 보세판매장은 다음과 같다.

| 표 8-10 | 면세점 비교

구분	사전면세		사후면세(사후환급)	
	지정면세점 (내국인면세점)	보세판매장 (시내·출국장· 외교관 면세점)	면세판매장 (사후면세점)	종합보세구역
근거규정	제주특별자치도 특별법 제177조, 조특법 제121조의 13	관세법 제196조, 제176조의 2	조특법 제107조	관세법 제197조 제199조의 2
허가(지정) 기관	관할 세관장	관할 세관장	관할 세무서장	관세청장
면제대상 조세	관세, 내국세, 지방세	관세, 내국세, 지방세	부가세, 개별소비세	관세, 내국세, 지방세
대상품목	Positive 방식 내·외국물품 중 지정품목(주류, 담배, 시계, 화장품 등)	Negative 방식 내·외국물품 (총포·도검, 마약류 등 제외)	Negative 방식 내국물품 (총포·도검·문화재, 중독성 의약품 제외)	Negative 방식 내·외국물품 총포·도검, 마약류 등 제외
이용자	내국인, 외국인	출국 내국인, 외국인	외환거래법상 거주자	외국인
면세한도	1회 4백불 (연 6회)	외국인 : 제한 없음 내국인 : 4백불 (구매한도 3천불)	제한 없음	제한 없음

자료 : 관세청, 2012년 12월 31일 기준.

보세판매장운영요령 제3조에 의하면 한국의 보세판매장 특허대상은 ① 외교관전용지점, ② 해·공항출국인 전용지점, ③ 시내 출국인 전용매장으로 구분하고 있다(관세청, 1986).

외교관전용 면세점은 서울특별시에 한해 특허되며 판매대상은 주한외교관 및 외국 공관에 근무하는 외국인에 한하고 있다. 해·공항출국인전용매점은 출국인을 대상으로 판매하며 현재는 한국관광공사에서 국내의 3개 국제공항 및 국제부두를 일괄 관리·운영하고 있다. 한편, 면세점의 형태는 다음과 같이 구분할 수 있다.

① **공항면세점(airport duty-free shop)** : 국제공항의 보세구역 내에 설치된 면세점으로서 (departure shop, arrival shop, departure & arrival shop) 출·입국의 내·외국인의 국제여행시에 활용하는 면세점으로 상품의 종류도 다양하고 그 지역의 특산품도 함께 구입할 수 있는 면세점이다.

② **항공기내 면세점(in-flight duty-free shop)** : 국제선 항공기 내에서 탑승고객에게 면세물품을 판매하는 면세점으로서 이는 공항면세점에서 시간부족으로 물품을 구입하지 못한

여행자에게 면세물품의 이용기회를 부여하기 위한 것이라 볼 수 있다. 단점으로서는 상품의 다양성이 극히 제한적이라는 점을 들 수 있으나, 흔한 품목은 공항면세점보다도 가격이 저렴한 경우도 있다.

③ **페리면세점**(ferry duty-free shop) : 국가와 국가 간을 운항하는 국제페리 면세점이나 항구에 설치된 면세점으로서 자동차도 판매하며 다종다양한 상품이 준비되어 있어서 저렴한 가격으로 구입이 가능하다.

④ **기타 면세점**(other duty-free shop) : 시내면세점, 국경면세점, 외교관면세점, 군인면세점, 국제유람선면세점 등이 있다. 또한 사회주의국가의 경우 외국인전용면세점 및 구미지역에 있어서의 백화점 내의 면세점에서는 물품의 국내유출을 막기 위해 선주문 후 공항납품제도(pre-order system)를 도입하고 있다. 물론 한국의 경우에도 시내 면세점에서 물품을 구입하는 경우에는 프리오더 시스템을 적용하고 있다. 특히 시내 면세점은 출국 전에 미리 쇼핑할 수 있는 면세점으로서 출국하기 전에 직접 물건을 보며 여유롭게 쇼핑할 수 있는 것이 장점이다. 또한 여러 이벤트를 잘 활용하면 물건을 직접 볼 수 있는 장점에다 다양한 혜택까지 누릴 수 있다. 전국에는 시내면세점이 16개 있는데, 서울에 6곳, 부산에 2곳, 제주에 2곳을 비롯해 대전, 대구, 울산, 창원, 수원, 청주에 각각 1개의 시내면세점이 있다. 최근에 시내면세점 사업자를 추가로 선정하고 있어서 점차 늘어날 전망이다.

⑤ **사후면세점**(tax refund shop) : 외국인이 물건을 사면 출국할 때 공항에서 부가가치세와 개별소비세를 돌려받도록 해주는 면세판매장을 말한다. 내 · 외국인에게 모두 면세 혜택을 주는 사전면세점(공항/시내면세점)은 부가가치세와 개별소비세뿐 아니라 관세도 면제해준다. 영어로 사전면세점은 듀티 프리 샵(duty-free shop)이나 택스 프리 샵(tax-free shop), 사후면세점은 대개 텍스 리펀드 샵(tax refund shop)이란 문구를 사용한다.

⑥ **인터넷 면세점**(internet duty free shop) : 인터넷 면세점은 인터넷에서 면세품을 구입할 수 있는 면세점이이다. 오픈마켓에서 구대하듯이 쉽게 구매할 수 있고, 적립금과 할인 혜택이 많은 편이라 모든 면세점 중에서 가장 저렴하게 구매하실 수 있는 점이 장점이 있다.

Chapter 09

여행업과 정보기술

09 여행업과 정보기술

Chapter

9.1 여행업과 정보기술의 중요성

현대사회를 살아가는 우리 인간은 시시각각으로 밀려오는 정보의 홍수 속에 살고 있다. 우리가 의식하거나 의식하지 못하는 가운데 정보는 모든 시간과 공간 속에서 항상 주변을 맴돌고 있다. 신세대들에게는 호출기나 핸드폰은 기본이고 컴퓨터는 이제 생활필수품이 되었다.

이는 정보기술이 고도로 발달하여 인간생활에 미치는 영향이 날로 증가하고, 인간 경제활동의 중심은 대량생산 · 대량유통과 대량소비보다는 서비스와 정보, 지식으로 그 가치가 변해 가는 사회에 직면해 있음을 말하고 있는 것이다.

5,000만 명의 고객을 확보하는 데 라디오는 50년이 걸렸고, 텔레비전에서는 25년이 걸렸으나, 인터넷에서는 5년이 걸렸다는 데서 이를 잘 증명하고 있다. 즉 경영기계화의 구축이다.

경영의 국제경쟁력을 결정짓는 요인으로서는 통상적으로 ① 품질, ② 가격, ③ 거래조건을 들고 있지만, 거래조건은 자금력의 문제이나 품질은 완전히 기술수준의 문제이고, 가격은 임금, 원재료, 금리 등의 요인이 개재된다고는 하나 가장 중요한 요인은 기술혁신과 경영혁신의 문제이다(安本英八郎, 1970 : 173).

그러므로 현대기업경영에서 중요 관심사로 떠오르고 있는 것 중의 하나는 효율적인 정보의 제공과 관리이다. 과거에는 여행정보라 하더라도 예컨대 열차나 버스 숙박시설도 단지 좌석이나 방이 확보되어 있는가 하는 것이 주 대상이었으나 최근에는 보는 대상이 되는 정보는 물론이고 어떤 열차를 타는지(예: 열차의 종류, 등급, 속도), 버스는 어떤 종류의 것인지(예: 2층

버스, 살롱카, 노래방기기, 비디오테이프 레코더 설비, 냉장고) 것들이 들어있는지, 숙박시설은 어떤지(예: 몇 등급인지, 내부시설에는 무엇이 있는지, 전망, 요금 등), 요리내용은 어떠하며 그 양은 충분하게 제공되는지 등등 이루 헤아릴 수 없을 정도로 광범위하고 상세한 정보를 요구하고 있다.

게다가 좋은 시간대에 출발하는 편을 확보하고 있는지, 교통체증과 맞물리지는 않는지, 그 지방에 꽃 만개(滿開)하는 시기는 언제인지, 지금 출발하면 그것을 볼 수 있는지 등 가변정보(可變情報)에 대한 욕구도 매우 강하게 나타나고 있는 실정이다.

이렇게 여행소비자들의 욕구가 변화하게 된 배경에는 ① 정보의식의 변화, ② 정보대상의 증가, ③ 정보내용의 세분화 등에 기인하고 있다. 즉 정보는 "생활주체→객체→알림→평가→행동→선택→효용실현"이라는 정보주기(information cycle)를 취하며 사전에 정보를 얻는다는 것은 스스로의 행동선택을 하는 데 보다 확실성을 높이는 데 작용한다.

경제산업화에 따른 고도성장의 변혁기 속에서 정보산업에 대한 인식은 날로 증가하고 있으며, 정보측면의 전략은 중추적 역할을 수행하고 있다. 특히 반도체와 컴퓨터산업 등 과학기술 분야의 급속한 발전은 현대사회의 자동화(automation)에 토대를 마련했으며, 산업구조의 고도화, 생활방식의 다변화 등 사회 전반에 걸쳐 여러 변화를 이끌었다.

이는 곧 인간이 가정 및 사회생활을 영위하는 데 있어서 많은 정보의 활용을 필요로 하고, 모든 생활 자체에 있어서 정보라는 체제를 배제할 수 없음을 의미한다. 특히 서비스부문의 외부화(별도회사화 또는 외주화)는 주로 전략적인 서비스부문의 확충과 관련되어 있다. 즉 ① 기술개발부문에서는 외부직원의 참가나 위탁개발이 확대됨으로써 시스템 하우스, 데이터베이스 서비스업, 기술컨설팅 등이 활용되고 있으며, ② 기획부문에서도 외부화가 촉진되고 있고, ③ 생산면에서는 CAD(Computer Aided System)/CAM(Computer Aided Manufacturing) 등이 도입되면서 소프트웨어 하우스의 활약이 증대되고 있고, ④ 경영관리 면에서는 사무자동화기기의 도입, 컴퓨터와 통신네트워크 등에 의해 정보처리나 인재파견에 대한 수요가 확대되고 있다(山一証券経済研究所, 1985 : 50).

제조부문의 서비스화와 더불어 서비스부문의 하드화와 정보화도 동시에 진행되고 있는데, 예컨대 호텔에 있어서의 감시카메라 설치, 각종 센서를 동원한 자동경비기기의 도입, 여행사에서의 예약관리 시스템의 도입 등이 그것이다. 이렇듯 현대가 정보화사회로 급속히 이행됨에 따라 우리들도 정보에 대한 올바른 시각과 귀중한 정보를 필요한 사람에게 전달해 주는 여러 가지 새로운 통신 매체인 뉴미디어(new-media)에 대한 정확하고 올바른 인식이 필요한 시점이라고 생각한다.

정보에 대한 인식이 높아짐에 따라 우리 역시 여행관련 정보시스템에 대한 이해를 필요로 하고 있는 것이다. 그러나 한국의 여행사들은 소비자의 이러한 요구를 충족시킬 수 있는 시스템구축은 아직 초보 단계에 머물러 있다고 할 수 있다. 특히 여행사들은 여행자가 여행하는 도중에도 이벤트, 레저, 스포츠, 문화행사 및 활동에 참가하는 등 여행지에서의 여가활동이 다양화되고 그 성격도 개성적이고 주관적으로 되어가고 있기 때문에 여행자의 필요와 욕구에 대응하는 최신정보를 정확하고 신속하게 제공하는 체제를 수립해야 할 것이다. 즉 지금까지 알려지지 않았던 여행지에 관한 정보의 제공 등을 통하여 새로운 관광수요를 창출하고 관광지 및 해당지역 활성화를 도모할 수 있다는 관점에서 여행정보시스템 구축이 그 어느 때보다도 절실히 요구되고 있는 시기라고 할 수 있다.

9.1.1 여행정보의 본질

1) 여행정보의 개념

우리는 정보라는 용어를 일상적인 단어 가운데 하나로 이용하고 있다. 물론 이 용어는 최근에 나온 것은 아니며, 정보를 전달한다든가 처리하는 기술은 오래 전부터 존재하여 왔다.

정보(information)의 사전적 정의로는 "정세에 대한 자세한 소식 또는 그 내용이나 자료"라고 하였으며(한국어사전편찬회, 1995 : 44),

정찬종은 "자료가 정보입수자에게 유의의(有意義)하고 또한 현재 및 앞으로의 의사결정에 실제적 또는 지각적으로 가치가 있는 형식으로 가공 · 처리된 것"으로 정의하고 있다(정찬종, 1998 : 53).

서남원은 정보를 인간활동의 측면에서 파악하여 "인간의 감각을 통하여 인체내 · 외에서 인지되는 내용"으로 보았고, 한국과학기술정보센터에서는 "어떤 사람들의 의사결정에 어떤 영향을 주는 소식 또는 인간과 사회조직의 특정목적을 위하여 평가된 데이터"라고 정의하고 있다.

양병훈은 "어떤 상황에 관한 의사결정(decision)을 할 수 있도록 하는 지식으로서 데이터의 유효한 해석이나 데이터 상호간의 관계"라고 주장하고 있다(1994 : 10),

김일안은 "여행자 또는 그 정보의 이용자에게 필요에 따른 결과를 취득할 수 있도록 수집 · 처리하여 제공되는 정보체계라고 하였으며(김일안 1995 : 23), 산업연구원에서는 "어떤 의도를 가지고 정의된 자료의 집합"으로 해석하고 있다(산업연구원, 1986 : 1).

샤논(Shannon)은 "불확실성의 양을 줄이려고 작용하는 것"을 정보로 보고 있다(野口悠紀雄, 1983 : 17).

결국 정보란 현재 또는 미래의 결과에 대한 예측으로 여러 가지 대안 가운데 의사결정시 필요로 하는 처리된 자료라고 할 수 있다. 그러므로 정보는 인간의 행동에 관여하기 때문에 여행자의 의사결정을 지원하며, 지적경험의 증대를 가져오는 데 중요한 역할을 담당하고 있는 것이다.

여행현상에 있어서 정보란 여행자들이 목적지향적인 행동을 선택하는 데 필요한 일체의 알림사항인 동시에(井上達久, 1987 : 3), 교통수단과 함께 여행의 주체인 여행자와 객체인 여행대상(여행자원, 시설, 서비스 등)을 연결해 주는 여행매체를 이루는 것으로, 여행에 관한 정보의 보급은 사람들의 여행욕구를 높이도록 해 주고 있는 것이다(주장건, 1992 : 115). 즉 「여행정보란 모든 여행에 관련된 의사결정을 하기 위해 필요로 하는 알림사항」이라고 정의할 수 있다.

2) 여행정보의 기능과 분류

(1) 여행정보의 기능

여행정보는 주로 여행자의 의사결정을 지원하는 기능으로 인식되어 왔지만, 여행환경이 복잡해지고 여행욕구가 다양화됨에 따라 여행정보의 기능은 확대되고 있다.

다양한 여행활동은 의사결정이 요구되는데, 이러한 의사결정을 하는 데 있어서 가장 중요한 요소가 바로 여행정보이다. 왜냐하면 여행자들이 여행루트, 여행대상, 서비스 및 시설들에 대해서 잘 모르거나 접근방법을 모른다면 여행자뿐 아니라 여행사에게도 만족을 가져다주지 못할 것이다(Clare A. Gunn, 1988 : 136~139).

여행에 대한 판단자료를 제공해 주는 것은 의사결정의 불확실성을 감소시켜 주며, 합리성과 신속성을 제공하는 것이므로 이는 여행정보의 중추적 기능이라고 할 수 있다.

여행정보의 기능은 ① 여행자뿐만 아니라 지역주민들을 특정관광지로 유인하는 마케팅 커뮤니케이션 역할을 수행하며, ② 정보의 이용정도에 따라 여행지를 직접 방문한 사람들한테는 풍부한 정보의 제공으로 체재일수를 연장시키는 촉매제가 되어 여행상품의 판매를 증가시킬 수 있으며, ③ 여행지를 결정하지 못한 사람들한테는 방문을 유도하고, ④ 여행정보를 통하여 여행자는 여행자원을 인지하고 이해하게 되며, ⑤ 여행자원에 대한 역사 문화, 사회적 배경과 가치를 전달하는 교육기능을 수행하게 된다는 점이다(한국관광연구원, 1998 : 49).

여행정보는 여행관련 조직구성원의 욕구를 유발시키고 직무만족을 이루게 함으로써 조직의 활성화에 기여하며, 또한 여행관련산업의 경영합리화와 관광지 및 지역경제 활성화를 도모하는 등의 기능 역시 수행하는 바 이를 여행정보의 부차적 기능이라고 할 수 있다.

(2) 여행정보의 분류

여행정보에는 지향정보(direct information)와 비지향정보(non-direct information)가 있다. 지향정보는 스폰서가 여행자들을 위해 의도적으로 메시지들을 구성하는 것이다. 예컨대 해설, 인적 안내, 안내책자, 여행지도책자, 여행클럽, 여행상담, 기타 많은 서식들을 포함하는 여행자 지향적인 자료이다.

비지향정보는 메시지가 의도적으로 제작된 것이 아닌 순수한 정보(주장건, 1992 : 16)를 말한다. 가장 중요한 비지향적인 정보원(情報源)은 친지이며, 일반적인 인쇄물 즉 시나 산문, 기행문, 그리고 잡지기사는 생생한 장소묘사나 낭갈적인 감정을 자아내게 하는 표현을 하기 때문에 여행자들의 의사결정에 커다란 영향력으로 작용한다.

학교에서는 청소년들에게 지리, 정치, 역사, 음악, 미술 등의 서적을 통해 정보를 제공하며, TV연속극 등도 비지향정보 제공의 원천이 될 수 있다.

김천중은 여행정보를 경로에 따라 ① 구전정보, ② 인쇄정보, ③ 매체정보, ④ 전산정보 등으로 구분하고 있으며(김천중, 1997 : 40~41), 야스마는 여행정보를 ① 여행의욕을 일으키는 정보, ② 여행자 행동에 연결시키는 정보, ③ 역내(관내)서비스에 관한 정보, ④ 빈도를 높이기 위한 정보 등으로 분류하고 있다(安間一勇, 1976 : 7). 이를 표로 제시하면 〈표 9-1〉과 같다. 한편, 아히류는 여행주체의 행동 경과에 따라 7개 차원으로 분류하였는데 이는 〈표 9-2〉에 자세히 나와 있다.

| 표 9-1 | 여행정보의 종류와 내용 및 대책

정보의 종류	내 용	대 책
여행의욕을 일으키게 하는 정보	여행의 잠재수요를 현재화(顯在化)시켜 수요환기를 위한 여행정보	• 관광에의 제안 • 관광이 아닌 여행 • 기존 개념이 아닌 관광 • 관광의 깊이를 증대시키는 문화 • 새로운 미각을 생각하는 여행 • 정신수양 · 수행을 위한 여행
여행자 행동에 연결시키는 정보	여행자가 의사결정을 하기 위한 정보	• 관광지의 매력 소구점 • 어떤 때가 방문 적기인가 • 무엇을 체험할 수 있는가 • 관광지의 슬로건
여행지 서비스에 관한 정보	시설안내 · 영업안내 등의 착지(着地)여행정보	• 리플렛 • 안내서 • 팸플릿 • 부로셔 • 인적정보 • 서비스메뉴얼
여행빈도를 높이기 위한 정보	재방문을 유도하기 위한 정보	• 계절마다의 행사안내 • 비수기의 서비스 혜택정보 • 새로운 교통 숙박정보

자료 : 安間一勇, 觀光情報の課題と対応策, 月刊觀光, 通巻 64号, 日本觀光協会, 1976, 8~9쪽을 참고하여 재구성.

| 표 9-2 | 여행주체의 행동경과와 그에 수반된 정보

행동결과	단계	구분				
행동결과	I	여행(욕구)의 이미지	동기형성 요인	주체별 욕구(Why)	집단화	비고
			텔레비전, 라디오, 신문, 잡지, 전화서비스, 여행기, 안내서, 팸플릿, 전단, 포스터, 문예, 사진전, 친구·지인·가족의 이야기 친구·지인·가족의 권유	• 자원(정, 유적 등)을 보고싶다 • 축제를 보고 싶다 • 주파하고 싶다 (--일주, --횡단) • 골프, 스포츠를 즐기고 싶다 • 산에 오르고 싶다 • 바다에 가고 싶다 • 민족연구를 하고 싶다 • 자신을 단련하고 싶다 • 방랑하고 싶다 • 수수께끼에 만나고 싶다 • 나도 모르게	• 혼자서 • 두사람으로(남, 여) • 소, 중, 대 집단으로	
	II	여행계획	기초적 정보 (Where, What)	일상정보 (When, Which)	상황정보	활동내용 정보(How)
			• 배경 – 위치 – 자연환경 – 사회환경 – 역사 • 事象 – 위치(장소) – 자원 – 숙박시설 – 관광시설 정적 정보	• 도달수단, 요금 자동차, 선박, 전차, 자전거, 비행기, 도보 • 루트(경로) 유적순회, 절순회, ××일주 등 • 시간 출발, 소요, 도달, 환승 등 정적 정보	• 혼잡정보 도달수단, 관광대상 • 기상정보 • 사고 • 헤프닝 • 교통통제 • 문란 등 동적 정보	• 기초정보를 보다 고밀도화 • 상세화한 것 동·정적 정보
	III	행동하기 위한수배 (예약)	기초조건의 수배 (일상생활정보)	일정수배 (비일상생활정보)		
			• 돈의 수배 • 휴가(시간)의 수배	• 예약할 수 있는 것 (정원, 공간, 수용력, 제한이 있는 것) 교통수단의 예약 숙박시설의 예약 놀이의 예약(활동시설) 정보공급 –수배자(정보공급자) –장소 –시간(취급) –시스템	• 동행자의 수배 – 일정, 의상 • 휴대물 수배 의복 우구(雨具) 돈 – 생활기초 재봉용구 등 세면도구 보건약 여행기, 수첩, 사진기, 테이프레코더,	

			창구, 출두, 전화, 우편 등 지불방법	스케치북 등 – 기록 트럽프, 잡지 등 안내서 – 놀이 시각표, 지도 등 – 정보수집 정적정보	
Ⅳ	이동	이동공간정보 (이동을 즐겁게 함)	과소지(過疎地)정보 (이동 포함)		
		• 교통기관의 메커니즘 초고속 열차, 증기기관열차, 정보여객기 등 • 교통기관의 속도, 고도, 규모, 형태 등 • 식당의 유무, 전화, 침대, 의료 등	• 지명, 지형 보이는 것의 명칭, 정설, 옛이름 • 가도명, 노선명 • 풍속, 관습, 특산물(공물), 먹거리, 명물 등 • 주유소, 드라이브인, 모텔 등	• 혼잡정도 • 기상정보 • 사고, 헤프닝 정보 등	
Ⅴ	목적지	• 현지정보(기후, 환율, 시차 등) • 오락정보 • 쇼핑정보 • 스포츠정보 • 뒷골목정보 • 구전정보 • 선택관광정보 • 혼잡정보, 사고, 헤프닝 정보 등			
Ⅵ	이동	Ⅳ와 동일			
Ⅶ	귀착	정보정리	기타		
		• 앨범만들기 • 기행문 • 팸플릿, 스탬프철 등 자료정리 • 인사장 등	• 타인에의 보고, 여행담 • 토산품의 배포 • 정신, 체력의 회복 등		

자료 : 阿比留勝利, 観光行動と情報, 月刊観光, 第63号, 日本観光協会, 1976, 20쪽.

(3) 여행업의 정보화 · 뉴미디어 전략

우리나라가 고도 · 정보화 사회에 진입하는 것은 명약관화하다. 최근 눈부신 기술혁신에 위해 기술체제(하드)는 어느 정도 갖추어지고 있다. 금후에는 어떻게 이 미디어를 사용하여 효율적인 정보를 소비자에게 제공하느냐가 여행사에게 부과된 과제이며, 시급히 하드에서 소프트에의 전환을 시도하지 않으면 안 된다. 즉 항상 새로운 정보, 고객의 욕구에 맞는 정보제공 없이는 여행사의 존립기반은 흔들릴 수밖에 없다.

뉴미디어는 종래의 미디어와는 달리 일방적 미디어가 아니라 정보를 받는 측에 주도권이 있다는 특징을 갖는다. 그러므로 여행업의 본질인 정보와 서비스에 온 힘을 쏟아 붓지 않으면 안 된다(戸谷克春, 1987 : 16).

한국의 여행업계도 항공사의 TOPAS(Total Of Passenger Advice System)나 ABACUS 및 갈릴레오(GALILEO)의 도입으로 각 여행사에는 단말기(CRT: Cathode Ray Tube)를 이용하여 이 시스템에 입력되어 있는 각종 여행정보를 제공하고 있으며(대한항공교육원, 1985 : 3~5), 철도청에 의한 열차표 전산발매시스템을 운용 중에 있으나, 아직도 그 기능은 초보적 수준에 머물러 있다(정찬종, 1986 : 394).

현재 일컬어지고 있는 뉴미디어에는 ① 방송계(TV, 음성다중방송, 정지화방송, 팩시밀리방송, 위성통신 등), ② 비방송계(VRS : 화상응답시스템, CATV : 유선텔레비전방송, TV회의시스템), ③ 패키지계(가정용 VTR, 비디오디스크, CD: 컴팩트 디스크) 등을 말하며, 장래에는 가상공간에서의 정보제공도 현실화될 것이다.

(가) 여행사 부가가치 통신망(VAN: Valued Add Network)의 구축

여행업계에 있어서 자사의 온라인 시스템을 가진 대형여행사와 자사 시스템을 가지고 있지 않은 여행사와의 사이에는 꽤 정보격차가 존재한다. 이러한 격차를 해소하기 위해서는 각종 VAN의 구축과 다종다양한 각종 데이터베이스의 네트워크화에 의해 기업간 정보격차를 해소할 수 있다.

이러한 VAN의 구축을 통해 여행사간 협조는 물론이거니와 교통, 숙박, 보험, 금융 등 관련 이업종(異業種) 간의 연대에 의해 여행관련산업이라는 큰 견지에서의 대응을 모색하는 동시에 소비자에 대한 보다 격상된 서비스를 제공할 수 있게 된다.

2012년도 국민여행실태조사에 의하면 여행정보의 구득은 ① 가족 및 친지의 소개, ② 방문경험, ③ 인터넷, ④ 여행사 순으로 지난해와 유사했으나, 인터넷 여행정보에 있어서는 포털사이트가 압도적으로 주요한 채널로 자리 잡고 있으며, 다음으로 SNS가 2위로 상승했고, 여행사 사이트는 개별 관광지보다 낮은 5위를 기록했다는 것이다. 따라서 인터넷 환경에서 여행사 사이트가 일정과 가격의 확인을 위한 목적뿐만이 아니라 여행을 위한 정보원으로 상위에 올라, 호텔이나 항공사에서 직접 거래하는 것보다 여행사를 이용하는 것이 더 가치가 있다는 것을 소비자에게 인식시키는 것이 중요하다(김진섭, 2013.7.1.).

(나) 교통네트워크와의 협조

고도정보화사회에 있어서의 여행업계의 동향은 국내에 그치지 않고 국제간 네트워크화가 진전되어 정보수집도 세계적 규모로 전개될 것이다. 여행관련업계에서는 주로 항공사가 이를 주도하고 있는데 예컨대 매일 갱신되는 최신항공운임표, 운항일정, 렌터카나 호텔 및 콘서트의 예약과 안내, 패키지여행의 출발정보, 각종 여행목적지의 정보(환율, 날씨, 강우량, 시차 등)

가 순간적으로 취급되고 있다.

이와 같은 상황은 항공사의 직판체제의 강화·충실, 또한 국철의 민영화 추진 등 여행자에 대한 서비스 향상에 영향을 주고 있어 여행업무 서비스의 확충을 추진할 경향이 높은 실정이다. 이러한 상황에서 여행사가 취해야 할 것은 여행사 본래의 기능인 고객동원력, 상품기획력, 인적 서비스 등을 어떻게 활용하는가이며, 또한 시스템을 공동으로 구축하는 것이 필연적 과제라고 할 수 있다.

(다) 숙박기관과의 연계

숙박업에 있어서는 일부 대형호텔을 제외하고 네트워크가 정비되지 않은 곳이 많기 때문에 여행업계에 대한 기대도 클 것으로 판단된다. 따라서 여행정보의 제공과 예약서비스의 일체화를 도모하고 같은 여행산업으로서의 공존공영을 꾀하는 것이 중요하다.

(라) 인터넷에의 참여

현재 국내의 각 가정에는 컴퓨터를 거의 다 소유하고 있어 이들 컴퓨터에 인터넷을 연결시키면 엄청난 고객의 확보가 가능하다. 그러므로 인터넷 이용자들에 대한 정보시스템의 구축은 그 범용성에서 보아 시급히 해결해야 할 과제이다. 이와 같이 인터넷 시장이 급성장하고 있는 배경으로는 ① 인터넷 이용료의 인하, ② 인터넷 접속수단의 다양화, ③ 시장의 일치(대학생 등 젊은 층의 여행비중이 늘고 있음)에 기인하고 있다(계명전문대학, 1998 : 57).

3) 여행정보의 내용변화 추구

1960~70년대에는 여행업을 포함한 제3차 산업의 눈부신 성장과 고도성장에 수반된 국민소득의 증가, 여가시간의 증대 등 여행을 뒷받침할 여러 조건들이 갖추어지면서 여행수요도 비약적으로 발전하였다. 여행업계는 급증하는 여행자들을 수습하기 위해 종전의 수주생산 판매체제로는 감당할 수 없게 되자 상품의 사전 구매 등을 통해 대량생산 대량 판매체제를 갖추게 되었다.

특히 1980년대의 여행수요성장은 여행업계의 체질개선을 요구하게 된 바, 즉 시장세분화, 소품종대량판매방식에서 다품종소량판매방식으로의 전환, 다양화·개성화하는 고객에 대응할 수 있는 질 높은 정보나 상품제공을 하지 않으면 안 되게 되었다. 그러므로 금후의 여행정보형태도 양에서 질의 시대로 이행될 것임에 틀림없다. 특히 다음과 같은 여행지향을 요구할 것으로 예상된다.

| 표 9-3 | 고객지향과 여행정보

형 태	정 보 내 용
역사회귀 · 전통지향	경제가 저성장하고 사회가 성숙하고, 중 · 고년층이 증가하면 미래보다도 과거에 대한 관심이 증대된다.
생활체험지향	종래의 관광여행은 주마간산식 명소고적 유람이 주였으나, 금후에는 그 지역 사람들과의 교류와 생활체험을 추구하는 지향이 증가될 것이다.
쾌적성 지향	생활수준의 향상에 따라 여행자는 여행지에서도 같은 수준이나 그 이상의 쾌적성(경관, 분위기 등)을 추구하게 된다.
문화 · 교양지향	생애시간의 증가, 고학력화, 물재(物財)의 충족 등에 따라 여행에도 문화, 취미, 교양을 추구하는 사람들이 증가하고, 단순한 구경에서 자신의 흥미를 찾는 취미 · 교양형 여행이 증가한다.
건강 · 스포츠지향	건강에 대한 관심이 날로 증대되고 스포츠 · 레크리에이션으로 신체를 단련한다는 욕구가 여행에서도 강하게 부각되고 있다.
로맨틱 · 엑조틱지향	여행의 본질인 비일상적인 것, 색다른 세계를 추구하고자 하는 마음은 인간의 본성으로서 계속될 것이다. 또한 일상에서는 실현할 수 없는 것을 동경하는 로맨틱한 마음도 같은 맥락이다.

자료 : 戸谷克春, どんな観光情報を求めるか旅行会社の立場から, 月刊観光, 通巻 第244号, 日本観光協会, 1987, 19쪽.

이러한 여행정보도 여행자 측과 여행사 측에 따라 그 지향하는 정보가 다름을 알 수 있다. 스즈키는 여행자가 추구하는 정보를 ① 기본정보, ② 고지정보, ③ 제안정보로 구분하고 있는데(鈴木和平, 1998 : 10), 이를 정리하면 〈표 9-4〉와 같다.

| 표 9-4 | 스즈키의 정보 분류

정보의 종류	내 용
기본정보	이것만 알고 있으면 어떻게든 된다는 기본적 정보로 예컨대 연대, 성별, 목적, 수단, 계절, 시간, 장소 등을 선택하지 않을 공통정보
고지(告知)정보	보다 많이, 보다 상세하게, 보다 구체성이 있는 정보. 시의성도 중요함.
제안정보	눈에 띄는 곳, 단면(斷面)이 중요

한편, 여행사가 효율적인 정보제공을 위해 추구하는 여행정보를 상품에 따라 4종류로 구분하고 있는 바, 이를 정리하면 〈표 9-5〉와 같다.

| 표 9-5 | 여행정보의 추구내용

<table>
<tr><th colspan="2">상품의 종류</th><th colspan="2">중시해야 할 정보 내용</th></tr>
<tr><td rowspan="4">기획상품</td><td>개인형 세트 상품</td><td rowspan="2">① 영업으로서 성립하고 있는지, ② 계속적인지, ③ 안정된 품질을 고객에게 제공 가능한지</td><td>판매액(판매인원)이 팸플릿 작성비용이나 기타 모든 경비를 차감해도 충분한 채산성이 보장되는지(비용 : 효과)의 정보제공이 중요</td></tr>
<tr><td>개인형 숙박 소재상품</td><td>한 번 만들어진 상품이 계속적으로 판매 가능한지(계속성)의 정보제공이 중요</td></tr>
<tr><td>안내사 동행 상품</td><td colspan="2">이 상품의 내용이 고객에게 인지되어 팸플릿에 게재된 각 정보가 틀림없이 여행지에서 현실화되는지의 여부, 소위 안정적인 품질관리가 가능한지(품질관리)의 정보제공이 중요</td></tr>
<tr><td>단체 유닛 (unit)상품</td><td colspan="2">단체판매용 기획상품으로서 상품이 팔릴 수 있는(誘客) 차별화된 정보나 기획상품의 테마에 따른 각도에서 변화된 정보제공이 중요</td></tr>
</table>

자료 : 湯木俊明, 旅行会社が求める観光情報, 月刊観光, 通巻 第384号, 日本観光協会, 1998, pp.13~14.

9.2 여행업과 전산시스템

개인용 컴퓨터의 대량보급에 따라 최근에는 컴퓨터에 의한 운세풀이가 등장할 정도로 컴퓨터의 보급률 면에서는 가히 선진국 대열에 접어들고 있다. 일반적으로 생산부문을 가지고 있지 않은 여행업계로서는 사람의 노동에 의존하는 비율이 높다. 비교적 정형적인 업무라고 하는 오퍼레이션(operation)부문에 있어서도 설비투자는 작고, 소위 노동집약형 산업의 영역에 머물러 있다고 해야 할 것이다.

이와 같이 생산부문을 가지지 않고 기계도 없다는 것에서 탈 공업형 산업 또는 탈 공해형 산업이라고도 할 수 있을 것이다. 그러나 이를 뒤집어보면 근대화가 늦어지고 있는 증좌, 즉 정보를 전제로 하고 있는 장사이며, 컴퓨터를 구사하여 정보를 처리할 수 있는 지식집약형 산업으로 성장할 수 있는 소지가 있으면서도 실제로는 컴퓨터의 이용이 매우 늦은 업종이기도 하다.

여행사가 여행상품을 판매할 때 가장 중시되는 것은 방대한 양의 여행정보의 축적을 통해 어떤 정보라도 즉석에서 고객에게 제공할 수 있어야 한다는 것이다. 또한 제공한 상품에 대한

고객으로부터의 신뢰성을 확보하는 일이다. 이외에도 여행상품의 판매확대전략, 상품기획력, 부가가치가 가미된 상담력의 강화, 철저한 이익관리, 기업체질 강화 등 여러 부문의 노력이 요구된다. 이와 같은 노력을 극대화시키기 위한 업무전환방법은 여행업무의 전산시스템 구축으로 귀결된다(강정권, 1990, 8~9). 여행업에서 일반적으로 이용하고 있는 전산업무 항목은 다음과 같다(日本トラベル新聞社, 1990 : 30).

① 여행관련기관(principal)의 발권업무(숙박, 항공, 철도, 기획상품 등)
② 예약, 판매, 구매, 수배업무
③ 여정 등의 기획업무
④ 수입관리, 정산 등의 경리업무
⑤ 영업소간의 집계, 보고, 메시지 업무
⑥ 관광정보 데이터베이스(관광지, 도시정보)

일본의 대규모 여행사는 이 가운데 전체의 70% 정도가 ①의 업무에 집중되어 있으며, 기타 업무가 30%를 차지하고 있다고 보고하고 있다.

컴퓨터 비용은 직접비(기계사용료의 회선료), 고정간접비(노무경비, 감가상각비), 변동간접비(인건비, 기계소모품비)로 구성되며, 시스템 구축에는 많은 경비가 소요된다.

한국의 여행업계에 있어 전산시스템의 이용은 항공사나 철도청의 티켓발매가 주된 업무로 아직도 이 분야의 업무는 타 분야에 비해 상당히 뒤떨어진 상황이다. 이와 같이 컴퓨터의 이용이 낙후되어 있는 것은 ① 대부분 여행사가 아직도 영세성을 탈피하지 못하고 있고, ② 시스템을 개발하여 구축할 경우의 방대한 비용과 시간 및 노력, ③ 컴퓨터화에 투자한 비용과 효과 면에서의 불안 때문이다.

그러나 여행상품이라는 무형상품(정보)을 취급하고 있는 현실을 감안할 때 언제까지 미루고 있을 성질은 아니다. 그러므로 금후의 여행업은 규모의 대 · 소를 불문하고 ① 경영감각을 몸에 익힌 컴퓨터기술자의 확보, ② 소프트웨어의 개발 및 보수요원의 확보, ③ OA(office automation) 실무능력이 있는 인재의 확보 등이 필수적이라 하겠다.

9.3 여행정보시스템

9.3.1 여행정보시스템의 등장배경

산업사회에서 정보가 자산가치로 평가받는 정보사회로의 진전이 가속됨에 따라 정보자원이 정치 · 경제 · 사회의 각 분야에 걸쳐 결정적인 중요성을 지니면서 정보의 생산 · 유통 · 이용이 광범위하게 파급되어 가고 있다. 즉 기업경영의 주요 관심사가 정보의 관리에 옮겨지고 있어 그 어느 때보다 폭넓고 다양한 정보의 체계적인 수집 · 관리 · 이용이 필수적인 것으로 지적되고 있는 것이다.

여행정보시스템의 등장은 이와 같은 배경 하에서 등장한 새로운 경영도구라고 할 수 있으며, 여행정보시스템의 등장이 가능했던 이유는 다음의 세 가지로 나눌 수 있다.

첫째, 여행업의 경영활동이 지역적인 범위에서 전국적 · 세계적인 범위로 확산됨에 따라서 그만큼 여행정보의 확대와 정보수집의 어려움이 더해 가고 있기 때문이다.

둘째, 여행자의 계층이 확산되고 생활수준이 향상됨에 따라서 수많은 여행자의 욕구와 개성의 파악이 지속적으로 요청되는 이유와 셋째, 대량정보를 저장하고 관리할 수 있기 때문이다.

셋째, 여행관련기업의 정보시스템 추진, 여행업 경영환경의 변화와 여행욕구의 다양화, 통신기정보기술의 발달과 규제의 완화, 여행정코 효용성의 인식변화와 필요성 등을 들 수 있다. 즉 정보기술의 발달이 하루가 다르게 변하고 있으며, 관광객의 욕구가 무한히 증가하여 이에 적절하게 대처하는 수단으로 여행정보시스템의 필요성이 인식되었고, 이러한 필요에 의해 여행정보시스템이 등장된 것으로 볼 수 있다(이선희 · 박희석, 1995 : 76).

| 표 9-6 | 여행정보시스템의 등장배경

여행사 경영의 미시적 환경	여행사 경영의 거시적 환경
정보기술의 발달과 정보서비스의 다양화 정보화사회의 진전과 여행시장의 확대 통신기술의 발달과 규제의 완화 정보시스템 개발의 발전과 수요창출 능력 여행사 경영환경의 변화와 관광욕구의 다양화 여행관련기업의 정보시스템 추진	여행사의 정보활용기술의 발전 여행정보 효용성의 인식변화와 필요성 여행사의 경영비용 절감효과 인식 컴퓨터 통신기술의 발전에 의한 필요성 인식

자료 : 이선희, 여행업경영개론, 대왕사, 1996, 468쪽.

9.3.2 여행정보시스템의 개념

기업을 훌륭히 경영한다는 것은 미래를 경영한다는 것이며, 미래를 경영한다는 것은 정보를 관리한다는 것과 같다(M. Jr. Harper, 1961 : 1)는 경구에서 알 수 있듯이, 기업경영에서 정보관리의 중요성을 새삼스럽게 강조하지 않더라도 여행사경영에 있어서도 여행정보를 관리하여 이를 제공하는 일이야말로 미래의 여행사경영에 중대한 요소임에 틀림없다.

이러한 정보시스템은 어떤 목적의 의사결정을 위한 정보를 주로 제공하느냐에 따라 다양한 명칭으로 불리고 있다. 예를 들면, 일상생활의 유용한 정보를 수집하고 제공하기 위한 생활정보시스템, 군사정보시스템, 행정정보시스템 등 헤아릴 수 없을 정도인데, 그 가운데 여행에 관한 정보를 제공하는 시스템이 바로 여행정보시스템이다.

최병길은 여행에 관련된 의사결정을 하기 위해 필요로 하는 모든 정보를 어떻게 획득할 수 있는가에 관한 해답을 줄 수 있는 시스템이라고 정의하여 정보에 대한 수요자와 공급자를 명확한 구분하고 있다.

즉 수요자가 행하는 여행과 관련된 의사결정이란 언제, 어디서, 어떻게, 얼마 동안, 어디로 여행을 할 것인가에 관한 것이며, 이에 관한 해답을 주기 위해 필요로 하는 정보의 제공시스템은 여행수요자를 위한 여행정보시스템이라고 보아야 한다고 주장하고, 이에 반한 관광정책의 계획이나 수립시 그리고 여행분야의 전체산업이나 개발사업에서 행하는 여행과 관련된 의사결정시 필요로 하는 정보의 제공시스템은 기타 산업에서도 찾아볼 수 있는 똑같은 동기에 바탕을 두고 있는 여행자를 위한 여행정보시스템으로 불려야 한다는 논리를 펴고 있다.

여행정보시스템은 궁극적으로 ① 여행사의 경영자에게 적절한 정보의 제공, ② 신뢰성 있고 정확하며 편리한 정보제공, ③ 적시에 경제적인 정보의 제공, ④ 통합되고 일관성 있는 정보제공, ⑤ 급변하는 환경에 대한 충분한 탄력성과 변화성에 대처할 수 있고 그에 따라 안정적인 경영의 확보가 가능해진다는 이유에서 여행사의 경영자는 여행정보시스템을 여행사 경영에서의 합리적인 의사결정을 지원해 주는 것으로 인식하게 된다. 따라서 여행정보시스템은 여행사 경영의 의사결정지원 시스템이라고도 볼 수 있다(이선희, 앞의 책, 470).

이상의 정의를 고찰하여 여행정보시스템에 관한 정의를 도출하면 "여행정보시스템이란 여행사경영과 관련된 제반 정보의 관리를 통해 여행사경영의 합리적인 의사결정과 여행정보 이용자의 편의에 따라 적시에 제공하는 일련의 절차와 방법"이라고 할 수 있다.

9.3.3 여행정보시스템의 구성과 수립기준

먼저 수요자 측면에서 파악해 보자. 여행정보시스템의 구성요소로는 다음의 몇 가지를 포함해야 한다(최병길, 앞의 책, 158). 즉 ① 여행욕구를 충족시킬 수 있는 정보, ② 체재지와 여행지로의 연결에 필요한 정보, ③ 여행활동에 필요한 정보(숙박, 식음료 등), ④ 여행지에서의 여행활동 이외에 필요한 정보 등이 그것이다. 이는 다시 여러 개의 하위시스템(sub-system)으로 분류할 수 있고, 하위시스템은 또 다른 하위시스템으로 분류될 수 있다. 예를 들면, 하위시스템은 관광지 정보시스템, 교통정보시스템, 여행활동정보시스템 그리고 여행지에서의 기타 정보시스템으로 구성될 수도 있으며, 교통정보시스템은 다시 항공, 철도, 도로, 항만, 선박 등에 관련된 각각의 정보시스템으로 분류할 수 있다.

한편, 여행정보시스템을 공급자 측면에서 파악하면 여행정보시스템의 구성요소로 투입자료와 분석시스템, 산출정보 등 과정적 요소와, 정보생산자 정보활용자 등의 주체적 요소로 구분되며 이를 단순 모형화하면 다음과 같다.

그림 9-1 ⊙ 여행정보시스템

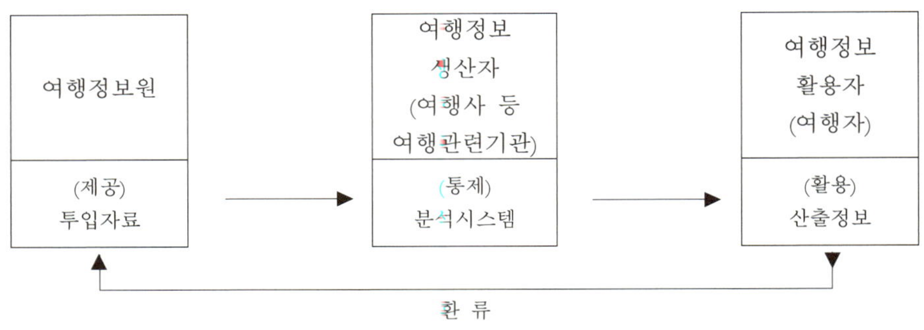

자료 : 교통개발연구원, 외국의 관광관련제도 및 관광산업에 관한 연구, 1991, 10쪽을 참고하여 재구성.

한편, 여행정보시스템의 수립기준은 다음과 같이 여러 가지로 설정하였는데(교통개발연구원, 앞의 논문, 10~11), 이를 소개하면 다음과 같다.

첫째, 최고 의사결정자의 지원을 받아야 한다. 이는 여행정보시스템의 필요성에 대한 인식을 실행으로 옮기는 데 필요한 인력과 재원의 확보를 의미하는 것으로 시스템의 효율성을 강조함과 동시에 운용조직의 체계적인 구조화를 가능하게 한다.

둘째, 합리적인 정보체계 운용목표가 설정되어야 한다. 운용주체의 인력, 재원능력과 현실적인 정보상황 및 조직의 목표가 설정되어야 한다. 운용주체의 인력, 재원능력과 현실적인 정보상황 및 조직의 목표가 합리적으로 고려되는 목표가 설정되어야 한다.

셋째, 여행정보는 단계적 장기적으로 수립되어야 한다. 여행정보시스템의 구축은 그 과정에 있어 여러 단계를 거칠 수밖에 없고, 또 기술적으로 단순한 처리를 통해서도 유용한 정보를 생산할 수 있는 경우가 많으므로 단계적으로 장기적으로 수립계획이 효과적이다.

넷째, 정보시스템은 사용자 지향적이어야 한다. 효율적인 운용과 운용목적에 맞도록 하기 위한 여행정보시스템 수립의 전제조건은 사용자의 정보항목 요구가 가능한 형태로 제공되어야 한다.

다섯째, 시스템운용자는 충분한 교육훈련을 받아야 한다. 정보시스템은 주변환경의 변화와 기술개발, 조직목표의 변화 등에 유동적으로 감응해야 하므로 시스템운용자는 정기적 · 부정기적인 관련교육을 필요로 한다.

여섯째, 적절한 자료를 적합한 형태로 투입해야 한다. 일정기준으로 통제하지 않을 경우 모집되는 자료는 규모가 방대해지고, 유용성의 측면에서 위협받게 된다. 따라서 운용단계에서 정보의 항목과 수준에 대한 계속적인 환류, 검색 과정이 필요하다.

9.3.4 여행사의 여행정보시스템 운용상황

여행사의 정보시스템은 대형 여행사가 자사의 네트워크를 활용하여 대리점들을 통합하여 운영하는 형태의 프랜차이즈(franchise) 형태의 시스템 개발을 필두로 하여 점차 소형 여행사들로 확산되고 있다.

여행사 정보시스템을 개발하여 이를 추진하고 있는 업체는 프로시스(Prosys)로서 동사는 "종합여행정보시스템"을 구축하여 군소 여행사에 자사제품을 판매하고 있다. 프로시스 시스템 안에는 ① 예약 · 상담 정보제공, ② 기획, ③ 관리부문과의 연계, ④ 타 시스템과의 연계, ⑤ 마케팅정보구축 등 5개 분야로 구성되어 있다. 이 시스템을 통해 손익정보, 재무정보, 경영정보, 행사정보, 영업정보, 인사정보를 얻을 수 있다.

이 프로그램은 현재 대한여행사를 비롯하여 수십 개의 여행사에서 이용되고 있다. 업무범위는 항공권판매관리, 인바운드관리, 아웃바운드관리, 고객관리, 회계관리, 인사 · 급여관리, 전세 · 배차관리, 부품관리, 국내관광관리 및 정기관광관리로 구분되어 있는데 이를 요약 · 정리하면 다음 〈표 9-7〉과 같다.

그림 9-2 ◎ 종합여행 정보시스템의 구성

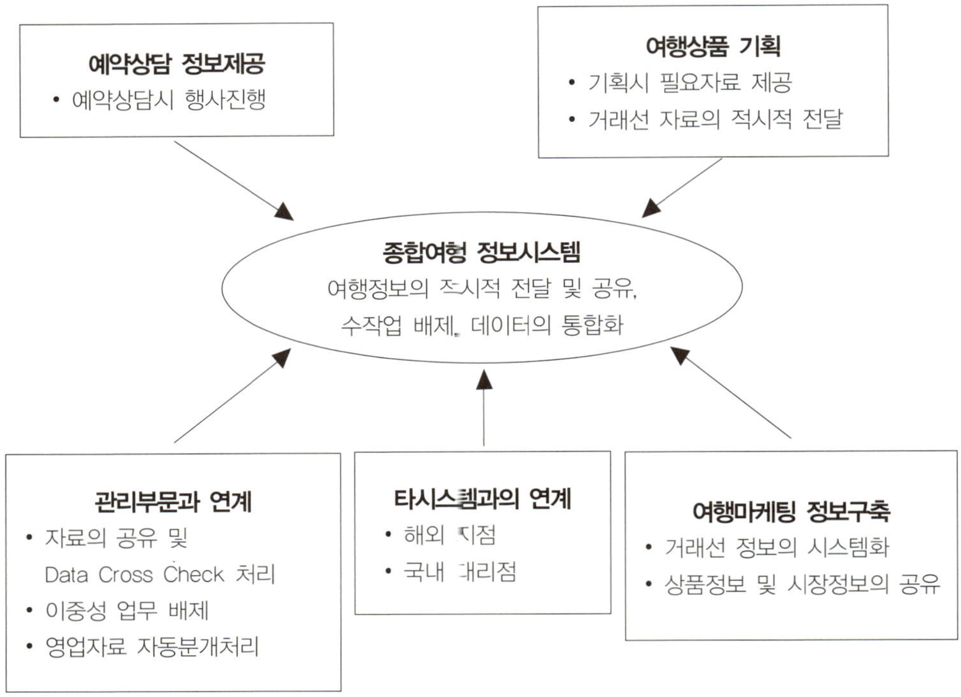

자료 : 프로시스, 종합여행정보구축 제안서, 1998, 3쪽.

| 표 9-7 | 여행사 업무범위별 관리

업무범위	하위시스템	내　역
항공권 발권	기초처리	거래처 내역처리, 항공사조회, 항공요금조회 등 16개 항목
	수불관리	지점별 수불처리 등 3개 항목
	발권	자동발권/수동발권, 항공사별 집계, 거래처별 집계 등 27개 항목
	미수관리	미수입금처리 등 12개 항목
	변동자료관리	환불접수처리 등 6개 항목
	항공수배관리	패키지출발일 처리 등 7개 항목
	자동분개	항공매표자동분개 확인목록, 항공매표자동분개 확인처리

국외여행 관리	기초처리	보험료내역 처리, 패키지출발일 처리 등 21개 항목
	패키지 기획관리	상품원가계산서처리 등 5개 항목
	패키지 기획처리	행사출발확정 처리 등 8개 항목
	인센티브 기획처리	상담내역 등록, 견적서 처리, T/C배정 처리 등 40개 항목
	예약관리	출발기간별 예약처리, 고객별 여권/비자처리, 출발기간별 초과예약 조회, 행사별 여행경비내역서, 예약확인서 등 47개 항목
	예산관리	정산목록처리, 예산수지조회 등 5개 항목
	정산관리	정산처리, 정산수지조회 등 6개 항목
	수속관리	개인여권접수처리, 여권진행상황처리, 출발기간별 여권수속조회 등 19개 항목
	정보관리	국가별정보내역처리, 여권진행상황처리, 지역별 옵션요금처리 등 16개
	실적관리	부서별판매실적연보, 행사별 지상비목록 등 8개 항목
고객관리	고객관리	취미·특기 테이블관리, 우편번호내역처리, 고객여행이용실적 조회 등 10개 항목
	DM관리	DM 스티커출력, DM봉투출력 등 5개 항목
회계관리	회계관리(1)	전표처리(입력), 경리일보, 총계정원장조회 등 28개 항목
	회계관리(2)	월별결산처리, 월계표출력, 지출결의회계처리 등 37개 항목
	기초처리	사용코드내역처리, 거래처내역처리, 총계원장출력 등 16개 항목
인사·급여 관리	인사정보	인사기본사항처리, 직원임용/퇴직처리, 부서별 직원명부 등 39개 항목
	기초자료	부서내역처리, 보험내역처리, 저축사항처리 등 12개 항목
	급여처리	급여변동기초처리, 급여총괄표, 의료보험공제명세서 등 14개 항목
	상여처리	상여변동기초처리, 새액신고자료 등 8개 항목
	정산처리	정산기본기초처리, 정산명세 내역처리, 근로소득원천징수 영수증 등 15개 항목
전세·배차 관리	마스터처리	차량마스터처리, 예약차량조회, 월별예약현황 등 22개 항목
	전세예약관리	전세예약처리, 예약차량조회, 월별예약현황 등 22개 항목
	통근관리	청구처리, 기간별 통근운행조회, 통근거래처별 운행종합현황 등 12개 항목
	배차처리	배차처리, 공차시간처리, 주행내역처리 등 20개 항목
	배차관리	공차시간 테이블, 결행내역목록, 수당내역조회 등 14개 항목
	실적관리	통근배차운행종합 조회, 기사별 가동률 조회 등 12개 항목
	차량관리	사고처리조회, 고장처리, 차량별연비현황 등 18개 항목

부품관리	마스터처리	파트테이블처리, 부품마스터 목록조회 등 7개 항목
	부품관리	부품발주의뢰처리, 부품스인조회, 부품출고조회 등 23개 항목
	정비관리	정비내역입력, 일일정비일지조회 등 5개 항목
	대체관리	엔진오일 주우 대상차량조회, 보링내역조회 등 8개 항목
	외주관리	외주내역처리 부품별 외주내역목록 등 9개 항목
국내여행 관리	마스터처리	거래처별 조회, 영업거래처처리, 간광지요금처리 등 29개 항목
	Agent관리	여행사입력, 여행사별 담당자입력, 국가별 DM목록 등 17개 항목
	지상비 및 여행조건서 처리	지상비 및 조건서 신규, 확정통보서 조회, 일별·지역별 판매현황, 일일 취소현황, 미확정단체종합조회 등 30개 항목
	청구서처리	기간별 청구서, 단체별 청구서, 여행사별 청구서 등 12개 항목
	수배처리	수배확정처리, 주간행사보고서, 차량배정현황, 업소배정현황 등 25개 항목
	정산처리	정산처리, 심사처리, 지역별·월별 실적현황조회 등 34개 항목
	입금처리	입금등록, 일일입금내역서, 지역별·기간별 판매명세서 등 10개 항목
	실적처리	지역별·월별 실적현황, 유형별 관광객유치현황 등 17개 항목
정기여행 관리	마스터처리	거래처별 조회, 부서별 담당자 목록, 국가약호 조회 등 1개 항목
	예약처리	행사예약처리, 상품예약명세서 등 4개 항목
	정산처리	정산처리, 기간별 정산내역 조회 안내수당조회 등 9개 항목

자료 : 프로시스, 종합여행정보시스템구축제안서, 1998에 의거 재구성.

9.3.5 주요 여행사 여행정보시스템 현황

최근 정보제공과 홍보차원을 넘어서 여행상품을 온라인으로 실시간 판매하는 여행사가 대세로 자리 잡고 있는 추세이다.

하나투어와 모두투어네트워크 등 대규모 드매여행사들의 인터넷 여행업에 대한 지속적인 투자로 인터넷을 통해 대리점과의 연계도 활발히 이루어지고 있다.

향후 온라인 여행업 내부의 경쟁은 물론, 오프라인 여행업과의 경쟁구도도 갈수록 첨예해지고 있어 온라인업체들도 각자의 전략을 더욱 강화하며 기반확보에 주력할 것으로 예상된다.

1) 하나투어

1996년 3월 설립된 하나투어는 설립초기부터 전산 인프라 구축에 집중적으로 투자하여 당시에는 획기적인 리얼타임 여행상품조회 및 예약 서비스를 제공하여 여행업계의 시스템 업그레이드를 주도하고 있다. 여행산업에 혁신적인 IT 시스템을 접목하여 생산성과 수익성을 높이고 시장지위를 지속적으로 확장해 오며 코스닥 시장의 대표주로 성장하고 있다.

2008년 여행업계 최초로 전사적 자원관리(ERP: Enterprise Resource Planning-기업활동을 위해 사용되는 기업 내의 모든 인적, 물적 자원을 효율적으로 관리하여 궁극적으로 기업의 경쟁력을 강화시켜 주는 역할을 하는 통합정보시스템)를 도입하여 운영하여 발전하고 있다.

2) 모두투어 네트워크

1989년 당시 해외여행의 불모지에서 모두투어는 국내 최초로 '여행상품도매업(Tour wholesale)'을 설립하여 20여 년간 국내 대표여행사로 자리매김해 온 국내 대표 여행기업이며, 1999년 2월 27일 자체전산업무 시스템 '모두웨어'를 구축하고, 2000년에는 세계여행정보 사이트인 '이글아이'를 구축하여 여행소매업체(Tour retailer)에 제공하였고, 2004년 12월에는 월간 Travel 매거진 'MODE'를 창간하여 여행정보의 체계화를 선도하고 있다.

3) 넥스투어

'자신만만 세계여행' 시리즈와 '여기가 좋다' 등 다양한 콘텐츠로 2000년 3월 오픈하여 실시간예약은 물론 40여개의 대형패키지여행사가 입점해 고객들은 인터넷상에서 주요 국내 · 외 여행상품 3,000여개를 검색 · 비교하고 구매할 수 있으며, 약 2만여 페이지에 달하는 여행정보를 통해 인터넷 여행백화점을 표방하고 있다.

4) 투어익스프레스

1999년 10월 (주)투어익스프레스 법인설립 후 2000년 2월 여행 토털예약 솔루션 '해모수'를 개발하여, 2000년 3월에 인터넷 서비스를 오픈하였고, 2006년 7월 (주)볼빅을 통해 우회 상장한 기업체 전문여행사 (주)비티앤아이(BT & I)(현, SM Culture & Contents)가 투어익스프레스의 지분 90%를 매입해 경영권 인수와 함께 국내 및 전 세계적으로 급속한 신장세를 보이고 있는 온라인 개인여행부문에 성공적으로 진출하게 되었다.

국내 최초로 개발한 '해모수'라는 실시간 항공검색 엔진을 통해 새로운 분야인 온라인여행 서비스를 제공하며, 여행업의 변화와 발전에 기여하였다.

9.3.6 여행정보와 여행관련기관

1) 여행관련기관의 이용

(1) 외국기관

여행정보를 효율적으로 이용하기 위한 하나의 방법으로 여행관련기관을 이용하는 방법이 있다. 그 대표적인 예가 세계관광기구 UNWTO(United Nation World Tourism Organization)나 세계여행업자연맹(UFTAA: Universal Ferderation of Travel Agents Association), 미주여행업협회(ASTA: American Society of Travel Agent), 아·태관광협회(PATA: Pacific Asia Travel Association) 등 여행관련기관과의 접촉을 통해 해당자료를 습득하는 일이다.

| 표 9-8 | 외국의 여행관련단체

관련기구별	연 혁	목 적	활 동
세계관광기구 (UNWTO)	1925년 설립 본부 : 마드리드	• 국제관광의 촉진 • 국제이동에 대한 장애의 배제 • 관광정보교환 및 출판물 교환의 촉진	• 관광사업의 진흥 • 관광개발 • 여행의 용이화 • 관광조사연구
세계경제협력개발기구 (OECD)	1961년 설립 본부 : 파리	• 회원국의 경제성장 도모 • 자유무역 확대 • 개발도상국 원조	• 관광진흥 정책연구 • 관광객 보호정책개발, 관광산업에 대한 국가 지원사업 • 전문가 특별회의개최
아시아·태평양 경제협력체(APEC)	1989년 설립 본부 : 캔버라	• 역내 관광발전을 저해하는 각종 제한조치 완화 환·경적으로 지속가능한 관광개발	• 토착관광 • 기업의 사회적 환경적 책임 • 문화관광 • 항공 연계성 • 책임관광(Responsible Tourism)의 실현
세계여행관광회의 (WTTC)	1990년 설립 본부 : 런던	• 관광 잠재력이 큰 지역에 대한 관광자료 제공 및 협력사업전개 • 세계관광정상회의(Global Travel and Tourism Council) 개최	• 관광산업과 관련된 모든 이슈 토의 • 관광산업에 대한 인식제고
세계여행업자협회 (WATA)	1949년 설립 본부 : 제네바	• 여행업의 건전한 진흥 및 육성 • 단결에 의한 강화	• 송객의 안정성보장 • 강력한 네트워크를 통한 서비스제공 • 공동광고에 의한 혜택부여

미주여행업협회 (ASTA)	1931년 설립 본부 : 워싱턴	• 여행업자의 결집 • 회원공통의 이익확보 • 상업도덕의 고양과 신용확보	• 워크숍 등 세계대회 개최 • 여행정보 월간지발행 • 여행시장조사
아·태관광협회 (PATA)	1951년 설립 본부 : 방콕	• 아시아·태평양 전역의 관광산업발전 및 촉진 조장 • 태평양지역의 외래객 특히 미국인유치를 위한 공동선전의 실시	• 공동광고 • 시장조사 • 회원에 대한 기술원조 • 여행정보제공을 위한 월간지 발행
SKAL(Sundhet, Karlek, Aiderdom, Lycka)	1934년 설립 본부 : 토레몰리노스	• 관광업계 중진들의 친선모임 • 건강, 우정, 장수, 행복이 주제	• 관광관련 포럼 개최 • ECO Tourism Award 주관
ICCA	1963년 설립 본부 : 암스테르담	• 국제회의와 관련한 각종 정보를 수집·분석	• 국제회의산업분야 책자 발간 • 국제회의 유치 및 운영 관련 문프로그램 실시

자료 : 정찬종, 여행사경영원론, 백산출판사, 1998, 401~405쪽을 토대로 재구성.

(2) 국내기관

여행관련 국내기관으로는 관광의 주무부처인 문화체육관광부, 여권을 발행해주는 외교부, 내·외국인의 출입국을 심사하는 법무부 등 여러 기관이 있으며, 한국관광공사를 비롯하여 한국관광협회중앙회, 한국여행업협회, 한국관광학회 등이 있으며, 이들 관련단체를 표로 정리하면 다음과 같다.

| 표 9-9 | 국내의 여행관련기관

관련기관명	내 용	
문화체육관광부	• 관광자원의 지정관리 • 관광정책수립 및 집행 • 관광사업의 인·허가 및 지도 • 각종 스포츠업무 • 관광진흥개발기금의 조성	• 국가 전반에 관한 관광홍보업무 • 국외관광선전 • 한국관광공사 및 한국관광연구원의 지도·감독 • 관광교육원의 허가
외교부	• 여권발급 • 각국과의 문화교류 및 대외교섭	• 외교관계수립 • 사증협정의 체결
국토교통부	• 관광자원의 조사·개발 • 국토건설종합계획의 입안 • 관광기반시설의 계획·관리	• 항공협정의 체결 • 도시계획

행정안전부	• 시·도 관광관련부서의 지도감독 • 여행자의 치안유지	• 자연보호
기획재정부	• 여행자통관업무 • 금융업무	• 외국환관리 • 관광진흥자금의 지원
법무부	• 여행자의 출입국관리 • 출입국관리제도의 연구	• 외국인의 국내체류자격심사
교육부	• 학생의 수학여행관장 • 청소년관계업무	• 관광과 학생의 산학실습주도
산업통상자원부	• 관광쇼핑업무 • 관광토산품의 개발	• 국제박람회업무 • 관광기자재(용품)의 수출입업무
환경부	• 국·도립공원의 지정과 승인 및 국립공원이 지도·감독 등에 관한 사항	
보건복지부	• 관광업소의 위생관리	
해양수산부	• 크루즈관광 활성화	• 해양관광개발
각 시·도 관광국(과)	• 관광사업의 인·허가 및 교육·지도 • 관광교육기관의 지정	• 관광교육계획의 수립

| 표 9-10 | 국내의 여행관련단체

단체명	설립연도	사업내용
한국관광공사(KTO)	1962	• 해외시장 개척 • MICE 유치 • 지원/국제협력 • 지자체 및 업계협력/이벤트 관광상품 개발 • 관광 수용태세 개선/남북관광교류 촉진 • 관광안내 • 관광정보 서비스 • 글로벌 통합형 관광컨설팅 지원 • 관광개발 분야에 대한 투자유치 활동 • 관광전문인력 양성 • 판매사업 관리
한국문화관광연구원(KCTI)	1995	• 기본연구사업 • 수탁연구사업 • 관광지식정보시스템 운영 • 지역문화관광포럼 사업 • 계간 『한국관광정책』 발간 사업 • 관광아카데미 교육사업 • 국제협력사업 • 연구지원 사업

한국관광협회중앙회 (KTA)	1963	• 회원지원사업 • 관광진흥사업 • 수익시업 • 홍보활동사업
한국여행업협회 (KATA)	1991	• 여행업무 개선 조사연구 홍보활동의 전개 • 건전여행발전
한국관광호텔업협회 (KHA)	1996	• 인천국제공항 호텔종합안내소 운영 • 호텔업 등급심사 및 등급결정 • 관광진흥개발기금 운영자금 융자업체 선정 • 관광진흥유공자 추천
한국 MICE협회	2003	• MICE업계전반의 의견을 종합 조정 • 국제회의 전문 인력의 교육 및 수급 • MICE 전문 인력 양성 • 지역활성화 교육 지원 • 지역얼라이언스별 맞춤형 컨벤션 특화교육 • 선진 컨벤션/박람회 참관지원, 영프로페셔널 육성 및 해외파견 지원 • 해외로드쇼 참가지원
한국 PCO협회	2007	• 국제회의기획업 홍보책자발간 • 국제회의기획업 종사자 경력관리 시스템 개발 • PCO 및 MICE 기획자 스킬업 코스 교육 프로그램 진행 • 컨벤션 운영사례 공모전 등 국제회의기획업 홍보와 산학연계 인턴십 활성화 사업
한국관광학회	1972	• 관광분야의 연구조사 및 관광진단 • 세미나 등 학술발표회의 개최
한국유스호스텔연맹	1960	• 유스호스텔운동의 전개 • 페어런트의 양성 및 지도 • 건전한 청소년 육성책의 강구 • 국제선전 및 문화교류활동
한국수학여행협회	1972	• 수학여행에 관한 개혁방안연구 • 수학여행에 관한 요망사항의 처리 • 각급학교의 수학여행의 자문과 여행알선
한국호텔전문경영인협회	1973	• 지배인상호간의 친목도모와 권익증진 • 관광호텔경영연구와 정보교황 • 관광호텔의 경영발전을 위한 조사연구
인디언클럽	1961	• 회원상호간 정보교환 및 친목도모 • 회원의 자질향상 • 건실한 후배 양성
한국관광전문인회	1989	• 학술개발 • 산·관·학 간의 필요한 자료교환 및 정보교환 • 관광업계에 대한 봉사활동의 수행

한국여성관광인클럽	1985	• 회원의 자질향상을 위한 교육 및 세미나 개최 • 국제친선문화교류 및 정보교환 • 국제관광여성인연맹과의 유대강화
전국관광노동조합연맹	1970	• 건전한 민주노동운동의 활성화 • 조합원의 경제적·사회적 지위향상 • 사회정의와 산업민주화의 구현

자료 : 한국관광개발연구원, 한국관광연감, 1998 및 각종자료를 토대로 재구성.

9.4 온라인시대와 여행업

9.4.1 여행사 경영환경의 변화

'www.', '.com', '.co.kr' 등 요즘 들어 길거리나 지하철 · TV · 라디오 등 광고매체를 통해 흔히 보거나 들을 수 있는 단어들이다. 불과 십 수 년 전만 해도 보기 힘들던 단어들이 요사이 부쩍 늘었다. 이제 인터넷이 우리 세상의 일부분으로 자리잡고 있음을 증명하는 것이다.

여행업계도 예외는 아니다. 많은 사이버 여행사가 생기고 기존의 여행사들도 서둘러 홈페이지를 제작하거나 사이버 여행사로의 교체를 서두르고 있다. 항공사 역시 인터넷으로 관심을 돌리고 투자를 아끼지 않고 있다(한신월드트어, 신동주 차장).

특히, 인터넷을 통해 기존의 공급망과 유통 · 판매망이 온라인화 되면서 생산자와 소비자를 직접 연결하는 전자상거래는 금세기 최대의 유통혁명으로 불리고 있는 것이다. 또한 생산자와 소비자가 직접 연결되어 중간유통이 사라지게 되면, 생산물을 소비자에게 전달해주는 물류시스템이 발전해야 하므로, 대기업들은 많은 자본을 들여 물류시스템의 구축에 많은 투자와 노력을 기울이고 있는 것이다.

전화를 통한 상담과 예약은 홈페이지를 통한 정보제공 및 예약 기능의 제공으로 변화하고 있다. 수익구조의 변화에는 온라인을 통한 항공사 직판 증가와 사이버 시장의 신규 진입을 위한 가격 경쟁심화 그리고 항공사의 항공권 수수료 인하 및 고객의 빠른 상품가격 검색 및 비교가 가능해 저가경쟁이 유도되고 있다.

비용감소 요인으로는 상담인력 감축, 업무전산화 기술발달로 인한 인건비 감소, 고객과의 커뮤니케이션 도구 다양화로 인해 비용절감, 내부관리용 소프트웨어 발달로 업무가 단축되고 있다.

비용증가 요인으로는 기존의 고정비 외에 신규로 통신비, 전산도입 및 유지비용이 발생되며 기존 홍보비 이외에 사이트홍보, 유지 인력 및 비용이 발생하고 있다.

이러한 변화 이외에도 여행시장의 급격한 변화로 사업계획의 수립에 있어 난항을 겪고 있으며 타 업종의 여행사업 진출로 경쟁이 심화되고, 타 업종과의 제휴용이 및 신규수익 모델이 생성되고 있는 바, 이를 요약하면 다음과 같다.

첫째, 여행상품의 유통채널이 다양해진다. 즉 유통구조의 변화를 가져오고 있다. 이러한 상황은 기존의 여행사 입장에서는 매우 곤혹스러운 것이지만 이미 현실로 구체화되고 있어 이를 수용하고 적극 대처할 수 있어야만 살아남을 수 있다. 과거에는 여정작성이나 항공권의 발권이 여행분야 전문가에 의해서만 가능했지만 이제는 인터넷상에서 고객이 Booking Engine을 통하여 직접 그 과정을 수행할 수 있다. 따라서 누구라도 Booking Engine을 장착한 홈페이지를 운영하면 실제로, 이전에는 여행사의 고유업무였던 항공상품의 예약 및 판매가 가능해졌다.

둘째, 네티즌 여행자가 변하고 있다. 아직까지도 많은 여행업계 관계자들은 여행분야에서의 인터넷을 통한 판매에 크게 우려하지 않고 있는 분위기를 보이고 있다. 이는 인터넷을 통한 여행상품의 거래가 매우 미미하기 때문이라고 할 수 있으나, 이러한 상황은 인터넷 사용계층의 변화에 따라 빠르게 변화할 것이다. 이제 네티즌의 범위는 놀라운 속도로 확대되고 있으며, 이들은 엄청난 구매력을 가진 집단으로서, 여행시장을 폭발적으로 변화시킬 잠재력을 가지고 있다. 이들이 아직 여행시장에서 돌풍을 일으키지 못하는 이유는 그들이 인터넷을 통해 여행상품을 구매하는 데 있어 특별한 매력을 못 느끼기 때문이다.

셋째, 정보주도권이 변하고 있다. 과거에는 여행관련 정보는 거의 대부분 여행사 직원들에 의해 독점되고 공급되었다. 고객은 여행사 직원 이외의 다른 사람이나 매체를 통해서는 여행정보를 상당히 제한적으로만 접할 수 있었다. 그러나 이제는 사정이 달라졌다. 기존의 오프라인 분야에서는 정보의 독점이 힘의 원천이 됐으나 인터넷 환경은 정보의 공개가 힘의 원천이 됨으로써 어느 분야보다도 많고 다양한 정보를 실시간으로 필요로 하는 여행자들에게 이러한 정보공개의 특성을 근간으로 하는 인터넷 환경이 매우 유리하게 작용하고 있다. 따라서 많은 유관기관 - 각국의 관광청, 기관, 여행사, 개인, 항공사, 호텔 - 등이 경쟁적으로 정보를 제공하고 있다. 이에 따라 네티즌들은 자신이 여행하고자 하는 목적지의 일반적인 정보에서부터 주요 관광코스, 쇼핑, 식당, 교통편 등에 관한 정보에 이르기까지 매우 자세한 정보를 수집할 수 있게 되었다. 여기에 덧붙여 각종 여행체험 사이트를 통하여 구체적인 여행 경험담까지 수집할 수 있게 되어 정보의 폭이나 깊이에 있어 여행사 직원 못지않은, 오히려 그보다 더욱 강화된 정보로 무장하고 있어 여행사 직원이 상대하기에 매우 어려운 상대로 변하고 있다. 즉 정보와 관련하여 여행사 직원이 고객들에게 행사할 수 있는 영향력이 거의 없어지게 된 것이다.

넷째, 여행업계의 마케팅 전략이 변화하고 있다. 최근 여행업계에서 새로운 마케팅 전략으로 채택하고 있는 것은 회원화 전략, E-mail 마케팅 전략, 표적(target)마케팅, 제휴 전략, 전문화 전략, 차별화 전략, 선점 전략, 자본공모 전략 등이 있다. 이들 전략들은 이미 많이 노출되어 있고 여행분야 이외의 다른 분야에서도 폭넓게 시도되어 많은 효과를 거두고 있다.

여행업계도 조만간 인터넷 환경에서 일반적으로 시행되는 이러한 마케팅 기법을 보다 산업에 적합한 방식으로 특화하여 적용하면 보다 높은 효과를 발휘할 수 있을 것이다. 이미 몇 개의 사이버 전문 여행사들이 여행상품에 적합한 방식으로 위와 같은 전략들을 부분적으로 수정해가며 적용하여 높은 효과를 산출히 내고 있다.

이와 함께 최근 인터넷 여행업계에 확산되그 있는 또 다른 흐름은 여행분야와 비여행분야 간의 제휴이다. 지난해 11월 탄생한 마이비즈(MyBiz)는 여행, 증권, 신용카드, 보험, 전자, 컴퓨터 등의 분야에서 업계 최우수 업체들만 도여 구성한 공동 마케팅 사이트로서 여행과 비여행 분야가 제휴한 모델이다.

9.4.2 온라인상에서의 여행사 경영전략

인터넷상에서의 경영전략은 지금까지의 현실세계에서의 경영전략과는 달리 고려해야 할 사항들이 있다. 사이버여행업의 경영전략은 가격보다도 현실감 있는 경험과 새로운 정보에 치중해야만 한다. 인터넷의 유통구조상 가격경쟁은 그 한계가 있다.

경영전략은 저렴한 가격에만 맞추다 보면 소비자들은 결국 가장 저렴하게 상품을 구입할 수 있는 최종공급자에게 몰리게 된다. 중간자 입장에서 여행을 알선하는 여행사로서는 저가정책은 제살 깎아내기에 그치기 십상이며 또한 소비자들을 최종공급자에게 연결시키는 결과를 초래하게 된다. 정확하고 다양하며 새로운 정보와 고객의 경험을 제공함으로써 소비자에게 신뢰감을 얻는 경영전략이 필요하다.

기존의 마케팅이 다양한 대중에게 공통된 정보를 제공하는 대중마케팅 중심이었다면, 인터넷마케팅은 개개인의 기호와 관심사 등 개인정보를 바탕으로 한 개별화마케팅 중심으로 변화되고 있다(한신월드투어 신동주 차장).

여행업의 경우, 인터넷을 통한 전자상거래를 여행정보, 여행상품 또는 숙박시설이나 렌터카, 환율 등의 다양한 정보 및 상품을 완성된 여행콘텐츠로 개발하고 나면, 개별적인 상담 없이도 고객의 욕구를 만족시킬 수 있고, 더구나 일반재화처럼 물류나 상품배달을 고민하지 않아도 되기 때문에, 전자상거래에 가장 잘 어울리는 상업 중 하나이다.

특히 한 번 인지도만 확보되면 광고나 홍보 등 마케팅에 많은 비용을 지불하지도 않아도 되기 때문에, 상품생산 원가를 낮출 수 있다. 따라서 여행도매업 즉 패키지상품을 판매하는 경우 인터넷은 새로운 마케팅 전략으로 필수 불가결한 것이라고 판단된다(이태형 싱가포르항공 상무).

인터넷 시대 중소여행업체의 경영전략은 크게 다음과 같은 6가지로 요약할 수 있다. ① 틈새시장활성화, ② 공동 모집, ③ 공동정산 등을 통한 연합브랜드, ④ 전문대리점 전환, ⑤ B to B 사이트의 적극적인 활용, ⑥ 중소규모의 닷컴 기업과의 제휴모색 등을 꼽을 수 있다.

이와 더불어 여행정보의 신뢰성, 여행정보 검색의 용이성, 여행상품의 질에 대한 보증 등 소비자 지향적인 마케팅을 해야 할 것이다. 따라서 전자우편을 통한 지속적인 판촉활동을 실시하거나, 인터넷관련업체와 제휴해서 구매고객에게 보너스점수를 부여하는 마일리지제도를 실시하고, 홈페이지 첫 방문고객에게 가격을 할인해 주거나, 고가품 구매시 저가상품을 사은품으로 제공하는 활동 등을 통하여 단골고객을 확보하고, 각종 인센티브를 부여하여 사용자의 친숙도 제고와 재방문 유도를 통한 고객이탈을 방지해야 한다.

또한 소비자의 구매행동 이해를 바탕으로 홈페이지 및 고객관계마케팅(CRM: Customer Relation Marketing) 구축과 고객관리를 해야 할 것이다. 또한 세분시장별 고객의 DB를 구축하여 목표시장에 대한 할인혜택, 마일리지나 적립금 같은 인센티브를 부여함과 동시에 철저한 온라인 서비스 관리를 통해 이용자 만족을 증대해야 할 것이다.

9.4.3 CRS에서 GDS로의 진화

인터넷의 진화에 따라 소비자들은 여행사를 통하여 여행을 예약하는 것이 아니라 인터넷을 경유하여 현지업체에 직접 예약하는 경우가 점점 늘어나고 있으며, 또한 항공사가 항공연합(alliance)을 만들어 공동운항(code share)편이나 마일리지 서비스의 상호탑승을 허용함으로써 결과적으로 항공사들은 독자의 CRS를 보유하는 것이 아니라 중요한 GDS에 항공좌석의 재고관리 · 예약시스템을 맡기려는 움직임이 빨라지고 있다. 특히 세이버(SABRE), 갈릴레오(Galileo), 아마데우스(Amadeus), 월드스팬(Worldspan)의 4개의 GDS에 집약되어 나가는 추세이다.

| 표 9-11 | 중요 GDS

회사명	내용
세이버(SABRE)	1963년 아메리칸항공이 도입한 CRS로서 1986년 별도회사화하여 현재는 SABRE Inc에 의해 운영되고 있다. 현재 400개 항공사, 88,000사의 호텔, 24개 렌터카회사와 접속하여 55,000개 여행사에서 이용하고 있다.
갈릴레오(Galileo)	1971년 유나이티드항공에 의해 도입한 CRS인 아폴로는 1987년 별도회사화되었으나 현재는 Galileo International Inc에 의해 운영되고 있다.
아마데우스(Amadeus)	1987년 Air France, 루프트한자, 스칸디나비아항공, 이베리아항공의 출자로 설립되었다. 현재 47개의 항공사, 290개의 호텔체인, 235,000개의 호텔, 35사의 렌터카, 90개의 철도회사가 이용하고 있다.
월드스팬(World span)	1990년 델타항공, 노스웨스트항공, 트랜스월드항공의 CRS를 통합한 GDS로서 시작하였다. 더욱이 월드스팬의 친회사는 갈릴레오와 마찬가지로 Travelport이다.

이 외에도 액세스(Axess), 인피니(Infini), 아바쿠스(Abacus), 트래블스카이(TravelSky) 등이 있다.

9.4.4 소셜 네트워크 서비스(SNS: Social Network Service)

SNS는 온라인상에서 불특정 타인과 관계를 맺을 수 있는 서비스로서 불특정 타인과의 관계를 이용하여 많은 기업이 홍보에 활용되고 있다. 기존의 원정형(遠征型)마케팅이 아닌 유인형(誘引型)마케팅으로서 기업이 전파한 내용을 다른 사람이 재전파해 준다는 게 특징이다. SNS는 20~30대를 주축으로 한 젊은이들을 표적으로 하여 효과적으로 판촉을 할 수 있다는 장점이 있다. 근대에 들어와 트위터, 페이스북, 라인, 미투데이와 같은 소셜 네트워크 서비스(Social Network Services/Sites, SNS)가 젊은 층을 중심으로 사회적, 학문적으로 관심의 대상으로 급부상하고 있다. SNS는 ① 신상 정보의 공개, ② 관계망의 구축과 공개, ③ 의견이나 정보의 게시, ④ 모바일 지원 등의 기능을 가지고 있기 때문에 이용자는 SNS를 통해 의견이나 정보를 게시할 수 있을 뿐만 아니라 그 이용자와 연계를 맺고 있는 이용자를 포함하여 또 다른 이용자가 그에 대한 반응으로 또 다른 의견과 정보를 게시할 수 있다는 특징이 있다. 이것을 게시물의 글줄기(post threads)라고 하는데 이 글줄기는 대인관계망과 마찬가지로 독특한 네트워크 구조를 이루며, 게시물이 공개적일 경우 '쪽지'와 같은 사적인 메시지를 주고받을 수 있어 젊은이들을 대상으로 한 새로운 마케팅 기법으로 각광을 받고 있다.

Chapter 10

여행업의 창업

10 Chapter 여행업의 창업

10.1 창업의 개념 및 요소

10.1.1 창업의 개념

요즘 창업이 각광을 받게 된 이유는 실직자 구제를 위한 일자리 창출이라는 정부의 정책적인 면도 많이 작용했지만, 제품에 대한 외부의 돌발적인 위협요인들에 보다 체계적인 관리와 육성이 더욱 중요하게 되었기 때문이다. 세상에 태어나자마자 경쟁의 바다에 뛰어들 수밖에 없는 것이 오늘날의 상황인데, 이는 오늘날의 빠른 정보전달력과 기술의 발달 때문이라 할 수 있다(장원섭, 2000 : 11).

창업은 여행사업의 기초를 세우는 것으로 기업가의 능력을 갖춘 개인이나 단체가 사업 아이디어를 가지고 사업목표를 세우고, 적절한 시기에 자본, 인원, 설비, 원자재 등 경영자원을 확보 · 결합하여 제품 생산 및 용역을 제공하는 기업을 새로이 설립하는 것을 의미한다(노정철, 2012 : 306).

김재식은 "창업이란 자본, 사업 아이디어, 종업원, 시설 등을 구비하여 일정한 재화나 서비스를 생산하는 시스템을 구축하는 것"으로 정의하였다(김재식, 1997 : 78).

김천중은 "창업이란 사업의 기초를 세우는 것으로 기업가의 능력을 갖춘 개인이나 집단이 사업아이디어를 가지고 자본, 인원, 설비 원자재 등 경영지원을 확보하여 재화나 용역을 제공하는 것"으로 보았다(김천중, 1999 : 75).

즉 창업(entrepreneurship)은 하나의 조직을 창조하는 과정으로(W.B.. Gartner, 1992 : 11~12) 이것은 창업이 하나의 조직을 출현시키는데 있어 개인에 의해 수행되는 과정이고 '존재 그 자체라기보다는 존재이기 위한 과정'이라는 의미로 해석할 수 있다(박시사, 2007 : 3).

중소기업창업지원법에서 '창업'이라 함은 새로이 중소기업을 설립하는 것으로서 새로운 사업자(법인 또는 개인사업자)로서 기존 사업과 연관이 없이 원시적이고 실질적으로 사업을 개시하는 것을 의미한다.

이석규는 창업(創業)이란 제품 · 상품 또는 서비스를 생산하거나 판매하는 사업을 시작하기 위해서 이제까지 존재하지 않았던 기업 · 조직을 설립하는 것은 물론, 기존기업이 이제까지와 전혀 다른 새로운 종류의 제품을 생산하거나 판매하는 일을 시작하는 것까지를 포함한다. 기업의 다각화와 기업의 변신도 창업이라 할 수 있다고 하였다(이석규, 1995: 19~20).

돌링거(Dollinger, 2002)는 창업이란 위험과 불확실한 상황에서 성장과 이윤을 추구하는 혁신적이면서 경제적인 조직체의 탄생이라 정의내리고 있다. 돌링거는 창업을 정의할 때 창의성, 혁신, 자원의 수집, 경제적 조직체의 설립, 이윤추구를 창업의 핵심 요소로 꼽았다. 베스퍼(Karl Vesper)는 창업이란 자원 · 노동 · 원료 · 자산을 결합시켜 이전보다 가치 있는 조직으로 변환시키는 것이며, 창업은 항상 변화와 혁신 그리고 새로운 질서를 수반하고 있다고 하였다.

론스탯(Ronstad)은 창업이란 부가적인 수익를 창출하는 역동적인 과정이며, 이 수익은 자산 · 시간 · 직업에 대한 헌신 및 몰입 등의 위험을 감수하는 개인에 의해서만 가능하다고 하였다(박시사, 1997 : 24 재인용).

이상의 정의에서 보듯 창업에 대한 개념은 매우 다양하지만 "창업이란 한 개인이 지금까지 해 오던 일이나 업종의 범위를 벗어나 새로운 사업이나 업종을 선택하여 사업체를 구성하여 운영하는 것"이라고 정의할 수 있다.

10.1.2 창업요소

여행업의 창업요소는 ① 창업자, ② 창업아이디어, ③ 창업자본으로 구성되며, 이를 창업의 3대 요소라고 한다(노정철, 2012 : 307). 여행사업에서 성공하기 위한 전제조건이며, 사업계획의 필수요소들이다.

1) 창업자

창업자는 사업아이디어 및 사업성 확보, 사업계획 수립과 계획의 실행 등을 주도하고, 책임지는(노정철, 2012 : 307) 기업가의 능력을 갖춘 개인이나 단체이다.

창업자는 철저한 자신의 비전 및 철학, 열정과 사업의 성공에 대하여 자신에 대한 확고한 약속, 자신의 핵심역량, 자신의 경험, 인적 · 물적 자원, 특허 · 기술, 네트워킹을 할 수 있는 상대 등 철저한 자기검증을 하여야 한다(중소기업청 · 창업진흥원, 기술창업보육론, 245~246).

성공한 창업자의 특성으로는 첫째, 적극적인 도전의식과 실패로부터 배우려는 자세, 둘째, 강한 인내력과 결단력, 셋째, 주도적인 업무처리와 솔선수범 넷째, 기업가정신 등이 있다.

| 표 10-1 | 창업의 핵심 요소

창업자 (사업자의 자질)	창업 자본 (자금의 조달과 운용능력)	창업 아이디어 (개발 및 기술 능력)
• 목표설정 및 달성 능력 • 인간관계 능력 • 커뮤니케이션 능력 • 자기목표와의 경쟁 • 실패처리 능력 • 자신감 및 자기결정에 대한 신념 • 위험부담 및 처리능력 • 능동성 및 책임감 • 추진력 및 정력 수준 • 불확실성에 대한 수용 능력 • 사고능력 • 외부자원 및 인사의 활용 • 기술적 지식 • 계수 감각 • 자금(돈) 감각 • 연령 • 가족환경 • 지역과 배경 • 과거 근무 경력 등	• 자금의 조달(원천) 방법 – 자기자본(자본구조) – 타인자본(차입구조) • 자금의 운용(투자) 방법 – 시설자금(장기고정자금) – 운전자금(단기변동자금) • 종합적 재무활동(최적자본 구성) – 유동성(현금흐름과 지급능력) – 수익성(이익과 채산성) – 균형성(조달과 운용의 균형)	• 아이템의 개발 가능성 및 기술능력 – 핵심기술 내용 및 특성 – 사업화 가능성 및 전망 – R&D 과정 및 개발일정 • 아이템의 특성 및 경쟁력 – 기술의 우위성 – 가격 경쟁력 – 대체기술 출현 가능성 – 기술특허 현황 – 기술도입의 가능성 – 기술의 변화 • 생산능력 – 생산인력 보유정도 – 시설확보 능력 및 정도 – 설계·개발 능력 – 원·부자재 조달 능력 • 원가 추정 – 원단위 산출 – 원가의 변동정도 – 설비 구입 및 layout • 생산형태 – 양산 가능성 – 생산규모 등

자료 : 서정민, 창업과 경영을 위한 사업계획서. 한국세정신문사. 1999, 33~35쪽.

(1) 창업자의 역량

카츠(Katz, 1974)는 창업자를 포함한 기업경영·관리자가 갖추어야 할 역량으로 총괄역량, 인적 자원관리 역량, 직무수행역량을 제시했으며, 쿤츠 등은 기업경영·관리자가 구비해야 할 요소로 문제해결역량을 추가로 제시하였다(Koontz et al., 1982: 328 재인용).

가) 총괄역량 : 개념적 기술

기업 혹은 기업을 둘러싼 환경을 '큰 그림'으로 볼 수 있는 능력이다. 기업과 관련된 다양한 요소들을 전체적으로 이해하는 능력이다. 총괄역량을 '개념적 기술'이라 하기도 한다. 개념적 기술은 아이디어나 개념과 관련된 능력이다. 개념적 기술을 가진 리더는 조직의 계획과 그에 따른 복잡다단한 문제들을 해결하기 위하여 다양한 아이디어를 제시하는 사람이고, 조직의 목표를 설득적인 말로 표현하는 데 능숙하며, 조직에 영향을 미치게 될 경제원칙을 이해하고 그것을 구체적으로 표현하는 부류의 사람이다. 개념적 기술은 기업의 비전을 제시하고 계획을 수립하는 데 중심적인 역할을 한다(김남현, 2005: 52).

나) 인적 자원관리역량 : 인간관계기술

종사원들과 함께 업무를 수행하는 능력이며, 이 능력은 팀워크와 협력적 노력 및 종사원들이 편안하고 안정적으로 직무를 수행하는 환경을 조성하는 능력을 포함한다. 인적 자원관리역량은 인간관계기술이라 하는 연구와 저서도 많다. 인간관계기술(人間關係技術)이란 사람들과 더불어 일하는 데 요구되는 인간관계에 대한 지식과 더불어 일해 갈 수 있는 능력이다. 인간관계기술은 사람과 관련된 'People Skill'이다(김남현, 2005 : 51).

다) 직무수행역량 : 전문적 기술

직무수행역량은 업무를 직접 수행하는 데 필요한 지식과 숙련도와 관련이 있다. 직무수행역량은 구체적인 기술이며, 어떤 특정한 전문영역에서 요구되는 역량이고 분석능력이다(박시사, 2009 : 116~117).

라) 문제해결역량

문제해결역량이란 기업이 도움이 되게 문제를 해결하는 능력을 일컫는다. 기업경영관리자는 문제를 파악하는 능력과 해결하는 능력이 필요하며, 창업자는 최고경영자이므로 총괄역량과 문제해결역량 및 인적자원관리의 역량이 요구된다. 반면에 직무수행역량과 전문적 기술은 상대적으로 중요도가 낮다(박시사, 2009 : 117).

여행업 창업자는 여행과 관련한 사회현상과 기업을 인식하여 경영계획을 수립하고(이영관 외 3인, 2013 : 111~112), 여행업에 필요한 인적 · 물적 자원을 동원하며, 이를 사업과정으로 운영해야 한다.

또한, 창업가의 11가지 공통적 특성(John, J. Kao, 1991)은 ① 전적인 몰입, 결단력, 인내, ② 성취와 성장에 대한 열망, ③ 기회지향성 및 목표지향성, ④ 주도성 발휘와 개인적 책임감, ⑤ 끈질긴 문제해결, ⑥ 현실주의와 유머감각, ⑦ 피드백의 추구와 활용, ⑧ 계산된 위험부담과 추구, ⑨ 지위와 권력에 대한 낮은 욕구, ⑩ 성실성과 신뢰성, ⑪ 내적 통제 소재로 제시되었다.

(2) 여행업 창업자

에진톤(Edginton et al., 1995)은 관광기업을 성공적으로 경영하는데 필요한 창업자 혹은 기업가 기술을 구체적인 6가지 기술로 ① 비전, ② 창의성, ③ 아이디어, ④ 문제해결능력, ⑤ 의사결정능력, ⑥ 변화와 커뮤니케이션능력으로 제시하였다(Edginton et al., 1995: 286~287; 박시사, 2009 : 118).

스티븐스(Stevens, 1990)는 모든 사람이 여행업에 적합한 것이 아니라고 주장하며, 여행업창업자가 갖추어야 할 자격요건으로 ① 열정, ② 끈기와 결단력, ③ 긍정적 태도, ④ 자기통제·절제력, ⑤ 자신감, ⑥ 압박감 및 스트레스 저항능력, ⑦ 건강, ⑧ 서비스지향이라고 밝혔다(Stevens, 1990 : 16~24; 박시사, 2009 : 118).

상기의 내용을 종합하면, 여행업의 창업가 또는 기업가 정신은 다음과 같은 것이다. 첫째, 위험을 무릅쓰는 도전력, 둘째, 혁신력으로 여행사의 위협요소를 발전기회로 전환하는 능력, 셋째, 장기적 사고력으로 단기 업적을 추구하는 것이 아니라 미래지향적 관점에서 비전을 제시하여 종업원의 공감대를 형성하는 능력, 넷째, 혁신적 리더십으로 여행시장 변화에 탄력적으로 대응할 수 있는 기동성과 유연성의 소유자, 다섯째, 여행사 구성원들의 일체감을 조성, 낭비적 요소를 철저히 추방, 여섯째, 국제화의 의욕과 인식이 투철(하나투어, 2011)함으로 정리할 수 있다.

2) 창업자본

창업자본이란 여행사를 설립하는 데 필요한 금전적인 자원뿐만 아니라, 창업아이디어를 구체적으로 상품화하는데 필요한 자본, 설비, 기술, 건물 등을 포괄적인 의미이다(노정철, 2012 : 307).

창업자금의 지원기관은 중소기업청, 중소기업진흥공단, 기술보증기금, 신용보증기금, 신용보증재단(서울신용보증재단, 경기신용보증재단, 제주신용보증재단, 인천신용보증재단, 부산신용보증재단, 대구신용보증재단), 소상공인지원센터, 한국여성경제인협회, 근로복지공단, 한국장애인고용촉진공단, 여성부, 중소기업을 위한 종합정보서비스 등 많은 기관에서 창업자금을 지원 받을 수 있다.

3) 창업아이디어

창업아이디어는 창업자가 사업을 추진하는 기본 도구이고(노정철, 2012 : 307), 고객의 입장에서 볼 때 새로운 가치를 창출할 수 있는 상품과 서비스를 제공할 수 있어야 한다.

그림 9-3

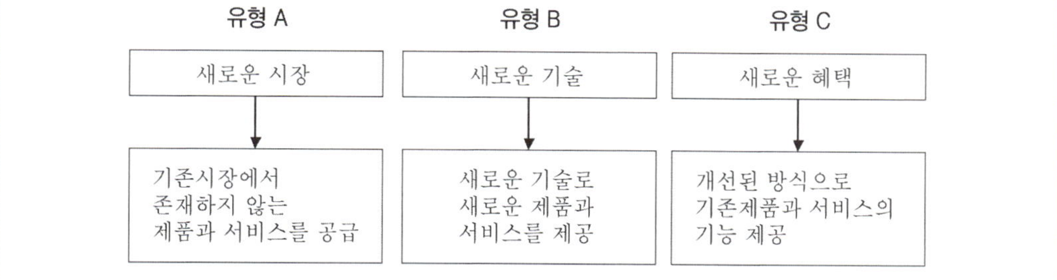

10.2 여행업의 창업절차

여행업을 창업하고자 하면 우선 여행업의 업종(일반여행업, 국외여행업, 국내여행업)을 결정하고, 어떤 업태로 할 것인가, 또한 자기자본비율을 고려하여 여러 가지 타당성을 조사하여 운영계획을 수립하여야 한다(김영규, 2009 : 79).

1) 업종선정 및 사업계획 수립

제1단계는 여행업의 업종을 선정하는 단계로 일반여행업, 국외여행업, 국내여행업 중 인바운드, 아웃바운드, 국내여행을 모두 취급할 수 있는 일반여행업으로 선정할 것인지, 국외여행을 중심으로 운영하는 국외여행업을 선정할 것인지, 국내여행을 중심으로 영업하는 국내여행업을 선정할 것인지를 결정해야한다(이수길 외 2인, 2000 : 100).

업종의 선정이 되면 성공여부를 사전에 분석하는 사업성분석을 통하여 구체적인 사업계획을 수립하여야 한다(김천중, 1999 : 82). 예비단계에서 고려되어야 할 사항은 ① 자본비율사항(고정비, 법인설립비, 인테리어 등 비품비 등), ② 상품판매사항(여행상품 생산과 판매, 상품의 가격 및 유형, 여행관련소재 제공업자와의 공급계약, 판매전략과 종사원 규모 등), ③ 관리사항(현금 및 판매관리, 항공권 등 각종 권류의 관리, 고객관리, 인력 및 품질관리, 여행관련소재 제공업자 관리 등) 등이다(김영규, 2009 : 80).

2) 입지선정 및 사업계획서 작성

제1단계를 실행하기 위한 사업계획서를 작성하는 단계로 사업의 타당성을 검토하고 시장성과 재무성을 검토하는 단계이다.

준비단계에서 고려되어야 할 사항은 ① 법인설립에 대한 사업계획서 작성, ② 관광진흥법상의 인가와 허가사항, ③ 사무실 입지선정 및 계약, ④ 향후 3년간의 판매 등 영업활동 계획, ⑤ 대차대조표와 손익계산서 작성, ⑥ 고객홍보방안, ⑦ 지역경제동향과 교통상황 등을 준비하는 단계이다(김영규, 2009 : 80).

3) 사업인가와 허가 및 회사설립

제3단계는 여행업 개업을 실행하기 위한 사업계획서를 토대로 사업을 개시하기 위한 단계로 타당성이 입증된 사항을 바탕으로 사업활동을 영위하기 위하여 해당관청에서 인가와 허가를 취득하는 단계이다. 즉, 법인기업형태의 사업자(관광사업자, 일반사업자)등록과 법인설립등기를 완료한다.

개업단계에서는 ① 사무실 입주, ② 종사원구성, ③ IATA 가입을 위한 준비, ④ 여행상품 공급업자와 여행소재 제공업자와의 계약, ⑤ 인테리어 등을 완성하는 단계이다(김영규, 2009 : 81).

4) 개업 및 운영

제1~3단계를 실행하고 개업과 1년간의 운영단계이다. 완성단계에서 고려되어야 할 사항은 ① 개업식, ② 고객초청, ③ 항공사와의 대리점 계약, ④ 부서별 업무할당과 개시, ⑤ 영업과 판매촉진활동, ⑥ 종사원 업무교육과 부서별 목표설정 등을 운영하는 단계이다(김영규, 2009 : 82).

10.3 창업타당성 분석

창업타당성 분석이란 창업아이템에 대한 시장성, 기술성, 수익성, 경제성 등에 대하여 객관적이고 체계적인 분석을 통해 창업에 있어서의 문제점과 위험 요소 등을 사전에 파악하여 이에 대한 적절한 대응책 및 해결방안을 마련하는 것이다. 창업할 때 반드시 실시해야 하는 분석이며, 창업타당성 분석결과 사업지속성 및 수익성이 없다고 판단되면 창업 여부를 신중히 고려해야 하고 경우에 따라서는 과감히 창업을 포기해야 한다(서울 일자리 플러스 센터, 2012. 40~43).

10.3.1 분석 항목

창업 전에 창업아이템에 대한 시장성, 기술성, 수익성 항목을 분석하여 수익창출 가능 여부 및 향후 사업지속성 가능방안 등에 대한 타당성을 검토 분석해야 합니다. 창업아이템이 아무리 획기적이고 특허권 등 지적재산권을 인증 받은 것이라 하더라도 시장성, 기술성, 수익성 등이 결여되면 창업 아이템으로서의 값어치가 없다.

1) 시장성 항목

창업아이템이 아무리 훌륭하고 독창적이라 하더라도 시장에서 팔리지 않거나 소비자 가 외면하는 아이템은 그야말로 무용지물이다. 시장조사를 실시하여 시장성이 있는 것으로 판별이 나야만 매출 예상도 할 수 있고 마케팅 계획도 세울 수 있다. 시장성을 분석하기 위해서는 목표고객 및 목표시장을 세분화해야 한다. 분석절차는 다음과 같다.

(1) 시장조사의 실시

창업전문가와 상담하여 아이템에 대한 평가 및 반응 조사 등을 실시한다. 각종 통계자료, 신문, 전문서적, 인터넷 등을 활용하여 국내외 시장규모, 향후 전망 등을 예측조사 실시한다. 경쟁관계에 있는 회사의 현황, 전략, 시장점유율 등을 조사한다.

(2) 고객수요의 예측

시장규모 및 시장점유율 등을 추정한다. 시장세분화를 통한 목표시장 및 목표고객을 선정한다. 또한 목표고객의 구매력, 경제능력, 잠재력 등을 분석한다.

(3) 판매전략의 수립

가격목표, 제품특성, 고객특성 등을 고려한 제품가격을 결정한 다음 판매방식을 결정한다(직판, 대리점, 프랜차이즈, 방문판매, 인터넷쇼핑몰 등). 마지막으로 판매유형을 검토한다(점두판매, 섭외판매 등).

2) 기술성 항목

창업아이템이 창조적이고 최고라 할지라도 여행상품을 제작하는 과정이 너무 복잡하고 장기간 소요되며 또한 생산량이 제한적이고 비용이 너무 과다하게 소요되는 아이템은 아무 의미가 없다. 기술성을 분석하기 위해서는 경쟁업체와의 여행상품 기술 및 여행상품의 품질수준을 평가하고 상품차별화를 분석하는 것이 필요하다. 여기에는 다음과 같은 것이 있다.

(1) 보유기술의 평가

보유기술과 창업아이템과의 상관관계를 분석하고, 사무실 임차료 등 투자금액을 산출한다.

(2) 생산원가의 분석

소요인력 및 임금수준, 목표생산량, 원가분석 등을 실시한다.

(3) 투자금액의 산출

사업장 입지계획 및 분석 등을 실시하고, 사업장 인테리어공사, 설비 및 비품구입 등 총투자금액을 산출한다.

3) 수익성 항목

창업할 때 가장 중요한 것이 수익창출 여부이다. 수익이 창출되지 않으면 기업이 존재할 수 없으며 창업아이템은 쓸모가 없다. 자금을 투자하여 창업할 경우 제일 먼저 검토할 사항이 바로 수익성 항목이다. 자금조달 능력을 점검하고 추정손익계산서를 작성하여 수익여부를 분석해보아야 한다. 여기에는 다음과 같은 것이 있다.

(1) 매출계획의 수립

매출계획서 작성 시 추정매출액은 구체적이고 확실한 것만 포함시키고, 막연하거나 불확실한 매출은 제외한다. 또한 회전율, 내점률, 가동률, 예상고객수 등을 기초로 하여 매출액을 산출한다.

(2) 비용계획의 수립

비용산출은 향후 불확실하거나 발생이 불투명한 것 등도 가급적 모두 포함하여 작성한다. 여기에는 재료비, 인건비, 지급임차료 등 3대 비용에 대하여는 제품원가에서 차지하는 비중이 동종 업계에 비하여 너무 높지 않도록 하며, 직접경비, 복리후생비, 지급수수료, 판매관리비, 일반관리비, 재고비용감모손실(inventory obsolescence)[4] 등 비용을 추정한다.

(3) 자금수지계획의 수립

창업자금 중 본인의 조달자금을 산출하며, 은행별 대출금 이자 및 상환조건 등을 분석하고,

4) 재고자산의 실제 재고량이 장부상의 재고량보다 작은 경우의 차액을 재고자산 감모손실이라 한다.

대출금에 대한 상환시기 및 상환금액 등에 대한 계획을 수립한다.

(4) 영업이익의 산출

월별, 연도별 추정손익계산서를 작성한다. 매출액 영업이익률이 동종 업계 대비 높은지 또는 낮은지를 분석한다.

$$\text{매출액 영업이익률} = \boxed{\text{영업이익}} \div \boxed{\text{매출액}}$$

(5) 손익분기점 분석

손익분기점 달성을 위한 최소매출액을 산정한다.

$$\text{손익분기점(금액)} = \frac{\text{고정비}}{1 - \dfrac{\text{변동비}}{\text{매출액}}}$$

(6) 현금흐름표의 작성

창업 후 6개월 동안의 현금흐름표(cash flow)를 작성한 다음 1회전 소요 운전자금 기간을 파악한다.

10.4 여행업의 사업계획서 작성

1) 사업계획서의 정의

경영학적인 관점에서 사업계획 수립은 경영순환과정의 출발점이다. 경영과정을 Plan(계획), Do(실행), See(평가 및 환류)의 순환과정으로 보았을 때, Plan이 기업경영의 출발점이라고 할 수 있다.

그림 10-1 ⊙ 사업계획의 수립

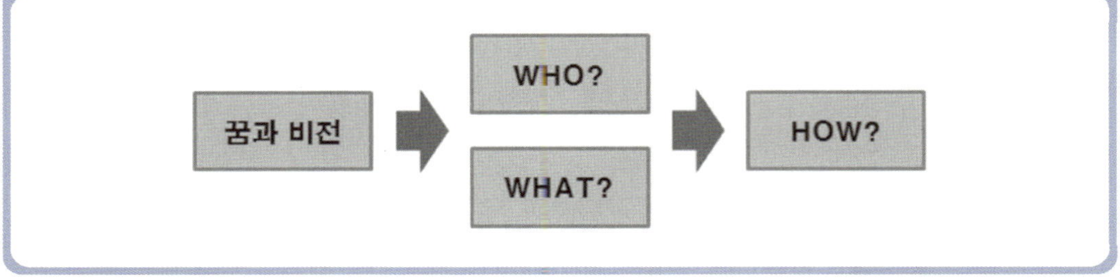

사업계획서란 기업가가 창업과 관련된 모든 외적 . 내적 요소를 문서로서 작성한 것으로 기업가는 외적인 요소(법규, 경쟁, 사회적 변화, 소비자 욕구의 변화, 새로운 기술)를 고려하는 동시에 제조, 마케팅, 인적자원 등과 같은 기업의 내적 요소를 고려해서 계획을 세워야 한다(네이버, 지식iN, 2013).

여행업 창업은 첫째, 지금 나는 어디에 있는가?(현재상황의 파악), 둘째, 어디로 갈 것인가?(기업 목표제시), 셋째, 그곳에 어떻게 도착할 것인가?(전략의 수립)의 세 가지 질문에 답해야 하고, 사업계획서는 바로 이러한 질문에 답하기 위해서 반드시 필요하다.

2) 사업계획서의 기능

(1) 갈등해소의 이점

| 표 10-2 | 기업가와 조직 사이의 갈등

기업가의 욕구		조직의 요구사항
부와 수입	←→	성장을 위한 재투자
자부심	←→	리더십과 경영능력의 발휘
안정성	←→	위험과 도전
여가와 개인활동	←→	회사업무에 몰입

사업계획서는 기업가와 조직과의 갈등이 심각한 문제가 되기 전에 그 문제를 깨닫고 갈등을 처리하도록 도와준다. 기업가는 사업계획서를 준비하면서, 스스로 갈등해소 방안을 마련할 수 있고, 사업계획을 세움으로써 개인적인 욕구를 추구하기보다는 사업계획서에서 제시된 목적들을 바탕으로 사업을 수행하게 되고, 그로 인해 갈등은 쉽게 해소될 수 있는 것이다.

(2) 이해의 증진

사업계획서는 창업기업이 직면한 주요 문제와 상황들을 체계적으로 고려할 수 있는 기회를 제공한다. 이러한 기업에 대한 이해는 기업의 문제가 무엇인지를 규명하게 해주며, 문제해결을 위한 전략을 도출하도록 도와준다.

(3) 커뮤니케이션의 증진

사업계획서는 사업의 잠재성을 여러 이해관계자에게 전달하는 역할을 합니다. 효과적인 계획은 기업가의 비전과 야망이 나타나 있기 때문에 여러 이해관계자들과 의사소통이 잘 될 수 있도록 도와주며 자원들을 끌어들일 수 있도록 유도하는 역할을 한다.

(4) 안내자의 역할 담당

사업계획서는 창업기업의 목표와 이정표를 설정할 기반을 마련해 준다. 기업가가 실현하고자 하는 의도가 나타나므로 사업계획서는 관리자와 종업원을 기업의 목표를 향해 나아갈 수 있도록 도와주는 안내자의 역할을 하게 한다.

(5) 계획과정 속에서의 성과증진

사업계획서를 함께 작성하는 과정, 즉 자주 토론하고 재검토하면서 계획을 수립할 때 창업기업의 성과는 계속적으로 증진될 수 있으며, 계획을 세우는 과정 그 자체가 창업기업이 보다 나은 조직이 되도록 만들어 주는 기반형성의 역할을 한다는 것이다.

3) 사업계획서의 작성 주체

사업계획서는 기업가에 의해 준비된다. 그러나 기업가는 사업계획서를 준비하는데 있어서 법률가, 회계사, 마케팅 컨설턴트, 친구, 친척 등의 도움을 받기도 한다. 사업계획서를 세우기 위해 우선적으로 해야 할 일은 기업가 자신의 능력만으로 모든 사업계획의 수립이 가능한지, 아니면 전문가나 주변의 조력자가 필요한지를 결정하는 일이다. 이러한 결정을 위해서는 회계/세금, 계획 능력, 예측 능력, 시장 조사, 판매, 인적 관리, 상품디자인, 법적 문제, 조직화능력 등과 같은 여러 가지 능력평가 항목에 대답해볼 필요가 있으며, 이러한 능력평가를 통해 기업가는 어떤 능력이 필요하고, 그 필요한 것들을 어디에서 얻을 수 있는지를 규명해야 한다. 이를 통해 기업가는 사업계획서의 작성 주체들을 선정하게 되는 것이다.

4) 사업계획서의 대상

사업계획서가 누구를 위해 사용되는가에 다한 문제는 중요하며, 사업계획서는 종업원, 투자자, 은행가, 벤처캐피탈리스트, 공급자, 고객, 컨설턴트 등 여러 사람이 읽게 될 수 있다. 이러한 여러 부류의 사람들은 각기 다른 목적을 가지고 있기 때문에, 그들의 특별한 목적에 부합되도록 작성되어야 한다.

5) 사업정보의 수집

사업계획서를 작성하는 데 시간과 에너지를 소모하기 전에 기업가는 추구할 목표가 무엇인지를 결정해야 하며, 사업의 목적이 무엇인가를 확실히 해두어야만 한다. 사업계획서를 작성하기 위해 일반적으로 필요한 정보는 다음과 같다(네이버, 지식iN, 2013).

(1) 시장 정보

우선 자신의 제품이나 서비스가 시장에서 성공잠재력이 있느냐하는 것과 경쟁상대는 누구이며, 유통마진은 어느 정도이고, 시장동향은 어떠한지에 관한 시장정보이다. 성공가능성을 평가해보기 위해서는 우선적으로 시장규모를 파악할 필요가 있다. 재정적으로 한계가 있는 창업기업의 경우 정부의 각종 간행물이나 상공부에서 발간되는 산업동향 등의 2차 자료를 충분히 이용하여 시장에 관한 많은 정보를 알아내는 것이 좋다. 이러한 시장에 관한 정보는 마케팅 의사결정에 많은 도움이 된다.

(2) 사업 운영 정보

사업의 특성에 따라 각 필요한 정보가 다를 수 있지만 보통 제조업의 경우라면 다음과 같은 정보가 필요하다.

① 입지 – 회사의 입지와 고객, 공급자, 유통업자들의 접근 가능성
② 운영 – 운영과 대리점 대상
③ 여행관련소재 – 필요로 하는 원자재와 공급자 이름, 주소와 비용
④ 장비 및 설비 – 필요한 설비를 목록화, 구입 및 임대결정
⑤ 인력 및 기술 – 필요로 하는 특별한 기술과 각 기술부문의 인력수, 임금률, 어디에서 어떻게 기술인력을 획득할 수 있는지를 결정
⑥ 공간 – 필요한 공간의 총량 결정 소유재산으로 할 것인 지, 임대할 것인지 등을 결정
⑦ 경상비 및 일반경비 – 제조를 지원하는 데 필요한 아이템, 도구들, 각종 비용 등에 관한 것을 결정

(3) 재무 정보

사업계획서를 준비하기 전에, 기업가는 사업의 수익성을 평가해야 한다. 이러한 재무평가는 기업가에게도 필요하지만 주로 투자자들의 관심의 대상이다. 착수하려고 하는 사업이 "수익성은 있는지, 사업을 착수할 때 어느 정도의 돈이 필요한지, 가까운 시일 안에 재정적인 문제에 직면하지는 않는지, 수익은 결국 어느 정도를 얻을 수 있는지"에 관한 설명이 필요하다. 투자자와 여러 이해관계자들의 욕구를 충족시키기 위하여 기업가는 다음과 같은 재무관련 정보를 수집해야 하며, 창업기업의 실현가능성을 알아보기 위한 재무정보는 첫째, 예상판매액과 사업 시작 후 적어도 3년 동안에 소요될 비용, 둘째, 3년 동안의 현금흐름, 셋째, 3년 동안의 재무제표이다.

예상판매액과 비용의 결정은 시장에 관한 정보에 기초하여 책정되며, 각 비용항목들이 무엇인지를 밝히고, 월별, 년별로 작성한다. 현금흐름 의 평가는 1년에 걸쳐 이루어져야 하고 현금흐름의 예상은 기업 창업시 최초 보유 금액, 예상되는 수입, 지출 등의 내역을 통하여 밝혀주어야만 합니다. 재무제표는 일정기간에 있어서의 사업의 재무상황을 보여주는 것이므로 사업의 자산, 부채, 자기자본, 타인자본 등을 나타내야 한다.

6) 사업계획서의 작성

사업계획서에는 일정한 형식이 정해져 있는 것이 아니지만 보통 다음에 제시된 형식으로 많이 쓰인다. 사업계획서는 기업가의 경험과 지식을 바탕으로 많은 시간을 투자해서 쓰게 되는데, 이것은 잠재적 투자자가 창업기업에 대한 완벽한 이해를 할 수 있도록 구성되는 것이 바람직하다.

(1) 용도

사업계획서는 새로운 기업이 창업을 할 때, 기존 사업의 확장 시, 신규사업의 제안을 하게 될 경우에 기본 지침서가 된다. 따라서 사업계획서에서 반드시 반영해야 할 세 가지 관점은 첫째, 시장 즉 제품 또는 서비스를 구입할 기존 또는 잠재적 고객의 입장, 둘째, 투자자의 입장, 셋째, 창업자의 입장이다.

(2) 지침

잠재적 투자자나 고객 등은 기술의 우수성보다는 시장가능성 및 이익 잠재력에 대한 관심이 더 많기 때문에 기술 중시의 계획보다는 시장중시의 계획을 위주로 작성하는 것이 좋다. 이를 위해서는 첫째, 고객의 이익을 보여주어라. 고객이 자신이 투자한 것을 언제 회수할 수 있는지, 이익은 어느 정도가 되는지?, 둘째, 실제적인 구매 욕구를 증명하라. 여행개발상품의 사용경험을 첨부하거나, 고객을 통한 상품가치 평가에 관한 자료를 고객에게 증거물로 제시한다. 셋째, 자기주장을 논리적으로 기술하라. 여행시장수요, 매출성장률, 이익 등에 대해 논리적으로 타당성 있게 주장한다. 넷째, 투자자의 요구를 반영하라. 주요투자자라고 할 수 있는 벤처캐피탈회사, 개인투자자, 기존 기업 등에게 충실한 시장분석을 제시해야 하며, 투자자의 요구를 반영하기 위해서는 ① 투자환수시기를 알려주어라, ② 설득력 있는 손익 예측치를 보여주어라(약 5개년 예측치), ③ 계수적 분석결과를 보여주어라 등이다.

(3) 기본순서

사업계획서 작성 시 기본적인 순서는 다음과 같다(노정철, 2012 : 307).

- 사업계획서 목적에 따라 기본방향을 설정
- 사업계획서 작성목적 및 제출기관에 따라 소정양식이 있는지 미리 알아보는 단계
- 사업계획서 작성계획의 수립
- 사업계획서 작성에 직접 필요한 자료와 첨부서류 등을 철저히 준비
- 작성해야 할 사업계획서 양식 작성
- 실제 사업계획서를 작성
- 편집 및 제출

(4) 유의사항

사업계획서 작성 시 유의사항은 다음과 같다(노정철, 2012 : 307).

- 사업계획서는 충분성과 자신감을 바탕으로 작성되어야 한다.
- 사업계획서는 객관성이 결여되어서는 안 된다.
- 계획사업의 핵심내용을 강조하여 부각시켜야 한다.
- 제품 및 기술성 분석에 대한 내용은 전문적인 용어의 사용을 피하고, 단순하고도 보편적인 내용으로 구성한다.
- 자금조달 및 운용계획은 정확하고 어느 정도 실현 가능성이 있어야 한다.
- 계획사업에 잠재되어 있는 문제점과 향후 발생가능한 위험요소를 심층분석하고, 예기치 못한 사정으로 인하여 창업이 지연되거나 불가능하게 되지 않도록 다각도에 걸친 점검이 요구된다.

7) 창업준비서류

여행사 창업을 위한 창업준비서류는 〈표 10-3〉과 같다.

| 표 10-3 | 여행사 창업을 위한 단계별 준비서류

구분		내용
법인 등기	서류	- 동일한 특별시, 광역시, 시, 군 내에서 중복되지 않는 법인상호(www.iros.go.kr 우측에서 조회) - 이사, 감사의 주민등록등본1, 인감증명서1, 인감도장 및 법인인감도장 - 설립 자본금을 증명하는 잔액증명서 및 본점 소재지 확정주소(임대차계약서X)
	비용	- 등록면허세 : 법인 자본금의 4/1000, 지방교육세 : 등록면허세의 20%, 접수증지대: 30,000원 - 단, 과밀억제권역시 3배 중과(www.reality.com - 스스로 법인설립 참조)
관광업 등록	서류	- 공통 : 관광사업자등록신청서, 여행업사업계획서, 임대차계약서, 대표자의 주민등록번호, 현재 주소, 본적지 주소를 기입한 문서 - 법인 : 세무사 날인된 개시대차대조표, 법인등기부등본, 임원의 주민등록번호, 현재주소, 본적지주소를 기입한 문서 - 개인 : 세무사 날인된 영업용자산액명세서, 사업자금을 증명하는 잔액증명서
	비용	- 각 관광업 등록당 접수증지대 30,000원, 신고면허세 45,000원/년(일부 지자체 상이)
영업 보증 보험	서류	- 사업자등록증 사본, 대표자의 주민등록번호
	비용	- 일반여행업(5천만원 상당의 보증서 발급, 수수료 219,5000원/년, 서울보증보험) - 국외여행업(3천만원 상당의 보증서 발급, 수수료의 131,700원/년, 서울보증보험) - 국내여행업(2천만원 상당의 보증서 발급, 수수료 87,800원/년, 서울보증보험)

자료 : 1인 창업연구회·한빛투어아카데미, 성공 여행사 창업설명회, 2013, 4쪽.

8) 창업준비 10단계

여행사 창업을 위한 창업준비 단계는 〈표 10-4〉와 같다.

| 표 10-4 | 여행사 창업을 위한 창업준비 단계

단계	검토해야 할 사항
1. 창업환경 검토	창업환경과 전망, 창업자 적성검사(창업자의 능력, 자질, 경험), 가정환경, 창업의지, 창업 경영이론 학습, 가족협력 등의 여부
2. 아이템 선택	창업트랜드 분석, 자신에 맞는 아이템 여부, 성장성, 안정성 있는 후보 아이템(3~5개)을 선정하고 꾸준히 시장조사 후 최종 아이템 선택
3. 사업타당성 검토	사업의 성공 가능성에 대한 정보를 파악하기 위하여 선택 아이템에 대한 상품성, 시장성, 수익성, 안전성(위험요소) 등을 자세하게 검토
4. 시장조사 분석	시장규모, 경쟁사 제품의 경쟁력과 유사제품 분석, 목표 고객 및 수요층의 니즈 분석, 소비자 구성분포와 변화추세 조사, 수요예측 등

5. 상권, 입지선정	입지선정 이유와 경쟁점포 극복방안, 상권 내의 가시성·경제성·편의성 분석, 유동인구와 배후상권, 도로구조 분석
6. 자금계획 수립	창업자금의 용도를 시설자금과 운전자금으로 구분, 자세하게 조사하여 자금의 용도와 조달 가능한 자금규모 결정, 창업을 추진하기 위해서 세부적인 자금의 용도와 조달 가능한 자금규모 결정
7. 사업계획서 작성	사업의 개요와 내용, 시장조사분석, 마케팅계획, 자금수지계획, 사업추진일정 등을 나타내는 자료로 구체적인 내용으로 작성. 예상매출액, 매출원가, 영업이익, 당기순이익, 손익분기점 등을 산출
8. 인테리어 공사, 종업원 채용	고객 편의와 상품을 돋보이게 할 수 있는 디스플레이 전략, 고객의 접근성에 유익한 매장의 인테리어, 고객 친화력이 높은 채용관리 시스템 가동, 고객서비스 경쟁력 강화를 위한 반복 교육
9. 행정 절차	사업자등록, 별도의 영업신고, 소방설비 신고, 인허가사항(법인사업자, 개인사업자) 등에 대하여 자세하게 검토
10. 창업 및 경영	디스플레이, 간판, 집기 설치, 개업식, 창업 홍보, 업무활동, 영업활동, 인력관리, 경영계수관리, 주기적 점검 및 보안

자료 : 국세청, 창업자 세금가이드, 국세청 납세자보호담당관실, 2013, 44쪽.

9) 창업 계획단계에서 체크해야 할 사항

여행사 창업계획단계에서 체크해야 할 사항은 〈표 10-5〉와 같다.

| 표 10-5 | 여행사 창업계획단계에서 체크해야 할 사항

업무구분	체크해야 할 사항
1. 경쟁관계	• 비교되는 제품이나 서비스를 제공하는 경쟁업체의 강점에 대한 현실적인 평가는 되어 있는가? • 자사 제품과 서비스를 선택할 수 있도록 차별화되어 있는가?
2. 입지·판매방법	• 품목은 무엇이며, 주 고객은 누구인가? • 어떤 방법으로 어떤 가격과 조건으로 팔 것인가? • 시장조사 결과를 반영해 적합한 상권과 입지를 결정하였는가?
3. 상품·재료매입	• 무엇을 어디에서 매입할 것인가? • 어떤 조건으로 매입할 것인가?
4. 설비구입·제조방법	• 무엇을 제조하고 무엇을 외주로 줄 것인가? • 기계는 어디에서 구입하고 어떤 설비로 제조할 것인가?
5. 지식·기술·자격	• 기술자나 자격자, 책임자는 누구로 할 것인가? • 해당분야의 지식이나 경력이 풍부한가?

6. 종업원 확보	• 가족만으로 운영이 가능하겠는가? • 종업원은 어떻게 채용할 것인가?
7. 사업의 형태	• 개인 사업으로 할 것인가? 법인으로 할 것인가? • 프랜차이즈창업과 독립창업 중 어떤 형태로 할 것인가?
8. 사업계획서	• 사업계획서를 작성해 보았는가? • 시설자금 및 운영자금은 얼마나 들어갈 것인가?
9. 손익예상	• 매출은 얼마나 될 것인가? • 원가, 판관비, 당기순이익 규모는 산출하였는가?
10. 자금조달	• 즉시 준비할 수 있는 자금은 얼마나 되는가? • 필요한 운용자금은 적기에 조달이 가능한가?
11. 세금문제	• 사업자등록은 언제 할 것인가? • 직접 기장할 것인가, 세무대리인에게 맡길 것인가?
12. 개업예정일	• 상호는 정하고 사업자등록은 하였는가? • 개업일은 언제가 제일 좋을 것인가?

자료 : 국세청, 창업자 세금가이드, 국세청 납세자보호담당관실, 2013. 45쪽.

10.5 여행업의 운영계획

여행상품의 대량생산 · 대량판매에 의한 급격한 시장확대에 따라 각 여행사의 여행사 점포 개설도 종래 대도시의 번화가, 비즈니스 중심가, 시내 한복판이라는 위치에서 꽤 변모하여 근교의 지방에도 적극적으로 진출해 나가는 경향을 보이고 있다.

여행사의 소유주가 되는 방법은 ① 새로운 여행사를 개업하는 방법, ② 기존의 여행사를 매입하는 방법 및 ③ 프랜차이즈(franchise) 방식에 투자하는 방법 등이 있다(Laurence. Stevens, 1985 : 65). 여기서는 그 가운데서도 새로운 여행사의 개업에 관해 알아보고자 한다.

일반적으로 여행사의 개업계획은 [그림 10-2]와 같은 과정을 거쳐서 개설하게 된다.

그림 10-2 ⊙ 여행사 개업계획 과정

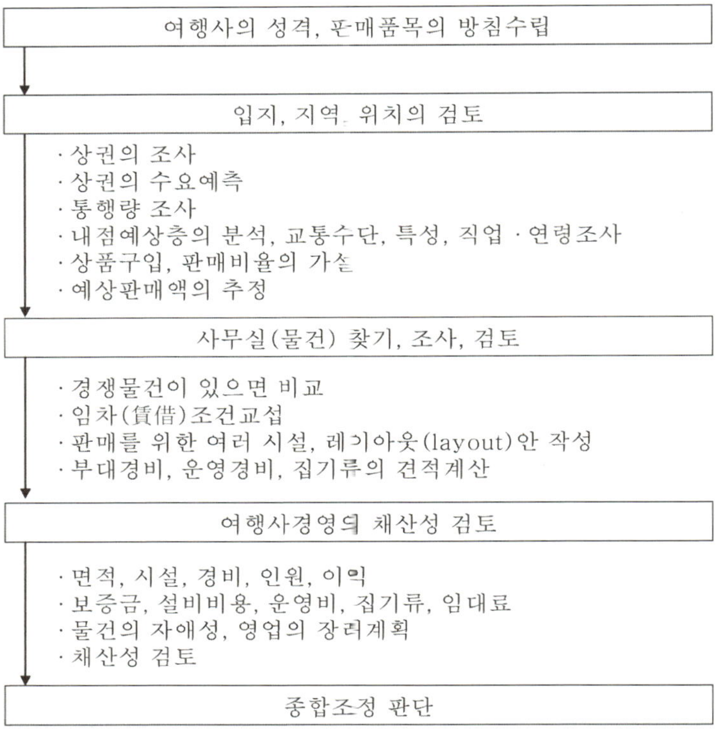

자료 : 森谷トラベル エンタプライズ, 旅行業経営戦略, 1974. 49쪽.

10.5.1 입지선정 분석

입지선정을 위해서는 일반적으로 ① 지역분석, ② 업계 및 동업자 분석, ③ 경제동향 분석 등이 이용된다.

1) 지역분석

각 시 · 도의 국외여행자 통계분석, 한국관광공사의 여행자통계분석, 한국여행업협회의 여행자 출입국통계분석, 각 항공사의 항공권 판매 현황분석, 한국관광공사의 여행동태 분석, 외래관광객 통계분석, 상공회의소 등 각 연구기관에서 발행되는 소비자의 소비동향분석 등을 이용한다.

2) 업계 및 동업자의 분포분석

관련 협회를 중심으로 여행관련업계나 동업자의 동향분석 등을 이용한다.

3) 경제동향 성장요인, 장래계획 분석

재정경제부와 한국은행이 경제동향분석, 전국경제인연합회의 민간경제백서 분석, 한국은행의 기업경영분석 등을 이용한다.

10.5.2 여행사의 입지

1) 영업내용에 의한 입지판단

영업소를 설치할 경우 입지선정의 판단에 즈음해서는 우선 자사 또는 그 영업소의 업무내용, 상품, 대상고객에 의해서 영업목표를 달성할 수 있는 곳에 영업소의 입지를 결정해야 한다.

영업내용에 의한 영업소설치는 점두(店頭; 카운터)판매형과 섭외판매형으로 나눌 수 있다.

① 점두판매형 : 입지조건에 특히 유의한다. 이 형태는 교통편이 좋고 쇼핑고객이 집중하는 곳이 최적이다. 단점으로는 임대료가 비싸다는 점이다. 점두판매는 B to C (Business to Consumer) 즉 법인(기업)과 개인(소비자)이 상거래 · 서비스를 하는 것 또는 그 사업을 지칭한다. 여행업에서는 기본적으로는 점두판매, 미디어판매, 인터넷판매 등이 여기에 해당된다. 이에 반해 B to B(Business to Business)는 법인(기업)과 법인(기업)이 상거래 · 서비스를 하는 것 또는 그 사업을 지칭한다. 여행업에서는 법인영업으로 알려진 분야이며, 업무여행관리(BTM : Business Travel Management)분야도 여기에 속한다. 더욱이 기업측과 계약을 진행하면서 실제의 거래가 그 고객이었거나 회원조직의 멤버였거나 하는 경우는 B to B to C(Business to Business to Consumer)도 여기에 포함시키는 경우도 있다. 복리후생여행, 우수회원서비스 등이 이에 해당된다(立教大学観光学部旅行産業研究会, 2016 : 104).

② 섭외판매형 : 섭외활동을 하기에 편리한 곳, 고객과의 접근이 용이한 곳, 교통편이 좋은 곳, 가능하면 지명도가 있는 빌딩이 좋은데, 위치는 상층이라도 좋다. 왜냐하면 임대료가 싸기 때문이다.

2) 채산성에 의한 입지판단

영업소 설치에는 입지만이 최적은 아니다. 왜냐하면 좋은 위치는 권리금, 보증금, 임대료,

공통경비, 공익비 등의 분담, 광열비, 내부 설치비용 등의 제경비가 기업 또는 영업소 경영의 견지에서 채산성이 있는지 어떤지 면밀한 검토가 있어야 한다.

영업상의 필요조건이 충족되어 있으면 점두판매형 영업소는 모서리 위치가 최적일 것이다. 섭외판매형의 경우에는 2·3층이 편리하겠지만, 임대료 등의 문제가 따르는 점에 유의한다.

3) 기타 입지판단

기타 입지판단 기준으로는 ① 임차료의 경제성, ② 경쟁사의 소재, ③ 교통편, ④ 거주성, ⑤ 비즈니스 활동의 편리성, ⑥ 타입주자의 구성, ⑦ 간판표시 등을 위한 외부조건, ⑧ 기타 냉난방, 채광, 보수, 주차, 레이아웃의 구획, 다방, 공동회의실의 유무 등을 고려하여야 한다(森谷トラベル エンタプライス, 1974 : 269).

특히 다음 사항을 고려하여야 한다. ① 10층 이상 대형건물이 5개 이상 밀집된 지역, ② 2천세대 이상의 대규모 아파트단지나 주택단지, ③ 지하철역에서 300m 이내인 지역, ④ 버스정류장에서 100m 이내인 지역, ⑤ 버스정류장에서 정차하는 버스노선이 5개 이상인 지역, ⑥ 버스 종착역 반경 500m 이내 지역, ⑦ 버스, 지하철역에서 주택으로 들어오는 입구 모퉁이 지역, ⑧ 편도 2차선, 삼거리 이상 가로의 200m 이내인 지역, ⑨ 동일 가로 200m 이내에 동일 업종이 없는 지역, ⑩ 반경 500m 이내에 동일업종이 3개 이상 없는 지역, ⑪ 인구이동이 심한 지역인 경우 전입해 오는 추세인 지역, ⑫ 고정인구 2만 명, 고정세대 5천세대 이상인 지역, ⑬ 기타 업종에 상응하는 시간대별 유동인구 및 주거인구가 부합한 지역 등이다.

요컨대 여행사의 입지는 성공의 중요한 요소로서 만약 입지선정이 잘못 선정되어 있는 경우 여행사로서는 고객유치를 위하여 보다 많은 광고나 판매촉진 등 비용이 추가된다. 즉 표적여행자와 여행사 사이의 거리가 멀수록 그 사이에 경쟁업체가 늘어나게 되어 표적여행자의 구매빈도는 줄어들게 된다(James F. Engel, 1986 : 499~500). 왜냐하면 여행상품은 기능만이 시장에서 거래되기 때문에 정보의 확실한 전달이 중요하기 때문이며, 이러한 이유에서 실수요자가 쉽게 여행사에 도달할 수 있도록 근접성을 유지해야 된다.

10.5.3 여행사의 구성과 기능

여행에 대해서는 누구나 친밀감과 기대를 가지고 있다. 국외여행이나 신혼여행에는 꿈이 있다. 여행상품을 판매하는 영업소는 단순히 표를 판매하는 것이 아니라 그러한 상품매력을 호소하는 여행의 전문점으로서의 점포의 조건을 갖추고 있지 않으면 안 된다. 여행사의 구성에는 일반적으로 ① 여행사 존재의 명시, ② 점포구조, ③ 상품의 전시 및 연출, ④ 자유스러운 출입의 보장(free entrance), ⑤ 전문기능의 호소 등을 들 수 있다.

10.5.4 여행사의 공간과 배치

영업소에 필요한 넓이는 점두판매형과 섭외판매형에 따라 다르며, 또한 규모나 종업원의 수에 의해서 필요한 부대시설의 공간에 의해서도 다르다.

종전의 관광진흥법에는 영업소의 규모와는 상관 없이 일률적으로 일반여행업 100m², 국외여행업 60m², 국내여행업 50m²로 일률적으로 규정하고 있었으나, 1996년도에 이를 폐지하였다(관광법규교재편찬위원회, 1992 : 80~1).

참고로 IATA(국제항공운송협회) 조사에 따르면 일본의 경우 영업장 규모가 330m² 이상 업체도 15%나 됐지만, 전체의 40%가 99m² 이하로 드러났다.

그림 10-3 여행사의 공간배치

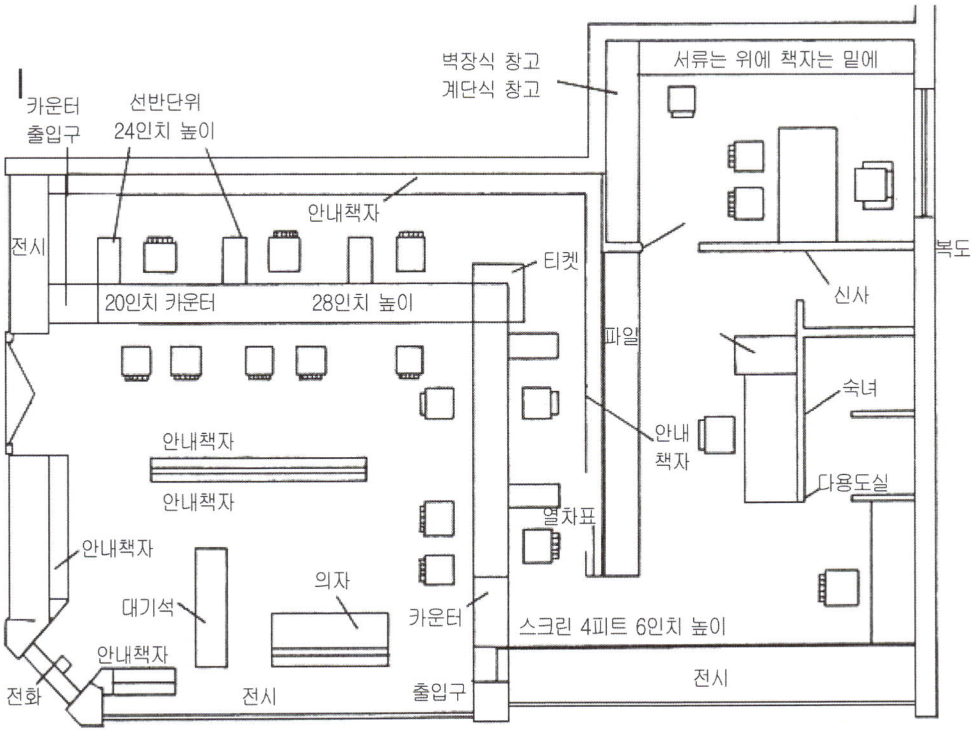

자료 : Allan Beaver, *Mind Your Own Travel Business*, (Portsmouth : Eyre & Spottiswoode Ltd.), 1980, 12쪽.

1) 점두판매형 영업소

이 형태의 영업소는 카운터를 중심으로 고객의 대기공간, 로비, 응접공간, 입구에서 카운터까지의 유도공간, 전시(display)공간, 쇼윈도우(show window)의 공간 등 고객용 공간과 사무처리를 위한 공간이 필요하다. 점두판매영업소의 이상적인 공간은 종업원 1인당 4.95~8.25m^2는 필요하다.

2) 섭외판매형 영업소

이 형태의 영업소는 주로 응접공간이 중심을 이룬다. 또한 규모에 의해 회의실 및 휴게실, 탈의실과 각종 여행서류를 넣어두는 캐비닛이나 서류함을 놓을 수 있는 공간이 필요하다. 섭외판매영업소의 이상적인 공간은 1인당 3.96~6.6m^2가 필요하다. [그림 10-3]은 여행업의 공간배치의 예이다.

10.5.5 여행상품 취급점포의 성격

여행상품을 취급하는 여행사는 여행자의 구매특성과 상품 그 자체의 성격에서 보아 점포의 성격은 다음과 같은 특징이 있음을 알아야 한다.

첫째, 여행상품시장은 타 상품에 비교해서 크지는 않지만 시장의 범위는 넓다는 것.

둘째, 여행을 판매하는데 걸맞은 무드 있는 분위기와 여행의 즐거움을 이미지화한 점포여야 한다는 것. 고객은 그와 같은 구매 분위기를 즐기며, 그와 같은 환경을 선택한다는 것.

셋째, 무엇보다도 신뢰성이 가는 전문점이라는 인상을 주어야 하는 것.

넷째, 요금표나 자료가 잘 정비되어 있고, 희망하는 정보가 즉석에서 제공되도록 해야 한다는 것(Jeanie M. Thomson and Smith, 1988 : 88~9) 등이다.

이러한 믿음이 가는 점포라면 고객은 시간을 아쉬워하지 않고 멀리서도 찾아오게 된다.

10.5.6 여행업의 경영계획

1) 시장 · 판매계획

여행시장이 있고나서 여행상품 판매가 있다. 주력상품의 목표가 정해지면 대상시장에 대해서 분석 및 평가가 있어야 하는 바 다음 사항을 고려한다(森谷トラベル エンタプライス, 1974 : 266~7).

① 어떤 시장을 대상으로 해야 할 것인가. 경쟁에 있어 그것이 자사상품을 신장시킬 수 있는 시장인가. 그 시장의 질과 양을 파악하여 대책을 확립한다.
② 고객은 무엇을 추구하고 있는가. 질 높은 여행인가. 기획이 뛰어난 여행인가. 싸기만 하면 좋은가. 고객이 추구하고 있는 서비스의 핵심은 무엇인가를 분석한다.
③ 어떻게 판매할 것인가. 점포의 카운터에서, 섭외판매원에 의해서, 회원조직에 의해서, 여행조직자(travel organizer)의 판매에 의해서, 직접우편에 의해서, 타사의 판매채널에 의해서 등 판매방법을 결정한다.
④ 판매촉진은 어떻게 할 것인가. 신문광고, 업계지, 직접우편 등

2) 상품계획

팔려는 상품을 어떻게 조달할 것인가는 판매와 더불어 중요한 것이다. 여행업에 있어 상품을 구성하는 부품의 공급원은 항공사, 철도, 선박회사 등 교통기관, 호텔, 여관 등 숙박시설 및 관광회사, 지상수배업자 등이다.

상품계획에 필요한 사항은 다음과 같은 것이 있다.

① 필요한 상품의 공급 : 개인여행의 경우에는 그 때마다 예약을 기초하고 대개 티켓의 대매에 머무르기 때문에 좋다. 그러나 단체여행의 경우에는 성수기(peak season)에는 공급부족사태에 직면하게 된다. 이때 실적이 없는 여행사로서는 좌석예약이 곤란하므로 안정된 공급채널을 확보해두지 않으면 안 된다. 그를 위해서는 업계의 유통에 관해서 상당한 조사를 하여야 한다.
② 품질관리 : 가격과 서비스를 포함한 품질이 경쟁시장에서 판매에 결정적 역할을 한다. 신규회사로서는 기존의 동업 타사 이상으로 관심을 집중하지 않으면 안 되는 요소이다. 또한 서비스의 대가에 대해서는 이익으로 흡수할 수 있는 것인가, 또한 고객한테 실비로 징수할 수 있는 것인가를 분명히 구분해 두지 않으면 안 된다.
③ 이익목표의 결정 : 여행상품에는 업계기준의 이익의 표준 · 폭이 있다. 같은 내용의 상품인 경우에는 같은 정도의 이익이지만 기획력이 뛰어난 상품의 경우에는 부가가치는 당연히 높아진다.
④ 상품개발기술의 습득 : 신상품을 어떻게 개발해 나갈 것인가…… 소비자 동향에는 민감할 것, 새로운 여행목적지의 뉴스에 주의한다. 항공여행운임 계산에 실력있는 종업원을 확보하고 항공여행운임의 조건을 여하히 상품화해 나갈 것인가를 연구한다. 또한 업계지의 뉴스, 각종 세미나, 연수여행을 활용하여 상품개발기술을 습득하는 것이 중요하다.

3) 고객계획

어떠한 판매라 해도 판매의 확장에는 신규고객이 있어야 한다. 여행업의 경우 가장 손쉬운 고객확대법은 최초에 유치한 고객에게 만족감을 주어 그 고객이 자사의 재방문자(repeater)를 만드는 것이다. 또한 고객이 차례차례로 친구나 아는 사람을 소개시켜 주는 관계를 고객과의 사이에서 구축해 나가는 것도 긴요하다. 즉 고객관리는 여행업의 규모의 대 · 소는 있어도 지극히 중요하다. 기존고객의 집중 우편목록(mailing list)을 작성하여 직접우편을 발송하는 것은 가장 효과적인 방법이다. 회사에 따라서는 고객을 회원조직화해 나가는 곳도 있다. 이 또한 장래를 위한 고객계획이다.

4) 자금계획

어떤 사업이라도 자산의 운용과 자금계획은 기업경영에 있어 가장 중요한 것 가운데 하나인데 여행업도 마찬가지이다.

여행업의 특징은 매일 매출만 하면 확실한 현금수입이 있다. 그것을 일정기일에, 판매대금으로서 항공회사 등의 운수기관과 결제한다. 기타 여행비로서 수수한 금액을 가지고 원가에 투하된 비용을 호텔 및 기타 여행관계 시설 등에 지급하지 않으면 안 된다. 소위 영업의 흐름 중에서 자금의 흐름에도 충분히 주의할 필요가 있다는 것을 암시하고 있는 것이다.

① 자금운용을 어렵게 하는 요인 : 자본금, 순이익의 부족, 매출액의 부족, 고정자산에의 과대투자, 인건비의 과다, 회수기간의 지연, 미수금의 증가, 미수금의 회수불능 등인데, 이 가운데 여행업의 나쁜 관행으로서 지적되는 것은 업무도항(業務渡航) 등의 거래처에 대한 미수금이 거액에 달한다는 점이다.

② 자금계획을 수립할 것 : 자금계획이란 자산의 운용과 조달에 대해서의 계획이지만, 여행업의 문제점은 일정기간의 현금수입과 현금지급의 예정계획을 세우는 일이다. 자금계획을 위해서는 담당자를 정해 자금조달표, 자금운용표, 미수잔고관리표를 작성하여 자금계획 및 매출채권관리를 철저히 하는 것이다. 또한 중요한 것은 담당자에게 일방적으로 맡기기보다는 항상 경영자가 자신의 업무로서 직접 · 상시 지도 점검하는 것이 중요하다.

10.6 여행업의 창업 사례

여행업의 창업 사례를 여행신문사의 연재 기사를 인용하여 아래와 같이 소개한다.

번뜩이는 여행 사업 아이디어를 가졌지만 창업방법을 몰라서 혹은 사업자금이 부족해 망설이고 있는가? 여행 스타트업 창업의 길, 그리 멀리 있지 않다. 일례로 한국관광공사는 창조관광사업공모전을 통해 관광벤처를 발굴·육성하고 있다(여행신문, 2014.12.01.).

1) 앱 개발부터 파티기획 등 분야

지난달 25일 한국관광공사 건물 지하 1층 TIC. 또렷한 눈빛을 한 젊은이들이 하나 둘 모여들었다. 2014년 한국관광공사 창조관광사업 공모전에 선정된 관광벤처 기업가들이었다. '2014 창조관광콘서트'에 발표자로 나선 이들은 자신이 창업한 회사의 현황과 비전을 당차고도 진지하게 소개했다. 여행 관련 앱 개발 업체, 기념품 제작 업체, 한국 전통공연 파티 기획 업체, 집밥 공유 소셜 네트워크(social network) 업체 등 분야도 특징도 다양했다.

(1) '모던.한(Modern.韓)'은 국악, 한복패션쇼 등 한국 전통공연과 서양식 파티를 접목한 행사를 기획·진행하는 업체다. 한국예술종합학교에서 국악을 전공한 조인선 대표는 우리 전통예술을 대중화, 세계화하겠다는 생각으로 이 회사를 창업했다. 150여명의 전통예술 아티스트 네트워크를 활용해 다양한 파티를 기획하고, 퓨전한식 핑거푸드 케이터링 서비스도 제공한다. 조 대표는 "국악과 전통문화를 잘 접해보지 못한 20~30대 젊은층과 한국을 방문한 유학생, 외국인 관광객들이 주요 타깃"이라며 "지난 10월엔 한복을 입고 참가하는 할로윈 클럽파티를 개최해 젊은층들에게 많은 호응을 얻었다"고 설명했다(www.facebook.com/modernhan).

(2) '사운드오브트립(Sound of Trip)'은 한국의 '집밥'을 공유하는 소셜네트워크플랫폼 '애니스푼(Anispoon)'을 운영한다. 외국인에게 집밥을 대접하고 싶은 한국인 가정과 한국식 집밥을 경험하고 싶은 외국인을 연결해 주고 있다. 지난 8월말 본격적으로 창업해 이제 3개월밖에 되지 않았지만 일본의 주요 언론에 소개되는 등 벌써 유명세를 타고 있다. 곽재희 대표는 "외국에 가서 그 나라 집밥 한 번 먹어보고 싶다는 한마디가 사업으로 연결됐다"면서 "일본, 타이완, 홍콩 여행객들에게 좋은 반응을 얻고 있다"고 말했다(www.anispoon.com).

(3) '메모리얼(MemoReal)'은 코레일 '내일로' 기차여행객이 여행 중 스탬프를 찍고 여행기를

기록할 수 있는 다이어리인 '내일러리'를 제작해 판매한다. 유민재 대표는 "여행을 다녀와서도 평생 간직하고 싶은 여행기념품이 뭘까 고민하다가 맞춤 제작 다이어리를 만들게 됐다"며 "지난 2월 첫 출시해 코레일과 공동 프로모션을 통해 많이 판매하고 있다"고 설명했다. 최근엔 전국 10개 도시의 게스트하우스와 제휴를 맺고 다이어리를 들고 찾아가면 할인을 해주는 이벤트도 시작했다. 조만간 유럽여행 다이어리인 '마이 트래블로그'도 출시할 예정이다(minjae0125@naver.com).

(4) '위버(Weebur)'는 직장 워크숍에서 또는 MICE 여행객들이 즐겁게 하루를 보낼 수 있는 문화체험을 제공하는 업체다. 각 분야 전문가, 아티스트들과 협업해 나만의 향수 만들기, 와인 만들기, 전통주 만들기, 10초 초상화 그리기 등 다양한 프로그램을 진행한다. 위버 이수아 대표는 "100명의 직장인들에게 워크숍이 기다려지느냐고 물었을 때 70명은 반강제적인 것, 하기 싫은 것이라고 답했다"며 "워크숍 문화를 즐겁고 재미있게 바꿀 수 있는 1일 체험 프로그램을 제공하고 있다"고 밝혔다. 이와 함께 외국인 여행자들을 위해 한글 별명 짓기, 퓨전한식 핑거푸드 만들기, 한류 메이크업 배우기 등 참신한 프로그램도 운영하고 있다(weebur.com).

(5) '숨비소리'는 한국의 청년 예술가들이 디자인한 여행 기념품을 제작한다. 김민 대표는 "한국여행을 온 외국인들이 '메이드 인 차이나'가 아닌 '메이드 인 코리아' 기념품을 사갈 수 있도록 하고 싶었다"며 "젊은 작가들이 안정적으로 작품 활동을 지속할 수 있는 기반도 마련해 줄 수 있는 사업"이라고 설명했다. 올해 '해녀'와 '진돗개'를 주제로 첫 작품을 제작해 호응을 얻었다. 내년엔 '광부'와 '태권도'를 주제로 다양한 문화상품을 기획하고 있다(www.artsoombi.com).

2) 관광공사 공모전 활용하니 수월했어요.

관광공사 공모전을 통해 자리를 잡은 관광벤처들은 '관광공사의 멘토링과 교육 프로그램이 큰 도움이 됐다'고 입을 모았다. 위버 이수아 대표는 "여러 기관에서 창업 지원을 받으면서 총 200시간 정도 교육을 받았는데, 그 중 관광공사에서 단 한번 들었던 PR교육이 가장 실용적이었다"며 "담임 멘토 한 명을 지정해 한 달에 한 번씩 해주는 컨설팅도 사업을 키워나가는 데 많은 도움이 된다"고 말했다. 디자인 여행기념품 제작업체 '숨비소리'의 김민 대표도 "관광공사는 초기 자금만 지원해 주는 것이 아니라 사업이 성공할 수 있도록 지속적인 멘토링을 제공해 준다"고 말했다.

스타트업들이 가장 어려워하는 부분인 홍보, 고객확보, 제휴업체 모집 등을 할 때도 공모전이 많은 도움이 됐다고. 메모리얼 유민재 대표는 "스타트업 기업은 신뢰도를 증명하기 어렵기 때문에 제휴 업체 · 기관을 구하기가 쉽지 않다"며 "관광공사 공모전 수상기업이라고 말하면 제휴 이야기를 나누기가 수월했다"고 설명했다. 모던한 조인선 대표도 "관광공사가 외부에 회사를 홍보할 수 있는 기회를 틈틈이 만들어 준다"며 "최근엔 중국인 크루즈여행객을 대상으로 한국 관광상품을 소개하는 박람회에 참가해 사업 아이템을 알릴 수 있었다"고 말했다.

3) 지속성 있는 수익모델 확보가 관건

공모전에 당선되어 지원을 받는다고 해서 모든 관광벤처가 성공할 수 있는 건 아니다. 관광공사공모전의 경우 3년 사이 총 250개 스타트업이 발굴됐지만 이 중 창업에 성공한 건 144개 기업이다. 많은 지원을 해 준다는 정보가 알려지면서 경쟁률도 점점 오르고 있다. 80팀을 선발하는 공모전에 2013년엔 1,004팀이, 2014년엔 1,470팀이 지원했다. 올해 기준 약 10 : 1의 경쟁률이다.

모던한 조인선 대표는 "한 해 80팀이 공모전에 선정돼 지원을 받지만 모두 다 살아남지는 못한다"며 "얼마나 지속적으로 수익을 내면서 회사 규모를 키워갈 수 있느냐가 성공의 관건"이라고 말했다. 숨비소리 김민 대표는 "시장을 선점하기 위해선 적절한 창업 타이밍을 잡는 것이 중요하다"며 "너무 준비 없이 창업하거나, 걱정이 많아 준비를 지나치게 오래 한 뒤 창업할 경우 성공하기 어렵다"고 덧붙였다.

(1) 내년엔 40팀 선정…글로벌기업 육성 집중

한국관광공사는 2012년부터 창조관광사업공모전을 통해 매년 80팀씩 여행 스타트업 기업을 선정해 지원하고 있다. 이 공모전에 선정되면 각 3,000만원 내외의 사업자금과 함께 멘토링 프로그램, 마케팅교육, 홍보기회 등을 지원받을 수 있다. 관광공사 강규상 관광벤처팀장은 "관광 창업은 제조업, IT 분야 창업과 달리 연구개발비 지원, 전문인력 지원이 부족하다는 것이 창업가들의 가장 큰 고민이었다"며 "관광산업의 특성과 각 기업의 성장단계에 맞춘 지원을 해 주기 위해 노력하고 있다"고 강조했다.

한국관광공사는 내년도부터 공모전 선정 기업 수를 절반 수준인 40팀 정도로 줄이는 대신, 일정 수준의 규모 · 경쟁력을 갖춘 여행 스타트업들이 국제시장에 진출할 수 있도록 적극 지원한다는 계획이다. 이를 위해 투자유치 관련 교육을 실시하고, 관광공사의 해외 네트워크를 활용해 중국, 실리콘밸리 등으로 나아가도록 돕는다는 방침이다. 또한, 150억원 규모의 창조관광펀드를 조성해 그 중 60%를 관광벤처 기업 지원에 사용할 예정이다(한국관광공사 관광벤처팀).

Chapter

11

여행업무

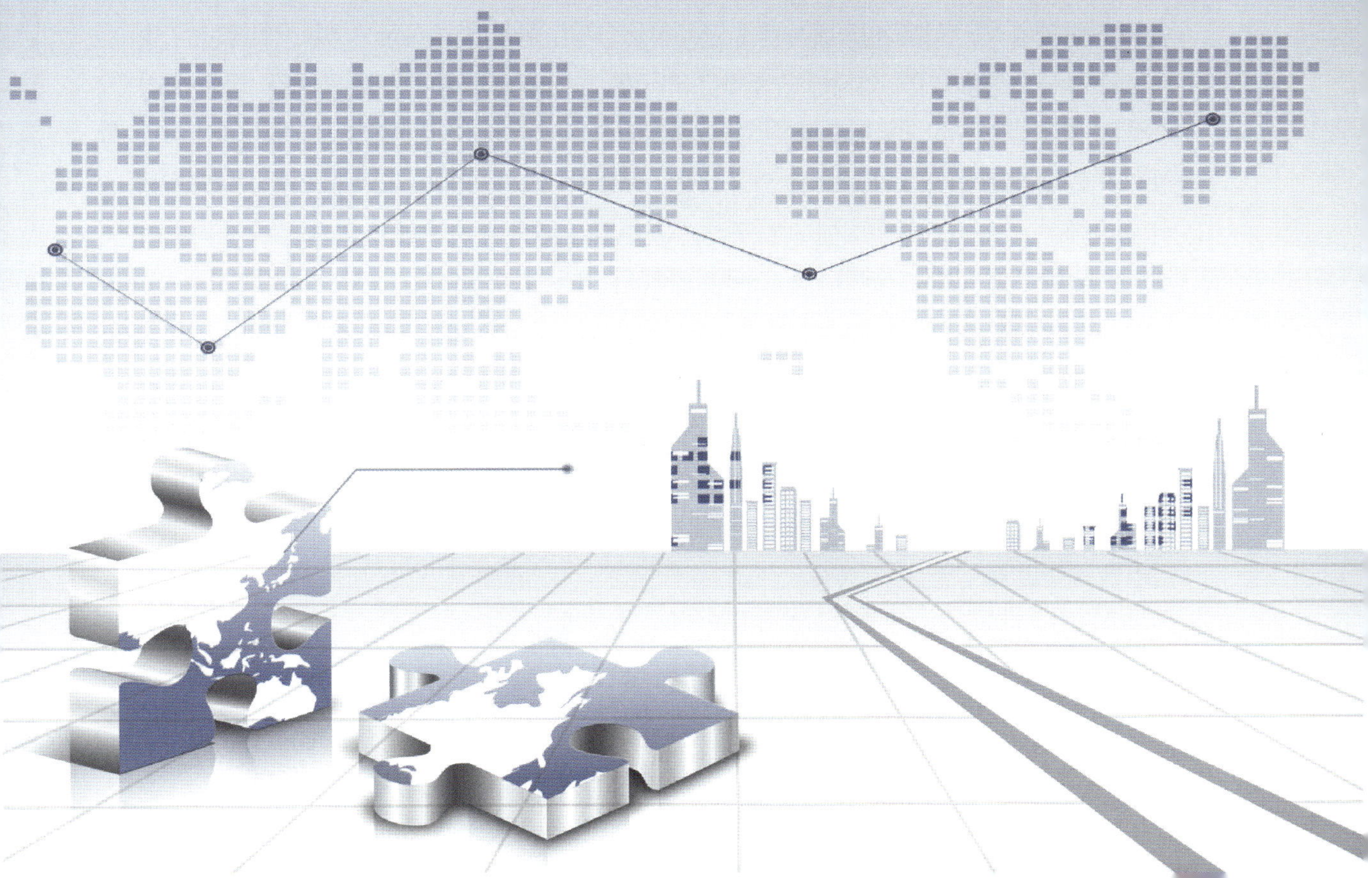

11 Chapter 여행업무

11.1 외국인 여행업무

11.1.1 외국인 여행업무의 정의

외국인(外人) 여행업무란 넓은 의미에서 “외국인의 한국 내 여행”이라고 정의될 수 있지만, 여행업계에서는 일반적으로 인바운드업무(inbound business)라고 부르고 있다. 여기서 외국인이란 한국에 거주하는 영·대사관에 근무하는 사람, 한국에 주둔하고 있는 외국군인 및 외국계 상사·은행·기타 업체에 근무하는 외국인 모두를 포함한다. 이렇게 한국 국내에 거주하는 외국인을 재한외국인으로 부르며, 통상적으로 외국에 거주하고 있으면서 관광이나 상용 또는 공무로 한국을 방문하는 외국인과는 구별할 필요가 있다. 외국에 거주하는 교포들의 경우에는 국적은 한국인임에도 불구하고 거주지가 외국에 소재하고 있으므로 외국인 여행업무의 범주에 속하게 된다. 즉 ‘거주지원칙’이 적용되는 셈이다.

재한외국인의 경우에는 한국의 국내사정, 풍속·습관 등이 어느 정도 몸에 배어있기 때문에 여행방법이나 형태 등 거의 한국인과 큰 차이가 없다. 따라서 외국인여행업무라고 하는 경우는 이들을 대상에서 제외하고 현재 외국에 거주하면서 관광이나 상용, 공무로 방한하는 외국인 및 해외거주 교포만을 대상으로 하는 것이 일반적이다. 그렇기 때문에 외국인 여행업무란 “방한외국인 및 국외거주 교포들을 대상으로 한 한국 국내여행에 관한 여러 업무”라고 정의할 수 있다.

11.1.2 외국인 여행업무의 개요

외국인 여행에서는 그 취급하는 고객이 국외에 거주하는 외국인 또는 재외교포가 대상이 되기 때문에 그들의 대부분은 현지여행업자의 손을 거쳐 방한하게 된다. 따라서 외국인 여행에서 중요한 판매활동은 국외시장에 대해서는 국외의 여행업자가 창구(대상)가 되는 셈이다.

외국인 여행의 판매활동의 가장 이상적인 형태는 전 세계의 주요 도시에 자사의 판매거점(지점)을 가지는 것이지만, 이것은 자본, 생산성, 주재인원 등 여러 가지 어려움이 있기 때문에 일반적으로는 불가능한 면이 많다. 그러므로 국외시장에서의 판매활동은 거의 국외 여행사를 통해서 업무를 추진하고 있다.

외국인 여행에서는 개인여행(foreign independent tour)이나 단체여행(foreign escorted tour)을 불문하고 국외의 여행업자로부터 여행에 관한 문의를 각종 통신수단을 통해 접수한 때부터 여행업무가 개시되는 셈이다. 이를 단계적으로 분류하면 〈표 11-1〉과 같다.

| 표 11-1 | 외국인 여행업무의 흐름

업자 / 단계	국외의 여행업자	한국의 여행업자	비 고
1	한국여행의 신청	문의에 대한 회신	판매계약은 성립되지 않음
2	회신에 만족, 필요한 예약을 의뢰한다.	예약의뢰에 입각한 수배를 완료한다.	판매계약의 성립과 체결
3	계약에 입각하여 여행비를 송금한다.	여행비를 수령한다.	외화 또는 이에 상당한 금액을 수령한다.
4	고객이 한국에 도착, 여행을 실시한다.	판매계약에 입각한 수배, 알선 등 필요한 서비스를 제공한다.	여행의 추가, 변경, 취소 등 발생
5	여행의 추가, 변경, 취소 등이 발생하면 상호 조정하여 최종적으로 정산업무를 완료한다.		

자료 : Travel Agent Maunal, *Moritani Travel Enterprise*, 1974, p. 167쪽.

국외의 여행업자는 한국여행을 계획하고 있는 고객과 상담한 후 한국여행의 여정을 작성함과 동시에 호텔, 식사, 교통 및 안내방식 등 제반 희망조건을 결정하여 연락해 온다.

한국의 여행업자는 그 여정에 따라 고객이 희망하는 조건을 충분히 존중하면서 여러 각도에서 검토를 한다. 고객은 국외에 거주하고 있기 때문에 여행사정에는 어두운 면이 많이 있으므로 때로는 무리한 요구나 경우에 안맞는 때도 있다. 이러한 때에는 여정을 수정하고 교통이

나 기타 여행에 관한 최신정보를 제공, 고객의 여행이 원활하면서도 쾌적하게, 성공리에 끝날 수 있도록 고심을 하지 않으면 안 된다(森谷トラベルエンタプイズ, 1976 : 167~8).

이렇게 하여 한국의 여행업자는 국외의 여행업자 및 그 고객과의 사이에서 검토를 병행하는 한편으로 고객으로부터의 희망조건에 추가, 변경 및 취소 등을 조정한다. 이를 위하여 국외의 여행업자와의 사이에 몇 회의 연락이 내왕하는 것이 보통이다.

국외의 여행업자가 최종적으로 여정(itinerary), 여행비(tour fee) 및 여행조건(tour condition)에 대해서 수락하면 예약의뢰가 한국여행업자에게 도달된다. 이것이 외국인 여행업무의 판매계약이 성립하는 시점이며, 이 시점이 판매실무 중에서도 가장 중요한 요점이라 할 수 있다.

11.1.3 외국인 여행업무의 업무별 내용

1) 판매계약

통상적으로 계약을 체결하기 전에 주의를 요하는 것은 그 계약조건인데, 외국인 여행의 판매계약에 있어서도 이 점이 가장 중요한 것에는 변함이 없다. 따라서 판매계약 체결 시에는 상세한 부분까지 주의를 하고 어느 쪽에서도 해석할 수 있는 애매한 문구는 없는지를 확인하여 명료하게 작성하는 것이 지름길이다.

외국인 여행의 판매계약을 체결하는데 반드시 명확하게 해둘 필요가 있는 사항에는 다음과 같은 것이 있다.

① 여행비에 포함되는 비용의 범위, 여행조건을 분명히 할 것.
예를 들면 호텔의 등급, 식사, 안내방법, 입장요금, 하물의 운반 및 팁의 지급 등을 구체적으로 명기할 필요가 있다.

② 제공하는 서비스 내용을 명확히 할 필요가 있다.
예를 들어 호텔의 숙박기준인원, 열차의 등급, 차종(외국산차, 국산차도 포함) 등을 구체적으로 명기할 필요가 있다.

③ 여행비는 여행서비스의 개시 전에 수령한다.
외국인 여행에서는 여행비를 여행서비스 개시 전에 수령하는 것이 일반적인데, 그 이유는 제공한 서비스 대가를 가능한 한 빨리 회수하여 자금화하기 위함이다.
행사(tour)의 이익률이 일정하면 여행비의 회수가 빠르면 빠를수록 결과적으로 이익률이 상승된다. 여행비의 선불제도는 도산을 방지하기 위한 일면도 있지만, 외환 및 외국무역관리법의 제한을 받기 때문이다. 그러나 오랫동안 거래관계를 계속하고 있는 업자 사이에서는 외상거래도 인정되고 있는 것이 현실이다.

④ 여행비는 안전한 방법으로 수금할 것.

여행비는 신용도가 낮은 개인수표(personal check)가 아니라 안전하면서도 회수에 유리한 은행공금, 혹은 은행에서 발행한 자기앞수표(cashier check) 또는 여행자수표(travelers check)로 결제하도록 명기하는 것이 긴요하다.

2) 수배업무

외국인여행에서는 여행상품의 품질이나 가치를 결정짓는 요소의 하나로 안내원의 수배를 비롯하여 숙박기관이나 교통기관 및 식사 등의 수배와 알선서비스가 있다. 훌륭한 여정(itinerary)이나 훌륭하면서도 완전한 여행조건 등이 결정되어 있어도 실제로 제공하는 상품내용에 결함이 있다면 그것은 불량품이며, 불합격의 낙인이 찍히게 마련인 것이다.

수배 및 알선에 대해서는 "무결점(Zero Defect) 운동이 꼭 필요하다", ZD운동이란 원래 기계나 설비 등에서 고장이나 결함이 생기고 나서 수선 등을 하는 것이 아니라 고장이나 결함이 생기지 않도록 언제나 쾌적한 상태로 유지하는 것을 말한다. 일명 '예방보전제도'라고도 할 수 있다. 따라서 외국인여행의 수배 및 알선시에는 이 ZD운동을 항상 염두에 두고 오수배의 방지에 최선을 다하는 것이 중요하다.

수배상의 기본원칙으로는 ① 정확한 수배, ② 신속한 수배, ③ 간결한 수배, ④ 확인의 이행, ⑤ 대안의 강구 등 5요소를 들고 있다(국제관광공사 관광요원훈련원, 1975 : 7).

3) 안내업무

한국을 방문하는 대부분의 외국인은 처음으로 방한하는 경우가 많다. 따라서 그들의 방한(訪韓)목적은 사람이나 여행의 종류에 따라 다르겠지만, 일반적으로 보아 다음의 어느 하나에 해당한다 할 것이다.

- 한국에 와서 견문을 넓히고 싶다.
- 일상의 긴장에서 해방되어 여유를 가지고 싶다.
- 제한된 시간을 십분 활용하고 싶다.

한편, 외국인 여행자는 이국에 체재하기 때문에 언어장애나 상이한 풍속 · 습관 때문에 신경을 쓰게 되고 지리의 어둠에 따른 불안 때문에 긴장감이 계속된다. 따라서 외국인 여행에 있어 알선의 중요한 점은 이러한 여러 가지 불안감이나 긴장을 해소시켜 주는 것이며, 고객에게 여유 있으며 즐길 수 있는 환경을 만들어 한국여행의 소기목적을 달성할 수 있도록 하는 것이 중요한 관건이 된다.

외국인 여행서비스의 기본원칙은 다음과 같은 것이 있다.

- 외국어 특히 영어 · 일어 · 중국어 실력을 키울 것.
- 외국인 여행의 필요한 업무지식을 몸에 익힐 것.
- 고객을 잘 알 것. 대체적으로 외국인은 합리주의, 금전에 대한 관념, 부인우선(ladie's first), 개인주의 존중(privacy), 유머(humor), 동물애호 등의 성격을 가진다.

이외에 국가별로 상이한 특질이 있으므로 국가별 국민성이나 터부시하는 것 등을 숙지하고 있어야 훌륭한 안내를 할 수 있다.

- 성실한 마음을 가지고 친절하게 안내할 것.
- 몸가짐을 단정히 할 것.
- 거만하거나 비굴하지 않는 올바른 예의동작을 갖추어 안내할 것.

안내업무에 들어가기 전에 회사에서 준비할 사항은 다음과 같다.

- 단체 입국 전 적어도 3시간 전에 회사에 나와 해당 파일(file)을 검토한다. 파일을 검토한 후 의문사항이 있으면 담당자에게 문의하여 충분한 설명을 듣도록 한다.
- 숙박 및 교통기관에 예약사항이 제대로 수배되어 있는지를 확인한다.
- 관광 이외에 산업시찰이나 회사방문 등 업무방문(technical visit)계획이 있는지를 살펴보고 수배 유무를 확인한다.
- 단원의 연령, 직업, 국적, 여행목적 등 단체의 성격을 파악하여 그에 대비한 지식을 얻도록 노력한다.

영접(meeting)시 준비해야 할 사항은 고객용 일정표, 단체조건 확정통보서, 배치, 버스부착용 스티커, 확인서, 안내지시서, 회사 깃발, 단체확인서, 단체숙박명단, 영수증과 청구서, 대형단체의 경우 호차표(號車表)와 핸드마이크 등이다. 장소별 · 시간별 업무수행은 〈표 11-2〉와 같다.

| 표 11-2 | 장소별 · 시간별 안내업무요령

시간	장소	구체적 내용
입국시	공 항	공항의 청사(1, 2)파악, 입국항공편 도착시간 파악, 입국 1시간전 대기, 준비물 확인, 입국자명단 확인, 공항시설의 파악(화장실, 은행 등)
	버 스	주차 장소 파악, 차량번호, 청소상태, 마이크 상태, 승차시간의 통보, 개략적인 일정의 통보
	영 접	입국 30분전 영접준비 완료, 입국 도착상황판의 Arrived의 확인, 사기(社旗) 및 스티커를 들고 영접, 인솔자나 단원 중의 대표자가 나오면 최종입국 인원확인, 집합장소의 통고, 화장실 및 환전 및 기타 용무의 확인, 하물의 확인(bond 유무), 인솔하여 버스로 안내
	버스 내	인원파악, 하물 및 수하물의 파악, 분실물 유무 파악, 인솔자의 인사기회 제공, 안내원 자신·직원·운전사 및 회사소개, 일정표·배지·환전봉투 등의 배포, 인솔자와의 일정협의, 여권의 보관 유무 결정
	공항→시내	한국의 역사·문화·지리·교통 등의 간단한 설명, 환율 및 사용법, 체한시의 유의사항(사진촬영 금지구역, 민방위 훈련, 반입물품의 재반출, 야간 외출시의 주의사항 등)
	호텔 체크인	위치, 전화번호, 구내의 통화방법, 식당의 위치(층수), 부대시설의 이용방법, 팁의 전달방법, 객실배정, 엘리베이터의 사용법, 룸서비스의 이용법, 투숙객 리스트의 작성, 체크인 후 프런트나 커피숍에 대기, 모닝콜의 시각 통보, 객실청소의 확인, 다음 집합시간 및 장소의 통보, 귀중품의 보관방법 설명, 객실의 이상 유무 확인(열쇠, 더운 물, 전등, 전기기기 등 고객의 동태, 불면식자로부터의 전화 거절요령 설명, 예약된 객실요금의 확인
	회사보고	단체명 및 입국인원의 보고, 일정변경시 보고, 고객의 문제점 보고(환자 등), 다음날의 배차관계 보고, 메뉴의 변동보고, 선택관광의 보고
	식 사	사전예약, 메뉴 및 좌석의 확인, 음료의 지급관계 확인(각자 혹은 일괄), 요리 맛의 확인, 추가요리의 지급관계 확인, 메뉴의 설명, 식사방법의 설명
	귀가 전	인솔자에게 자택전화번호의 통보, 다음날 행사의 최종점검
	호텔	모닝콜 30분전 도착, 고객의 불편사항 유무 확인, 식당의 입구에서 대기, 좌석 및 메뉴의 확인, 버스의 도착 유무 확인, 운전사에게 출발시각 통보, 객실내 귀중품 방치금지 안내, 항공권의 귀국편 재확인
체재중	호텔→관광지	버스의 점검, 운전사에게 일정 통보, 고객의 인원파악, 음료 및 냉난방의 확인, 관광지까지의 거리 및 소요시간, 문제점 발생시의 처리, 객실의 변경 유무 확인
	관광지	관광지 도착 후 인원파악, 타단체와 섞이지 않도록 고려, 미아가 되었을 때의 대처방법, 사진촬영 금지안내, 버스의 주차위치 확인
	쇼핑	• 쇼핑의 우선순위 ① 일반민예품, ② 면세점, ③ 상품의 고급성, ④ 상품의 특징, ⑤ 상품의 가치성, ⑥ 자국에서의 시가 등 설명 • 쇼핑유도 ① 상품의 효용성, ②상품의 역사성, ③ 상품의 고급성, ④ 상품의 특성, ⑤ 상품의 가치성, ⑥ 신용성, ⑦ 교환성
	선택관광	선택관광은 회사의 수입을 증대하고 안내원의 능력을 가름하는 첩경이므로 가급적 판매에 주력한다. 단, 강요는 금물, 판매가격의 설정에 유의(up 유무)

출국시	호 텔	숙박에 따른 Bill의 확인(단체, 개인별), Baggage Down의 확인, 객실열쇠의 반납 유무 확인, 분실물 유무 확인, 버스의 도착확인, 수하물의 개수 확인, 수하물 내의 귀중품 유무 확인, 세관에 신고된 소지품의 확인
	호텔→공항	고객의 방한 만족도 파악, 면세점의 인환권 및 세관신고물품의 재확인, 면세품의 범위 및 대상품목 · 수량의 설명, 위탁수하물의 구분, 재환전관계의 설명, 공항근처에서의 출국인사, 여권 및, 항공권 · 공항세의 점검
	공항	위탁수하물의 개수 확인, 고객을 출국대합실로 인솔, 입국시의 예치품의 확인, 위탁수하물의 물표(tag)를 인솔자에게 전달, 위탁수하물의 X-Ray 통과시 5분 정도 대기, 탑승권(boarding pass)의 전달, 탑승구(boarding gate)의 안내, 여권 및 탑승권의 반환, 재환전 안내, 출국장 안내, 회사에 단체 종료 보고

자료 : 서울동방관광(주), 「안내실무요령」, OEC자 2~27쪽, 91~94쪽에 의거 재구성.

4) 정산업무

정산업무란 행사가 완료된 직후 행사보고서를 작성, 경리적으로 마무리하는 작업을 말한다(계명전문대학부설 관광종사원연수원, 1985 : 63). 따라서 이미 작성된 행사계획서의 내용과 얼마나 상이한가 또는 그 이유도 밝혀야겠지만, 행사결과로 얻어진 회사의 수익이 얼마냐 하는 것을 명확히 증빙서를 첨부하여 밝히는 것이다. 그러므로 회사로부터 미리 수령한 전도금의 집행내역과 실제로 진행된 내용과를 비교 · 검토하는 것이 정산의 주된 업무인 것이다.

정산서의 작성 시에는 행사와 관련된 각 프린서펄의 외상매입금을 기록하고 또한 행사와 관련하여 발생한 수익(선택관광, 쇼핑수수료, 사진수수료, 항공권 등의 대매수수료, 카지노 등의 알선수수료 등)을 빠짐없이 기록하여 행사에 대한 손익을 확정하게 된다.

행사의 진행에는 수많은 사람이 관련되어 있으므로 경비의 입 · 출금에는 항상 주의해야 하며, 특히 다음 사항에 주의하지 않으면 안 된다.

- 행사 전에 경비를 수령한다.
- 미입금(未入金)이 발생되지 않도록 주의한다.
- 매일의 거래내역을 기록 · 관리한다.
- 행사종료 후 3일 이내에 정산한다.
- 영수증의 수령 시 날짜를 확인하고 사제영수증은 불가피한 경우를 제외하고 받지 않는다.

11.2 국외 여행업무

11.2.1 국외 여행업무의 개요

국외여행업무란 내국인의 국외여행, 아웃바운드 업무(outbound business)이며, 국내여행의 경우는 자신이 여행계획을 세우고 이용하는 모든 교통기관의 예약을 신청하며, 필요한 티켓의 구입 등 여행의 모든 것을 본인 스스로가 하지만, 국외여행의 경우는 이러한 주체적인 행동만으로 간단하게 국외여행을 하기는 불가능에 가깝다.

국외여행을 하려고 하면 국외여행에 따른 필요한 수속(여권의 발급, 사증의 취득, 국제공인예방접종증명서의 발급, 외화의 구입, 항공권의 구입 등)이 행해지지 않으면 안 된다.

이 업무는 공적기관과의 업무이므로 업무의 정확성이 기초가 되며, 만약 불충분한 자료에 입각하여 업무를 추진하는 경우는 출입정지는 물론 대외 신용도에도 크게 타격을 입게 되는 경우가 많다.

11.2.2 국외 여행업무의 업무별 내용

1) 카운터업무

카운터업무는 항공예약 및 운임계산과 발권업무로서 호텔의 컨시어지(concierge)와 마찬가지이다. 종업원은 어떠한 질문에도 바로 대답할 수 있도록 해야 한다. 카운터는 밝고, 온화하고, 청결하고, 정리정돈되어 있지 않으면 안 된다.

여행사는 여행의 즐거움을 파는 장사이기 때문에 고객이 여행사에 들어오는 순간 가슴이 두근거리는 분위기가 있어야 한다. 나이가 든 손님들 중에는 점포의 모습을 보고 오는 손님이 적지 않다. 이때 카운터나 로비가 어둡다거나 활기가 없다면 안심감을 줄 수가 없다.

고객이 점포에 발을 들여놓는 순간 컴퓨터 화면을 보면서 "어서오세요"라고 해서는 마음으로부터의 환영을 하고 있다고는 생각지 않는다. 신입사원으로 카운터에 배치되면 고객의 희망은 어떻게 파악하는지, 그 요령을 깨닫는 것에 전력을 집중해야 한다.

2) 세일즈업무(out sales)

세일즈업무의 일상업무는 대부분 집객(集客)활동이다. 세일즈를 하다 보면 어디서는 경쟁상대를 만나게 된다. 여행요금을 타사보다 조금 더 싸게 해 주려면 집에서 발주하고 있어도 좋다. 즉 도덕에 반하는 이야기의 유혹에 져서는 안 된다.

인센티브여행, 사원여행, 직장여행, 업무방문(technical visit) 등 기업이나 조합, 단체, 협회의 제안은 지혜의 승부처이다. 고객의 요구를 잘 듣고, 그 취지에 맞는 제안을 2~3개 정도 제출한다. 하나의 안을 가지고 있어서는 그 안만 밀어붙이는 꼴이 되기 때문에 반드시 복수의 안을 제안하라. 즉 고객에게 항상 선택지를 주는 것이다.

수배주문을 받으면 그 날 중에 처리하고 아무리 바쁘더라도 다음날로 넘기지 마라. 스피드가 관건이다. 집객활동에는 호스피탈리티(hospitality)라고 불리는 대화법, 말씨, 배려, 복장, 태도, 자세 등의 세심한 주의가 필요하다.

3) 예약업무

예약업무는 여행객의 예약을 처리하는 업무로서, 신문광고에 "오늘은 오후 9시까지 접수합니다"라는 기사가 있다. 행선지에 따라서 전화번호가 다르다. 0012번은 미국 0013번은 유럽이라는 식이다. 이러한 수용태세(콜센터)가 만들어져 있으면 아무리 많은 상품이 광고되고 있다고 하더라도 각자 담당하는 여행상품은 한정되어 있기 때문에 빠르고 정확한 답변이 가능하다.

최근에는 여행지선택에서 귀국까지 전화와 우편의 연락만으로 끝났다고 하는 경우도 많고, 예약당자의 전화응대가 회사의 이미지에 모든 것이라는 경우도 증가되고 있다. 최근에는 전화번호를 알려주면 주소 · 성명을 곧 확인할 수 있는 CTI(Computer Technology Inte- gration)시스템을 채용하고 있는 곳도 많고, 여행사도 이런 IT투자를 하지 않으면 생산성이 오르지 않는다. 물론 광고가 출고된 날에는 단기간에 전화가 쇄도하기 때문에 팀워크가 중요하다. 필요에 따라서는 사전에 충분한 인원배치를 해두지 않으면 안 된다.

4) 기획 · 구매업무

마케팅회사인 여행사에 있어서 기획 · 구매는 가장 중요한 부문이다. 고객과 직접 접하는 것은 적을지라도 고객의 목소리를 가장 솔직하게 귀를 기울이지 않으면 안 되는 부문이다.

고객들은 자기 회사에 대해 어떤 기대를 가지고 있는 것일까? 일본에 특화되어 있는 여행사에 유럽여행을 상담하는 고객들은 적을 것이다. 회사의 이미지에 맞는 여행목적지 선택이나 상품기획으로 현재의 이미지를 보다 강화하거나, 새로운 상품으로 구색을 넓혀서 규모가 큰 기업이미지를 만들거나, 기업의 경영전략과도 밀접하게 연관되어 있을 만큼의 CEO와의 의사소통이 중요하다.

여행목적지 선택, 테마선택, 루트선택, 가격결정 등 어느 것도 타사의 움직임이나 실적 등을 감안하여 결정하지 않으면 안 된다. 누가 기획의 이니셔티브를 취하는지, 물론 경영자가 리더십을 발휘하지만, 종업원은 경영자가 최종결정에서 실수 없는 결정을 내릴 정보를 가능한 한 많이 모아서 투입해야 한다.

항공회사 외국관광청, 지상수배업자로부터도 좋은 정보가 언제나 들어올 수 있도록 항상 문호를 개방해두지 않으면 안 된다.

5) IT업무

인터넷시대에는 사내에서도 네트 디바이드(net devide)가 생긴다. 컴퓨터를 잘 다루는 사람과 기계치인 사람들로 분류된다. 아무리 기계치라 하더라도 네트시대의 본질을 이해하고 있다면 좋은 것도 사실이다.

네트사회에 있어서 IT담당자의 역할이 중시되고 있다. 비즈니스 모델이 완전히 변화하여 어디서, 어떤 방식으로 제휴하는가? 어떤 새로운 기술이 도입되는가? B2B인가? B2C인가? 홈페이지 개선은 어떤 방향인가 등 과제는 넘쳐나고 있다.

6) 고객서비스업무

컴퓨터의 보급으로 1 : 1(one to one) 마케팅이 매우 쉽게 되었다. 그래서 빈번고객을 둘러싼 활동이 활발하게 되었다. 많은 여행사가 월간뉴스를 발행하고 고객과의 밀접한 커뮤니케이션을 꾀하고 있다. 회원 고객으로부터의 편지, 여행기(旅行記), 여행사진 등을 올리는 것으로 고객과의 친근감을 높일 수 있다.

회보(會報)는 고객들과의 친밀한 커뮤니케이션을 꾀하는 가장 중요한 매체이다. PR회사 전문가의 힘을 빌리면 좋겠지만, 한정된 예산으로 제작한다고 하면 DTP(desktop publishing ; 탁상 출판)[5]기술도 진화하고 있으므로 담당자의 의혹과 공부가 이를 뒷받침해주지 않으면 안 된다.

7) 기타업무

인사부에서는 어떻게 여행업에 필요한 인재를 채용할 지에 대해 과학적인 선택시스템도입이 필요하다. 여행업은 이 폭이 좁기 때문에 가능한 한 이직률을 낮추고 훈련경비를 적게 하지 않으면 안 된다.

사원의 정기적인 교육도 이제부터 중요한 과제이다. 일반적으로 노동시간이 점차 줄고 있으므로 사원 유급휴가의 소화율을 어느 정도 끌어올릴지, 서비스 잔업을 여하히 줄이는가도 큰 과제이다.

---

5) 개인용 컴퓨터나 워크스테이션을 이용한 출판물의 입력, 편집, 인쇄 등의 전 과정을 컴퓨터화한 전자 편집 인쇄 시스템.

경리부는 미수금을 가능한 한 적게 하기 위한 관리시스템을 확립하지 않으면 안 된다. 여행업의 조수익(粗收益)은 취급액의 0.5% 정도이므로, 만약 100만원의 미입금에 의한 손실이 발생했다면 그것을 되돌리는 데에는 취급액을 2억원이나 여분으로 증가시키지 않으면 안 된다. 따라서 공급사슬관리(SCM: Supply Chain Management)[6]가 매우 중요하게 되었다.

8) 1인(one man) 업무

여행업은 여러 가지를 포괄하는 전문적인 업무이다. 그러나 여행사의 90% 이상은 사원이 20명 이하로 한 사람이 많은 업무를 하고 있다는 것을 의미한다.

기획에서 구매, 팸플릿 작성, DM발송, 설명회 개최, 거기에다 인솔까지 전부 혼자 하고 있는 것이다. 물론 이러한 1인경영은 생산성향상이라는 시점에서 보면 한계가 있지만, 여행업계의 현상을 잘 대변하고 있다. 젊을 때에는 전부 혼자서 하는 것이 좋지만 기업을 크게 성장시키고 사원에게 희망을 주기 위해서는 매년, 매월 조직의 형태를 갖추지 않으면 안 된다.

인재교육을 위해서도 가능한 한 빨리 조직을 구축할 필요가 있다. 오늘날 IT기술의 발달은 그러한 조직구축에 대단히 유리하다. 입사한 때부터 빠른 시일 내에 독립을 생각하는 그러한 야망을 가지는 것은 매우 중요하다.

9) 일반업무

(1) 여권(passport)

여권(passport)이란 국외로 가고자 할 경우 정부로부터 발급되는 일종의 국적증명서임과 동시에 정부가 방문 국가의 관계기관에게 여권의 소지자가 지장 없이 여행이 가능하도록 요청하는 공문서이다.

여권의 종류에는 직업이나 신분상의 분류기준에 따라 ① 일반여권(ordinary passport), ② 관용여권(official passport), ③ 외교관여권(diplomatic passport)이 있으며, 여권의 효력에 따라 구분하는 ① 단수여권(single passport), ② 복수여권(multiple passport)이 있다.

이외에도 여권에 준하는 공식문서로서는 여행증명서(travel certificate)가 있다.

6) 공급망 관리라고도 한다. 제품 및 서비스의 공급자에서부터 생산, 유통을 거쳐 최종 소비자까지의 모든 자원을 통합된 개념으로 관리하여 공급망의 전체에 걸쳐 자재, 정보 등의 흐름을 통합하고 연계하여 최적화하는 경영 시스템이다.

그림 11-1 ⊙ 국외여행업무의 흐름도

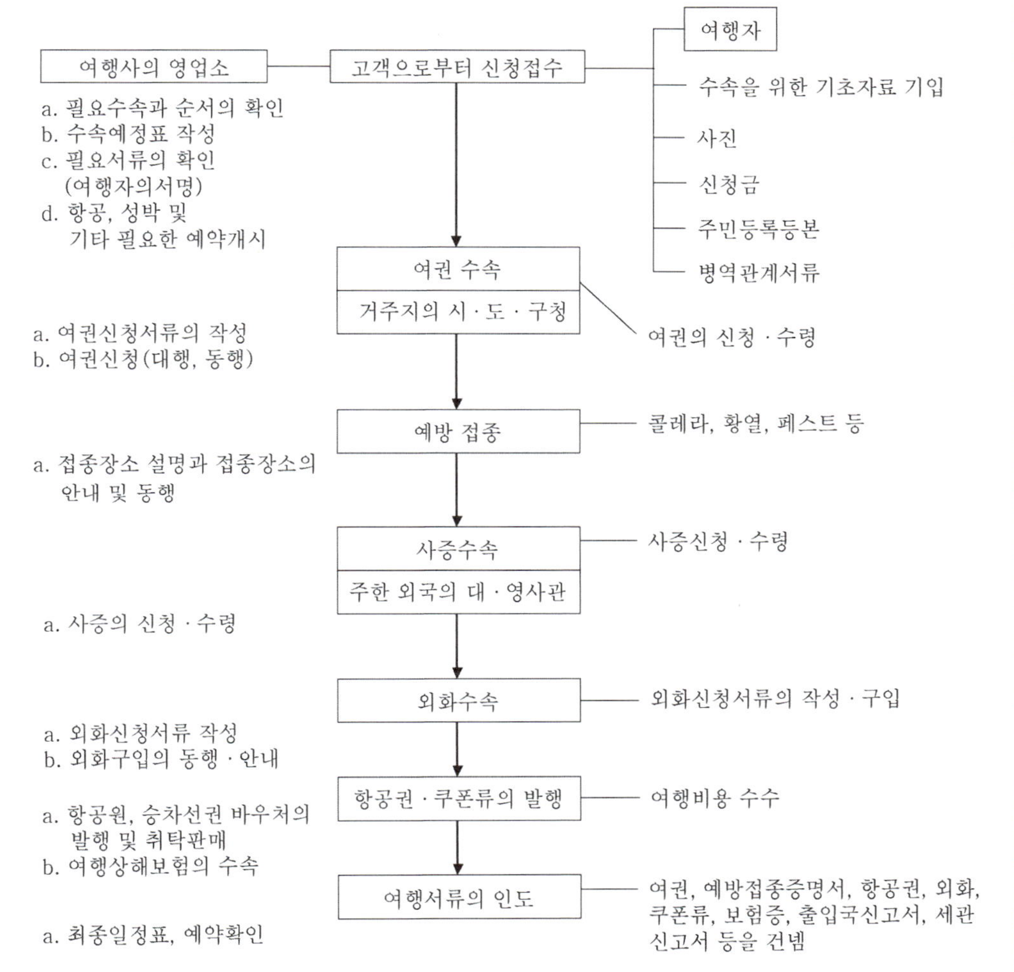

(2) 사증(visa)

사증(査證)이란 방문하려는 국가의 재외공관이 신청목적, 체재기간 등에 대해서 확인한 다음 ① 신청자가 유효한 여권의 정당한 소지자이며, ② 자국의 안전이나 이익을 해칠 염려가 없다고 판단되고, ③ 자국에의 입역(入域)을 우선 승인하며, ④ 본국의 관헌에 추천하는 의정서라고 할 수 있다. 따라서 최종적인 입국허가의 결재권은 그 나라의 해 · 공항의 입국관리관에게 있다. 그러므로 사증은 해당국가에 입국하기 위한 '입국허가서'라고도 할 수 있다.

사증에는 사용횟수에 따라 ① 단수사증(single entry visa), ② 복수사증(multiple entry visa)으로 구분하는 방법과 방문목적에 따라 상용사증(business visa), 영주사증(immigrant visa), 유학사증(study visa), 관광사증(tourist visa), 통과사증(transit visa) 등으로 구분하고 있다. 또한 신분상으로는 외교사증(diplomatic visa), 공용사증(official visa)으로 구분하기도 한다.

사증은 국외로 갈 경우 반드시 받아야 되는 것은 아니고 사증상호면제협정이 체결되어 있는 국가로의 여행시에는 발급받을 필요가 없다. 또한 제3국에의 여행을 위해 특정국가에 일정기간 체류 시에는 무사증체류제도(TWOV : Transit Without Visa)라는 것이 있어 이러한 때에는 굳이 사증을 발급받을 필요가 없다.

(3) 국제공인예방접종증명서(international certificates of vaccination)

국내의 여행자 자신 및 수하물에 의해서 전염병이 침입하는 것을 막기 위하여 국경, 공항, 해항 등에는 검역소를 설치하여 필요한 검사를 하고 있다.

검역이란 이와 같이 전염병이 자국 내로 들어오는 것을 방지하고자 전염병 발생지역으로부터 들어오는 여행자 혹은 전염병 발생지역으로 경유 또는 체류하려는 자에 대해서는 사전에 필요한 예방주사를 맞도록 하고 있다.

대개의 국가에서는 검역전염병으로 두창, 황열, 페스트, 콜레라 등을 들고 있으나, 예컨대 인도 같은 국가에서는 간염의 예방접종도 요구하고 있는가 하면, 일부 중동국가에서는 뇌막염의 예방접종까지 요구하기도 한다. 이 증명서는 종이 색깔이 노랗다고 해서 별칭으로 옐로카드(yellow card)라고 부르고 있다.

(4) 외화(foreign currency)

외화란 외국화폐를 말하는 것으로 여행자는 여행경비를 국외에서 사용할 수 있는 국제통화로 교환하여 사용하여야 한다. 외화의 교환은 여권을 가지고 외환은행 또는 일반은행의 외국환교환창구에 가서 원화를 외화로 교환할 수 있다. 원화를 외화로 환전할 경우에는 외국환 대고객매도율(BSR : Bank Selling Rate)에 의하여 지급되며, 사용하다 남은 외화를 원화로 재환전하고자 할 경우에는 외국환 대고객 매입률(BBR : Bank Buying Rate)에 의해 교환되는데 이는 매매기준율의 ±1.5% 내에서 조정하고 있다.

여행사에서는 외국인 여행자의 환전(換錢 · 兩替)업무에 원활을 기하기 위해 환전상업무도 병행하고 있는 바, 환전상(money exchanger)이란 내국지급수단을 대가로 외국통화 또는 외국에서 발행한 여행자수표를 매입하는 것을 업으로 영위하는 자를 말한다(김영생, 1989 : 163). 여행사는 환전상을 설치함으로써 환전수수료를 획득할 수 있다.

외화의 구입방법은 ① 현금(cash), ② 여행자수표(T/C : traveler's check) 등으로 구입할 수 있다.

(5) 출입국 수속

출입국 수속은 출입국에 즈음하여 제국가의 국익의 보호와 위험방지를 위해 정해진 해 · 공항 및 국경 등에서 행해지는 세관 C = Customs, 출입국관리 I = Immigration, 검역 Q = Quarantine의 제반수속으로 업무상 이를 CIQ라고 일컫고 있으며, 일반적으로는 통관수속이라고도 한다.

출입국 수속의 내용과 순서는 국가에 따라 또는 출 · 입국별, 경로에 따라 약간의 차이가 있으나, 출국시에는 거의 Q→C→I, 입국시에는 Q→I→C 순으로 진행된다. 출입국수속을 할 때에는 출입국카드(E/D card)와 세관신고서(customs declarations) 및 국제공인예방접종증명서(yellow card) 등을 구비하고 있어야 한다.

11.3 국내 여행업무

11.3.1 국내 여행업무의 성격

국내 여행업무란 내국인의 한국 내 여행과 관련된 업무를 말한다. 국내에 있어서의 여행업의 존재가치는 국제여행의 그것에 비해 그리 높지 않다. 그것은 국외여행에 있어서와 같이 여행사에 의뢰하지 않아도 여행자 자신이 염가로 즐길 수 있기 때문이다. 즉 국외여행에 비해 국내여행에서는 ① 출입국수속이 없다, ② 외국어를 필요로 하지 않는다, ③ 예약 · 수배를 본인이 간단히 할 수 있다, ④ 운수 · 숙박기관 자체의 안내체제가 충분하다는 점 등이다. 이렇게 보면 일견 국내 여행업무는 여행업자의 개입이 불필요한 듯이 보이기도 한다. 그러나 개인여행의 대부분을 제외하고 단체여행의 경우에는 대부분 여행업자의 개입을 필요로 한다.

대부분의 개발도상국가들은 관광 = 외화수입이라는 등식이 머리속에 고정되어 있어 국내여행은 늘 등한하게 취급한 감이 없지 않다. 그러나 근래에 들어 국제여행과 국내여행이 함께 발전해야 한다는 논리가 확산되면서 국내여행에도 관심이 제고되고 있다.

국내여행은 여행시설의 수요창조에 많은 기여를 하고 있으며 이것은 나아가 국제여행과도 상당부문에서 연관된다. 국내여행이 기여하는 효용성을 제시하면 다음과 같다(이선희, 1991 : 122).

① 수용지역의 소비구조에 변화를 가져와 송출지와 수용지 간의 전체적인 균형을 이루게 해준다.
② 선진국이든 개발도상국이든 국내여행이 국민소득의 평준화를 이루는데 기여하고 있다.
③ 수용자(여행지)의 입장에서 볼 때 국내여행은 여행시설의 효과적 운용과 고용수준을 향상시키므로 국제여행을 뒷받침해 주고 있다.
④ 국내여행은 자국민에게 조국을 올바르게 인식할 수 있는 계기를 마련해 준다.
⑤ 국내여행은 국외여행의 준비단계로서 많은 경험을 쌓게 해 준다.
⑥ 여행지역으로 각광받지 못하던 산간지역이나 도서지역들이 새롭게 경제발전에 참여할 수 있는 활력소를 불어넣어 준다.

그러나 아직도 상당 부문에서는 국내여행하면 EDPS적 사고, 즉 먹고(eating), 마시고(drinking), 놀고(playing), 자는(sleeping) 정도의 인식에 사로잡혀 있는 것을 볼 수 있다. 단적인 예로 국내여행에는 이미 여행안내사가 없어진지 오래이다. 여행의 질은 훌륭한 안내사가 결정짓는다고 하는데 안내사가 없는 국내여행은 그야말로 황무지나 다름없다.

11.3.2 국내여행의 업무별 내용

국내 여행업무는 크게 ① 자사여행상품의 판매, ② 타사상품의 전매(轉賣), ③ 전세버스의 판매, ④ 신혼여행의 판매, ⑤ 수학여행의 판매, ⑥ 각종 권류(劵類)의 판매업무로 구분할 수 있다. 이 가운데 국내여행업의 근간이 되는 수입원천은 ③과 ⑥이다.

전세버스는 1977년 관광사업법이 개정되기 전까지는 관광교통업의 한 분야로 지정되어 있었으나(박한근, 1971 : 214~220), 요즈음에는 정확히 말해 전세여객자동차운송사업으로 그 명칭을 달리하고 있을 뿐더러(교통신문사, 1981 : 218) 엄밀히 말해 이미 관광사업의 범주에 속하지 않는다. 그러나 전세버스는 여행자를 실어 나른다는 점에서 여행사와는 필수불가분의 관계에 있다.

1) 기획여행상품의 판매

자사여행상품의 판매에는 ① 자사주최상품의 자사판매, ② 자사주최상품의 타사판매방법이 있다. 전자는 여행사에서 가장 일반적으로 나타나는 형태로 자사에서 주최여행상품을 조성하고 자사에서 판매한다는 일관(一貫)시스템이다. 외부판매(out sales)형 등 단체판매는 거의 이 방법이다. 근년 유통판매방식이 보편화되고 있기는 하나 이것도 집객력이 있는 유통구조를 통해서 여행사가 일반모집하고 있는 것이기 때문에 자사주최상품의 자사판매라고 할 수 있다. 한편, 후자는 자사주최상품을 타사를 통하여 판매하는 방식으로 '외판'이라고도 한다. 패키지투어의 홀세일(wholesale)의 전형적인 예이다.

2) 타사상품의 전매

이 방법은 타사의 패키지여행의 소매(retail)판매가 이에 해당한다. 수익면에서는 자사주최상품의 자사판매방법에 못 미치지만, 위험이 적고 확실하게 판매수수료가 보장된다는 점에서 장점을 지니고 있다.

3) 전세버스의 판매

국내여행업의 주된 수입원은 이 부문의 판매 여하에 달려 있다고 해도 과언이 아닐 만큼 전세버스의 판매는 국내여행사의 사활이 걸려 있다고 해도 지나치지 않는다. 전세버스 분야의 업무조직은 차량보유대수 및 여행업의 종류에 따라 달라질 수 있으나, 기본적인 구조는 다음과 같다.

전세버스업무의 업무진행과정은 전세버스 운송계약을 작성하는 것에서 시작되며, 계약서는 반드시 관할세무서의 검인이 있는 계약서를 사용하여야 한다. 계약서에는 운행기간, 출발지, 경유지, 도착지, 운행요금, 예약금 및 상호규약, 요망사항을 기재하는 것이 좋다.

영업활동상황은 매 분기별로 관할세무서에 신고하도록 되어 있으며, 차량운행에 관한 것은 이와는 별도로 매월 단위의 전세버스 수송실적보고서를 〈표 11-3〉의 양식에 의거 작성하여 해당 시도의 전세버스운송사업조합에 보고하도록 되어 있다.

그림 11-2 ⊙ 전세버스 부문의 업무내용

- 관리부문
  - 영업 및 판매
    - 일반전세 — 대기업의 출 · 퇴근
    - 여행사전세 — 여행사의 행사
  - 차량배차
  - 영업수입일보 작성
  - 인력관리(운전기사, 안내원, 정비사)
  - 각종 문서처리(장부정리 및 관련조합에 대한 보고서 작성)
  - 물품과 부품의 구입 · 통계
  - 차량수리, 유류소비의 월별 통계
- 운수부문
  - 현장업무일지의 작성
  - 운행 및 수입일보 작성
  - 물품과 부품의 수급관리
  - 차량검사관계업무
  - 차량의 일일점검 및 작업상황 보고
  - 유류사용현황 작성

전세버스의 판매는 크게 ① 대여행사 판매(전세버스가 없는 여행사), ② 대기업체(연수 · 하계휴가 · 귀성), ③ 학교(수학여행 · 졸업여행 · 수련회), ④ 종교단체(기도회 · 수련회), ⑤ 활동범위가 많은 일반 개인 및 단체로 나눌 수 있다. 이 가운데 가장 비중이 큰 것은 ①, ②, ③이다.

| 표 11-3 | 전세버스 수송실적 보고서

차량현황			운행현황			총주행 거리	총연료 사용량	수송인원		월중 총 수송인·km	운송수입액	
면허 대수	보유 대수	가동 대수	총운행 대수	일평균 가동대수	가동률			총수송 인원	일평균수 송인원		총 수입액	1일대상평균 수입
(대)	(대)	(대)	(대)	(대)	(%)	(Km)	(L)	(원)	(명)	(km)	(원)	(원)

4) 신혼여행의 판매

신혼여행은 법적으로 제도화되어 있지는 않다고 하더라도 사회적으로는 거의 제도화해 있을 만큼 결혼식과 더불어 여행을 떠난다는 것은 당연한 일로 받아들이게 되었다. 따라서 여행사로서는 여행단가가 높을 뿐더러 여행수요도 타 여행에 비해 꾸준한 성장추세에 있는 신혼여행상품에 전력을 기울이는 것은 어쩌면 당연한 귀결일는지 모른다.

신혼여행의 증가요인으로는(今井成男, 1990 : 207) 일반적으로 ① 결혼 후에도 계속적으로 직장생활을 하려는 여성이 점차 증가되고 있으며, ② 이전에는 일생에 한 번이라는 대사업의 하나였지만, 지금은 국내여행은 물론 국외여행도 손쉬워졌다, ③ 성의 해방이 진전되고 있다, ④ 신혼여행의 국외여행화가 촉진되고 있다는 것을 들고 있다.

일본에서는 인생고비(분기점) '여행습관화추진협의회'라는 단체도 조직하여 여행의 관습화를 체계화하려는 경향이 있어, 예를 들면 신혼여행이라 하더라도 1회로 끝내는 것이 아니라 2박 3일 정도의 국내여행과 어느 정도 시간이 경과한 후 장기간의 국외여행으로 나누어 실시하는 프로그램이다. 국내 · 국외를 막론하고 신혼여행 상품은 비수기가 없는 유일한 상품임에는 틀림없다. 따라서 여행사로서는 예식장 및 관광호텔의 예식사업부 등과 긴밀한 유대관계를 맺어 신혼여행 상품판매에 주력해야 할 것이다.

5) 수학여행(학단; 學團)의 판매

수학여행이란 학년 또는 학급단위로 집단적 숙박여행을 통한 교육활동으로서(한국수학여행협회, 1988 : 15) ① 교실학습의 심화와 확충, ② 문화재를 통한 국민적 교양의 신장, ③ 집단생활을 통한 생활경험의 심화, ④ 생활의 사회화와 생활권의 확대, ⑤ 교사와 학생 간의 인간관계 심화 등의 목적을 가지고 각 학교에서 실시하는 대형 여행행사이다.

여행사로서는 일시에 작게는 기백 명에서부터 크게는 기천 명에 이르는 대형단체가 되기 때문에 학단의 유치에 온 힘을 쏟고 있는 실정이다.

수학여행에 관한 한 조사(서태양, 1989 : 55~62)에 의하면 각급 학교의 98%가 수학여행을 실시하고 있는 것으로 나타나고 있다. 수학여행이 실시시기는 4월, 10월, 9월, 5월, 6월순이며, 기간은 3박 4일, 2박 3일, 4박 5일 순이다. 여행목적지는 경주권, 설악권, 제주권 순으로 나타났으며, 기타 지역으로는 공주 · 부여권, 한려수도권, 속리 · 무주권 등이다.

수학여행의 운영방법으로는 학교 자체의 직접운영방식이 가장 많았으며(47.4%), 여행사와의 절충운영방식이 그 다음으로 30.5%이고, 여행사에 위탁운영하는 도급방식이 가장 적은 22.1%로 나타나고 있다. 따라서 여행사로서는 수학여행에 관한 전담부서의 설치를 통하여 종합적이고도 체계적인 학단의 판매에 주력해야 할 것이다.

학생단체 수학여행 입찰의 경우에는 국가종합전자조달 창구인 나라장터에 올라온 입찰공고를 보고 투찰(投札)을 하면 된다. 입찰에 관한 서류로는 ① 입찰공고문, ② 과업내용서, ③ 용역입찰유의서, ④ 용역계약일반조건, ⑤ 용역계약특수조건, ⑥ 전자입찰특별유의서(전자입찰 건에 한함), ⑦ 기타 참고사항을 기재한 서류 등이며, 안전입찰 서비스로 투찰이 불가한 경우, "안전입찰 예외적용 신청서"를 제출한 후 기존 웹 방식으로 일시적으로 입찰서 제출이 가능하다.

6) 각종 권류(券類)의 판매

국내여행업에서의 권류는 국내항공권을 비롯 열차표, 승선권, 각종 문화행사의 입장권, 호텔 및 여관권 등이다. 이 가운데 판매수입의 주가 되는 것은 항공권과 열차표이다. 국내항공권은 항공사의 대리점계약에 의하여 판매할 수 있으며, 열차표의 판매는 철도청의 국유철도 여객표 대리점계약에 의거 판매할 수 있다.

판매대리점계약을 체결하면 표의 공급자는 단말기(CRT : Cathode Ray Tube)를 통해 좌석정보를 파악할 수 있다. 여행사는 단말기의 사용에 따른 월별 단위로 단말기 사용료를 공급회사인 항공사와 철도청에 지급한다.

11.3.3 여행업무용어

앞에서 우리는 외국인 여행업무를 비롯하여 국내 · 외 여행업무를 배웠다. 그러나 이들 업무만으로는 여행업에서 숙련가로서의 지위에 이를 수는 없다. 여행 숙련가가 되기 위해서는 앞에서 배운 업무내용은 물론 현장에서 많은 여행업관계자들이 사용하고 있는 여행업무용어를 숙지해야 한다. 이 책은 여행업 현장에서 사용빈도가 높은 용어만을 엄선하여 정리하였다.

▷ **스페이스 블록(space block)**

호텔이 사전에 여행업자와 같은 예약 중개업자에게 일정 수의 객실을 확보하여 제공하는 것을 말한다. 또는 이렇게 해서 확보-제공된 객실을 가리켜 스페이스 블록이라고 한다.

▷ **얼라이언스(alliance)**

소속된 항공사끼리는 여러 가지 서비스를 공유하며, 예컨대 코드 셰어(좌석공유, 편명공유)뿐 아니라, 마일리지제도, 항공스케줄과 마케팅, 기술개발까지 공동으로 추진한다. 일종의 다자간 기업연합체이다. 스타얼라이언스(Star allilance), 원월드(One World), 스카이팀(Sky Team)

등이 한 예이다.

▷ BSP제도

국제항공운송협회(IATA, International Air Transport Association)가 운영하는 항공사와 여행사 간의 항공권 판매대금 정산 및 판매보고 표준화 제도이다. 즉 BSP는 'Billing and Settlement Plan'의 약자로 '항공권 판매대금 집중결제제도'라고 부를 수 있다. 항공사와 여행사가 주로 은행을 매개체로 항공권 판매대금을 통합적으로 정산하기 때문에 'Bank Settlement Plan'으로 풀이하고 '은행정산제도'로 부르기도 한다. 한국에서는 외환은행이 그 역할을 하고 있다.

▷ 검역전염병

종류	조 치	내 용
1군	즉시 격리 필요	콜레라, 페스트, 황열, 두창, 장티푸스, 파라티푸스, 세균성이질, 장출혈성대장균 감염증
2군	예방접종 필수	디프테리아, 백일해, 파상풍, 홍역, 유행성이하선염, 풍진, 폴리오, B형간염, 일본뇌염, 수두(수두)
3군	지속적 감시 필수	말라리아, 결핵, 한센병, 성병, 성홍열, 수막구균성수막염, 레지오넬라증, 비브리오패혈증, 발진티푸스, 발진열, 쓰쓰가무시증, 렙토스피라증, 브루셀라증, 탄저, 공수병, 신증후군출혈열(유행성출혈열), 인플루엔자, 후천성면역결핍증(AIDS)
4군	감시 필수	국내에서 새로 발생한 신종전염병증후군, 재출현전염병 또는 국내 유입이 우려되는 국외유행전염병

▷ 사진전사(寫眞轉寫)시스템

2005년부터 적용된 사진전사(轉寫 · Digital Printing) 방식으로 제작된 신여권 발급시스템. 사진전사방식은 사진을 여권에 부착하지 않고 레이저 또는 화학처리 방식 등을 이용해 복사하는 것을 말한다. 이런 시스템은 또 장차 눈동자의 홍체나 얼굴형, 지문 등으로 신원을 확인하는 '생체여권' 시대에 대비, 기본 환경도 동시에 갖추게 된다.

▷ 차터(Charter)

전세형식으로는 Affinity Group Charter(비영리단체에 의한 대절)와 IT Charter(포괄여행에 의한 전세)가 있다. 전세방법으로는 Block-off Charter(정기편 1편을 통째로 전세)와 Independent Charter(임시편에 의한 전세)가 있다.

▷ Transit(경유) / Transfer(환승)

Transit는 같은 항공기를 계속해서 타고 가는 경우(항공편명 유지)인데 이는 항공사 승무원의 교대나 항공기 내의 청소, 연료보급, 중간기착지 승객의 탑승 등을 이유로 항공기에서 일단 내렸다 다시 타는 것이다. 반면에 Transfer는 타 항공사로 항공기를 갈아타는 경우(항공편명 변경)이다. 타 항공사 접속편의 카운터에 가서 수속을 진행해야 한다.

▷ 어드민 피(Administration Fee)

대한항공에서 도입한 어드민 피(Administration Fee) 부과제도는 매표 미보고, 신용카드 반송사례(Charge Back)를 포함한 모든 ADM 발행 사례와 ADM 재심건을 제외한 모든 ACM(Agent Credit Memo) 사례에 벌금을 부과하는 제도를 말한다. 발권대리점(여행사)들의 행정상의 오류에 대한 일종의 범칙금 성격의 제도이다.

▷ ACM(Agent Credit Memo)

여행사가 항공사에게 요구하는 '차액 반환 청구 신청'으로 이해하면 된다. 여행사에서 항공권을 발권할 때 실수 등의 이유로 해당 요금보다 비싸게 발권, 원래의 요금보다 많은 금액이 항공사에 입금됐을 때 항공사를 상대로 진행되는 청구신청이다.

▷ ADM(Agent Debt Memo)

ACM과 반대의 경우다. 여행사가 발권할 때 원래의 요금보다 적은 금액이 항공사에 입금됐을 때 항공사가 여행사를 상대로 요구하는 '입금 청구 신청'이다. 변경된 요금을 미처 확인하지 못했거나 발권시 단말기 상에서의 실수 등으로 종종 발생한다.

▷ STPC

Stop Over on Company Account라고 부르며, 타 항공사와의 연결편이 있는 승객들의 도중 체류지에서의 숙박 · 식사 등을 항공사경비로 지급하게 되는 우대서비스제도이다.

▷ 하드블럭(Hard Block)

항공사가 성수기의 좌석을 판매하면서 비수기 좌석의 구입을 강요하는 제도로서 일종의 끼워 팔기 정책의 일환이다.

▷ 아일랜드 호핑(Island Hopping)

도서지역에서 여러 섬을 방문하는 주유성이 높은 관광형태를 말한다. 대표적인 것은 카리

브 해(Caribbean Sea) 크루즈와 에게 해(Aegean Sea)크루즈가 있다. 한 곳에서의 체재는 짧지만, 전체적인 여행기간은 길어지는 것이 특징이며, 여객선의 시설과 쾌적성도 크루즈 여행의 매력을 형성하는 커다란 요인이 된다.

▷ 전자항공권(이티켓 : e-Ticket)

기존의 종이항공권의 형태로 발권하지 않고 해당 항공사의 컴퓨터 시스템(Data Base)에 항공권의 모든 세부사항을 저장하여 여행, 변경, 환급, 재발행 등을 전산으로 조회하고 사용자의 요구에 맞게 처리할 수 있는 항공권이다. 종래의 항공권은 탑승일, 탑승구간 등이 항공권 용지에 프린트되어 그 프린트된 항공권이 유가증권으로 인정되어 있었으나, 그것을 모두 전자화하였다. 즉 시스템 상으로 관리한 항공권을 말한다. 이티켓 구입자가 크레디트카드나 일정표 등을 제시하면 종이탑승권이 발행된다. 장점으로는 여행지에서의 항공권의 도난에 신경을 쓰지 않아도 된다는 점이다.

▷ 다이내믹 패키지(Dynamic Package)

여행자가 기존의 패키지 여행상품을 대신해 자신의 항공권, 숙박, 렌터카 및 기타 옵션을 스스로 예약·구매하는 것. 즉 고객이 인터넷 등에서 항공이나 호텔 등 여행소재를 선택하면 할인요금으로 여행일정이 설정되는 패키지투어이다. 공실·공석정보도 실시간으로 확인할 수 있다는 이점을 이용하여 미국의 익스피디어(Expedia), 오르비츠(Orbitz), 트래블로시티(Travelocity) 등의 여행사는 이 다이내믹 패키지투어로 급성장했다. 다이내믹 패키지는 여행자가 항공, 호텔, 렌터카 등의 요금을 합산해 보여주는 일괄판매(다이내믹번들)와 다르다. 진정한 다이내믹 패키지는 하나 이상의 여행 품목을 구매한다는 기본형태 외에 ▲여행의 성격 ▲공급자의 참여 ▲유통채널 ▲판매기간 등의 조건이 복합되어 여행자에게 제공된다.

▷ 픽스티켓(Fix Ticket)

탑승하는 모든 편을 예약할 필요가 있는 항공권을 말한다. 예약변경은 할 수 없지만 제약이 있는 만큼 가격은 저렴하다.

▷ 유니트(Unit)상품

항공편과 현지관광 등의 지상수배를 조합한 상품. 여행도매업자나 지상수배업자가 여행사에게 판매한다. 여기에 여행사는 자사의 브랜드를 붙여 고객에게 판매한다. 실제로 많은 여행사의 상품은 타 여행사로부터 구입한 유니트상품이 많다. 특히 지상수배업자가 여행사에게 판매하는 패키지투어를 랜드팩(landpac)으로 부르고 있다.

▷ 비자면제 프로그램(VWP)

미국 법에서 지정된 요건을 충족하고 미국 정부에서 지정한 국가 국민에게 최대 90일간 비자 없이 관광 및 상용 목적에 한하여 미국을 방문할 수 있도록 허용하는 제도를 의미한다. 관광 및 상용목적에 의한 무비자 방문이기 때문에 여타 목적을 위한 방문(유학, 취업, 공연, 투자, 취재 등) 또는 90일 이상 체류할 계획이거나 성체인식 여권을 소지하지 않고 있으면 비자를 발급받아야 한다.

▷ 땡처리항공권

일명 마감임박항공권이라고도 한다. 이는 여행사에서 패키지여행상품을 위해 미리 구입했던 항공권이 생각보다 판매되지 않아 당일 빈 좌석으로 완전히 손해를 보느니 싸게라도 팔아 수익을 보전하기 위해서 내놓은 항공권이다.

▷ 스루체크인(Through Check-In)

목적지 또는 최초의 도중 체류지까지 항공기를 계속해서 탑승하고 여행할 경우에는 일정 조건을 충족하고 있으면 목적지 또는 최초의 도중 체류지까지 수하물을 일괄수속(through check-in)할 수 있는 제도. 일정 조건이란 ① 연결지점인 도착공항과 출발공항이 동일할 것, ② 연결편의 예약수배가 완료해 있을 것, ③ 최소한의 연결시간(minimum connecting time)이 확보되어 있을 것, ④ 연결시간이 최대 24시간 이내일 것이다.

▷ CITES(Convention on International Trade in Endangered Species of Wild Flora and Fauna)

『멸종위기에 처한 야생동식물종의 국제거래에 관한 협약』으로서, 일명 "워싱턴협약"이라고도 한다. 멸종위기에 처한 야생동식물의 국제거래를 통하여 과도하게 포획 · 채취되는 것을 방지하고자 1973년 채택되었으며, 72000년 11월 현재 미국, 일본, 영국, 호주 등 152개 국가가 CITES에 가입하였으며 우리나라는 1993년에 가입하였다.

▷ 무조건 면세

품목	단위	비고
주류	1L, $400 이하 1병	단, 만 19세 미만의 미성년자가 반입하는 주류 및 담배는 제외
담배	궐련 – 200개비	
	엽궐련– 50개비	
	기타담배 – 250g	
향수	2온스(약 60ml)	
기타	■ 여행자가 출국할 때 반출물품으로 본인이 재반입하는 물품 ■ 정부, 지방자치단체, 국제기구 간에 기증 또는 통상적 선물용품으로 세관장이 타당하다고 인정하는 물품 ■ 전체 구입 합계액이 USD600 이하	

▷ 조건부 면세

일시 입국하는 자가 본인이 사용하고 재수출할 목적으로 직접 휴대하여 수입하거나 별도 수입하는 신변용품 및 직업용품으로서 세관장이 재반출 조건부로 일시 반입을 허용하는 물품을 말한다.

▷ 다크 투어리즘(Dark Tourism)

역사적으로 비극적이거나 잔학무도한 사건이 일어났던 곳 또는 그런 사건과 관련이 있는 곳들을 여행하는 것으로 이미 1990년대 이후 세계적으로 급격히 부상하고 있는 관광패턴이다. 9·11 테러의 현장인 미국의 "Ground Zero"나 류관순 열사가 갇히어 있던 서대문형무소 등이 대표적 사례.

▷ 전자여행허가제

전자여권을 소지하고 성명, 생년월일, 국적, 성별, 전화번호, 여권번호 등 필수정보와 주소 등 선택항목의 정보, 여행계획을 입력 후 허가신청을 하여 입국허가통지 확인 후 출국하는 제도이다.

▷ 국외여행인솔자(TC(Tour Conductor)와 가이드(Guide))

TC는 여행일정관리자로서 여행조건에 따른 여행일정을 차질 없이 진행하는 여정관리자를 말하나, 가이드는 관광지의 해설을 전문적으로 하는 안내사를 지칭한다.

▷ 생태관광(Eco-Tourism)

자연과 친해지기 쉬운 즉 환경친화적인 관광, 자연을 배우는 관광이다.

▷ 팸투어(Familiarization tour)

관광기관 항공사 등이 여행사나 보도관계자 등을 초청하여 관광루트나 관광지, 관광시설, 관광대상 등을 시찰시키는 여행을 말한다.

▷ 풀 빌라(Pool Villa)

개인빌라에 작은 풀장이 딸려 있는 것을 의미한다. 그리고 빌라 주변을 돌담이든 뭐든 밖에서 안을 들려다 볼 수 없게끔 보호 장치를 만들어 놓은 것을 빌라로 얘기하며, 담이 없는 것을 흔히 "파빌리온(Pavilion)"이라고 생각하면 된다.

메이저급 리조트 소속의 풀 빌라	대부분 고가에 판매되고 있는 리조트들로 화려한 빌라시설 만큼이나 다양한 부대시설과 안전하고 선별된 서비스를 받을 수 있는 장점이 있다. 그러나 가격이 상당히 높은 관계로 이용하기에 어려움이 있는게 사실이다.
에스테이트형 풀 빌라	원래 호주나 유럽의 장기체류 여행객을 위해 만든 별장형 빌라를 의미하나, 최근엔 한국과 대만 여행객을 위해 새롭게 세팅된 풀빌라를 의미한다. 모두가 그렇지는 않지만 대부분 빌라 내에 주방시설이 갖추어져 있어 간단한 요리는 직접 해먹을 수 있도록 되어 있는 게 특징이다
부띠크형 풀 빌라	"에스테이트형" 풀빌라에 스파센터, 레스토랑, 헬스클럽, 메인풀장 등의 기본설비 등을 추가함으로써, 좀더 역동적이고 활동적인 풀빌라생활을 보장해 주는 형태의 풀빌라이다.

▷ DIY상품

Do It Yourself의 약자로 자유시간이 많은 프리타임(free time)형 상품을 다시 발전시킨 것으로 여행자 자신이 직접 관광·숙박 예약을 행하는 여행상품이다.

▷ MICE

Meeting, Incentive tour, Convention, Exhibition의 앞 글자를 딴 말로 학자에 따라 이에 Event를 추가하기도 한다. 좁은 의미로 MICE는 국제회의를 유치하는데 필요한 사항들로 한정하기도 하는데, 최근에는 MICE의 개념을 회의장소, 교통수단, 외식산업, 숙박시설 등으로 파생되는 산업 개념으로 넓게 해석하고 있다. 일반 기업체나 공무원의 교육·연수를 위한 여행들이 이에 해당한다.

▷ 항공수하물의 종류

종 류	내 용	운 송 조 건
1. 휴대수하물 (Hand-Carry Baggage) (Carry-On Baggage)	승객 자신의 책임하에 기내에 지입하는 수하물	① 3면의 합이 115㎝ 이내, ② 총기류, 폭발물, 성냥류, ③ 극약, ④ 압축개스, ⑤ 산화성물질, ⑥ 부식성물질, ⑦ 인화성 물질, ⑧ 방사능물질, ⑨ 수은, 자석류, ⑩ 맹인안내견, 농아보조견 이외의 동물류 2번~10번까지는 사전허가 필요
2. 위탁수하물 (Checked Baggage)	항공사에 등록된 수하물	① 3면의 합이 203㎝ 이내 ② 파손이나 부패성 있는 물품, 현금, 보석, 유가증권 및 기타 고가품, 계약서신용장 등 업무서류 등의 내용품에 대한 제한
3. 동반수하물 (Accompanied Baggage)	승객과 동일편으로 동시에 운송되는 수하물	
4. 비동반수하물 (Unaccompanied Baggage)	승객의 비행기편과 관계없이 운송되는 수하물(별송수하물)	① 본인의 사생활에 필요한 신변품과 토산품 ② 국외전근을 위한 이사화물(귀국 포함) ③ 직업상 세관이 필요로 인정한 용구류 ④ 수하물의 운송구간은 승객의 Ticket구간과 일치하여야 한다.

▷ **서비스피(Service Fee)**

항공사들에 의한 발권수수료가 없어지게 됨에 따라 여행사의 수익이 줄어드는 점을 감안하여 여행사가 상담이나 발권, 정보제공 등을 고객에게 하고 있는 만큼 이에 대한 서비스차지를 부과하려는 것.

▷ **라스트 미닛(Last Minute) 서비스**

온라인을 통해 출발일이 얼마 남지 않은 상품에도 충분한 수요를 연계할 수 있는 긴급여행상품 판매 서비스로서 미소진 항공권 판매, 호텔특가와 라스트 미닛 객실 판매강화 등이 한 예이다.

▷ **올빼미투어**

심야 전세기를 이용한 저가여행상품. 전일본항공의 반딧불, 스카이마크의 올빼미투어 상품이 직장인층을 대상으로 일찍부터 독자적인 시장을 형성한 상태다.

▷ 볼륨 인센티브(VI)제도

항공사가 여행사를 대상으로 실시하는 항공권 판매독려책이다. 항공권을 판매한 규모(볼륨)에 따라 추가 수수료 등의 혜택(인센티브)을 제공하는 정책이다. 항공사별로 볼륨 인센티브 정책은 다양한 방식으로 운영되는데, 일반적으로 다음과 같은 사항에 적용한다. ▲전년 동기 대비 판매량 증가율 ▲목표량 달성 여부 ▲판매량 ▲항공권 매수(枚數) 등이다. 일명 Overriding(실적보상제)이라고도 함.

▷ GSA, GSO, PSA, SA

용 어	의 미	역 할
GSA	총판매대리점 (General Sales Agent)	관련업체의 판매권을 가지고 한 지역 내 공급을 책임진다. 본사와의 협의를 통해 단순한 영업뿐만 아니라 마케팅, 소비자 관리 및 후속조치까지 모두 담당한다. 때문에 지사 다음으로 대표성을 띤다.
GSO	글로벌 세일즈 사무소 (Global Sales Office)	세계적 호텔체인의 한국사무소 역할을 담당한다. 호텔 세일즈 스페셜리스트 등의 프로그램을 운영하여 대상자들을 위한 다양한 정보제공 및 각종 프로모션을 진행한다.
PSA	판매대리점 (Preferred Sales Agent)	일반대리점보다 경쟁력 있는 가격을 제공받아 지역 내에서 홀세일(wholesale) 상품을 공급한다. 한국 내 총판대리점 밑에서 좌석을 공급하는 경우가 대부분이지만 본사 자체와 계약을 맺는 경우도 있다.
SA	일반대리점 (Sales Agent)	홀세일러(wholesaler) 등으로부터 상품을 받아 단순 판매하는 역할을 담당한다.

* Representative: 대표사무소. 상품의 판매를 직접 하지 않는 업체들이 주로 사용.

▷ 국외여행 디스트리뷰터(Distributor)

국외여행의 소재(素材)도매업자를 지칭함. 주로 항공좌석을 취급한다.(예 : 탑항공, 항공몰, 업투어 등)

▷ TASF(Travel Agent Service Fee)

IATA(국제항공운송협회)는 TASF를 "여행사들이 BSP 절차를 통해 신용카드로 손쉽게 서비스피를 관리 정산할 수 있도록 하는 방식"이라고 정의하고 있다.

▷ 의료관광 코디네이터(Medical Tour Coordinator)

국내 병원에서 진료와 치료를 받고자 하는 외국인 환자에게 유능한 의료진을 연결시켜주고 환자와 동반 가족들의 국내 체류 · 관광을 지원하는 전문직종이다.

▷ 볼런투어(Voluntour)

볼런투어란 여행과 봉사를 함께 하는 “봉사여행”이다. 자원봉사(volunteer)와 여행(tour)을 합성한 볼런투어(voluntour · 봉사여행)는 ‘정신의 정화’가 중요한 덕목이다. 예컨대 몽골에서 나무를 심으며 사막화 방지 사업에 참여한다거나, 아프리카 트럭킹(trucking · 트럭 타고 다니면서 빈민촌 봉사활동을 하는 배낭여행) 등이 그러한 예이다.

▷ 블루 캡(Blue Cap)

세관입국장 내에서 파란모자와 노란 재킷을 착용하고 세관휴대품신고서 작성요령 등 여행자의 각종 문의사항을 안내하는 업무를 수행하는 입국장 안내도우미.

▷ 네오투어리즘(Neo-Tourism)

▲관광을 목적으로 개인적 관심을 충족 ▲환경파괴와 자연을 훼손하지 않는 관광 ▲다양한 문제에 대한 정보를 찾아 관리하고 인터넷을 통하여 예약하는 관광 ▲관광산업과 다른 산업 분야를 연결하는 새로운 유형의 관광상품(예 : 의료관광) ▲환경적인 개발과 사회적으로 지속가능한 관광명소 ▲인터넷과 유비쿼터스 시스템과 같은 기술을 활용해 판매되는 관광상품을 말한다.

▷ 코드셰어(Code Share)

공동운항편을 말함. 실제로 항공기를 운용하는 항공사는 “Operating Carrier”, 좌석판매나 홍보를 담당하는 항공사는 “Marketing Carrier”로 부른다.

▷ 선주문 여행(Pre-order Travel)

선주문(preorder)여행은 여행자 스스로 여행 전반에 관한 계획 · 일정을 잡고 여행사에 의뢰, 적합한 항공편 · 호텔과 여정에 따른 비용을 산출해 떠나는 여행을 말한다.

▷ 인두세(人頭稅)

인솔인원수에 따라 일정 부분의 돈을 인솔자(TC)가 여행사에 돌려주는 것. 회사에 따라 다르지만 팁을 받은 인솔자가 손님을 모객한 회사에 출장비를 최대 60%까지 반납하는 경우도 있는 것으로 알려졌다. 상품가를 낮추다보니 가장 손쉽게 줄일 수 있는 지상비를 TC에로부터 벌충하려는 것에서 출발하였다.

▷ 세계여행산업의 추세변화

과거의 여행산업은 4S 즉 Sand(모래), Sun(태양), Sea(바다), 섹스(Sex)로 대표되며 이것은 여행자원을 소비하는 여행의 형태를 가리키는 여행 "대규모 여행"이 주류를 이루었다. 그러나 21세기 새로운 흐름은 "3E[education(교육), entertainment(기분전환), excitement(자극)]"로 상징된다.

▷ 여행경보제도

여행시의 주의사항 및 관련정보와 국외공관으로부터 수집한 각종 여행관련 정보를 분석하여 ① 여행유의, ② 여행주의, ③ 여행제한, ④ 여행금지 등의 단계로 외교부에서 발령하고 있는 제도.

▷ 영사콜센터 제도

지진 · 해일 등 대형 자연재해나 폭동 · 테러 등 발발 시 우리국민의 피해 가능성이 많은 것을 우려하여 개설한 제도로서 국외에서 발생한 각종 사건 · 사고의 신속한 접수 · 처리를 위한 24시간 연중 무휴체제의 시스템이다.

▷ 비행경로(Global Indicator)

여정지표	정 의	적용여정의 예
PA	태평양 횡단여정	SEL – HNL – LAX – NYC
AT	대서양 횡단여정	SEL – PAR – NYC – WAS
AP	태평양 · 대서양 횡단여정	SEL – NYC – PAR – LON
EH	동반구 내의 여정, 한국–유럽 간 남회(南回)여정	SEL – CAI – MOW SEL – HKG – KUL – PAR
RU	러시아연방(유럽)과 A3 사이 여정 중 러시아연방과 한국 / 일본 사이의 논스톱 여객편	SEL – MOW SYD – SEL – MOW – LED
WH	서반구 내의 여정	LAX – NYC–MIA – SAO
TS	A3와 A2 여정 중 유럽과 한국 / 일본 간의 논스톱 편(R U, FE 여정 제외)	SEL – PAR – ZRH – FRA SYD–SEL–LON

▷ 여행사 마케팅전략의 신조류

항 목	내 용
Agent discount	여행업계 종사자에게 보다 저렴한 가격의 여행기회를 제공하는 투어
Booking Contest	항공사가 판매 증진을 위해 실시하는 제도이나 특정 회사나 간부에게 상품을 제공하는 대신 실제 업무를 진행하는 담당자에게 경품을 지급하려는 항공사들의 노력이 강화됐다는 점이 특징
Cinema	여행업계 마케팅의 기본으로 꼽히는 영화 무료 관람 이벤트
Delicious	각 목적지의 유명한 음식과 조리법 등을 소개하면서 이와 연계된 테마 관광 홍보와 상품 개발에 치중
Eco-tourism	자연을 최대한 훼손하지 않는 상에서 개발과 보호를 동시에 도모하는 관광
Gamble	도박, 투기 등 실제 뜻은 다소 부정적이지만 카지노로 대표되는 투어
Home shopping	여행사들이 홈쇼핑사와 제휴를 맺고 상품 판매를 함
Instruction	전문가와 동반하는 학습여행. 유명 사진작가와 함께 여행을 떠나 사진찍기에 대한 기본 내용을 숙지할 수 있는 여행부터, 유럽 각국의 미술 세계에 대한 강의를 듣는 문화 체험 여행, 제주 올레 길을 걸으면서 제주의 역사와 우리나라의 볼거리에 대한 설명이 곁들어지는 올레 탐방 등
Jamboree	분위기 전환을 위한 경쾌한 모임. 창립 기념일 내지는 협력사와의 파트너십 강화를 위해 동일한 행사를 기획함
Kid	어린 아이들을 돌봐주는 키즈 프로그램을 운영하는 등 어린 자녀와 함께 즐거운 여행을 떠날 수 있는 다양한 방법들을 강구함
Lapping	항공기 기체 랩핑, 지하철 랩핑 등 구현된 광고를 소비자들에게 보다 생생하게 전달하려는 것
Mobile	특정번호로 인터넷에 접속하면 모바일 상에서 관련 여행정보와 이미지, 동영상 등을 감상할 수 있는 방법
Netspertise	여행상품 검색, 문의, 예약, 구매까지 모든 절차가 온라인상에서 가능하도록 하는 것
Overture advertising	향후 시장을 관망한 뒤 인기를 끌 수 있는 키워드를 미리 선점하는 한편 비수기와 성수기, 회사 성격, 자사 주력 상품 등에 맞는 키워드를 예측할 수 있는 노력이 필요하다.
Power blog	블로그를 통해 여행목적지를 홍보하고 새로운 현지 소식을 전하면서 인지도를 높이는데 주력하고자 하는 것이 목적
Q mark	특정한 세일 기간이나 프로모션 기간 중에 엄선된 업체들과 제휴를 맺고 할인이나 숙박 제공 등의 프로모션을 펼쳐 고객 몰이를 하는 것
Specialist	캐나다 전문가, 호주 전문가, 오스트리아 전문가 등 전문가 양성을 위한 마케팅 전략
Zincotype	자사 소식과 여행정보를 함께 담아낼 수 있는 잡지를 출간했다. 인쇄를 통한 잡지나 지도, 혹은 가이드북 발간

▷ 서바이벌 키트(Survival Kit)

위탁수하물이 도착하지 않은 경우 일상생활에 필요한 세면도구, 간단한 속옷, 양말 등이 들어 있는 것으로 며칠 정도는 불편하지만 응급으로 지낼 수 있다.

▷ 미국 자동출입국심사서비스(SES, smart entry service)제도

법무부 외국인정책본부가 운영하는 자동출입국심사서비스 홈페이지(www.hikorea.go.kr)에 들어가 서비스 신청을 하고, 이어서 미국 방문 때 해당 등록센터에서 지문과 얼굴 사진을 등록하면 된다. 이 제도의 도입으로 한국인은 이제 미국 공항에서 긴 줄을 서서, 출입국 심사대에서 꼬치꼬치 묻는 질문에 답을 할 필요도 없게 됐다.

▷ 항공권 총액운임표시제

항공권 예매나 광고시에도 항공료와 유류할증료, 공항 시설이용료, 빈곤퇴치기금, 관광진흥기금, 전쟁보험료 등 소비자가 실제로 납부해야 하는 모든 금액을 표시해야 하는 제도.

▷ 코리아패스(Korea Pass)

외국인 관광객들의 여행편의를 위해 개발된 관광특화카드로, 한 장의 카드로 교통, 관광지 입장, 쇼핑 등 모든 관광관련 비용 결제 시 이용할 수 있는 관광통합이용권이다.

▷ 에스크로(Escrow)

에스크로란 결제대금 예치제 즉 온라인 쇼핑몰의 구매안전서비스를 의미하며, 구매자가 구매결정하기 전까지 물품대금을 대신 맡아주는 서비스이다. 통신판매업에 등록해야 하는 여행사 웹사이트는 선불식 구매거래 온라인 쇼핑몰에 해당되므로 에스크로에 의무적으로 가입을 해야 하며, 앞으로 통신판매업으로 사이트 등록을 계획하고 있는 여행사들은 에스크로 시스템에 가입되어 있지 않으면 허가를 받지 못한다.

▷ 하나투어 레인보우 수수료

전판점을 등급에 따라 나누고 추가 수수료를 지급한다는 것으로서 등급 산정은 전판점의 ▲우량도 ▲경쟁력 ▲전략 기여도 등 3가지 항목을 고려해 이뤄진다. 단순한 양이 아닌 판매의 질을 고려하고 회사가 추구하는 전략에 대한 기여도까지 종합해 등급화하게 된다. 하나투어의 올해 1분기 전략 지역과 속성은 일본과 FIT이며, 이들 상품의 판매가 많으면 가점을 받게 된다.

▷ 스루가이드(Through Guide)

투어컨덕터(Tour Conductor 또는 Tour Escort)와 로컬가이드(Local Guide)가 업무를 수행하던 두 가지 여행업무 일체를 일괄하여 수행하는 것을 말한다. 즉 국내·외 총괄가이드이다.

▷ 좌석소진률(Huddle) 조건

대부분의 국적사를 제외한 유럽 캐리어들은 여행사에 블록을 제공할 때 판매율 70~90% 조건을 달고, 채우지 못하면 판매되지 못한 좌석에 대해 ADM을 청구하고 있다. 통상적으로 ADM은 1석당 60만~80만원 정도인 항공좌석의 20~30%가량 또는 1석당 20만~30만원선이다.

▷ KOSTA

한국여행사협회(Korean Society of Travel Agents)의 약어로서 항공권을 직접 발권하지 않는 ATR여행사의 모임이다. 중소여행사의 권익증진을 도모하고, 급변하고 있는 여행시장에 공동으로 대처하기 위해 2010년에 설립하였다.

▷ 글로벌 엔트리(Global Entry) 프로그램

주민등록증과 전자(電子) 복수여권을 발급받은 만 17세 이상의 대한민국 국민을 대상으로 미국 내 34개 주요 공항에서 혜택을 누릴 수 있다. 신청·심사 절차는 하이코리아 웹사이트(www.hikorea.go.kr)에서 한국의 자동출입국심사서비스(SES) 가입 후 링크된 미국 GOES 웹사이트(www.goes-app.cbp.gov) 회원가입 후 수수료 100달러 결제하고, 미국 국토부 산하 국경관리청(CBP)의 범죄경력 등 조회 후 심사결과 통보 등이다. CPB가 승인을 하면 인터뷰 날짜를 예약(최장 90일까지 연장 가능)하고 가입 후 첫 미국 입국 시 방문 공항에서 인터뷰를 거쳐 최종 등록하면 된다. 이 절차를 거친 사람은 다음 미국 방문 때부터 공항 무인(無人) 기기에서 여권을 확인한 다음 지문(指紋) 스캔과 세관 신고를 거친 뒤 입국할 수 있다. 이 입국 절차에 걸리는 시간은 5분이 채 안 걸린다고 미국 CBP는 밝혔다.

▷ 택스 리펀드(Tax Refund)

국외여행자들이 부가세가 포함된 물건을 구입한 뒤 본국으로 가지고 들어가는 경우 일정액의 부가세를 되돌려 주는 "외국인 대상 세금환급"제도를 말한다. 이와 같이 세금을 돌려주는 면세점을 사후면세점 또는 퇴세점(退稅店)이라고 한다.

▷ 카우치 서핑(Coutch Surfing)

카우치 서핑이란 자신의 집에 있는 소파(sofa)를 여행자들에게 잠자리로 제공하는 것을 말한다. 잠자리를 제공해 주는 사람을 호스트(host)라고 하고, 잠자리 제공받는 자를 서퍼(surfer)라고 한다. 여행자들이 단순히 틀에 박힌 문화만을 접하는 이외에 실제로 그 문화의 일부가 되어서 더 많은 경험을 할 수 있다는 장점이 있다.

▷ 코키지 차지(Corkage Charge)

사전적 의미로는 "코르크 마개를 빼기, 고객이 가져온 술병에 대한 마개 뽑아 주는 서비스료"의 뜻이다. 즉 고객이 다른 장소에서 직접 구입한 술을 레스토랑에 가져와 마실 때 서비스에 대한 대가로 지급해야 하는 요금을 말한다.

▷ 미래 관광의 추세(Trend)

삼성경제연구소의 분석에 의하면 다음의 7가지이다. ① 대중문화관광(culture), ② 체험학습관광(entertainment), ③ 마음치유관광(soul), ④ 스마트관광(smart), ⑤ 꿈을 파는 관광(dream), ⑥ 여행자와 수용자 모두를 위한 관광(fair, 공정여행), ⑦ 핵심고객 중국(China) 등이다.

▷ 한국관광품질인증제도(Korea Quality)

2017년부터 시행되고 있는 관광품질인증제도는 숙박과 쇼핑 분야를 비롯하여 관광면세업, 한옥체험업 등의 품질을 평가해 인증하는 제도이다. 관광품질인증제는 관광공사가 그동안 실시했던 굿스테이(good dtay)와 한옥스테이, 코리아스테이, 우수 쇼핑점에 대해 인증해 오던 제도를 「공중위생관리법」상 숙박업, 「관광진흥법」상 한옥체험업, 외국인관광도시민박업, 관광면세업(사후면세) 등에 대해 인증제도를 운영하고 있고, 이어서 여행업을 비롯한 관광식당업, 호스텔업, 야영장업, 관광펜션업 등으로 확대될 예정이다.

▷ BHS(Baggage Handling System)

BHS는 공항 이용객의 수하물을 센서로 판독해 자동으로 분류하고, 탑승 항공기로 운반하는 종합물류시스템이다. 최근에는 BHS의 효율성을 높이기 위해 사물인터넷(IoT), 빅데이터, 인공지능, 로봇 기술을 적용해 설비의 상태 데이터를 수집, 실시간 분석해 문제가 발생하기 이전에 자동으로 처리하는 '예지정비(Predictive Maintenance) 시스템' 개발을 추진하고 있다.

▷ 패스트 트랙(Fast Track)

패스트 트랙은 보행 장애인, 7세 미만 영/유아, 70세 이상 고령자, 임산부 가족, 국가유공자 등 교통약자나 사회적 기여자들이 출입국심사를 별도의 창구에서 진행하도록 한 제도이다. 항공사들은 비즈니스석 이상 승객에게 차별화된 서비스 제공을 통해, 승객 처리 효율성과 국제경쟁력 강화 등을 위해 패스트 트랙 대상자 확대가 필요하다고 주장하고 있지만, 위화감 조성 등 우려를 감안하여 전면적인 시행은 다소 시간이 걸릴 전망이다.

▷ 스마트 투어가이드 서비스

스마트폰의 사용자 증가 및 개별 관광객 중심으로의 여행 트렌드 변화에 발맞춰 추진한 스마트투어 가이드 서비스를 확대하였다. 스마트투어 가이드는 2011년부터 공사가 운영하는 오디오가이드 애플리케이션이다.

▷ 제주도 출도시 이용할 수 있는 내국인면세점의 구매조건

USD 400 / 1인당(19세 이하 주류 및 담배는 제외), 연 6회 / 1인

▷ 디나이드 보딩(Denied Boarding)

비예약 고객이나 초과예약 등으로 좌석수를 초과할 경우에 발생하는 "예약대기 체크인"을 말한다.

▷ 스포일리지(Spoilage)

예약취소가 많이 나와 출발할 때까지도 좌석이 공석으로 남아있는 상태를 말한다.

▷ PCIDSS(Payment Card Industry Data Security Standard)

PCIDSS는 신용카드 정보 보호를 위해 마스터카드 · 비자 · 아멕스 · JCB 등 5개 신용카드사가 책정한 신용카드 업계의 글로벌 보안 표준이다. BSP여행사는 연간 BSP항공권 신용카드 거래건수에 따라 4단계로 분류되고, 각 단계별로 정해진 PCIDSS 인증절차를 밟아야 한다.

참고문헌

국내문헌

강신겸, "여가시간확대와 관광산업", serieco@seri.org, 2001.6.12.

강정권, "여행업무의 전산화방안" 「월간관협」 통권 212호, 1990.9.

계명문화대학, 항공사 발권수수료 폐지에 따른 여행업계의 대응방안, 계명춘추, 제286호, 2010.

계명전문대학 평생교육원, 국외행인솔자 소양교육교재, 1998.

계명전문대학부설 관광종사원연수원, 「국내여행알선실무」, 1985.

고상동, 서비스품질이 관광객만족에 미치는 영향에 관한 연구, 박사학위논문, 세종대학교 대학원, 1997.

고영종, 「관광학개론」, 우성도서, 1984.

공정거래위원회, "초특가 여행상품 속지 마세요", 2006.9.22.

______________, "여행업 표준약관 개정", 2014.12.19.

관광법규교재편찬위원회, 「관광관련법규집」, 책산출판사, 2001.

관광산업연구원, 「관광연감」, 도서출판 자유문고, 1986.

관세청, 보세판매장운영요령(86-454호), 1986.

교통개발연구원, 외국의 관광관련제도 및 관광산업에 관한 연구, 1991.

교통부 교통전문연구관실, 「교통개론」, 교통부, 1983.

교통부, 「1993 한국관광통계」, 1994.

______, 「관광업무현황」, 1993.

교통신문, 1994.6.6.

교통신문사, 「교통연감」, 1981.

__________, 「한국교통연감」, 1981.

국세청, 창업자 세금가이드, 국세청 납세자보호담당관실, 2013.

국제관광공사, 「한국관광진흥장기종합계획」, 1979.

권문호 · 공윤주 · 곽영대, Tour Conductor 서비스실무, 대왕사, 2013.

권영인 · 박준석 · 김대관 · 김영준, 관광교통계획의 수립방안, 교통개연구원, 2001.

김광득, "한국의 여가시설개발에 관한 연구", 박사학위논문, 한양대학교 대학원, 1988.

김남현, 「리더십」, 경문사, 2005.

김범국 외, "제주도 관광토산품 개발과 농어가 소득증대와의 연계에 관한 연구", 「관광학연구」, 제13호, 한국관광학회, 1989.

김봉규, "관광호텔 인사관리의 효율성 평가방법에 관한 실증적 연구" 박사학위논문, 경기대학교 대학원, 1993.

김상태, 여행업관련 제도개선방안 연구. 한국문화관광연구원, 2001.

김성인, 「서비스산업에서의 품질관리」, 청문각, 1989.

김성혁, 「서비스경영론」, 대왕사, 1992.

김성환, "한국의 여행 및 운송약관 개선에 관한 연구", 석사학위논문, 경기대학교 대학원, 1988.

김세준, 「관광사업론」, 경기대학 관광요원양성소, 1961.

김수광, "서비스퀄리티의 평가와 측정에 관한 연구", 석사학위논문, 서울대학교 대학원, 1989.

김시종, 「상품학개론」, 학문사, 1993.

김시중 · 최지영, 여행상품소비자의 고충처리방안에 관한 실증적 연구, 관광경영학연구 제7호, 관광경영학회, 2000.

김식현, 「인사관리론」, 무역경영사, 1991.

김영규, 「여행사 경영과 실무」, 대왕사, 2009.

김영생, 「외국환관리법」, 무역경영사, 1989.

김원수, 「소매기업경영론」, 경문사, 1990.

______, 「마케팅정보시스템론」, 박영사, 1980.

김일안, "여행정보시스템 활성화방안에 관한 연구" 석사학위논문, 경희대학교 경영대학원, 1995.

김재식, 상업교육의 변화추세에 관한 연구, 상교논총, 제13집, 1997.

김정만, "올림픽 개최가 관광분야에 끼친 제 영향에 대한 한국민의 의식분석에 관한 연구", 한국관광학회, 제13호, 1989.

김증한, 「최신법률용어사전」, 법전출판사, 1986.

김진섭, 「관광법학」, 법문사, 1991.

______, 「관광학원론」, 남영문화사, 1981.

______. 여행정보와 여행사, 여행신문, 2013.7.1

김천중, "여행상품소비자의 불평행동과 피해구제에 관한 연구", 박사학위논문, 경기대학교 대학원, 1994.

______, 21세기 신여행업, 학문사, 1999.

______, 여행정보의 활용방안에 관한 연구, 관광경영학연구, 창간호, 한국관광경영학회, 1997.

김충호, 「호텔인사관리」, 형설출판사, 1986.

김형곤, 창조관광의 개념과 전략, 한국문화관광연구원, 관광정책, 제52권, 2013.

김홍범 · 김경숙, 항공승객의 여행목적별 항공사 선택속성 차이에 관한 연구, 관광경영학연구, 통권 24호, 관광경영학회, 1997.

남택영 · 이홍근, 여행상품판매관리, 박사과정 리포트, 경기대학교 대학원, 1998.
노정철, 「여행사경영론」, 한올출판사, 2012.
대한항공 김포국내여객운송지점, 「표준업무절차」, 1993.
대한항공교육원, 「여객발권전산 (I)」, 1985.
동서여행사, 「여행상품판매자료」, 동서판 93-01, 1993, 94-01, 1994.
동아출판사, 「원색세계대백과사전」, 제10권, 제18권, 1984.
동양사상연구회, 「관자」, 지문사, 1990.
동화춘추사, 「한일국제여행사총람」, 1983.
류기현, 「인사관리론」, 무역경영사, 1981.
문화체육관광부, 「관광동향에 관한 연차보고서」, 2001.
문화체육부, 문화정보화 추진기본계획, 1996.
문화체육관광부, 관광동향에 관한 연차보고서, 2013, 2014, 2015, 2016.
_____________, 관광사업체 기초통계조사, 2011.
_____________, 여가백서, 2007.
민병근 역, 「당신도 이벤트 연출자가 될 수 있다」, 도서출판 가나다라, 1994.
박금순, 「소비자문제론고집」, 한국부인회총회본부, 1982.
박상수, "관광마케팅과 소비자행동에 관한 연구", 박사학위논문, 동국대학교 대학원, 1989.
박선협, "관광알선업의 수익성 향상을 위한 방안연구" 관광학연구, 제10호, 한국관광학회, 1986.
박수이 · 이우태, 「관광기업경영론」, 박영사, 1974.
박순용 · 신동숙, "리조트형 실버타운 개발에 관한 연구" 「관광연구」, 제3집, 대한관광경영학회, 1993.
박시범, 여행사경영론, 새로미, 2010.
박시사, 개인특성과 창업의지의 관계에 관한 연구, 관광학연구, 31(2), 한국관광학회, 2007.
______, 「여행업경영론」, 대왕사, 2009.
______, "한국 여행업의 창업결정에 관한 연구," 관광레저연구, 9(2), 1997.
박영철, "한국 휴전선 인접지역의 개발전략에 관한 연구", 환경연구 제2권, 서울대학교 환경대학원 학생자치회, 1981.
박의서, 여행상품 품질평가, 세계여행신문, 2001.
박충희, "관광호텔 인적 서비스 질의 관리에 관한 연구" 박사학위논문, 경기대학교 대학원, 1988.
박한근, 「관광백과」, 삼화출판사, 1971.
박현정, "사회계층별 관광행태에 관한 연구", 석사학위논문, 경기대학교 대학원, 1993.
박희석, 여행업의 인터넷활용현황과 실증분석에 관한 연구, 주제발표논문집, 한국관광학회, 1999.
박희섭 · 조대경, 「사회과학용어집 : 사회학 · 심리학」, 법문사, 1979.

산업연구원, 정보화사회의 전망 및 과제, 1986.
서남원, 「경영정보처리론」, 박영사, 1991.
서울동방관광(주), 「안내실무요령」, 1991.
서울항공, 「에주투어로 세계를」, 1992.
서태양, "한국의 수학여행에 관한 고찰" 「관광연구논집」, 제6집, 경기대학교 관광개발연구소, 1989.
세계여행신문, 제726호, 2013.4.1.
세계일보, 1993.11.05.
손대현, 「관광론」, 일신사, 1989.
______, 「관광마케팅론」, 일신사, 1985.
송기헌, "한국 관광기념품판매업의 현상과 전망", 경기대학교 대학원 박사과정리포트, 1989.
______, "한국관광호텔 종사원교육훈련의 실증적 연구" 경기대학교 대학원, 박사학위 예비발표논문, 1992.
송대현, 「사회심리학」, 박영사, 1983.
스포츠조선, 1993.3.9.
신동숙, "여행업약관에 관한 연구", 석사학위논문, 경기대학교 대학원, 1991.
______, 여행계약을 규율하는 관광법리에 관한 연구, 박사학위논문, 경기대학교 대학원, 1997.
신문영, "레저선택행동의 영향요인", 박사학위논문, 중앙대학교 대학원, 1984.
심상도, "관광지의 사회문화구조 변화에 관한 연구", 박사학위논문, 경기대학교 대학원, 1992.
아시아나애바카스정보(주), 「여객기본예약」, 1997.
아시아나항공, 「여객예약 · 발권」, 1993.
안중호, "한국기업의 정보시스템활용실태", 한국통신 경영과 기술, 1993.3.
안태호 · 임상희, 「경영학원론」, 삼영사, 1990.
양도건, "한국면세점의 상품개발 및 효율적인 관리방안에 관한 연구", 경희대학교 경영대학원, 석사학위논문, 1987.
양병선, 여행업계가 요구하는 국외여행인솔자상, 2010.
양병훈, "정보화사회에 정보의 의미와 뉴미디어의 역할," 도서관학연구지, 제20집, 숭의여자전문대학, 1994.
여행신문, 여행 Start-Up 창업을 꿈꾸시나요? 좋은 아이디어 있다면 당신도 여행벤처 사장님, 고서령 기자, 2014.12.01.
오미숙, "한국 해외패키지여행자의 심리특성에 따른 정보탐색에 관한 연구", 석사학위논문, 한양대학교 대학원, 1990.
오상락, 「마케팅관리론」, 박영사, 1983.

오익근, 관광부문 불공정 사례 및 개선방안, 한국문화관광연구원, 2010.

원제무 · 최재성, 「교통공학」, 박영사, 1990.

윤대순, 「관광경영학원론」, 백산출판사, 1992.

_____, 「여행사경영론」, 기문사, 2009.

윤용인, 하나투어의 지식경영, 하나투어, 1998.

윤전용, "관광호텔마케팅의 구조적 연구" 「산업논총」, 제5집, 경희대학교 경영대학원, 산업관계연구소, 1980.

윤현주 · 엄서호, 가족의사결정에 대한 영향, Tourism Research 제12호, 1998.

윤희중, 「PR론」, 이화여자대학교 출판부, 1965.

이계심, "우리 나라 여행알선업의 실태 및 광고효과에 관한 실증분석", 석사학위논문, 성균관대학교 대학원, 1985.

이상열, "한국 카지노산업의 육성방안에 관한 연구" 석사학위논문, 중앙대학교 국제경영대학원, 1992.

이석규, 「창업 및 사업성 검토」, 다산출판사, 1995.

이선희, "한국여행업의 마케팅전략에 관한 연구" 논문집, 제26집, 경기대학교, 1990.

_____, 「관광마아케팅론」, 대왕사, 1993.

_____, 「여행경영론」, 형설출판사, 1991.

_____, 「여행업경영개론」, 대왕사, 1996.

이선희 · 박영호, 「여행경영론」, 형설출판사, 1991.

이선희 · 박희석, "여행업의 여행정보시스템 이용에 관한 연구," 여행학연구, 제2호, 한국여행학회, 1995.

이수길 외 2인, 관광사업론, 한올출판사, 2000.

이영관 외 3인, 「여행업 창업과 경영」, 대왕사, 2013.

이영석, '92 교통진단, 신년특집(1), 관광진단, 교통신문, 1992.

이용준, 「원가계산」, 일신사, 1982.

이우용, 「마케팅원론」, 형설출판사, 1987.

이장춘, "한국형특화관광상품개발과 관광선전방향에 관한 연구" 논문집, 경기대학교, 1980.

_____, 「관광과 통일」, 1991.

_____, 「국민관광개발론」, 동명사, 1979.

_____, 「복지관광정책론」, 대왕사, 1986.

이재곤 · 홍정화 · 이정민, 개별여행자의 여행지 선택속성연구, 관광경영연구, 15(4), 관광경영학회, 2011.

이정호, 「회계원리」, 경문사, 1987.

이진석, 여행업과 지적개산권, 세계여행신문, 2004.2.11.

이진영, 전문 여행상품은 리피터가 더욱 확실하다, 2007.12.10.
이항구, "관광선전학의 한국적인 과제" 논문집, 제21집, 경기대학교, 1987.
______, 「관광진흥법개론」 탐구당, 1987.
______, 「국제관광학」, 탐구당, 1987.
______, 「현대관광학총론」, 탐구당, 1988.
이후석, 「관광자원의 이해」, 백산출판사, 1999.
이훈, 모두가 행복한 관광, 한국관광정책, 제41호, 한국문화관광연구원, 2010.
이훈구, "관광호텔 오락관계법에 관한 연구" 경기대학교 대학원 박사과정 연구논문, 1993.
일인창업연구회 · 한빛투어아카데미, 성공 여행사 창업설명회, 2013.
장병권, 한국의 관광소비자보호의 실태와 개선방안, 관광학연구, Vol.14. 한국관광학회, 1990.
______, 인트라바운드의 기본정책과 기조, 한국관광정책, 제41호, 한국문화관광정책연구원, 2007.
장병철, 「관세법」, 무역경영사, 1990.
장원섭, 전문대학 창업교육 체계화 방안 연구, 한국직업능력개발원, 2000.
장정렬, 「광고전략의 기본」, 사민서각, 1991.
전주형, 여행업의 서비스품질 평가에 관한 연구, 박사학위논문, 경기대학교 대학원, 1996.
전효재 · 이기동, 국민생활관광시대의 국내여행업발전방향, 정책연구, 한국문화관광정책연구원, 2006.
정수영, 「신경영조직론」, 박영사, 1975.
정익준, 「최신여행사경영론」, 형설출판사, 1989.
정찬종, "관광권의 법적 근거론", 관광연구논집, 제7집, 경기대학교 관광개발연구소, 1990.
______, 「여행상품기획판매실무」, 백산출판사, 2006.
______, 「여행업무관리론」, 백산출판사, 1993.
______, "한국 여행업의 실태분석과 육성방안에 관한 연구" 석사학위논문, 경희대학교 경영대학원, 1983.
______, 「서비스마케팅론」, 백산출판사, 1990.
______, "여행업의 신상품개발에 관한 연구" 「계명연구논총」 제4집, 계명전문대학, 1986.
______, "서비스산업의 품질관리에 관한 연구" 「계명연구논총」 제4집, 계명전문대학, 1986.
______, "한국여행업발전사에 관한 연구" 「계명연구논총」 제7집, 계명전문대학, 1989.
______, "한국방문의 해와 관광진흥과제" 「계명춘추」, 계명전문대학, 1993.
______, "항공사 발권수수료 폐지에 따른 여행업의 대응방안", 「계명춘추」, 계명문화대학, 2010.
______, "한국여행업발전사에 관한 연구" 계명연구논총, 제7집, 계명전문대학, 1989.

______, “한국여행업의 현황분석과 개선방안에 관한 연구” 관광연구, 제2집, 영남관광학회, 1992.

______, “관광마케팅믹스요인이 여행사의 이디지형성에 미치는 영향에 관한 연구” 박사학위 논문, 경기대학교 대학원, 1992.

______, “국제여행업의 해외지사 운영방안에 관한 연구” 관광학연구 제11호, 한국관광학회, 1987.

정찬종 · 김정옥, “여행업무자격제도 개선방안에 관한 연구”, 관광경영학연구, 제19호, 관광경영학회, 2003.

조선일보, 1991년 6월 4일, 1994년 12월 6일자.

조성극, “면세점의 현황과 전망에 관한 연구” 「Tourism Research」 제6호, 한국관광산업학회, 1992.

______, “여행업의 인사관리와 미래지향형의 조직에 관한 연구” Tourism Research, 제5호, 한국관광산업학회, 1991.

조송빈, 「여행사경영관리론」, 백산출판사, 1991.

조영석, “관광서비스 마케팅전략에 관한 연구”, 석사학위논문, 서울대학교 대학원, 1988.

조재권, 「선전론개설」, 박영사, 1964.

조진호 외 3인, 「관광법규론」, 현학사, 2017.

존 J 다운스, “유럽여행업계의 법적 의무와 관광 · 여행업계에 미치는 파급효과” 「관협, 249호」, 한국관광협회, 1993.10.

주장건, 관광정보시스템, 일신사, 1992.

지정주, “여행사 패키지상품의 가격결정에 관한 연구” 석사학위논문, 세종대학교 경영대학원, 1986.

지진호, “여행관계법의 적용범위에 관한 연구”, 대학원논문집, 경기대학교 대학원, 1992.

철도청, 「국유철도여객운송규칙」, 1981.

______, 「국유철도여객운수관계규정」, 1993.

______, 「단말장치의 조작방법 및 취급요령」, 1994.

최규호, 여행사 종사원의 인사관리와 대응과제에 관한 실증연구, 관광경영학연구, 통권 16호, 관광경영학회, 2002.

최병길, 일반시스템이론을 적용한 관광 · 여행정보시스템의 접근방법, 제주대학교 관광산업연구소, 제7집, 1993.

최병룡, 「최신 소비자행동론」, 박영사, 1991, 1992.

최승이 · 한광종, 「관광광고 · 홍보론」, 대왕사, 1993.

최완식, 「항공법학」, 창문각, 1989.

최종태, 「현대조직론」, 경세원, 1987.

최준선, 「국제항공운송법론」, 삼영사, 1987.

최태광, "대통령의 한 말씀" 교통신문, 1993. 10. 4.

______, "한국관광의 진흥과 소비자보호" 관광정보, 5~6월호, 한국관광공사, 1990.

프로시스, 종합여행정보구축 제안서, 1998.

한겨레신문, 1993.6.11.

한국관광개발연구원, 「관광연감」, 1993, 1998.

한국관광공사, 「관광산업의 국민경제 파급효과에 관한 투입-산출 분석」, 1993.

____________, 「관광쇼핑상품실태분석 및 개선방안」, 1988.

____________, 「국제관광과 항공부문의 공동협력선전방향」, 1988.

____________, 「한국관광통계」, 1976~1994 각 연도.

____________, 「해안관광유람선 운항타당성 분석」, 1987.

____________, 「가족여행실태조사 결과 보고서」, 2009.

____________, 「2000년대 관광환경분석과 전망」, 1988.

____________, 「국민관광연구의 이론과 실제」, 1986.

____________, 「국민관광장기종합개발계획」, 1983.

____________, 「국민여가생활의 실태분석과 대책」, 1985.

____________, 「북한의 관광자원」, 1991.

____________, 「세계관광에 관한 마닐라선언 및 아카풀코문서」, 1984.

____________, 「현대여가문화정책」, 1989.

한국관광연구원, '98 한국관광정보축전 세미나 결과보고서, 1998.

한국관광협회, 「관광사업체 운영실적」, 1978~1988 각 연도.

____________, 「관광사업체명부」, 1978~1994 각 연도.

____________, 「여행업 관련 업무지침」, 1985.

____________, 「월간 관협」, 제251호, 254호, 261호.

____________, 「한국관광발전사」, 1984.

한국고용정보원, 「관광분야 직업전망」, 2007.

한국도시행정연구소, 「인구통계연감」, 1993.

한국소비자보호원, 「여행에 관한 소비자보호방안 연구」, 1988.

한국소비자원, 「해외여행과 쇼핑」, 2012.

한국수학여행협회, 「수학여행지도자료」, 1988.

한국어사전편찬회, 국어대사전, 삼성문화사, 1995.

한국여행신문, "관광진흥법 시행령 중 개정령안" 제74호, 1993.12.17 및 제 94호, 1994.5.20.

___________, "호텔객실예약도 신용카드시대" 1994.5.20.

한국은행, 「기업경영분석」, 1989. 1990.

한국여행업협회, 여행불편신고처리사례집, 2017.
한국일반여행업협회, 「국제여행통계」, 1994.
________________, 「여행업의 등록 및 갱신 등의 참고 관광법규」, 1993.
한글학회, 우리말큰사전, 어문각, 1992.
한명석, "국제화시대에 대비한 여행업의 재편성" 교통신문, 1989.9.4.
한진정보통신(주), 예약, 1994.
한희영, 「마케팅관리론」, 다산출판사, 1982.
______, 「매가전략론」, 무역경영사, 1978.
______, 「상품학총론」, 삼영사, 1984.
현대경제연구원, "글로벌 산업구조 재편과 우리의 대응전략", VIP REPORT, 통권 제435호, 4쪽, 2010.
현대경제연구원, 「여행업 선진화, 시스템의 정비가 필요하다」, 09-43(425), 2009.12.
홍기선, 「커뮤니케이션론」, 나남, 1989.
황규성, 「여행업의 이해」, 학현사, 2010.
KATA, 일반여행업체 관광종사원 고용현황, 한국일반여행업협회, 2009.
PMG지식엔진연구소, 시사상식사전, 박문각, 2013.

국외문헌

切戶晴雄, 旅行マケティング戰略, 玉泉大學出版部, 2008.
トラベル ジャーナル, 「海外旅行データベース '90」, 1990.
__________________, 「海外旅行の業務知識」, 1991.
__________________, 「トラベル エージェント マニュアル」, 1989.
__________________, 「旅行業入門」, 1982.
__________________, 「海外旅行ビジネス入門」, トラベルジャ-ナル, 1990.
__________________, 「海外旅行ビジネス入門」, 1983.
__________________, 「海外ビジネス出張事典 , 1985.
__________________, 「新・國內旅行の業務知識」, 1991.
トラベル ジャーナル旅行學院, 「旅行概論」, 1974.
森谷トラベルエンタプライス, 「トラベル エージンソト マニュアル」, 1989.
岡本義溫・小林弘二・廣岡裕一, 變化する旅行ビジネス, 2003.
江野行秀・山田浩之, 「交通經濟學講義」, 青林書院新社, 1983.
廣岡裕一, 旅行取引論, 晃洋書房, 2007.

溝尾良隆,「觀光事業と經營」, 東洋經濟新報社, 1990.
國際觀光振興會, "觀光振興おける流通機構の硏究" 國際觀光情報, 제251號, 1980.
國際觀光振興會,「ドイツ旅行業發展史硏究報告」, 1980.
淡野民雄,「ホテルマーケテイング讀本」, 柴田書店, 1984.
大橋昭・渡邊郞, 竹林浩志, 觀光經營戰略, 同友館. 2007.
大林正二,「觀光事業の話」, 1962.
大藏省印刷局,「サービス化社會とサービス市場の基本構造」, 大藏省大臣官房調査企 劃課 財政金融硏究室, 1985.
德田賢二,「旅行」, 日本經濟新聞社, 1988.
嶋口充輝, "生活アメニティとサービスマーケティングー 新しいパラダイムを求め て", 季刊消費流通, 第6卷3號, 1982.
渡邊圭太郞,「旅行業マンの世界」, ダイヤモンド社, 1981.
稻垣勉,「觀光産業の知識」, 日本經濟新聞社, 1981・1982.
島田記史雄 外,「商品學講義」, 靑林書院新社, 1982.
同文舘,「マーケテイング用語辭典」, 1988.
鈴木忠義,「現代觀光論」, 有斐閣雙書, 1984.
茅野健, "サービスの品質" 品質, 第12卷4號, 1982.
保板正康,「日本交通公社」, 朝日ソノラマ, 1981.
本多莊一,「業務管理」, 稅務經理協會, 1970.
富永正文, "旅行市場の世帶分析と旅行業の役割" 月刊觀光, 第195號, 日本觀光協會, 1982. 12.
北川善太郞,「消費者保護法の基礎」, 靑林書院新社, 1977.
絲川精一,「イーベント企劃・開催實務資料集」, 總合ユーニコム, 1986.
山一證劵經濟硏究所, 21世紀に向けて活躍するニューサービス業, 證劵月報, 1985.7.
山下友信,「運送・旅行消費者法講座」, 日本評論社, 1988.
杉岡碩夫 外,「旅行業」, 東洋經濟新報社, 1982・1986.
森谷 トラベル エンタプライス,「トラベル エージェント マニュアル」, 1974・1977.
森谷 トラベル エンタプライス,「旅行業經營戰略」, 1974.
森谷 トラベル エンタプライス,「旅行業入門」, 1974.
森谷 トラベル エンタプライス,「新入社員に贈る旅行業入門」, 1974.
森谷 トラベル エンタプライス,「海外旅行ビジネス入門」, 1983.
森谷哲也,「海外旅行の業務知識」, Travel Journal, 1991.
森谷哲也,「海外旅行ビジネス入門」, トラベル ジャーナル, 1983.
杉本辰夫,「事務・營業サービスの品質管理」, 日本規格協會, 1986.
小池洋一,「觀光學槪論」, ミネルブア書房, 1988.

松田義幸,「現代餘暇の社會學」, 1981.
水田元也・細川繁雄,「交通經濟論」, 稅務經理協會, 1975.
勝岡只, 旅行業入門④, 中央書院, 1997.
阿比留勝利, 觀光行動と情報, 月刊觀光, 通卷 第63號, 日本觀光協會, 1976.
安間一勇, 觀光情報の課題と對應策, 月刊觀光, 通卷 第64號, 日本觀光協會, 1976.
安本英八郎, コンピュータ經營論, 丸善株式會社, 1970.
安藝昌男,「旅行實務マニュアルⅠ」, ビジネスアカデミ, 1982.
野口悠紀雄, 情報の經濟理論, 東洋經濟新報社, 1983.
鹽田正志,「觀光總論」, 學術選書, 1983.
鹽田正志,「觀光學硏究」, 學術選書, 1974.
鈴木忠義, 現代觀光論, 有斐閣, 1974.
鈴木和平, "旅行者が求める觀光情報とは", 月刊觀光, 通卷 第384號, 日本觀光 協會, 1998.
宇野正雄,「總合マーケティング ハンドブック」, ビジネス社, 1984.
運輸省國際運輸・觀光局觀光部旅行業課,「旅行業六法」, 1988.
伊崎恭子, "旅行者の食のニーズ"「月刊觀光」 第253號, 日本觀光協會, 1987.
日本ツア-オベレタ-協會, 海外ツア-オペレタ-ガイド 96, トラベルジャ-ナル, 1996.
日本トラベル新聞社,「旅行業の經營分析」, 1990.
日本リクルト人事教育事業部,「管理者ハントブック」, 1978.
日本觀光開發財團,「土産品開發の手引」, 1987.
日本觀光協會,「PRの硏究」, 1981.
___________,「觀光産業の産業聯關分析」, 1986.
___________,「月刊觀光」 通卷 第181號, 1981.
___________,「土産品業の振興戰略」, 1986.
日本交通公社,「觀光の現狀と課題」, 1979.
___________,「現代觀光用語事典」, 1984.
日本能率協會,「サービス産業の發想と戰略」 電通, 1983.
日本旅行業協會,「旅行業實務六法」, 東京法令出版株式會社, 1987.
日本消費者教育學會,「消費者保護論」, 光生館, 1983.
日本興業銀行東京支店, 日本經營株式會社 編「ヒット商品のマーケティングプロセ ス」, ダイヤモンド社, 1984.
立教大學觀光學部旅行産業硏究會, 旅行産業論, 日本交通公社, 2016.
長谷川嚴,「最新旅行業通論」, 東京觀光專門學校出版局, 1986.
前田勇, 觀光とサ-ビスの心理學, 學文社, 1995.
電通,「PRの理論と實際」, 1965.

井上達久, 情報化社會と觀光・旅行情報, 月刊觀光, 通卷 第244號, 日本觀光協會, 1987.

井原哲夫, 「サービスの經營學」, 東洋經濟新報社, 1976.

________, 「サービス經濟學入門」, 東洋經濟新報社, 1979.

佐藤俊雄, 「觀光クロスインパクト」, 大明堂, 1990.

住田俊一, 「ザ國際觀光入門」, 弘濟出版社, 1987.

池上俊雄, "海外旅行の自由と制約について", 帝京法學, 第6卷, 1974.

________, 「新版 觀光法規資料集」, 高文堂出版社, 1981.

津田昇, 「國際觀光論」, 東洋經濟新報社, 1969.

淺井慶三郎, 「サービス業のマーケティング」, 同文舘, 1985.

淺香幸雄・山村順次, 「觀光地理學」, 大明堂, 1982.

村田昭治, 「マーケティングの原理」, ダイヤモンド社, 1988.

總理府 編, 「觀光白書」, 1993.

總合コ二コム, レジャー & ライフ マークティングデータ 總集.

出牛正芳, 「商品知識の基礎」, 同友舘, 1985.

太田久雄・山口晶美, ネット時代に生き殘る旅行會社, 同友館, 2006. 學習硏究社, 「漢和大字典」, 1986.

香川昭彦, 「添乘人間學」, トラベル ジャーナル, 1988.

戸谷克春, どんな觀光情報を求めるか旅行會社の立場から, 月刊觀光, 通卷 第244號, 日本觀光協會, 1987.

ASTA, 1989 Agency Salary & Benefits Survey, An ASTA Statistical Report, 1989.

Barnard, Chester I. The Function of the Executive, (Cambridge : Harvard Univ. Press), 1938.

Bateson, John. E. "Why We Need Service Marketing," Conceptual and Theoregical Development in Marketing Fervell, O.C. AMA, 1979.

Beaver, Allan. Mind Your Own Travel Business, (Portsmouth : Eyre & Spottiswoode Ltd.), 1980.

Bennett Marion M. "Information Technology and Travel Agency," Tourism Management, Vol.14. No.4 August, 1993.

Booms, Bernard H. Bitner, Mary. J. "Marketing Strategies and Organization Structure for Firms," Marketing of Service, 1981.

Bovee, C. S. and Arens, Contemporary Advertising(Iriwin : Homewood), 1982.

Breyer, Ralph F. "Some Observation on Structural Formation and the Growth of Marketing Channels", in Theory in Marketing, 1964.

Buck Maurice, "The Role of Travel Agent and Tour Operator," Markenting in the Tourism Industry, Goodall, Brian and Ashworth, Gregori, (London : Routlege), 1988.

Burkart and Medlik, Tourism Past, Present and Future, (London : Heinemann), 1982.

Butler, G. D. Introduction to Community Recreation, (New York : MacGraw-Hill) 1950.

Chase, Richard B. "Where Does the Customer Fit in Service Operation?" Harvard Business Review, Nov-Dec. 1978.

Christopher Holloway J. The Business of Tourism, 5th ed,(London : MacDonald & Evans Ltd.), 1988, p. 67.

Chruden, Herbert J. & Sherman, Archer W. Personnal Management, 5th ed., (South-Western : Publishing Co.), 1976.

Clare A. Gunn, Tourism Planning, Crane, Russak & Company, Inc, New York, 1979.

Cohen, E. "Who is a Tourist? -A Conceptual Clarification," Sociological Review, Vol.22. 1974.

Cohen, Elik. and Copper, L. "Language and Tourism," Annals of Tourism Research, Vol.13. No.4. 1986.

Coltman, Michael M. Tourism Marketing,(Van Nostrand Reinhold), 1989.

Copeland, Meluin. T. "Relation of Consumer's Buying Habit to Marketing Methods," Harvard Business Review, April, 1923.

Cronin J. J. Jr and S. A. Taylor. Measuring Service Quality: Reexamination and Extension, Journal of Marketing, Vol. 56, No. 3, 1992(Hodge B. J, W.P. Anthony, 1988 : 7).

Crosby, P. B. Quality is Free : The Art of Marketing Certain,(New York : McGraw-Hill), 1973.

Crosby, P. B. Quality is Free : The Art of Quality Certain, (New York : McGraw-Hill), 1979.

Dann, G. M. S. "Anomie Ego-Enhance and Tourism," Annals of Tourism Research, Vol.4, No.4, 1977.

David A. Garvin, "What Does Quality Mean?," Slogan Management Review, Vol. 26, No. 1, Fall, 1984.

Davidoff, R. G. and Davidoff, D. S. Sale and Marketing for Travel and Tourism,(S. Dakoda : Rapid City, National Publishers), 1983.

Dollinger, Marc. Entrepreneurship: Strategies and Resources, Prentice Hall, 2002.

Drucker, P. F. Practice of Management, 6th ed., (Harper & Row), 1976.

Edginton, Christopher. R, et al. Leisure and life satisfaction, Brown & Benchmark, 1995.

Edward, C. D. "The Meaning of Quality" Quality Progress, October, 1968.

Elliot, James. "Power, and Tourism in Thailand," Annals of Tourism Research, Vol.10, No.3, 1983.

Engel, James F. Blackwell, Roger D. and Miniard, Paul W. Consumer Behavior, 7th ed, (New York : The Dryden Press), 1993.

Etzioni, Amitai, A Compalative Analysis of Complex Organizations, (Free Press), 1975.

Etzioni, Amitai, Modern Organization, (Englewood Cliffs : Prentice-Hall), 1964.

Fay, Betsy. Essential of Tour Management, (Englewood Cliffs : Prentice-Hall Inc.), 1992.

Financial Management For The Hospitality Industry. 저자 : 발행연도 불명.

Fisher, Arline, Power and Magic in Nevada Magazine 41/2, March/April, 1981.

Flippo, Edwin B. Principles of Personnal Management, 3rd ed., (MacGraw-Hill Co.), 1971.

Foster, Douglas, "Travel and Tourism Management," (London : MacMillan Education Ltd.), 1985.

Francisco, Ronald A. "The Political Impact of Tourism Defense in Latin America," Annals of Tourism Research, Vol.10, No.3, 1983.

Fridgen, J. D. "Environmental Psychology and Tourism," Annals of Tourism Research, 1984.

Furnham, Adrian. "Tourism and Culture Shock," Annals of Tourism Research, Vol.11, No.1, 1984.

Garvin, David A. "What does Product Quality Really Mean?" Slogan Management Review, Vol 26. No. 1. Fall. 1984.

Gartner, W. B. Who is an entrepreneur? is the wrong question, American journal of small business, 12(4), 1989.

Gee, Chuck. Y. and Choy, Dexter J. L. The Travel Industry, (Westport : AVI Publishing Co., Inc) 1984.

George, William R. "The Retailing of Service a Challenging Future", Journal of Retailing, No.3. (November), 1977.

Geutry, Dwight L. and Taff, Charles A. Element of Business Enterprise, (New York : Ronald Press Co.), 1961.

Goodal, B. and Ashworth, G. Marketing in the Tourism Industry, (London : Routledge) 1988.

Gottlieb, Alma. "Americans Vacations," Annals of Tourism Research, Vol.9, 1982.

Grazia, Sebastian de. Of Times Work and Leisure, (New York : Doubledary-Anchor, Twentieth Century Fund) 1962.

Grönroos, Christion. "A Service Quality Model and its Marketing Implification," European Journal of Marketing, Vol.18. No.4, 1984.

Guilford J. P. "Factor and Factors of Personality," Psychological Bulletin, 82(5), 1975.

Gunn, Clare A. Tourism Planning, 2nd ed., (New York : Taylor & Francis), 1988.

Harper M. Jr. "A New Profession to Aid Management", Journal of Marketing, Jan., 1961.

Hesket J, E. Sasser, C. Hart, Service Breakthroughs, The Free Press, 1990.

Holloway, J. Christopher. The Business of Tourism, (London : MacDonald & Evans Ltd.), 1985.

Holloway, J. Christopher. The Business of Tourism, 5th ed. (London : MacDonald & Evans Ltd.), 1998.

Huizinga, J. Hmo Ludens (Boston : Bescon Fress) 1955.

Jafari, j. "The Tourism Market Basket of Goods and Service," Annals of Tourism Research, Vol.1. No.3. January, 1973.

James F. Engel and Roger D. Blackwell, Consumer Behavior, 4th ed, (New York : The Dryden Press), 1982.

Jenkins, C.L. and Henry B. M. "Government Involvement in Tourism in Development Countries," Annals of Tourism Research, Vol.9, No.4, 1982.

Jocard, L.M. Le tourism et l' action de l' etat(1966), 鹽田正志, 「觀光學硏究」, 1974.

John, J. Kao, The Entrepreneurial Organization, International Edition, (N.J.:Prentice-Hall), 1991.

King, A. Carol. "A Framework for a Service Quality Assurance System," Quality Progress, Sep. 1987.

Koontz, H. & C. O'Donnel., Essentials of Management, (New York : McGraw-Hill), 1974.

Koontz, H., C. O'Donnel. & Heinz, Weihrich. Essentials of Management, 4th ed., (New York : McGraw-Hill), 1986.

Kotler, Philip. and Levy, Sidny. J. "Broadening the Concept of Marketing," Journal of Marketing, Vol.33. January. 1969.

Kotler, Philip. Marketing Management, (Englewood Cliffs : Prentice-Hall Inc.), 1983, 1984.

Kraus, Richard. Recreation and Leisure in Modern Society, (Englewood Cliffs : Prentice-Hall Inc.), 1971.

LeBlanc, Gaston. "Factors Affecting Customer Evaluation of Service Quality in Travel Agencies : An Investigation of Customer Perception," Journal of Travel Research, Vol.30. No.4. 1992.

Lehmann, Armin D. Travel and Tourism, (Encino : Glencoe), 1985.

Levit Theodore, "Marketing Intangible Producer and Product Intangibles", Harvard Business Review(HBR) May-Jun., 1981.

Levitt. Theodore. "Product Line Approach to Service," Harvard Business Review, Sep-Oct., 1972.

Lewis R. C. "The Measurement of Gaps in the Quality of Hotel Service," International Journal of Hospitality Management Vol.6. No.2. 1987.

Loudon, David L. & Albert Bitta, J. Della., Consumer Behavior, 2nd ed., (New York : McGraw-Hill Book Co.), 1984.

Louis W. Stern and Adel I. El-Ansery, Marketing Channels, 3rd. ed. (Englewood Cliffs, N. J.: Prentice Hall), 1988.

Lovelock, C. H. "Why Marketing Management Need to be Different for Services," Marketing of Service, AMA, 1981.

Luk, Sheriff T. K, Corinna T. L., Foo, Weng Leong and Li Esther L. Yi, "Value Segmentation of Tourist's Expectations of Service Quality," Journal of Travel & Tourism Marketing, Vol.2. No.4. 1993.

Lundberg, Donald E. The Tourist Business, (Boston : CBI Publishing Co., Inc.), 1980.

MacCarthy, E. J. Basic Marketing : A Managerial Approach 4th ed., (Irwin) 1971.

MacIntosh, Rovert W. and Charles R. Goeldner, Tourism : Principles, Practices, Philosophies, 6th edition, 1990.

Medlik and Middleton. "The Product Formulation in Tourism," AIEST Publication, No. 13. 1973.

Meidan, Athur. "Travel Agency Selection Cretria," Journal of Travel Research, Vol.18. No.1, Summer, 1979.

Mercer, K. C. R. "Needs Motives, Recreational Tourism," Rural Recreation and Tourism Abstract, Vol.2. 1977-b.

Mercer, K. C. R. "Why do People takes Holidays," New Society, Vol.37. 1976-a.

Monroe, Kent B. and Guiltinan, Joseph P. "A Path-Analytic Exploration of Retail Patronage Influences," Journal of Consumer Research, Vol.2. June, 1975.

Morrison, James W. Travel Agent & Tourism, (London : Arco Publishing, Inc.), 1980.

Mozer, Clark. "Total Quality Control : A Route to the Deming Prize," Quality Progress, Sep, 1984.

Neulinger, John, An Introduction to Leisure, (Boston : Allyn and Bacon), 1981.

Normann, Rechard. Service Management : Strategy and Leadership in Service Business, (John Wiley & Sons Ltd.), 1984.

Onkvisit S, J. J. Shaw, Product Life Cycles and Product Management, Quorum Books, 1989.

Papson, Stephen. "Spuriousness and Tourism- Politics of Two Canadians Provincial Government, Annals of Tourism Research", Vol.8. No.2, 1981.

Parasuramann, A. Berry, L. L. and Zeithaml, V. A. "SERQUAL : A Multi-Item Sccale for Measuring Consumer Perception of Service Quality," Journal of Retailing, Vol.64(Spring), 1988.

Parker, Stanly R. The Future of Work and Leisure, (London : MacGibbon and Kee), 1971.

Parsons, T. Structure and Process in Modern Societies, (Free Press), 1960.

Pay, Betsy. Essentials of Tour Management, (Englewood Cliffs : Prentice-Hall Inc.), 1992.

Persia, Margaret A. and Gitelson, Richard J. "The Differences Among Travel Agency User in the Importance Ratings of Agency Service Features," Journal of Travel and Tourism Marketing, Vol.1. No.4. 1993.

Pierre, Eliglier and Lamangeasrd, Eric. "A New Approach to Service Marketing," Marketing Consumer Service, New Insights, MSI. 1977.

Quinn, James B. and Gagnon, Christoper E. "Will Service follow manufacturing into Decline" 조동성 역, 서강 Harvard Business, 1987.

Richman, David J. and Romano, Elaine. Modern Marketing,(New York : The Dryden Press), 1980.

Schulern, H. Jahbuch für Nationalökonomie und Statistik, 1911. Folge 42 Bd., S.437. 鹽田正志, 「觀光學硏究」, 學術選書, 1974.

Seation, A. V. "Social Stratification in Tourism Choice and Experence since the War," Tourism Management, Vol.13. No.1. 1992.

Shapiro, Benson P. "Price Relience : Existence and Sources," Journal of Marketing Research, Vol.10, August, 1973.

Sheldon, Oliver. Factory Organization, (London : Pitman), 1928.

Shostack, G. L. "Breaking Free Product Marketing," Journal of Marketing, AMA, Apr. 1977.

Stanton, W. J. Fundamental of Marketing, 5th ed., (New York : McGraw-Hill Inc.), 1978, 6th ed., 1985.

Stern, Luis W. and El-Ansary, Adel I. Marketing Channels,(Englewood Cliffs : Prentice-Hall), 1982.

Stevens, Laurence. Guide to Starting and Operating a Successful Travel Agency, (Wheaton : Merton House Travel and Tourism Publishers, Inc.), 1985.

Stevens, Laurence. Guide to Starting and Operating Successful Travel Agency, (New York : Delmar Publishers Inc.), 1990.

Stevenson, William J. Production/Operations Management, 2nd ed., (Irwin) 1986.

Thomson and Smith, Jeanie M. Travel Agency Guide to Business Travel, (Albany : Delmar Publishers Inc.), 1988.

Tomson, J. D. Organizations in Action, (MacGrew-Hill), 1967.

UNWTO, Contractural Procedures and Nature of Contracts for Tourist Service between Tour Operators and their Counterparts in Tourist Receiving Countries as Well as Users and Consumers of Tourist Services, 1985.

UNWTO, Guide Lines for the Collection and Presentation of International Tourism Statistics B.2.2.2.

Veblen, Thorstein The Theory of Leisure Class, Reprinted (Chicago : New America Library), 1953.

Vellas F, L. Bécherel, International Tourism, Macmillan Business, 1995.

Weekly Travel Journal, May 05. Jun 02. 1980, Jun 06, Jun. 13, Aug. 08, 1983, Mar. 05. 1984, Jul 26. 1993.

Weiss, Paul. A Philosophical Definition of Physical Education, (St.Louis : C.V.Mosby Co.) 1974.

Witt, Stephen F. and Moutiho, Luiz. Tourism Marketing and Management Handbook, (London : Prentice Hall Int'l Ltd.), 1989.

Zeithaml, Valarie. A. "Consumer Perceptions of Price, Quality and Value : A Means-End Model and Synthesis of Evidence," Journal of Marketing, July, 1988.

인터넷 자료

네이버, 지식iN, 2013.

대한항공, http://kr.koreanair.com/, 2012.

서울 일자리 플러스 센터, 서울특별시, 2012.

(주)하나투어, http://www.hanatour.com, 2012.

http://tournavi.fc2web.com/ryokou/ryokou.html

http://www.anispoon.com

http://www.artsoombi.com

http://www.facebook.com/modernhan

http://www.icta.com/ctc.htm. 2002.

http://www.law.go.kr/

http://www.nso.go.kr/stat/indclass/k-industry.htm, 2012.

http://www.weebur.com

정찬종(鄭粲鍾)

- 경기대학교 관광대학 관광경영학과 졸업(경영학사)
- 경희대학교 경영대학원 관광경영학과 졸업(경영학석사)
- 경기대학교 대학원 관광경영학과 졸업(경영학박사)
- (주)동서여행사 국제여행부 총괄이사
- (사)관광경영학회 및 (사)대한관광경영학회 회장
- 국외여행인솔자교육기관협의회 초대(初代)회장
- 대구광역시교육청 현장체험학습지원단 위원
- 한나라관광(주) 경영자문위원
- 현) 한국관광공사 관광품질인증심사요원
  계명문화대학교 호텔항공외식관광학부 명예교수

곽영대(郭榮大)

- 용인대학교 산업정보대학 관광경영학과 졸업(경영학사)
- 경기대학교 대학원 관광경영학과 졸업(관광학석사)
- 경기대학교 대학원 관광경영학과 졸업(관광학박사)
- (주)흥인여행사 해외여행부, (주)사조인터내셔널 여행사업부, 다이렉트여행(주) 해외여행부 & 총무부 총괄
- (사)관광경영학회, (사)대한관광경영학회, (사)한국관광레저학회 이사
- 동양미래대학교 관광경영과 전임강사
- 한양대학교 대학원 경영컨설팅학과 & 지식서비스연구소 책임연구원
- 현) 서영대학교 호텔관광과 교수

저자와의
합의하에
인지첩부
생략

새여행사경영론

2014년 3월 3일 초 판 1쇄 발행
2020년 2월 10일 개정3판 2쇄 발행

지은이 정찬종 · 곽영대
펴낸이 진욱상
펴낸곳 백산출판사
교 정 편집부
본문디자인 오행복
표지디자인 오정은

등 록 1974년 1월 9일 제406-1974-000001호
주 소 경기도 파주시 회동길 370(백산빌딩 3층)
전 화 02-914-1621(代)
팩 스 031-955-9911
이메일 edit@ibaeksan.kr
홈페이지 www.ibaeksan.kr

ISBN 979-11-5763-448-4 93980
값 25,000원